Comment on en est arrivé là

Du même auteur

Mémoires d'outre-vies, t. 2, *Malgré tout, on l'a fait, on l'a dit !*, Éditions de l'Observatoire, 2022.

Mémoires d'outre-vies, t. 1, *Je me retourne, sidéré...*, Éditions de l'Observatoire, 2021.

Droit dans le mur ! De nos erreurs et du refus de les reconnaître, Plon, 2020.

M la maudite, Tallandier, 2018.

L'Invention des Français, t. 2, *La Tragédie de l'Occident*, Fayard, 2014, Pluriel, 2015.

L'Horreur médiatique, Plon, 2014.

Comment s'en sortir, Plon, 2013.

L'Invention des Français, t. 1, *Du temps de nos folies gauloises*, Fayard, 2013, Pluriel, 2014.

Philosophie de la réalité. Critique du réalisme, Fayard, 2011.

Où va-t-on ? Comment on y va... Théorie du changement par recomposition des invariances, Fayard, 2008.

Les Bullocrates, Fayard, 2006.

Comme deux frères. Mémoire et visions croisées (avec Axel Kahn), Stock, 2006.

Dictionnaire incorrect, Plon, 2005.

Le Camp de la guerre. Critique de la déraison impure, Fayard, 2004.

Les Rebelles. Celles et ceux qui ont dit non, Plon, 2001.

Moi, l'autre et le loup. Esquisse d'une phénoménologie de l'altérité, Fayard, 2001.

Victor Hugo. Un révolutionnaire, suivi de *L'Extraordinaire Métamorphose*, Fayard, 2001, Pluriel, 2018.

De la révolution, Flammarion, 1999.

Tout était faux, Fayard, 1998.

Suite en fin d'ouvrage (p. 507)

Jean-François Kahn

Comment on en est arrivé là

Éditions de
L'Observatoire

ISBN : 979-10-329-2600-0
Dépôt légal : 2023, mai

170 *bis*, boulevard du Montparnasse, 75014 Paris

Comment tout cela risque de finir

Auto-démolition de la macronie. Auto-immolation de la droite libérale. Auto-dissolution de la gauche démocratique. Auto-diabolisation de l'extrême gauche alternative. La fonction intellectuelle s'auto-calcinant dans la fournaise et le pouvoir médiatique s'interdisant toute auto-interpellation.

La démocratie bafouée. La République piétinée. La nation déchiquetée. La raison violentée. Toute tolérance répudiée.

Le national-populisme promu en recours par les contempteurs médiatiques du nationalisme et du populisme. Les progressistes et les conservateurs bousculés par la résurrection de toutes les vieilles pulsions réactionnaires. Le néofascisme dopé par les confiscateurs de l'antifascisme.

Catastrophique bilan. Qui, en quelques semaines, puisqu'on en était arrivé là, nous fit entrevoir comment tout cela risquait de finir.

L'Histoire retiendra que c'est le jeudi 16 mars, peu avant 15 heures, que fut déclenché, sur un coup de dés, le processus annonciateur de la déliquescence puis du lent écroulement du pouvoir macronien, sans qu'une alternative prévisible permette d'optimiser les conséquences de cette dégringolade.

Ce jour-là, comme coupé d'une réalité globale qui heurtait « l'isolât » de sa réalité environnementale autoconfinée, le chef de l'État décida, en déclenchant le fameux et fantasmatique article 49.3 de la Constitution, de ne pas soumettre au vote de la représentation nationale sa réforme qui portait à 64 ans l'âge légal du départ à la retraite.

Réforme mal ficelée, qui ne méritait pas d'être précipitée aux enfers, mais qui fut aussitôt dissoute dans l'oukase qui la décrétait.

Ainsi, avec cette conséquence que pour ne pas prendre le risque de perdre un round parce que son quelque peu « narcissique » quant à soi en était l'enjeu, Emmanuel Macron rendait quasiment inéluctable la perte de pratiquement tous les rounds suivants.

Une motion de censure fut certes rejetée, de justesse, mais grâce au renfort d'une séquelle de la droite libérale, dont la macronie s'était fait l'otage, et qui l'achèvera au premier prétexte qu'elle saisira, à la date qu'elle aura choisie.

Le président ne pouvant être réélu en 2027 c'était la macronie, dans toutes ses composantes, que cette faute majeure, suivie d'une seconde – la non-dissolution –, plaçait sur un tobogan qui ne pouvait déboucher que sur la déglingue, l'implosion et l'agonie.

La logique démocratique aurait en effet voulu, puisque la droite libérale et la gauche républicaine lui refusaient le moindre espoir de constitution d'une majorité alternative, donc de mener à bien quelques projets consistants que ce soit, que le président de la République dissolve et procède à des élections clarificatrices. Qu'il prenne l'opinion à témoin : « Vous contestez l'orientation actuelle mais, alors, dans quelle direction souhaitez-vous que l'on aille, plus à gauche, plus au centre, plus à droite, et avec qui ? » Quitte à accepter une cohabitation.

C'est ce qui se passerait, c'est ce qui se passe, dans n'importe quel pays démocratique européen. Mais, la précision est d'importance... « démocratique ».

Au lieu de quoi, notre autocentré et discoureur en chef, plutôt que d'accepter le plus léger décentrage, alluma lui-même la mèche du « babil » de poudre.

Comment un pays peut-il avancer quand, sans passer par un garage qui en assurerait la révision, son moteur cale, ses pneus se dégonflent et ses roues se bloquent. Comment mener une politique fondée sur des stratégies impossibles et rythmée par des tactiques improbables quand, dans quelques directions qu'elle aille, la convergence majoritaire des refus radicalisés interdit de toute façon de la mettre en œuvre.

Risque de progression de l'extrême droite en cas de dissolution ? Sans doute. Mais très contenue. Dans quatre ans, en revanche, la déliquescence existentielle d'une majorité présidentielle qui n'en est pas une, l'empilement et l'interaction des blocages politiques, économiques et sociaux, les paralysies s'encastrant dans les paralysies, le déchaînement répétitif de toutes les provocations et de toutes les diversions assassines de la moindre esquisse de consensus démocratique, le rôle repoussoir, enfin, assumé par un Jean-Luc Mélenchon complice de la course au pire, finiront par faire apparaître comme une incontournable et évidente échéance une victoire présidentielle des extrêmes droites auxquelles une large fraction des droites apportera son concours.

D'autant que l'auto-déconstruction de la macronie en entraîne et en entraînera d'autres dans son sillage : celle de la droite dite « républicaine » qui empêcha l'adoption par la voie parlementaire d'un projet de loi qui, en fait, était le sien, totalement le sien ; celle des écologistes, hélas, qui laissèrent les incendiaires leur brûler les ailes.

Le Sénat, lui, qui avait voté massivement la loi, sera renvoyé à sa totale et scandaleuse non-représentativité, ses laudateurs ayant été jusqu'à se féliciter que l'extrême droite lepéniste et l'extrême gauche « Insoumise », soit 55 % du corps électoral, n'y soient pas représentées.

Quant aux gauches démocratiques, plus que leur tonitruant silence, c'est l'étalage de leur invisibilité qui sauta aux yeux. Ceux à qui elles s'étaient quasiment vendues étouffèrent, sous leurs hystériques hurlements, le moindre de leurs murmures.

À la macronie en dépression et aux extrêmes droites en embuscade, on ne refusa, en vérité, aucun motif de satisfaction ou d'espérance. Un vaste mouvement de révoltes citoyennes, digne et fédérateur, se déployait sur l'ensemble du territoire. On s'acharna à lui substituer un déferlement planifié de fureurs détournées de leurs objets, une explosion faussement sauvage de rages dévoyées. Galette des Rois pour Marine. Révolution pour les nuls.

Comment pensez-vous que voteront les citoyens, vraiment majoritaires ceux-là, anti-réforme de la retraite, anti-macronistes, anti-49.3, mais également anti-défonçage de vitrines, anti-pillage de magasins ou dégradation de bâtiments publics, anti-flambée de bagnoles et n'aspirant nullement à un retour à la terreur robespierriste ?

On remit en marche, à l'occasion, le vieux jukebox « refaire Mai 68 ». Les mythologies, de disques vinyle en CD, sont toujours recyclables. Un grand moment, en effet, qui, au début, échauffa bien des espérances.

Y compris la mienne. Mais qui, on l'oublie, on veut absolument l'oublier, en juin non en mai, à l'instigation des mêmes, toujours les mêmes, pyromanes de leur propre champ clôt, déboucha sur quoi ? Sur la plus grande victoire électorale que la droite ait remportée sous un régime républicain.

Mélenchon subvertisseur professionnel ou expert en complicité objective ?

Ainsi, en première lecture à l'Assemblée, la remontée à 64 ans de l'âge de la retraite, article 7 de la loi, allait vraisemblablement, à deux ou trois voix près, être rejetée. Ce sont les Insoumis, sous la pression de Mélenchon qui, en empêchant le vote, sauvèrent la mise de la macronie et donnèrent d'eux-mêmes, à cette occasion, une image si caricaturale que leurs alliés et même beaucoup de leurs électeurs en eurent honte.

C'est alors qu'on sortit le grand jeu : la multiplication de types d'émeutes qui, alimentant opportunément l'exhibitionnisme audiovisuel, fractionnent le mouvement social, affole la classe moyenne et déconcerte ou choque les classes populaires.

La machine à pourrir les contestations collectives se mit donc en marche. Les agents inconscients de l'ordre établi et très conscients du nouvel ordre à établir offrirent à tous les profiteurs de nos dégénérescences publiques le cocktail d'images propres à nourrir pour longtemps des défilés d'épouvantails.

Déjà, mais on avait également préféré l'oublier : sous la pression des gauches extrêmes et de la droite, une occasion quasi miraculeuse, unique en Europe, de bloquer tout relèvement de l'âge du départ à la retraite, initiée sous l'influence de la CFDT et de la gauche rocardienne, le projet novateur, malgré sa complexité, de retraite universelle par points avait été sabordé. Par qui ? Par ceux-là mêmes qui, avant de se déchaîner contre la mauvaise réforme, avaient diabolisé et rejeté la bonne.

À quoi finalement a-t-on assisté ? À cette banalisation des extrémismes comportementaux et expressifs qui ont toujours assaisonné les fonds de sauces des guerres civiles, guerres froides, aujourd'hui tièdes, avant peut-être de devenir chaudes.

La gauche médiatique ne fut pas étrangère à l'assassinat d'une puissante aspiration populaire par complaisance irresponsable à l'endroit de ces saboteurs.

Cette séquence de notre histoire restera tragiquement exemplaire.

Quand assista-t-on à une telle manipulation glacée, sans autre perspective assumée que le chaos propice aux aspirations aventurières, de toutes les espérances dévoyées, à une telle instrumentalisation confiscatoire de colères livrées politiquement aux profiteurs de leur cause, à ce saute-mouton de lâchetés et de démagogies, à un tel panurgisme médiatique relayant complaisamment les surenchères de tous les naufrageurs, à ce pétage de plomb d'intellectuels poussés au délire par les exploiteurs de leurs sorties de route, à une telle imbécilité des pyromanes que certains pompiers de l'élite encourageaient à incendier jusqu'aux justifications de leurs propres luttes et jusqu'aux sens de leurs propres combats, à une telle acceptation démissionnaire, enfin, quasi sadomasochiste, de l'inéluctabilité de la catastrophe finale ?

On ne l'aura pas nécessairement voulu, mais on l'aura permis, on l'aura favorisé, on l'aura préparé. Ceux qui avaient tant contribué à ce qu'on en arrive là s'acharnèrent à réunir toutes les conditions rendant inévitable que le désastre final soit au rendez-vous.

À moins que...

Cela dépend de nous. « Soulevez-vous », disent-ils. Soulevons-nous, y compris, si nécessaire, contre eux.

(26 mars 2023)

Prologue

Si on vous l'avait dit

Demain, Marine Le Pen présidente de la République française et les extrêmes droites majoritaires à l'Assemblée nationale ?

Avant-hier, un fantasme. Hier, une possibilité. Tout concourt, cette éventualité, si on continue comme ça, à la transformer, dès aujourd'hui, en probabilité. Donc, demain, en réalité.

Comment en est-on arrivé là ? Pourquoi risque-t-on d'arriver au-delà ?

****

Que fut le macronisme ? Un intervalle. Pas un point de suspension, mais un « espace » de suspension.

C'est son incarnation qui a initié elle-même la fermeture de la parenthèse. En se projetant vers la droite au moment où celle-ci se projetait hors d'elle-même.

En faisant le vide d'un côté pour s'articuler à un vide de l'autre.

La France est majoritairement « de gauche » en matière économique et sociale. « De droite » s'agissant du régalien (sécurité, immigration, ordre public).

La radicale étrangeté du macronisme c'est d'avoir réussi, dans un premier temps, à conquérir le pouvoir, puis à s'y maintenir, en choisissant l'option inverse. Doublement minoritaire.

Le gaullisme s'est perpétué en étant trahi. Le macronisme n'aura pas besoin d'être trahi pour ne pas se perpétuer.

****

Ce fut donc, d'abord, une vague hypothèse. Qui fit sourire ou terrifia. Histoire de se faire peur. Comme un jeu. Puis, l'évocation d'une lointaine possibilité. Ou, pire, d'une éventualité. C'est devenu une évidence : les extrêmes droites, en France, sont en mesure de gagner les prochaines élections et de parvenir au pouvoir.

D'ores et déjà, elles constituent, et d'assez loin, la sensibilité politique dominante. Même si « l'expression » n'a pas encore atteint le niveau de la « sensibilité ».

Et alors ? Une apostrophe, un cri même, devrait monter de tous les rangs de la France républicaine : à qui la faute ? Les droites et les gauches, cogestionnaires et de la façon de gouverner et de la façon de s'opposer, ne porteraient-elles aucune responsabilité ? Et leurs intellectuels ? Et leurs médias ?

Comment en est-on arrivé là ? S'agissant de l'Allemagne des années 1930, on se l'est posée, cette question. Et on y a répondu. Clairement : en pointant les responsabilités de la droite réactionnaire, du « grand capital », des intérêts financiers, des médias les plus droitiers, de la gauche, des communistes, des socio-démocrates, des ultranationalistes identitaires ou de l'extrême gauche libertaire, des rédacteurs et promoteurs du traité de Versailles enfin. Tout a été désigné, dénoncé, analysé.

Mais ici, chez nous et maintenant ? Sujet tabou ! Ou presque. « C'est comme ça ! » Seule réponse vaguement permise à droite : c'est la faute à la gauche. Et à gauche : c'est la faute à la droite.

Et, venant éventuellement des deux côtés, c'est la faute au centre. De Macron puisqu'il ne sera plus là.

Des siens, jamais ; de soi, jamais.

Le Pas-de-Calais, ex-fief « socialo-communiste » presque à 100 % ; les Pyrénées-Orientales, ex-fief « socialiste » presque à 100 %, passés au lepénisme, presque à 100 %, parce que ceux-là mêmes qui votaient socialiste ou communiste ont basculé de ce côté-là. La raison ? La question ne sera pas posée.

À qui la faute ? Quelles redoutables erreurs ont-elles été commises ? Motus et bouche cousue. Interrogation *a priori* raturée. Introspection interdite. Simple impondérable !

Donc, à ce qui a débouché sur un tel désastre, puisqu'ils s'interdisent d'en ausculter les causes, les intéressés ne changeront rien, absolument rien. Correction ? Non, répétition ! Rien à se reprocher. On interpellera la Terre entière, mais on s'exclura de cette Terre entière.

L'alourdissement de plus en plus spectaculaire de la gravité des conséquences semble interdire de s'interroger sur la nature des raisons.

L'autocensure comme seule réponse à l'autodissolution.

Les extrêmes droites données à 35 % d'intentions de vote, la lepéniste n'étant même pas la pire : un record européen. Un record historique en France.

35 % d'intentions de vote en Allemagne : on imagine les cris d'effroi à la une de tous les médias !

Et, en face, une gauche républicaine lessivée, presque éradiquée. Un néo-bolchevisme se donnant comme alternative à un néofascisme. L'un jouant mécaniquement le jeu de l'autre. Comment en est-on arrivé là ? Hors sujet. Ou plutôt hors débat !

Aucune responsabilité collective ?

Nous n'y serions, vous n'y seriez pour rien ?

Aucun retour sur soi, sur nous, aucune autocritique ne se justifierait ? Les responsabilités médiatiques en particulier, au sens large de « médiatique », les immenses responsabilités médiatiques, de part et d'autre, devraient donc être purement et simplement occultées.

On n'y est pour rien, scande le chœur antique. Donc, on n'est rien. Donc, on ne change rien. On continue. Comme si (l'expression est tout à fait à propos) « de rien n'était ». On accélère.

****

Rappelons-nous : le tollé fut général. Le tabou venait de sauter. La droite autrichienne, qui avait naguère conclu tant d'alliances de gouvernement avec le parti social-démocrate, virait de bord et tendait la main à un parti d'extrême droite, anciennement néofasciste, pour obtenir une majorité parlementaire et l'intégrait, en conséquence, à l'exercice du pouvoir. Scandale ! Toutes les gauches mobilisées, les intellectuels progressistes en croisade, les démocrates modérés consternés, les conservateurs libéraux réprobateurs, les communautés juives en effervescence. Mobilisations, pétitions, manifestations, délégations.

Vingt-cinq ans plus tard, c'est en Suède – oui, en Suède – qu'une coalition intégrant l'extrême droite, hier étiquetée également fascisante, devient majoritaire. C'est en Italie que la dirigeante d'un parti dit « post-fasciste », vainqueur aux élections, forme un gouvernement. C'est en Israël que le leader d'un parti ouvertement néofasciste, partie prenante de l'alliance qui a gagné les élections, décroche le ministère de la Sécurité nationale aux côtés d'intégristes religieux. C'est en Espagne qu'un parti néo-franquiste réintègre régionalement, en cheville avec la droite conservatrice, la gestion des affaires. Et alors ? Rien !

Aucune mobilisation, manifestation, pétition, délégation. Les intellectuels progressistes, dont beaucoup ont viré de bord, fignolent leurs médiatiques déchirures ; la gauche en lambeaux gère ses structurelles contradictions ; les démocrates modérés banalisent leur silence ; les conservateurs libéraux négocient leur ralliement et les communautés juives étouffent, au mieux, leur effarement.

****

Si on vous avait dit, il y a vingt ans, que, chez nous, la droite démocrate libérale ne constituerait plus qu'une petite force d'appoint, que gaullisme et giscardisme se seraient dissous dans les séquelles d'une droite hystérisée, que le centre gauche aurait disparu, que la social-démocratie se serait évanouie, que les gauches républicaines se seraient livrées corps et biens à la rémanence hégémonique de forces contre lesquelles elles s'étaient fondées...

Si on vous avait dit que ce que Hitler a fait à la Pologne (un modéré dirait « ce que Bush a fait à l'Irak »), Poutine entreprendrait de le faire à l'Ukraine ?

Si on vous avait dit que, dans le sillage de la gouvernance d'un national-narcissique clownesque, la droite américaine en serait arrivée à justifier massivement une tentative de coup de force extrémiste ; qu'un néo-tsarisme russe mettrait la méthode soviétique au service d'un ultraconservatisme autocratique, identitaire et clérical ; que des élections libres - oui, libres - porteraient un schizophrène décérébré, nostalgique des dictatures militaires, à la tête de l'immense Brésil (et qu'il faillirait être réélu) ;

que la Turquie laïque et membre de l'OTAN renouerait, sans que le moindre barrage la retienne, avec l'impérialisme islamiste ottoman ; que l'Europe centrale en arriverait à rejeter rageusement les valeurs au nom desquelles nous avions accompagné sa « libération » ; qu'une partie de l'Afrique noire francophone en arriverait à remplacer des soldats français par des mercenaires russes ; que de lumineuses et inespérées révolutions arabes déboucheraient, les unes après les autres, et aussi vite, sur la restauration décomplexée des anciennes tyrannies ; si on avait dit qu'une menace existentielle pèserait sur l'Arménie ; que leurs impérialismes respectifs permettraient aux géants russe et chinois, hier au seuil d'une confrontation, de cimenter leurs retrouvailles...

Si on vous avait dit que, dans tout le monde musulman, des tentations radicales islamistes balaieraient toutes les anciennes aspirations souverainisto-socialistes...

Si on vous avait dit que l'Afghanistan « libéré » serait rendu aux talibans...

Que l'Inde de Gandhi se donnerait aux héritiers de son assassin...

Qu'en Birmanie, comme en Thaïlande ou au Pérou, le vote des citoyens serait aussi impunément foulé au pied...

Si on vous l'avait dit...

****

Combien de temps faudra-t-il occulter la question : comment en est-on arrivé là ?

Comment notre folle gestion de l'après-soviétisme, comment notre instrumentalisation des intégrismes islamistes ainsi que des nationalismes identitaires, comment nos propres interventions militaires à répétition (l'Irak et la Libye, ces désastres) ont-elles contribué à ce qu'on en arrive là ?

****

On avait soutenu, y compris souvent à gauche (qui daignera s'en souvenir ?), le rétablissement brutal, par décret (du Lénine à l'envers), sous l'égide de l'ivrogne Boris Eltsine et du fanatique Egor Gaïdar, d'un ultra-capitalisme oligarco-mafieux. On avait fermé les yeux sur le trucage, qui nous arrangeait, de l'élection présidentielle qui avait porté un certain Poutine au pouvoir, on avait applaudi à l'imposition, après assaut de blindés contre une Douma récalcitrante, d'une Constitution qui favorisait l'instauration d'un pouvoir autocratique. « Victoire de la démocratie ! » s'exclamait la présentatrice du journal télévisé d'Antenne 2.

Addition salée.

Les rebelles terroristo-islamistes syriens, dont nous avions inconsciemment appuyé la désastreuse mainmise sur l'opposition démocratique, « nous saluent bien ».

L'islamisme extrémiste de la veille devenait, dépassé par plus intégriste que lui, l'islamisme modéré du lendemain. Ravachol n'était plus personne, c'était devenu une entité. De la privatisation de la vengeance on était passé à la collectivisation des fureurs assassines. Ce qui représentait le summum de la violence criminelle était devenu un langage. Une façon de dire. On ne tuait plus au détail, on massacrait en gros. À la puissance des médias de masse correspondait la férocité des attentats de masse. Face à quoi, toutes contestations prenant la forme de volontés d'éradication, les groupes de pression étaient devenus des groupes de répression.

Nos ex-colonies nous jetaient. L'Asie se projetait. Riyad nous achetait. Ce que nous prétendions lui avoir apporté, l'Europe de l'Est le rejetait.

Même Boris Johnson, le héros du souverainisme, bien qu'hostile au souverainisme des autres, confus d'avoir été accusé de s'être, pendant la pandémie, confiné au whisky, en sortait totalement déconfit.

La passionaria néo-thatchérienne qui lui avait succédé prétendit appliquer une politique budgétaire qui semblait copier sur les préconisations de notre Thatcher de la French Riviera : Éric Ciotti. En quinze jours, la Grande-Bretagne faillit couler.

Si on nous avait dit.

Priorité à la marche arrière : les antiracistes se rhabillaient en racialistes, les laïcs se couchaient devant les cléricaux. Les droits de l'homme avaient été un impératif, le « droit-de-l'hommisme » devenait une tare. La gauche se livrait à ses anciens travers, la droite s'abandonnait à ses régulières dérives. Rare avancée : de Donald Trump à Joe Biden on passait de Zavatta à Henri Queuille.

Comme le résumait fort brillamment un célèbre et très lucide philosophe français, dont les médias appréciaient particulièrement la profondeur de réflexion : « ça n'allait pas très fort ! »

Les mabouls de Kaboul retournés comme des Afghans, l'Arabie (c'était peu fréquent) réglait ses différends à la découpe et la Russie, c'était moins rare, au curare.

On ne pouvait plus dire que « la Crimée ne paie pas ». Grâce à notre bienveillance, la Libye explosait mais, au Yémen ensanglanté, impossible d'en évoquer l'alibi. Le serial killer de Damas avait, à Rangoon, fait des disciples. L'Irak, traité au Bush à bouche, renvoyait ses libérateurs et ses oppresseurs dos à dos.

L'Afrique, devant laquelle nous avions perdu la face à prix d'or, nous tournait le dos pour pas un rond.

Au Brésil, comme aurait dit Boileau, après Lula, holà, sur Jair Bolsonaro haro... Pourtant, on faillit remettre le couvert.

La preuve que le pire n'est jamais sûr... parce qu'il y a pire.

Gouverner sagement, trop sagement, par une vieille Biden, et parce qu'un éléphant républicain ça Trump énormément, surtout celui-là, les électeurs nord-américains n'étaient toujours pas décidés à renvoyer définitivement le putschiste clownesque à sa psychanalyse.

Le Sri Lanka, victime de gourous écologiques qui avaient inventé et initié la faillite bio, jetait dans la rue ceux qui y étaient déjà.

Une grande partie de l'Amérique latine - le Pérou, le Chili, la Colombie, après l'Argentine et le Honduras - votait pour un président de gauche en début de semaine et le récusait en fin de semaine.

À Cuba, on votait pareil en début et en fin de semaine, d'autant que, depuis plus de trois mille semaines, il n'y avait qu'un seul candidat.

****

Redescendons d'un cran :

Comment un Benoît Hamon a-t-il pu devenir le candidat à l'élection présidentielle d'une gauche démocratique, qu'il a désertée tout de suite après l'avoir suicidée ? Comment un Jean-Luc Mélenchon a-t-il pu ramasser les restes de cette gauche démocratique pour la soumettre aux imprévisibles trésaillements de sa fureur psychique après auto-subversion égotique de ce qu'il fut ?

Comment la droite, qui avait su, derrière le général de Gaulle, se régénérer après son affaissement vichysso-pétainiste, et dont les Pompidou, les Chaban, les Giscard, les Barre, les Chirac avaient su maintenir l'oriflamme propre, a-t-elle pu à ce point se salir en renouant avec tous ses anciens démons ? Comment a-t-on pu livrer le pays aux outrances sans principes d'extrémismes qui feignent, tout en se confortant mutuellement, de se nourrir de leurs pseudo-rivalités ?

Résumons : des surenchères sans rivages, ouvertes sur un maximalisme sans principes, ont conduit ce qui reste de la droite - laquelle fut longtemps qualifiée de « modérée » - (et surtout ses médias), à banaliser tout ce face à quoi, dans son intérêt et dans l'intérêt de la République, elle aurait, hier, fait résolument barrage.

Les tolérances coupables, sinon complices, dont une fraction de la gauche, l'extrême gauche et, surtout, certains de leurs médias, firent preuve à l'endroit de méthodes et dérives délictueuses, les ont conduits à banaliser tout ce face à quoi, dans l'intérêt de la démocratie et du progrès social, elles auraient, hier, fait résolument barrage.

Aucune conséquence ?

Ici, à l'ignominie et, là, à l'idiotie, mensonges front à front, on ne fut même plus en mesure de faire barrage : toujours aucune conséquence ?

Plusieurs chapeaux à plumes d'une droite dite « républicaine » n'avaient-ils pas indiqué que, s'ils devaient choisir, avant le deuxième tour de l'élection présidentielle, entre le centre droit et l'ultra-droite en la personne d'Éric Zemmour, ils opteraient pour ce dernier, dont ils ne pouvaient ignorer, cependant, que, dans ses derniers ouvrages, il soulignait et argumentait, avec beaucoup de franchise, son total rejet maurrassien de la République, de la laïcité et de la démocratie ?

Or, aucun grand média de droite n'avait, fût-ce en deux lignes, condamné ces prises de position. Ou ne s'en était, ne fût-ce qu'étonné !

Pendant toute la phase de manifestations hebdomadaires Gilets jaunes, suivie des défilés antivax et anti-pass sanitaire, des extrêmes gauches avaient défilé aux côtés des mouvances et sous-mouvances d'extrême droite, dont elles partageaient la plupart des exécrations, sans que les médias de gauche s'en indignent ou s'en étonnent. Les ultra-droites, néo-pétainistes ou fascisantes, les ultra-gauches, anarchisantes ou néo-staliniennes, s'emparèrent, sous couvert de l'anonymat, de ce mode d'expression, « idéalement libre », que sont les réseaux sociaux, terrifiantes armes de destruction informative massive. De tous bords, par démagogie, on laissa faire. On accepta qu'on lynche les mal-pensants, qu'on terrorise les mal-votants, qu'on excommunie les mal-disants.

À chaque fois, qui fut gagnant ?

Les enquêtes d'opinion et les élections elles-mêmes répondirent clairement. On n'en tira aucune leçon. Ou, plus exactement, on s'interdit d'en tirer.

Responsables mais pas coupables ?

Nous le payerons tous très cher.

****

À quoi auront servi nos incessantes injonctions à arracher à l'extrémisme réactionnaire le monopole de « l'abord », sans faux-semblants, des questions d'immigration, de sécurité ou d'identité, afin d'élaborer, à partir d'une confrontation, sans déni ni tabou du réel, des approches et des réponses démocratiques et républicaines ?

À quoi ?

Presque à rien. Mais on aura essayé.

À quoi auront servi nos continuelles mises en garde contre la tendance à escamoter les réalités dérangeantes, ne serait-ce qu'en se satisfaisant d'un mode de scrutin électoral qui excluait indûment tout ce qui faisait tache ? Ou en légitimant l'instauration, sans nouvelle consultation populaire, d'une « Constitution européenne » que les Français avaient préalablement largement refusée ?

À quoi ?

Presque à rien. Mais on aura essayé.

Comme d'alerter sur la redoutable menace que représentait le djihadisme islamiste, quand tant d'authentiques progressistes se laissaient aller, de l'Afghanistan à l'Algérie en passant par la Syrie, à en relativiser le constat.

Comme de pointer les conséquences catastrophiques qu'aurait notre opportuniste intervention militaire en Libye, comme de montrer que le néocapitalisme catalyse toutes les négations du progressisme libéral.

À quoi tout cela servit-il ?

À quatre reprises j'adressai au *Figaro* des « tribunes libres », qui tendaient à toucher l'électorat de droite, afin de le prévenir contre une radicalisation idéologique qui ne pouvait que se retourner contre ses propres valeurs. En conclusion de la première tentative, j'osais cette interpellation : l'émergence, à l'un des extrêmes, d'un fascisme de gauche justifiait-elle l'affirmation d'un néo-stalinisme de droite ? Au risque, ajoutais-je, de connaître le sort du Parti communiste.

Les quatre tentatives se heurtèrent à un refus - poli - de publication : « Ce n'est pas forcément faux, mais il n'est pas possible, chez nous, d'écrire ça. » Même de pointer les convictions antirépublicaines d'Éric Zemmour. Même de moquer certaines tentations trumpistes. Même de souligner ce que le fascisme originel devait à la conjonction des deux extrêmes.

À trois reprises, j'envoyai au quotidien *Le Monde* une « libre opinion », qui se proposait d'interpeller cette fraction de la gauche dont les complaisances à l'égard d'une ultra-radicalité activiste, attentatoire aux principes démocratiques et républicains, ne pouvaient que nourrir et engraisser tous les extrémismes réactionnaires et fascisants en embuscade.

Les trois tentatives furent repoussées. Brutalement cette fois.

Je reproduis ces textes en conclusion de cet ouvrage.

Les lecteurs, confrontés à l'évidence de ce sur quoi j'essayais d'alerter, seront sans doute sidérés à la découverte qu'on ne pouvait pas dire ça. Qu'on ne pouvait pas exprimer ça !

Quant au dernier journal que j'avais créé et dirigé, qui avait porté ces combats - *Marianne* -, sa rude inflexion faisait que je n'étais même plus en situation de m'y exprimer.

Il fallait se rendre à l'évidence : la dynamique des extrémisations idéologiques concurrentes, l'emprise des radicalités de posture ne permettaient plus que la sensibilité, dont je me réclamais, et qui porta toutes mes batailles politiques et surtout médiatiques, puisse opportunément et utilement s'exprimer. Sauf à la marge.

Ce qui ne faisait que souligner l'ampleur de mon propre échec journalistique. Lequel me renvoyait, fort peu agréablement, à mes propres coresponsabilités.

Nous avions presque systématiquement, depuis l'époque même des *Nouvelles Littéraires*, donné la parole à celles et ceux qui nous paraissaient injustement condamnés, même quand nous ne partagions pas du tout leur point de vue, à prêcher dans un désert.

À l'évidence, la réciproque n'était pas du tout à l'ordre du jour.

À 85 ans, en conclusion du récit de la traversée d'un siècle, confronté que je suis à ce qui renvoie à mes propres engagements, à mes propres luttes, à mes propres espérances - ce qui peut apparaître comme un immense fiasco - c'est ce questionnement qui m'obsède, cette auto-interpellation qui me hante : comment en est-on arrivé là ?

****

C'est ce que je me propose d'élucider dans ce livre portant, dans un deuxième temps (après un état des lieux un peu iconoclaste et une anatomie, après dissection, des extrémismes), sur les dix dernières années que nous venons de vivre et qui ont accouché de ce que nous vivons. Ce qui passera donc par l'héritage laissé par Nicolas Sarkozy ; l'ambiguïté de l'alternance de 2012 qui révélait, en réalité, sans qu'on y prenne vraiment garde, un affaissement des rhétoriques progressistes et une poussée inédite des droites extrêmes ; les démissions en chaîne de François Hollande qui, ressenties globalement comme une « ineffaçable trahison », entraînèrent un effondrement de la gauche républicaine ainsi que l'émergence d'une extrême gauche mélenchonisée qui, républicaine et, surtout, démocrate, l'était beaucoup moins ; le surgissement d'un ovni narcissiquement chérubinesque dont l'élection inanticipée et attentatoire à toute normalité rendit le petit monde politico-médiatique à moitié fou ; l'évolution vers la droite d'un « centre » qui avait d'abord séduit la gauche sociale-démocrate, ce qui contribua, par glissement des plaques tectoniques, à pousser ce qui restait de la droite plus à droite et ce qui restait de la gauche plus à gauche.

En conséquence : la montée, l'emprise, y compris médiatique, des extrémismes qui se confortèrent les uns les autres ; les redoutables et perverses contradictions du mouvement dit « des Gilets jaunes » dont l'outrancier populisme contribua à accélérer l'autodissolution de la gauche républicaine au profit des extrêmes droites ; l'ampleur des déliquescences politico-idéologiques que révélèrent les innombrables réactions totalement allumées à la crise pandémique du Covid ; les retombées des élections ravageuses de 2022 qui, non seulement livrèrent les séquelles de la droite et de la gauche aux extrêmes, mais transformèrent, en prime, les conditions de la victoire de la macronie en son cauchemar ; la façon, enfin, dont, loin de tirer les conséquences des épisodes précédents, les forces restées en présence, épargnées ou amochées, entreprirent toutes de préparer le terrain à une déferlante électorale des droites extrêmes.

Mais, au-delà du rembobinage du film, ce qu'il s'agira également d'appréhender, sujet central de ce livre, c'est non seulement la nature, mais l'essence même des extrémismes, impitoyablement destructeurs de tout ce dont ils se réclament, qui tendent à submerger l'espace public et à envahir le champ idéologique. Ce sont des dégâts provoqués, aujourd'hui comme hier, par ce poison de la haine de soi que distille ce que ces diffuseurs eux-mêmes qualifièrent naguère « d'anti-France » ; c'est la rémanence des pulsions qui, dans les années 1930 (référence quasi interdite), rythmèrent notre course au désastre ; c'est le fossé qui ne cesse de se creuser entre le pays réel et moins le pays légal que ses expressions intellectuelles, médiatiques et culturelles. C'est comment une vision formaliste, mécaniste et, au fond, assez primitive de l'avant-gardisme a fini par exclure l'aile marchande de la créativité des terrains qu'elle avait mission d'investir ; c'est, surtout, la cohabitation d'une France, d'en bas et d'en haut, qui s'autodétruit et d'une France, d'en bas et d'en haut, qui, lumineusement, se projette.

****

Ce livre sera divisé en six parties qu'on ne sera pas obligé de lire dans l'ordre.

1) L'état des lieux : le mien d'abord, à l'issue d'un parcours qui se solde par l'échec de mes mobilisations et aspirations. Celui d'une France inventive, dynamique et résiliente, mais que surplombe et plombe une traditionnelle propension à la haine de soi. Celui, enfin, d'un univers idéologico-politique que l'enchevêtrement de ses errances, de ses débandades et de ses dérives (de ses aveuglements aussi) a totalement désarticulé. Tentative, ici (et cela risque de secouer), de mélanger la rigueur analytique à la dérision chansonnière. La comédie et le drame, comme dans la vie.

2) Une analyse spectrale des extrémismes, leurs racines, leurs spécificités, leurs essences et leurs complicités, là encore mêlée à quelques saillies qui se veulent pointages débridés de leur quintessence.

3) Ce que nous dit, sur la situation d'aujourd'hui, le précédent des « années 1930 ».

4) Comment, au cours de la période qui va de 2012 à 2022 (dernière phase de mes mémoires), on en est arrivé là.

5) La synthèse de tout ce qui précède telle qu'elle se matérialisa au cours du mois d'août 2022.

6) Ce que, à droite comme à gauche – j'en ai fait l'expérience –, on n'avait pas le droit de dire.

****

Je ne me fais aucune illusion.

J'atteins donc les 85 piges. Ce n'est pas un âge où l'on s'autocensure. Même si cela m'est arrivé.

Je dirai donc les choses très exactement comme je les ressens. Tel qu'il m'apparaît nécessaire, indispensable, de les dire.

Parce qu'il faudra bien établir comment on en est arrivé là.

Hier, venant de la droite comme de la gauche, des médias de droite et de gauche, j'en aurais pris plein la figure.

Mais j'ai de la chance : aujourd'hui, on ne controverse plus, ce qui serait une façon d'accepter le débat, on se contente d'exclure par l'anathème ou le silence. Et, franchement, je m'en fous ! Comme de ma première sucette Pierrot Gourmand.

****

Comment en est-on arrivé là ?

Mais où en étions-nous à la fin du second volume de ces *Mémoires*, c'est-à-dire il y a onze ans ?

Où en étions-nous restés ?
Tout cela a peut-être commencé un 6 mai

13 mai 1958 : un pseudo-putsch.

Mai 68 : une pseudo-révolution.

Il faut se méfier des mois de mai.

Peut-être l'actuelle catastrophe commença-t-elle un 6 mai.

Le 6 mai 2012.

Ça se fêtait. Comme toujours. C'est fou cette tendance que l'on a à fêter ce qui va nous retomber sur la gueule. Un an de plus, par exemple, ça s'appelle un anniversaire. Jusqu'à l'an de plus qui marquera la fin de tout.

Donc, on fêta.

J'y étais. J'y avais traîné, non seulement ma femme, mais ma personne tout entière. Pour voir. Et je vis.

Comment en était-on arrivé là ? Par le trajet Saint-Germain-des-Prés-Bastille. Le parcours de la victoire.

Car oui, les pauvres, ils croyaient qu'ils avaient gagné. Qu'on avait viré de bord, parce qu'on avait viré le chef de bord.

On avait « éjecté », ils imaginaient qu'on avait acheté.

On avait dégagé le sortant, ils pensaient qu'on s'était engagés en faveur de l'entrant.

En conséquence, en cette nuit du 6 mai 2012, on fêtait. Quoi exactement ? « Demain Marine Le Pen ? » écrivais-je à l'époque.

Et j'ajoutais : « Il ne manquera pas d'inconscience de gauche pour favoriser ce qui apparaîtra alors comme l'échéance. Car, sans une radicale vidange par la gauche de tout ce qu'ont généré ses lâchages et ses abandons, ses mensonges et ses aveuglements, le cauchemar est déjà dans les tuyaux. »

Oui, j'écrivais ça, dans un ouvrage intitulé précisément *La Catastrophe du 6 mai 2012*.

Donc, encore une fois, on fêta ça. Serpentins dans la tête. Champagne au cœur. Turlututu, mirage pointu. Bamboula vitaminée, mais dérisoire. Blafarde apothéose qui s'exonérait du devoir de tocsin. Il y avait assez de vent pour qu'on attribuât aux drapeaux les frissons que l'on n'avait pas ressentis. (Drapeaux le plus souvent tricolores, contrairement à ce que quelques monomaniaques prétendirent !)

Lapidations verbales des faux vaincus et léchage consciencieux de la pommade répandue sur les godasses du faux vainqueur. Comme d'hab !

Quiproquo. Trompe-l'œil. Effet d'optique. Hourra enroué jeté à la figure d'une apparence.

Un triomphe ? L'anabase de la gauche ? « Non, écrivais-je, une catastrophe ! »

Elle tenait, cette catastrophe, à un chiffre, 48,36 %. Le score obtenu (au second tour) par Nicolas Sarkozy ce 6 mai.

Un échec du sortant ? Affirmatif ! Mais un échec qu'une stricte neutralité de François Bayrou (qui prit parti en faveur de Hollande) et un engagement résolument anti-Hollande de Marine Le Pen (elle le favorisa plutôt) auraient suffi à transformer en succès.

48,36 %. Score inouï de toute façon. Quasi-victoire d'une idéologie derrière la défaite cinglante d'un homme.

Comme si, seule l'exécration suscitée par l'homme avait permis de repousser l'idéologie. Comme si, seule la dégradation de l'image de celui qui avait porté l'idéologie avait permis d'éteindre l'incendie que cette idéologie avait déclenché.

Idéologie qui n'était même pas la sienne - signée Nicolas Sarkozy, donc -, on s'en avisera par la suite, mais celle que lui avait vendue en catastrophe un intellectuel néo-maurrassien, un gourou néo-pétainiste, véritable tentative de débordement de Marine Le Pen sur sa droite, et qui faillit l'emporter.

48,36 % : 10 points gagnés en trois mois de campagne. Ou perdus par le champion de la gauche qui, en janvier, planait à 62 %, voire à 64 % d'intentions de vote. 15 points de décrochage par rapport au niveau d'anti-sarkozysme exprimé six mois plus tôt. Plus d'un point perdu par semaine à l'issue d'une campagne tellement peine-à-jouir, débandante, amidonnée, poussive, notariale, que certains de ses meetings, loin de mettre le feu, semblaient, au fur et à mesure de leur déroulement, se recroqueviller sous leur propre couette.

Pourquoi ne pas l'admettre ? Les grands discours de Sarkozy - écrits par d'autres - se situaient à trois coudées au-dessus de ceux de Hollande (souvent écrits par d'autres également), lequel Hollande n'échappa au naufrage qu'en prononçant la formule fatale, qu'il paya si cher : « Mon ennemi, c'est la finance ! »

48,36 % face, il ne faut pas l'oublier, aux moins de 44 % rassemblés, au premier tour, par toutes les gauches entassées l'une sur l'autre, des plus fades aux plus corsées. Or - c'est ce qui constituait (encore eût-il fallu en prendre conscience) un véritable coup de tonnerre -, ce n'est pas une droite ordinaire, libérale, civilisée, gentiment conservatrice, convenable, façon Jean d'Ormesson propre sur elle, celle de Pompidou, de Giscard, de Balladur, de Chirac encore moins, de Barre ou de Chaban-Delmas, qui les avait obtenus ces 48,36 %, et donc séduit presque la moitié du corps électoral français, mais une droite brute de décoffrage - brute tout court -, incandescente, sauvage, débarrassée de ses habits de cour, qui n'avait réussi à remonter la pente, à rattraper son impressionnant retard, qu'en renouant avec une rhétorique et une philosophie que les soubresauts de notre histoire lui avaient fait remiser au grenier de la sienne depuis des décennies.

La finance, c'était normal, mais aussi la France d'en bas de droite, avec peut-être encore plus d'ardeur, soutenaient Sarko. Lequel était le champion d'Alain Minc, de Jean-Pierre Pernaut, d'Étienne Mougeotte, de Jacques Séguéla, de Bernard Tapie et du juge Courroye. Mais aussi d'André Glucksmann ou de Max Gallo. Qu'avaient hissé sur le pavois Serge Dassault, Martin Bouygues, Vincent Bolloré, Arnaud Lagardère, Bernard Arnault, Liliane Bettencourt, Henri de Castries et Jean-Marie Messier. Manquait Boussac, parce qu'il était mort. Que supportaient, dans un même élan, l'Arabie saoudite, le Qatar et le CRIF.

Extraordinaire arnaque, en vérité, qui annonçait l'autre. Celle-ci à droite, celle-là à gauche. Match nul. Deux confiscations d'un drapeau pour le mieux lacérer.

Car si le Sarkozy qui tentait, aux forceps, de rempiler, se plaçait résolument à la droite de Gengis Khan, celui qui allait laisser la place (le même), c'était quoi ? Résumons : forte augmentation, sur pression patronale, du flux migratoire (100 000 immigrés de plus par an, hors clandestins) ; creusement, en aval et en amont, dès 2007 et après

2011, du déficit public (entre ces deux dates repères, c'était en effet nécessaire) ; d'où alourdissement de la dette ; déclassement par des agences de notation ; restrictions drastiques des effectifs des forces de l'ordre ; abandon de la police de proximité ; fin de la double peine ; approbation, sans nouvelle consultation populaire, d'un projet de constitutionnel européen rejeté par les Français ; intervention en Libye aux conséquences calamiteuses, c'est-à-dire plus aucun obstacle local aux pressions migratoires et distribution massive d'armes à tous les terroristes ennemis de la France au Sahel. Venant d'un autre, la droite eût hurlé. Pour le quart de tout cela, ensuite, elle hurla, en effet.

Cette fois, elle adora. Ou fit semblant. Au demeurant, elle eut des raisons d'adorer. Le chef cheffa. Souvent avec talent. Pendant la crise économico-financière de 2008, il réagit avec autorité, rapidité, sens de la décision. Il prononça, à Toulon, un remarquable discours, dont il ne réalisa, hélas, aucune des annonces. Mais, à côté : l'amaigrissement des forces de police ; le dopage, dès la première année, du déficit budgétaire que le gouvernement Villepin avait fait reculer ; le rétablissement du contrôle politique direct des chaînes de télévision publiques ; l'alourdissement forcé de la pression fiscale ; le cadeau de la Coupe du monde de football fait au Qatar ; le choix d'une alliance prioritaire avec les deux « hommes forts » (comme chacun sait) de l'Afrique du Nord, le Tunisien Ben Ali et l'Égyptien Moubarak ; la mise en place, au nom sans doute de l'anti-assistanat, du RSA ; le démantèlement des digues qui protégeaient le petit commerce du bulldozer de la grande distribution ; le cadeau de l'Ossétie du Sud et de l'Abkhazie fait à Poutine : elle n'y avait décelé, la droite, aucune atteinte à ses fondamentaux. *Le Figaro*, sous la plume d'un certain Étienne Mougeotte, ne cessa de balancer l'encensoir.

On était entre soi. C'était chouette. Le chef suprême dictait lui-même les éditoriaux.

La gauche, quant à elle, ne cessa de hurler à la politique de droite.

****

La droite avait encensé la quintessence de sa négation. La gauche commençait par encenser la fatalité de sa trahison.

Car le constat était - ou aurait dû être - brutal : dans le passé, la gauche avait perdu légalement des épreuves qu'elle gagnait intellectuellement. Cette fois, elle gagna légalement une élection qu'elle avait perdue intellectuellement.

Répétons-le : le premier tour, déjà, nous dévoilait la réalité. Le candidat de droite, déglingué par son psychisme, fut certes finalement limogé, mais les droites l'avaient emporté : plus de 46 % contre moins de 44 %. En fonction de quoi, un candidat de gauche avait gagné, alors que les gauches avaient perdu. Une idéologie minoritaire l'avait emporté, parce que « l'homme normal » qui en portait le flambeau fut mollement préféré au matamore allumé qui brandissait le fanion d'en face.

Avaient gagné, au second tour, non par désir de soi mais par rejet de l'autre, ceux qui, au premier tour, n'avaient pas réussi à imposer leur « pour soi » contre les autres.

****

Parce que les gauches avaient découplé le travail-valeur de la valeur-travail et, par paresseuse omission, exclu des catégories entières de travailleurs de l'espace rigidifié qui délimitait et hiérarchisait à leurs yeux cette réalité sociale que l'on appelle « le peuple », le sarkozysme et le lepénisme avaient pu réaliser un hold-up sur toutes les formes de travail que les gauches avaient comme éjectées de leur appréhension et donc de leur attention.

Elles avaient été, ces gauches, tellement incapables, tragiquement incapables, de s'ouvrir aux aspirations, aux attentes de ces couches sociales là, que la majorité des agriculteurs et plus encore des commerçants, des artisans, des petits entrepreneurs, des indépendants (qui furent, pourtant, les principales victimes de la politique sarkozyste), avaient voté exactement comme ils l'auraient fait en 1940.

Parce que la gauche petite bourgeoise post-soixante-huitarde avait mis, dans le touillage toujours recommencé d'un progressisme purement sociétal, l'ardeur qu'elle n'investissait plus dans l'élaboration et la réalisation d'un véritable réformisme économique et social, elle avait offert sur un plateau à la droite et à l'extrême droite tout un petit peuple à qui elle donnait l'impression de sacrifier la cause de l'abolition des privilèges à la seule satisfaction des hédonismes.

Parce qu'elle s'était laissé piéger par le terrorisme intellectuel d'un certain intégrisme « vert », cette gauche avait fait basculer à l'extrême droite tout un pan de l'électorat salarié, pour qui la stigmatisation obsessionnelle du « productivisme » était inaudible.

Parce qu'elle avait systématiquement donné, jusqu'au ridicule, dans un jeunisme de posture, cette gauche

« mode » ou « tendance » avait radicalisé la dérive droitière des retraités, qui votaient à gauche quand ils avaient 40 ans.

Parce qu'elle avait donné à croire qu'elle était acquise à l'idée d'une immigration libre et par définition sans frontières, toute une fraction de cette gauche, la plus loquace en la matière, avait même rejeté vers l'extrême droite et la droite sarkozyste cette frange des Français issus de l'immigration redoutant par-dessus tout le renouvellement continu, irrépressible, des flux migratoires qui plombait sa propre intégration citoyenne.

Parce qu'elle n'avait pu s'empêcher, parfois sous la pression des organes de presse qui l'influençaient, d'assimiler à des « dérives sécuritaires » les plus légitimes expressions d'un besoin de sécurité, les gauches avaient fait basculer vers le Front national les habitants des quartiers les moins bien armés pour se protéger des actes d'incivilités et de délinquance.

Parce que, bizarrement, au lieu de placer les deux attitudes sur le même plan, les gauches avaient manifesté, à l'égard des « communautarismes », une indulgence qu'elle refusait aux « identitarismes », elles avaient reçu en pleine figure l'effet conjugué des exigences communautaristes et, en réaction, des replis identitaires.

Et, du côté de cette droite que, par habitude, on continuait à qualifier de « républicaine », que dire ?

Comment cela fut-il possible que ceux-là mêmes - centre droit et droite modérée - dont le candidat, tombé sous la coupe d'un antirépublicain notoire, entre les deux tours, lacéra les valeurs, martyrisa les convictions, déchiqueta les principes, atteignent un tel niveau de servitude volontaire qu'ils acceptent, en quelque sorte, de s'auto-dissoudre, quitte à se macroniser cinq ans plus tard ?

Plus tard, justement, on évoquera complaisamment et à toute occasion, comme s'il s'agissait d'un phénomène nouveau lié au macronisme, l'antagonisme électoral opposant la France « périphérique » à la France « des centres ». Or, que nous révéla le second tour de l'élection de 2012 – l'électorat le plus populaire de Marine Le Pen ayant basculé sur François Hollande ? Les cités contre les bourgs, déjà, les grands ensembles contre les résidences, les HLM contre les pavillons, le béton contre la pierre. France de la dèche contre France de l'épargne. Mais aussi France sécurisée et protégée contre France en plein vent.

72,83 % pour Hollande à Aubervilliers, 84 % pour Sarkozy à Neuilly ; 72 % pour Hollande dans le XXe arrondissement de Paris qui votait Chirac trente ans plus tôt, 78 % pour Sarkozy dans le XVIe. Ivry, 74 % pour Hollande contre Saint-Mandé, 62 % pour Sarkozy.

Communautés contre communautés, catholiques pratiquants contre agnostiques, vote musulman quasi unanime en faveur de Hollande contre vote juif communautaire massif en faveur de Sarkozy. Classe moyenne coupée en deux. Hollande en dessous de 3 700 euros par mois, Sarkozy au-dessus. Même si la gauche, ou plutôt les gauches, qui avaient perdu le premier tour, gagneront de justesse le second grâce aux renforts de celles et ceux qui, les uns, les classes moyennes, passeront au macronisme, les autres, dans les classes populaires, passeront au lepénisme.

Elle s'en trouva confortée, cette gauche-là, dans l'illusion d'être devenue réellement majoritaire.

« Elle le paiera », écrivais-je alors. Et j'ajoutais : « Lorsque, comme toujours avec la social-démocratie – et notre nouveau président, Hollande, est vraiment social-démocrate –, des renoncements succéderont aux reculades, lorsque les prétendus contempteurs du pouvoir de la finance se plieront aux exigences de l'orthodoxie néolibérale mondialisée, lorsque ressurgiront les apparatchiks rassis et que l'omniprésence envahissante de la compagne de l'heureux élu exaspérera les mieux disposés, elle risque, en effet, de le payer cher ».

Cela fut écrit en juin 2012.

On en arriva là. Puis on poursuivit la route.

La manif qui fait préface

L'ampleur du chambardement depuis la célébration de cette illusion du 6 mai 2012, une scène, dans mon esprit, la résume.

La place Rouge était vide. Malgré le Covid, la place de la République ne l'était pas. Sans être bourrée pour autant (encore que...).

La France vivait, en ce début de février 2021, sous le régime du semi-confinement. Masque obligatoire. On ne percevait l'autre qu'à l'œil. Ce n'était pas cher. Distanciation barrière imposée. Rassemblement de plus de dix personnes interdit. Parties de foot impossibles, même sans public. On pouvait encore lever le coude, mais pas se tendre la main.

Or, ce jour-là, un samedi - forcément un samedi, dont les Gilets jaunes avaient fait le jour où le créateur a donné l'ordre, non pas de se défiler comme le dimanche, mais de défiler -, ce samedi, donc, sur cette place de la République offerte par Anne Hidalgo à la contestation permanente, trois mille personnes étaient illégalement rassemblées. Sans masque. Nus quant au visage (comme on disait en grec ancien). Pressées les unes contre les autres, se serrant les paluches tout en montrant le poing (je sais, c'est impossible, mais l'idée y était). Nul ne les en empêchait. La police, qui les entourait, ne bougeait pas. Donc, elle les protégeait.

Et qu'est-ce que clamaient, d'une même voix, ces protestataires qui violaient allègrement la loi ? « Allègrement » car, comme sur le *Titanic*, il y avait un orchestre. Qu'affirmaient-ils avec la force de l'évidence ? Qu'on était en dictature ! Et qu'on était bien héroïque - téméraire même - de braver l'impitoyable répression qui se déchaînait sous l'implacable férule de Pinochet-Macron. Rassemblement baroque, en vérité, qui agglomérait quelques chapelles et sous-chapelles de l'extrême gauche, quelques éclaireurs de l'extrême droite, version Florian Philippot, quelques Dupont tendance Aignan, des anarcho-libertaires partisans de l'institutionnalisation du bordel, des anarcho-libéraux favorables à la pandémie libre dans le poulailler libre et des accros aux rave-parties qui défendaient le droit de faire la fête sans masque : gestes barrières au feu, teufeurs au milieu !

Manifs communes, en somme, des partisans, de droite, du « laisser-faire » et, de gauche, du « tout est permis ». Du « tout-État », sauf s'agissant de la sécurité publique, et du « sans-État », sauf s'agissant également de la sécurité publique. De gauchistes et de trumpistes.

Les activistes d'extrême gauche avaient deux exigences. La première : qu'on ait le droit de photographier ou de filmer les policiers et de diffuser ces images sur les réseaux sociaux. Pour leur faire honte. La deuxième : qu'on interdise à la police l'utilisation de caméra-piéton et de drones, c'est-à-dire qu'on lui refuse le droit de filmer et de photographier. Fût-ce pour faire honte. Étrange conception de la réciprocité. De part et d'autre. « J'ai exigé de pouvoir me payer ta tronche (façon de parler car c'est gratuit), mais je t'interdis de me tirer le portrait ! Interdit de mater ceux qui vous matent ! »

Question à un protestataire (pas de masque, mais comme une invisible cagoule) :

« Ce mélange des extrêmes, qu'en pensez-vous ?

– Ce que vous appelez les extrêmes, c'est le peuple dans sa diversité ! »

Le peuple ? Qui défilait peut-être sur la place Rouge (il y était forcé), mais ne remplit même pas la place de la République.

Combien étaient-ils quand ils ont pris la Bastille ?

Bon zig, je m'interdis cette réplique.

Mais, là, ils prennent quoi à part leur pied ?

Y compris le pied de Lalanne, ce barde à papa devenu le Rouget de Lisle de la révolution permanente.

« Front commun » plus large qu'il n'y paraissait en vérité.

Car, dans des journaux sous emprise de radicalités rivales, fleurissaient, alors, des « tribunes libres » (« libres », c'est-à-dire le plus souvent qui pensaient comme vous et tous pareils) d'intellectuels de sensibilité « libertaire » fustigeant la manière de « totalitarisme » comportemental que l'État « capitaliste » voudrait nous imposer sous prétexte de protection sanitaire. Et, à droite, d'intellectuels de sensibilité « ultralibérale » fustigeant l'implacable tyrannie que ce même État, « socialiste », était en train d'instaurer sous couvert de lutte contre le virus. Les uns et les autres se réclamant d'Orwell.

Je voulais savoir qui était qui. Ou plutôt, qui se réclamait de quoi. Presque impossible. L'ennemi était le même. Fédérateur. Très.

Une jeune dame, ferme mais pas fermée, ne me l'envoya pas dire : « Et eux, en haut, est-ce qu'ils font le détail ?! » Une autre : « Puisqu'on veut nous mettre dans le même sac, le sac se rebiffe ! »

L'adversaire commun ? L'État ! Ce Belzébuth omniprésent qui est à l'origine de tous nos maux. Le démiurge de toutes les catastrophes (inondations et feux de forêts compris), le destinataire de toutes nos revendications, le responsable de tous les dysfonctionnements, le fauteur de tous les troubles. L'État qui, responsable à la fois de la misère et de l'assistanat, des déficits et de la dette, nous écrase d'impôts.

Si on pouvait se retrouver ensemble, tous ensemble, en étant officiellement si dissemblables, c'est qu'au-delà ou au-dessus d'une exécration commune planait comme l'ombre d'un monstre qui suscitait un rejet commun, quoique radicalement antagoniste : l'État. L'État trop ou l'État pas assez. L'État qu'il faut bouter hors de la société ou la société qu'il faut bouter hors de l'État. Ceux-là, les ultralibéraux, parce que l'État est l'État, socialiste par essence. Ceux-ci, l'extrême gauche, parce qu'il est libéral, c'est-à-dire négateur de lui-même. Les libertaires, parce qu'il est intrinsèquement totalitaire. Les néofascistes, parce qu'il est démocratique (s'il l'est !).

Tous ensemble ! Tous ensemble !

Alors, comme on ne peut pas se rassembler sur un mot d'ordre unique dirigé contre un coupable, forcément coupable, qu'on diabolise en commun, l'État, mais à qui les uns reprochent de trop faire et les autres de ne pas assez donner, de trop entraver ou de ne pas suffisamment empêcher, de trop interdire ou pas assez, de trop ouvrir les frontières ou de trop les fermer, qu'ils accusent, ceux-là de laxisme et ceux-là d'outrance répressive, ceux-là de favoriser outrageusement l'immigration, ceux-ci de l'entraver tout aussi scandaleusement, trop ouvert ou trop fermé, le tout et son contraire, comme, donc, le démon ne dégage pas, pour les uns et pour les autres, le même soufre, on se retrouve pour agonir son éphémère représentant : le « chef de l'État » ! D'autant qu'il y a toujours de très bonnes raisons.

****

Quelques mois plus tôt, du temps du déchaînement des Gilets jaunes, toujours sur cette place de la République, je fis cette réflexion à un démonstrateur particulièrement démonstratif, qui scandait, par réflexe quoiqu'avec conviction : « Macron démission ! » « Pourquoi pas, concédai-je, mais je suppose que vous ne souhaitez pas sa réélection. Or, s'il démissionne, il faudra revoter et, si j'en crois les sondages, c'est à Marine Le Pen qu'il sera alors confronté au second tour. Alors ? » Fastoche ! « Si on obtient la démission de Macron, me répliqua-t-il - et d'autres, que j'interrogeai également, me firent des réponses à peu près semblables -, on ne revotera pas, on constituera un gouvernement provisoire (de Gilets jaunes s'entend) et c'est lui, plus tard, qui organisera des élections. » C'était logique : puisqu'on était en dictature quasi totalitaire, il fallait préalablement remettre les esprits en ordre.

C'est, sans doute, parce qu'on ne le fit pas, qu'à l'élection présidentielle suivante, Macron et Le Pen se retrouvèrent effectivement face à face. Et que Mélenchon, devancé par Marine Le Pen, déclara le scrutin illégitime.

Première partie

État des lieux

Chapitre 1

Le grand dégagement

Avril 2022. Extrêmes droites et extrêmes gauches avaient renversé et broyé les anciens socles de notre système institutionnel. La grande balayeuse électorale ne laissait plus derrière elle que des séquelles. Des poussières sans le tapis. Des tronçons de colonnades qui ne portaient même plus les frontons des anciens temples renversés. Le Samson du dégagisme s'était refait des cheveux. Mais ce n'étaient plus les basiliques qui recouvraient les ruines des anciens temples païens, c'étaient des excroissances païennes, des redondances barbares, des rémanences de préhistoire qui ressurgissaient sur les décombres des anciennes basiliques. Carnac après Vézelay. Pierrefonds restauré après Beaubourg rasé. Triomphe des Viollet-le-Duc du nostalgisme archéologique.

Le « Lepenland » n'avait jamais enregistré un aussi grand nombre de visiteurs. Beaucoup plus que les abbatiales romano-libérales dévastées. Plus que ce qui restait des cathédrales sociales-démocrates englouties. Plus que n'en espéraient les acropoles conservatrices. En termes vulgairement comptables : 90 sièges pour ceux - le Rassemblement alias Front national, alias l'extrême droite - dont tout avait été institutionnellement conçu pour qu'ils n'en obtiennent aucun. C'est-à-dire presque autant qu'un scrutin véritablement démocratique lui en aurait attribué : scandale énorme !

70 « Insoumis » d'ultragauche contre 26 pour le Parti socialiste, l'ex-premier parti de France, qui ne les avait obtenus qu'au prix d'une auto-répudiation. 26 clandestins, en quelque sorte, contre 70 assumés. Et 60 pour LR, alias la droite conservatrice (alliance des ex-gaullistes et des ex-giscardiens) qui avait, pendant plus de soixante-cinq ans, constitué, soit « le » parti du pouvoir, soit « le » parti de l'opposition, et perdait, donc, d'un coup, les deux leaderships : celui du pouvoir et celui de l'opposition. Celui de la gouvernance et celui de l'alternative à la gouvernance.

Comme si, un beau matin, les Anglais découvraient que les électeurs avaient dégagé, d'une même brutale poussée, les conservateurs et les travaillistes. Ou les Américains les républicains et les démocrates.

L'opposition, donc, ce n'était plus, pour la première fois depuis cent quarante ans, la gauche réformiste confrontée à une droite gouvernementale, c'était un national-populisme a-libéral et identitaire placé à la droite de la droite, qui faisait face à (et parfois prolongeait) un social-populisme antilibéral et libertaire, pas toujours très républicain, situé à la gauche de la gauche.

À l'élection présidentielle, quelques mois plus tôt, l'ordre hiérarchique avait été encore plus accentué : Emmanuel Macron, 28 %. Marine Le Pen, 24 %. (Mais 32 % pour les diverses extrêmes droites). Jean-Luc Mélenchon, 22 %. Tout le reste - droite libérale et socialistes démocrates - se retrouvait totalement dans les choux. Comme éradiqué. Observable au microscope.

Chambardement inouï. Plus traumatisant encore que cet affichage ne le laissait paraître, car, répétons-le, les « extrêmes droites » (dont l'une portait son néo-pétainisme en bandoulière) avaient, à l'élection présidentielle, dépassé les 32 % et les « extrêmes gauches » (dont l'aile modérée était représentée par les communistes) atteint les 25 %. Donc les extrêmes étaient majoritaires - clairement.

Le national-populisme gaulois avait, au second tour de la présidentielle, rassemblé 42 % des suffrages. Autant que le national-socialisme germain en 1932. Indicible ! Donc, on ne le dira pas. Aucun rapport !

On imagine les réactions médiatiques tricolores si, en Allemagne, à l'issue de deux élections, les extrêmes droites d'un côté et les extrêmes gauches de l'autre avaient raflé 57 % des suffrages exprimés. Une majorité absolue. Absolue !

Une représentation des expressions électorales dont on préfère ne pas se « figurer », lorsqu'on parcourt notre Hexagone, qu'elle correspond à l'expression de six Français sur dix ; à l'accumulation des colères, des rages, des peurs, des angoisses, des préjugés, des exécrations, des rejets de six Français sur dix.

Donc, on préféra ne pas se demander - c'était plus simple - comment, collectivement, intellectuellement, médiatiquement, on avait pu favoriser un tel dénouement ?

S'interdire d'interpeller un monde dont le panurgisme, le démagogisme, la lâcheté, la bêtise parfois, la saloperie à l'occasion, politiques certes, mais également médiatiques et culturelles, avaient contribué à ça.

L'effondrement de 1940, personne n'y serait pour rien ? Surtout pas les chefs militaires ? Et surtout, surtout pas les faiseurs d'opinion ?

Prodigieux numéro de prestidigitation démocratique : en deux décharges de scrutin magique les électeurs sorciers avaient changé, d'abord les Vosges en Beauce, puis la Beauce en Hautes-Alpes. Un parc animalier en ménagerie. Ce qui, en un autre temps (ou ailleurs), on eût qualifié de néofascisme et de néo-bolchevisme (voire de néo-stalinisme), n'apparaissait plus que comme de simples raidissements de la normalité.

Cependant, ce à quoi et à qui on avait donné brutalement congé, c'était au gaullisme, au giscardisme, au chiraquisme, mais aussi à Léon Blum, Pierre Mendès France et François Mitterrand. À Poincaré, Clemenceau et Jaurès dans la foulée. Le « libéralisme de progrès » était bradé du côté droit ; le socialisme démocratique du côté gauche ; le républicanisme le plus authentique des deux côtés à la fois ; tandis que, de son propre côté, le centrisme était dévoré par le nombrilisme jupitérien.

Un centre et deux extrêmes : cette géographie post-électorale était, en soi, problématique. Mais, en vérité, c'étaient deux outrances ultrapersonnalisées (au point de porter le nom de leurs caudillos respectifs) qui encadraient une vague galaxie que n'illuminaient plus que les brillances régulièrement dispensées par son étoile narcissique.

Ce centrisme-là n'était pas au milieu, il était ici et là. De-ci de-là. Comblement d'une béance. Obturation d'un trou au fond duquel se réfugiaient quelques rescapés des naufrages antérieurs ou périphériques. À la fois droite modérée réinstallée sur les vestiges de la droite anciennement modérée et gauche modérée replantée sur les jachères de l'ancienne gauche réformiste. Économiquement et socialement ceci, sociétalement cela.

****

Comment en était-on arrivé là ? À la répudiation, y compris au profit du pire, de ce qui avait permis, pendant un siècle et demi, l'émergence y compris du meilleur.

Qui osera faire l'inventaire : des luttes détournées, des révolutions trahies, des acquis effacés ; de la négation du

« nous » au nom d'une collectivisation du « moi » ; de la liquidation effective de nos grands principes sous le prétexte d'une sur-déclamation purement rhétorique de ces mêmes principes ; d'un piétinement répété de nos valeurs dissimulées sous l'exclusivité revendiquée de la défense de ces mêmes valeurs !

Comment en était-on arrivé là : à ce que la gauche dite « radicale » - ou, plus exactement, ce « radicalisme » colorié en gauche - singe l'ultra-activisme agressivement et haineusement vocal, qui fut longtemps la spécialité du camp d'en face. Tandis que le camp d'en face adoptait tactiquement les pratiques parlementaires qui caractérisèrent la gauche démocratique, fût-elle radicale, d'antan.

Ils le savaient, pourtant, ceux de ce camp-ci, « Insoumis » sauf à leurs tentations, qu'ils faisaient de la sorte le jeu de ce camp-là. Ils le savaient que la dissolution, qu'ils appelaient de leurs vœux - donc de nouvelles élections - se solderait par une spectaculaire progression de ceux d'en face. Mais ils attendaient de cette victoire de leur envers que, contribuant à la liquidation du camp du milieu, elle les confronterait à un inespéré « faire-valoir ». Que le spectre du fascisme doperait leur illusoire espérance de surfer sur la dynamique de l'antifascisme. Sans s'aviser que, faire-valoir, c'était précisément le rôle qu'ils jouaient, eux. Au grand ravissement de leur supposé antagonisme.

Complicité objective, toujours intégrée et toujours inavouable.

Pourquoi l'Histoire, et pas seulement la nôtre, est-elle si riche de passages de cette rive-ci à cette rive-là ?

Par facilité, je désigne deux extrêmes. En vérité, c'était plus complexe, car il y avait de « l'un dans l'autre ». Et ce « l'un dans l'autre », à mesure même que s'imposait son évidence, forçait à outrer, jusqu'à la plus grotesque caricature, un artificiel « l'un contre l'autre ».

Comment en était-on arrivé là ? À l'omniprésence médiatique, plusieurs mois durant, d'un candidat-surprise, Éric Zemmour, qui, avant de se faire hara-kiri, chouchouté qu'il fut, encaustiqué, pommadé par l'aile droite du pouvoir médiatique, permit aux plus indécrottables nostalgiques de renifler d'un coup l'âcre et indiluable parfum de deux inoubliables moments : 1940 et 1244, le vichysme et les croisades.

Comment en était-on arrivé là ? À la promotion, tout aussi médiatique, d'un égotisto-trotskiste pyromane, Jean-Luc Mélenchon, qui s'acharnait à transformer en incendies toutes les effervescences, absolument toutes, en soufflant sur n'importe quelle cendre tiède.

Ce qu'on récoltait, ce qu'on payait plutôt, faut-il le dissimuler, c'était, médiatiquement, la mainmise de plus en plus affirmée, sur feue la pluralité des expressions, d'une binarité radicalement bi-phonique, dont les deux composantes, campant aux extrêmes, non seulement se renvoyaient musicalement la balle, mais cogéraient, contradictoirement, l'ensemble du jeu et du concert.

C'était particulièrement spectaculaire à droite où un oligarque expansionniste imposait aux médias, qu'il avalait l'un après l'autre - radios, télévisions, maisons d'édition, journaux - ses très réactionnaires lubies. Ou une richissime momie aux bandelettes dorées se faisait bénir d'avance son futur mausolée par ses médias qui l'embaumaient, en même temps qu'ils embaumaient l'actualité, pour mieux l'enfermer dans son sarcophage idéologique.

Désormais, au nom de deux cuisines, on interceptait tous les plats qui passaient et on les surchauffait jusqu'à les rendre immangeables. Carbonisés.

N'importe quel zigoto, con comme une balayette, incapable d'intégrer à sa réflexion la moindre nuance, la moindre complexité, la moindre finesse, se précipitait sur chaque nouvelle émergence idéologique profitant d'un effet de mode – l'anticapitalisme, le néolibéralisme, l'identitarisme ou le féminisme, l'écologisme ou le nationalisme, le souverainisme ou le néoconservatisme, le libertarisme ou l'autoritarisme réactif –, les poussait, à grands coups de savate conceptuelle et de gourdin logomachique, jusqu'aux dernières limites de l'insanité (histoire, comme on dit, « de faire le buzz », c'est-à-dire de se sonoriser le nombril), et trouvait des journalistes cons – il y en a beaucoup – pour, ravis de cette aubaine, relayer avec délectation chacun de ces degrés zéro, moins exprimés que hurlés, de l'intelligence réflexive.

Aucun des médias des casemates opposées, qui s'échinaient à refouler les hors-d'eux et à étouffer les entre-deux, n'hésitait, en revanche, pour peu qu'on se range dans sa case, à promouvoir le n'importe quoi.

Comment en était-on arrivé à ce qu'une normalité, l'absence de majorité absolue, soit vécue comme une quasi-tragédie ? À ce que la normalisation institutionnalisée d'un binarisme de guerre civile froide débouche, le simplisme infantilisant de certaines agitations de rue ayant été transplanté sur les bancs de l'Assemblée nationale, sur la mise en scène exacerbée et plus dérisoire que jamais d'une guerre civile, provisoirement purement vocale, mais tiède.

Chapitre 2

Tout ça pour ça !

Tout ça pour ça ?

Pourquoi faut-il que mon rétroviseur devenu parlant – c'est le progrès – ne cesse de me répéter en boucle cette interrogation ?

Quand on est sidéré en regardant derrière soi, faut-il prendre le risque d'être consterné en regardant autour de soi ?

Complexe du décrochage. On ne reconnaît plus, on ne comprend plus.

Ce que je ressens, cruellement, comme une régression, n'est-il qu'un progrès qui m'échappe ? En vérité, je récuse cette question. Mais me récuse tout autant le fait de la poser. Tant pis !

Bien que j'aie inscrit toute mon existence dans le camp du progrès, je suis, au fond, certain, de plus en plus certain, que j'ai été fidèle à mon engagement, à mes engagements, en résistant, presque systématiquement, au terrorisme de la prétendue « modernité ». De la modernité de mode.

Le vrai, le juste, l'adéquat, le nécessaire, le beau aussi, m'ont toujours paru devoir l'emporter sur le « moderne », c'est-à-dire, de plus en plus souvent, sur le ringard du lendemain. Et le déplorable du surlendemain.

L'absolutisme, l'impérialisme, le néolibéralisme furent modernes. Le stalinisme fut moderne. Le fascisme se donna comme moderne. Pour certains, ce fut la raison pour laquelle ils y sacrifièrent.

Pourquoi en serait-il autrement quand la régression devient une dimension de la modernité ?

Donc il n'est pas sûr que les « hier » qui me fuient soient la seule cause de ce que du présent je déplore.

C'est vrai que j'ai peu à peu largué certains des plus emblématiques déterminants de ce siècle. Celles et ceux, avec qui je parle, sont de moins en moins celles et ceux dont on parle. Les endroits que je fréquente sont de moins en moins les plus fréquentés. Je n'ai plus de télévision. Je n'ai pas de voiture. Mon téléphone portable, sans écran, n'a d'autre fonction que de téléphoner. Je me suis totalement déconnecté des épouvantables réseaux dits « sociaux ». Des radios, je ne capte pratiquement que la musique. J'entends utiliser des mots que je ne connais pas. Des expressions évoquent des nouveautés qui m'échappent.

Là où j'habite, lieu social par excellence, place de la République, où sont les bistrots, où sont les petits restaurants du coin ? Rien que des « chaînes », comme leur nom l'indique, cette redondance du même, cet envahissement, cet étirement capitalistique de l'ex-propension soviétique à la répétition du même : le capitalisme d'aujourd'hui. De plus en plus. C'est-à-dire la dissolution du créateur, de l'initiateur, de l'entrepreneur. Capitalisme dont l'extension, toujours recommencée, fait d'une réitération une création.

Succession de Pizza Pino, Léon de Bruxelles, Hippopotamus, McDo, Indiana, Buffalo Grill...

Allô qui ? Non, allô quoi ? Comme si le capital, après avoir avalé et digéré la personne créatrice, devenait une hyper-personne dépersonnalisée.

Déclinaison du sigle. Fascination de la marque. Ce qui « est », éclipsé par la signature de son apparence. Poinçon qui sanctionne non une création, mais une répétition. Nécessité d'être pareil et, pour être vraiment pareil, de se faire authentifier cette exacte ressemblance, la marque prenant, alors, le pas sur la chose. Elle devient la chose. On n'achète plus la chose, mais la marque. On ne voit plus d'abord l'utilité, la nécessité, mais le signe authentifiant la possession.

Véritable symbole que cette place de la République qui n'est plus que la déclinaison des différentes formes que peuvent prendre les désincarnations répétitives du capital.

Mon temps qui passe

Finalement, peut-être, ces grattages d'influence, ces gommages d'interférence ont-ils rendu mes jugements moins déterminés ? Donc plus lucides ? Oserais-je le suggérer ?

Mais, malgré tout, quand je regarde en arrière : tout ça pour ça ?

À quoi bon ? Ce qu'on a investi se dilue dans la sensation de l'avoir dilapidé. On aspirait à, on soupire après.

Est-ce parce que la locomotive est sortie du hangar que le temps qui passe ne cesse de décrocher des wagons ?

Non pas le retour des cloches, mais le recul des coches (des encoches).

Je suis du temps où on écrivait à la main. Pas touche. Le papier faisait écran et non écran-papier. Où, quand on téléphonait, on tombait sur des personnes qui répondaient, non sur des répondeurs qui dissolvaient les personnes. Où la seule présence qui s'imposait n'était pas celle de l'absence. Où, à « l'être là », ne s'était pas substitué partout un « je ne suis apparemment pas là ». Qui signifiait qu'on entendait trier ceux pour qui on était là.

Allô qui ? Allô quoi ?

Je suis d'un temps où l'on se voyait, parce qu'on se regardait. Alors que, les yeux rivés sur des petits « ailleurs » de poche, on ne se voit plus car on ne se regarde plus.

Désormais, dois-je faire semblant de m'être fait une raison pour ne pas paraître un vieux con ?

Des altérités, devenues invisibles, vous submergent de leur abstraction. C'est comme ça ! Un dialogue n'implique plus un face-à-face, il se satisfait d'un face à l'absence d'en face. Avant, le cinéma était muet. Il parle. C'est notre cinéma qui est devenu muet.

Les vendeurs de billets éradiqués par les distributeurs automatiques : l'autre ne vous répond plus, il vous composte. On ne poinçonne plus, les Lilas sont coupés. Le quelqu'un, irrémédiablement, s'efface au profit de quelque chose. Nous sommes sortis d'un monde où nous étions confrontés aux gens pour basculer dans celui où nous sommes opposés aux supplétifs réifiés des gens. On ne pouvait, en ce temps-là, être là tout en étant ailleurs.

Il arrivait que l'autre fût machinal. C'est désormais, de plus en plus souvent, la machine qui est l'autre.

Je suis d'un temps où l'on pouvait aller partout en train au prix d'inévitables escarbilles dans l'œil ; se faire soigner, hospitaliser, opérer, à moins de cinquante kilomètres de chez soi ; où chaque village avait sa mercerie, sa boulangerie, son cinéma... et son bistrot. C'est-à-dire son agora. Où l'on regardait fixement la radio pour mieux l'écouter. Où les gardes champêtres, les mégères et les leveurs de coude jouaient quasiment le rôle de réseaux sociaux. Où on ne payait rien pour prendre la route... et la rendre. Où un opéra de Wagner tenait en quarante-cinq disques de soixante-dix-huit tours. Où l'on collectionnait les timbres. Où l'on pouvait être dans la lune sans pour autant avoir marché dessus. Où « chauffeur de taxi » était un vrai métier.

Où l'on recevait d'autres courriers que des factures. Où le steak était vraiment de la viande. Où toutes les églises étaient ouvertes le dimanche, comme les boulangeries. Où l'on récoltait du papier alu pour les petits Chinois. Où l'on se moquait du Japon en prétendant qu'il n'exportait que de la camelote. Où l'usage de plumes imposait celui de plumiers. Où, si on discutait avec des amis dans un restaurant de Belleville, on ne pouvait pas s'entretenir en même temps avec un oncle d'Amérique en Arizona. Où c'était le facteur qui apportait les lettres.

Où l'on pouvait prendre un autobus en marche. Où le français était une langue vivante. Où une grève consistait vraiment à cesser le travail. Où les pommes étaient savoureuses parce qu'elles étaient moches et ridées. Où, même très en colère, on cassait peu de vitrines. Où l'extrême gauche communiste participait de la stabilisation de l'ordre républicain.

Je suis du temps des guerres coloniales et des putschs militaires. Je suis d'un temps ou nul n'aurait osé baptiser des fabriques du mensonges (et il y en avait) « réseaux sociaux » ; où le marxisme structurait une pensée et non ses héritages indignes une déconstruction de toutes pensée ; où les rubriques « débats » des grand quotidiens confrontaient effectivement (c'est à n'y pas croire !) des opinions différentes ; où les grands débats parlementaires opposaient des orateurs à la dialectique redoutable et non des hurleurs épileptiques ; où l'extrémisme maléfique qui nous hantait ne campait que sur un seul bord, et non sur les deux rives, et où la crétinerie ne pesait pas du même poids des deux côtés ; où les « droitistes » étaient qualifiés de « modérés ». Du temps du hula hoop et du roudoudou, de Gloria Lasso et de Roger Nicolas ; du temps où le McDo s'appelait Wimpy, où l'on donnait parfois au coton la forme de poulets ; où Boby Lapointe mourait de faim après avoir entendu passer le train de vie de Richard Anthony ; où on ignorait Maurice Fanon mais rien de Carlos, le terroriste de la chanson ; où Delphine Seyrig avait, pour les uns, des charmes qui avaient peu à voir avec ceux que les autres prêtaient à Lollobrigida ; où l'on pouvait regarder jusqu'au bout un film d'Antonioni en restant éveillé ; où les animateurs de télé invitaient des auteurs dont ils avaient lu les livres ; où (à en tomber aujourd'hui de l'armoire), on considérait Buffet comme un grand peintre ; où on ne baillait pas forcément à Corneille ; où évoquer Racine ne vous faisait pas soupçonner l'identitarisme ethnique. Du temps où Edgar Morin n'était pas encore vieux...

... Du temps où, alors qu'un portable supplée désormais à toutes les fonctions, pour être informé, il fallait lire le journal ; pour prendre des photos, utiliser un appareil photo ; pour féliciter une jeune mariée, lui écrire un petit mot ; pour crier des slogans, défiler de la Bastille à Nation ; pour vérifier un point d'histoire, chercher dans le dictionnaire ; pour se diriger, utiliser une carte ou un plan. Où, pour avoir un enfant, il fallait faire l'amour (et subir même éventuellement le mariage) et où il était presque interdit de faire l'amour sans prendre le risque d'avoir un enfant. Où l'homosexualité ne pouvait être que clandestine ; où l'avortement était réprimé, la pilule ignorée, où l'on mourait de tuberculose (je faillis) ; où les godasses vous torturaient les pieds, où la ridicule cravate vous saisissait par le cou. Où, sur la chaîne unique de télévision, en noir et blanc, on diffusait *Britannicus* de Racine en prime time ; où, en train, on mettait dix heures pour aller à Marseille.

C'était mieux avant ? Non ! Mais, avant, on ne le savait pas.

La nostalgie n'était pas ce qu'elle est devenue.

Que reste-t-il de nos amours ?

La marée efface les dernières traces de nos pas, ces empreintes d'espérance sur la plage de nos rêves, emportant nos propres apports comme châteaux de sable.

Les ans qui s'écoulaient sont devenus des ans qui s'accumulent.

Ce que nous pensions avoir construit n'a pas été détruit. Pas la peine. Submergé.

Ce n'est pas le socialisme à visage humain qui a remplacé le communisme à visage inhumain, ce n'est pas un social-libéralisme aux yeux de biche qui s'est substitué à un capitalisme à tête de tigre, c'est un national-populisme à cornes de taureau plaqué sur un néolibéralisme à crocs de loup.

Qui, dans le brouhaha visuel des herbes folles qui prolifèrent, pourra encore percevoir que, en tel endroit, nous avions tenté de creuser un sillon ?

Y prendre garde : le découragement nourrit la léthargie. Même un Hercule de Milo serait tenté de baisser les bras. Quand, pour répliquer à ceux qui, hier, racisaient leurs exécrations, l'en-face racialise ses revendications ; quand, dans ce qui fut le camp du progrès, on récuse presque tout ce que nos révolutions ont déposé dans le trousseau de la République ; quand, des deux côtés, on se construit des réels de substitution et que ce sont ces hallucinations autoprotectrices, ces hologrammes, que les deux pseudo-radicalités se renvoient comme les balles fantasmées d'un match truqué, alors... alors, le pire est d'autant plus sûr qu'il est déjà là. La raison ne bout plus dans son cratère, elle s'abîme dans sa gélatine.

Quand la haine infuse le sang qui monte à la tête et la salive qui vient à la bouche, chaque idée qui s'y forme, dans cette tête, chaque mot qui en sort, de cette bouche, la conserve, cette haine, la projette et la banalise.

Tentation de fermer les rideaux. De se repasser les vieux films. Quelque chose nous ronge que motive, non pas l'angoisse de la table rase, mais la perception, parfois, d'une table rasée.

Vivre, si on n'y prend garde, passé un tournant, se réduit à la remise sans cesse sur le tourne-disque du vinyle de « l'avoir-vécu ».

Utopie. Pouvoir se dire « quand j'étais vieux » : mais non, la vie est une rivière sans embouchure puisqu'elle retourne sous terre. On ne réalise vraiment que le souvenir de ce qu'on a réalisé.

Réveillons-nous. La belle époque (tu parles !) : définition de celle d'avant par ceux d'après. C'était mieux avant ? Forcément puisque, entre-temps, il y a eu l'après. Pas de sida, pas de Covid. On se souvient de ce qui nous avait été épargné, rarement ce qui nous est épargné depuis.

Le pire, ce n'est pas que les gauches et les droites républicaines aient quasiment disparu, c'est que les bouts qui en restent fassent regretter, qu'après séisme, ces anciens monuments n'aient laissé derrière eux que les ruines invisitables de leurs anciennes caricatures.

C'était mieux avant ?

Onze ans de gaullisme : le nirvana revisité. Une stabilité exemplaire. C'est-à-dire : deux coups d'État militaires, le premier en guise de prélude, une supposée révolution, deux effervescences barricadières, des grèves générales, l'électricité coupée, plus de charbon, deux des vagues terroristes les plus meurtrières de ce temps, quatre tentatives d'assassinat du chef de l'État (damnation, notre président Macron n'a reçu qu'une gifle !), une guerre qui n'en finissait pas (cinq ans) et avant ses répliques sur le territoire métropolitain, une police déchaînée, une manifestation débouchant sur plus de cinquante morts, une autre faisant neuf victimes, une motion de censure votée par l'Assemblée nationale, la démission du président de la République après un échec référendaire. Sécurité et stabilité !

Et aujourd'hui ?

Non pas dépôt de bilan, mais déchirure de bilan. Non pas pages blanches, mais pages blanchies. Pire que déchirées. De tout ce que nous avons combattu, le pire fait un retour en force, et ce sont ces combats mêmes dont les souvenirs écorchent notre mémoire. Tout ça pour ça !

Une équipée gommée. Une équipée à la gomme. Nous n'avons servi à rien peut-être. Imbéciles que nous fûmes d'imaginer que cette illusionniste foutaise, qu'on appelle la postérité, nous serait, ne fût-ce qu'un tout petit peu, redevable.

Car nous poussâmes l'indécence, l'impardonnable indécence, jusqu'à non seulement avoir eu raison, mais, pire, jusqu'à mettre au défi d'en dénier l'évidence, jusqu'à en banaliser l'évidence.

Époque révolue. Nous le payerons. Demain, je le pressens, nous serons même interdits de messes basses. La descente du versant de la vie peut s'avérer plus difficile que l'ascension n'a demandé d'efforts.

Hantise de l'échec, quand les acquis de nos empoignades, l'un après l'autre, sont versés dans la déchetterie, que les pseudo-radicalités rivales ont ouverte séparément, mais gèrent, en fin de compte, en commun. Comme une invisible poigne qui vous agrippe la cervelle et vous la broie : tout ça pour ça !

La transe devenue le ballet de l'outrance ; le déchaînement des natures faisant le jeu de l'enchaînement des ratures. Haut de rancœurs et bas d'âmes. La torpeur en étouffoir de la peur. Plus qu'un malaise, comme la prégnance d'une vacuité qui vous pénètre et vous envahit.

Oui, on l'a fait. Oui, on l'a dit. Et puis, à l'arrivée, quoi ? Le défait et le dédit.

Ce n'est pas ma mort qui me hante, c'est celle de mes espérances et de mes illusions.

Tout ça pour ça ?

****

Et si, malgré tout, c'était beaucoup ? Finalement, le « pour ça » ne saurait éradiquer le « tout ça ». Ni la mauvaise herbe ce qui reste de semences. Pour plus tard.

Non, non, nous ne désespérons pas. Non, nous ne baisserons pas les bras. Aucun crépuscule n'est jamais parvenu à nous confisquer les aurores. Un astre qui se couche n'a jamais mis hors nature celui qui se leva. Pas plus que de lendemains qui chantent, il n'y en eut d'aphones.

Combien d'hymnes mobilisateurs entonnés par des voix qui s'étaient précédemment cassées. Éteintes ? Jamais !

1815 n'est qu'artificiellement et provisoirement un grattage de 1789 et une rature de 1793. Les Restaurations n'obscurcissent qu'apparemment les Lumières.

Pas plus que la victoire n'est la condition du combat à mener, la défaite n'interdit de le poursuivre.

Ne pas rompre. Se battre encore. Contre ceux qui, comme toujours, s'échinent à bloquer les prises de conscience, parce qu'ils sont maîtres des cadenas.

Ne pas désespérer, mais chasser cet essaim de noirs bourdons mémoriels, dont le vol entretient cette obsédante musique : tout ça pour ça !

Combien de fois ce que nos prédécesseurs vécurent fut-il pire, avant que, après les averses, après les orages, grâce souvent aux orages, les faiseurs collectifs de printemps ne surgissent de la démoralisante normalité des crachins.

« La France coule », serinent les verrouilleurs. Comme un goutte-à-goutte sur le crâne qui, paraît-il, rend fou, le très liquide leitmotiv de « la France coule » a coulé dans les têtes. Le déclinisme agite comme acceptation banalisatrice de cette chute.

Mais non...

Combien de fois fut-ce pire ? Bien pire ? Considérablement pire ?

Combien de fois, certes, de nos illusions enflammées ne resta-t-il que des brandons ? De nos espoirs que des moignons ?

Mais combien de fois un éclair ralluma-t-il la flamme ? Combien de fois la médication réformiste, voire la chirurgie révolutionnaire nous rendirent-elles l'usage de nos deux bras ?

Combien de fois la magie de la résistance engendra-t-elle le miracle de la résurrection ?

L'ailleurs hors de prix

En attendant, de nous-mêmes, que restera-t-il ?

En vérité, je paye ce que je dois. Je me suis trop souvent voulu ailleurs. Or l'ailleurs est hors de prix.

On est, en réalité, sans ancrage, parce qu'il n'y a pas de fond où jeter l'ancre. Celles et ceux qui, arrimés à un espace (ou vivant toujours chez leurs parents), n'ont pas été confrontés à cette situation, peuvent difficilement concevoir ce que cela implique que d'être opposé à deux rejets en réponse logique à l'expression de deux refus.

À deux exclusions en réaction à l'articulation de deux dénonciations.

****

Beaucoup évoluent, certes, en sens inverse de ce qu'ils furent. Mais, ce qui est insupportable, c'est lorsque, aussi fidèles que l'on soit resté, ou que l'on croie être resté, à ce que l'on fut, on ne peut plus se reconnaître dans le présumé héritage de ce que l'on a été.

Avant guerre en Europe, après guerre ailleurs, cela se déroula de la même façon. Et voilà qu'on repasse le film. Une fraction de ce dont il nous arriva de nous réclamer créa, et crée de nouveau, méthodiquement, les conditions qui devaient, à l'époque, et doivent toujours permettre le triomphe de l'exact envers de ce pourquoi nous nous en étions réclamés. J'ai rapporté, dans le premier tome de ces *Mémoires*, les nombreuses occurrences qui me firent témoin, dans le monde entier, des catastrophes provoquées par ceux-là mêmes qui poussaient à l'extrême leur volonté déclamée d'y faire barrage : le fascisme ne passera pas et il passa ! Ils le firent passer !

Ce constat m'habite.

S'en laver les mains ? Se retirer sur un Aventin d'indifférence ? Tentation, pour ne pas se laisser meurtrir par une actualité dont je fus, pendant soixante-cinq ans, l'un des rapporteurs, de mettre définitivement fin à notre collaboration. Qui fut parfois une liaison. Fuir, une fois pour toutes, nos anciens lieux de rencontres.

Ce n'est pas évident de fermer les volets. Quoi qu'on fasse, quoi qu'on cherche à obstruer, le dehors reste toujours une composante du dedans. L'extérieur fait partie de notre intérieur. Ce qui, aujourd'hui, cruellement, nous blesse, n'a-t-il pas jailli de ce qui, hier, nous motivait ? Au fond, j'ai mal à tout ce qui nous fit du bien.

Et, bien sûr, je ne saurais éluder ma part de responsabilité. On n'est jamais ni innocent de son isolement, ni non coupable de ses ratages.

Finalement, on n'est pas ici, on n'est pas là, on n'est nulle part. On est mort. Sans le grand avantage de la mort qu'est la disparition des souffrances.

Non pas, pourtant, de ma part, refus d'être ici ou d'être là, ni neutralité, ni refuge dans un hypothétique milieu, mais rejet, militant au fond, engagé même, d'une façon d'être ici ou d'une façon d'être là. Hostilité, c'est normal, qui ne peut que rencontrer l'hostilité. On a, avec soi, peut-être, une large fraction de l'opinion mais, contre soi, les mouvances qui détiennent, monopolisent parfois, la capacité d'exprimer cette opinion.

Nous n'avions nullement anticipé ce cul par-dessus tête : plus les anciens clivages s'auto-dissolvaient, plus se renforçaient, médiatiquement, les tendances à s'y ancrer et plus s'imposait, de façon presque asphyxiante, le face-à-face d'une gauche qui ne cessait de rompre avec la gauche, ses principes et ses valeurs, et d'une droite qui ne cessait de s'éloigner d'une droite des principes et des valeurs.

Le progressiste devenait régressif ou réactionnaire ; le modéré devenait hystérique.

Être pris entre deux feux, c'était être pris entre deux incendies qui carbonisaient leur propre héritage.

Système féodal : deux châteaux vous protègent. Vous refusez cette protection. Vous êtes à la merci des « bandes ».

Car, non seulement vous n'êtes nulle part, mais, en conséquence, vous n'êtes rien. Rien de désignable s'entend, ce qui revient au même.

Vous avez tâté livresquement de l'histoire, de la biographie littéraire, de la philosophie (ça veut dire quoi ?), de l'épistémologie, de la réflexion économique et sociale, de la politique (très petitement) et même de l'illustration multi-musicale... mais vous n'êtes, fonctionnellement, officiellement, ni historien, ni littérateur, ni philosophe, ni économiste (encore moins politique ou musicien).

Êtes-vous même journaliste, dans la mesure où vous avez récusé ce que, de plus ou moins bonne grâce, vous êtiez censé être, en vous risquant à investir indûment ce que vous n'étiez pas ?

D'aucune tribu par-dessus le marché. D'aucune communauté. Indifférent à d'artificielles « racines ».

Rester dans sa case !

Aux deux sens du terme.

Hors case, c'est comme hors tout.

Hors sol. Quasiment apatride. Ce qui, quand on est patriote, redouble, en fait, l'exclusion.

Et, en conséquence, ce qui est aggravant : on finit, au fond de soi-même, pour n'en pas souffrir (et en cela on a radicalement tort) par s'enorgueillir de ce « rien » que l'on est aux yeux de quiconque est convaincu, dans un espace convenu, d'être quelque chose.

Réflexion sur un échec

Et puis une sorte d'évidence s'insinue, vous pénètre et vous taraude.

Et si on avait totalement échoué ?

Et si j'avais totalement échoué ?

Avoir, inlassablement, plaidé pour des dépassements qui débouchent sur des summums de rabougrissement.

S'être investi dans tous les combats porteurs d'une ouverture à l'autre pour en être réduit à constater, de part et d'autre, l'exacerbation des intolérances, des enfermements et des rejets.

Avoir, à toute occasion, partout, pointé l'effet dévastateur, car mutuellement décérébrant, des complicités extrémistes, pour devoir se contenter d'en relever et d'en décrire les destructeurs effets... Bilan peu glorieux.

J'ai, à trois reprises, aux *Nouvelles Littéraires* réinventées, à *L'Événement du jeudi*, à *Marianne*, après m'y être essayé sur Europe 1, consacré une grande partie de mon énergie à initier l'émergence d'une altérité médiatique au binarisme à front de bœuf.

Qu'en reste-t-il ?

Les Nouvelles Littéraires n'ont pas pu survivre au basculement de son merveilleux propriétaire dans le manichéisme binaire. Refilées par un anar de droite à la gauche gouvernementale, elles se sont affaissées, puis ont disparu, sans que je puisse éluder le fait que ce fut en partie la conséquence de ma désertion...

Europe 1 – l'imbécillité se faisant, en l'occurrence, complice de l'intérêt –, trahie par l'héritier de son actionnaire principal passé à l'ennemi (ce qui a accentué sa décrépitude), a fini par récuser ce que nous fûmes beaucoup à lui apporter.

L'Événement du jeudi tomba, et j'en fus en partie responsable, aux mains de ceux que j'avais pris pour des accompagnateurs possibles et qui furent ses assassins (Hachette).

Marianne qui, pendant dix ans après mon retrait, peut-être fautif lui aussi, poursuivit, au moins pour l'essentiel, le combat qui en définissait l'identité, a fini par s'abandonner peu à peu, hélas – blessure dont je ne me remettrai sans doute pas, bien que je me sois appliqué à en étouffer la souffrance –, aux plus redoutables tentations que nous avions (au prix, là aussi, de tant de blessures) réussi à exorciser.

Désastres dévastateurs.

Une vie créative et créatrice partie en papillotes. Des aventures collectives qui se terminent en déchirures. On fait ensemble et l'ensemble se défait. On fut très proches et une infinie distance nous sépare. De toutes ces réalisations, improbables, uniques, qui auraient pu, qui auraient dû, tout en nous soudant, participer d'une dynamique salvatrice, il ne reste plus, à la fin, qu'à cultiver la nostalgie pour collectionner des confettis.

Toujours, au rythme de mes élaborations, créations, directions médiatiques, j'avais tenu à susciter des convergences en y intégrant des différences. Toujours. Et celles et ceux qui rejoignirent ces aventures, de toutes provenances, de *L'Humanité* comme du *Figaro*, de *Libération* comme de *L'Express* ou des *Échos*, de nulle part ou de partout, se mélangèrent au sein de cette famille passagère.

Mais un désastre fut, là encore, au rendez-vous. Et je ne saurais occulter le procès qu'il pourrait me valoir. Car cette ouverture aux différences nous conduisit à offrir, presque systématiquement, un espace d'expression à toutes celles et ceux que, bien que leurs réflexions me semblassent originales et leur potentiel talent enrichissant, la pensée dominante du temps rejetait dans les marges dévolues aux incorrections d'idées. Et cela, quelles que fussent les distances qui, *a priori*, nous séparaient.

Je ne compte pas les personnalités les plus diverses, que ces ouvertures me permirent de mieux découvrir et d'apprécier, et permirent à elles-mêmes de s'imposer. C'est ce déploiement tous azimuts, au nom du pluralisme et de la diversité (rester ferme et cohérent sur une ligne, tout en la confrontant à des sensibilités qui s'en éloignaient), c'est ce pari qui déboucha, non exactement sur un fiasco, car ce fut, un temps, notre force, mais sur des évolutions globales et particulières qui, accentuant en cela mon échec, justifieraient aujourd'hui qu'à moi-même je demande des comptes.

Oui j'ai, au tout début de *Marianne*, proposé une chronique à Éric Zemmour. Nous en avons d'ailleurs, beaucoup plus tard, confié également une à Edwy Plenel.

Combien, que j'avais associés à nos batailles ou, plus exactement, à l'essentialité de nos batailles, qu'ils accompagnèrent, dont j'espérais que leurs dissonances contribueraient à élargir le compas de nos offensives, combien de celles-là et de ceux-là basculeront-ils, certains dans une ultragauche dont la logomachie irresponsable constituera la matrice ; d'autres, dans les surenchères outrancièrement réactionnaires. Et même l'un, au moins, qui fut non un collaborateur mais un ami, dans une forme de néofascisme. (Et je passe sur le cas de dérapages mélenchonisto-lepénistes.)

Bilan à pleurer. Et je pleure.

Le comble étant que, certains de celles et ceux qui, à nos côtés, pointèrent et dénoncèrent la prégnance d'une pensée uniforme et conforme, sont devenus à leur tour, au sein de la mouvance qu'ils ont rejointe et qui participe de la nouvelle dominance médiatique, les gardiens sourcilleux d'une pensée uniforme (et conforme) peu ouverte à la contradiction.

Je sais, je ne sais que trop, que, dans les médias, on ne se soucie guère de ses propres responsabilités dans les extravagants et redoutables glissements de certains de ceux qu'on a promus. Mais je ne saurais, pour ma part, m'y résoudre. J'en assume, même si cela me fait mal, la coresponsabilité.

Nous avons, au fond - cruel constat -, contribué à l'affirmation de certaines des forces qui permettent désormais, à des points clés du système intello-médiatique, que les idées pour lesquelles nous avons combattu, parfois ensemble, du moins le croyions-nous, n'aient quasiment plus la possibilité de faire entendre leur propre différence.

Et cependant, oui, comme après toutes les catastrophes - et une catastrophe nous menace -, il s'avérera, même si je ne serai plus là pour m'en consoler, que rien ne fut inutile, rien, et que germeront, avant que les plantes qu'elles ont portées ne fleurissent, les graines que nous avons semées.

****

Se rend-on compte de ce que représente - j'ose à peine préciser « au niveau du vécu » - toute confrontation aux deux mondes qui, au sein de la société, font société ?

Nous fumes, nous sommes, plus encore, des soldats isolés, sans troupes, perdus, réputés errer dans un no man's land, sans camp de base ni point d'appui. Avoir raison, avoir eu raison, certes. Ô combien ! Mais si la raison se déprend d'elle-même ?

S'exprimer, mais où, quand les deux radicalités de confort, les deux auto-enfermements autoradicalisés, ne cessent d'accentuer leur emprise sur l'espace médiatique ; quand toute tentative d'ouverture au réel se heurte au verrouillage du champ du débat par la convergence excluante de deux fermetures. Au réel et à son dépassement quand la désespérance, que ce double verrouillage a provoquée à la longue, décourage toute velléité de la défier ?

On assiste alors à cette perverse évolution d'une importance majeure : les refuzniks de la grande dérive à gauche, en butte à un véritable terrorisme d'exclusion par les gardiens du temple de leur propre camp, ou de leur ancien camp, ont peu à peu, en réaction, viré à droite. Alors que, à droite ou même au centre droit, les allergiques à la grande dérive de leur propre camp ont préféré se barricader dans le silence ou le déni plutôt que d'affronter l'autre terrorisme, celui des inquisiteurs extrêmistes de leur mouvance.

Je me suis sans cesse demandé : ai-je été utile ? Une obsession. Or, même l'écho en doute.

Le problème, ce n'est pas d'avoir raté ce qu'on a raté, c'est de devoir enregistrer, *in fine*, le ratage, même des réussites. Leur inefficience. Sinon leur inutilité, précisément.

C'est parce qu'elle se congèle que la mémoire se garde. Mais la décongélation réserve des surprises : qu'est-ce qu'on retient plus intensément que les occasions ratées ?

Le « à quoi bon ? » est comme une chape de plomb que nous infligent les pesanteurs, mentalement intégrées, du « ne sert à rien ! »

****

Le temps ne passe pas. Il se consume. Vouloir le retenir revient à remuer des cendres. Vite refroidies.

****

On nous pardonne plus facilement d'avoir commis des erreurs que d'en avoir dénoncé.

****

La désespérance n'est qu'un espoir qui, parce qu'il s'est projeté trop loin, s'est foulé la cheville.

****

Les courbatures du corps génèrent-elles des rhumatismes de la volonté ?

****

Avec l'âge, ce ne sont plus les ans qui s'en vont, qui pèsent, ce sont ceux qui restent.

****

Les amitiés sont les seules floraisons qu'ont laissées les graines semées dans les sillons du temps qui passe.

****

Vieillir, toute l'ambiguïté est là, c'est à la fois s'éloigner et se rapprocher. Prendre du champ et en perdre.

****

Qu'est-ce, au fond, qu'une vie ?
Une retenue d'eau qui s'écoule ou un bassin qui se vide ?

****

Le plus difficile à prévoir c'est l'avenir ? Non ! C'est ce qu'on fera du passé.

****

Quand on demandait à Sieyès ce qu'il avait fait sous la Révolution, il répondait « j'ai vécu ! » Pouvoir répondre ça en était la preuve. Jean Moulin n'aurait pas pu. Mais si, pour Laval, la mort fut une fin, pour Jean Moulin ce fut un commencement.

****

Toute la question est là : une vie est-elle un investissement ou une dépense et un excès de dépenses génère-t-il un déficit ?

****

Ne pas se raconter de blagues : il arrive que ceux qui se sont servis finissent mieux que ceux qui ont servi.

****

À décliner sa vie au futur, on risque de la vivre à l'imparfait.

****

Le souvenir, pour beaucoup, ce n'est pas revivre. C'est vivre...

Chapitre 3

Ma France périphérique

Increvable lieu commun que celui-là : une chose est la chefferie que se donne l'extrême droite, c'est-à-dire la famille Le Pen, autre chose les électeurs. « Fâchés, mais pas fachos », clamait Mélenchon. Il est donc possible de les réintégrer au camp républicain, pour peu qu'on comprenne leurs motivations et qu'on aille au-devant de certaines de leurs attentes. Vrai et faux en même temps. Ce vote, il faut l'entendre. Mais à condition de ne pas plier cette réalité à ses désirs.

La réalité, c'est que la base électorale et populaire du lepénisme est souvent plus extrême dans ses réactions viscérales et spontanées que l'élite de ses dirigeants.

En haut, on intériorise et on rationalise des calculs ; en bas, on extériorise et on débride des pulsions. En haut, on fait de la politique et on y insuffle (éventuellement) des idées ; en bas, on méprise la politique et on déteste des idées.

Dans ma campagne, où on vote Rassemblement national aussi amplement que crânement, ce qui se dit crûment, sans fioritures, Marine Le Pen, au pire, l'envelopperait mais, tel que, elle ne le dirait pas ; Zemmour, sans doute, le dirait, mais en feignant de l'intellectualiser.

Ma campagne ? Un hameau de vingt-cinq personnes adossé à un village de cent dix ruraux, proche d'un bourg de six cents âmes à treize kilomètres d'une petite ville de six mille habitants. À deux heures et demie, sur roues, de la capitale.

France périphérique ? Périphérique d'elle-même ?

C'est l'autre lieu commun, désormais inévitable, qui vient de sortir. Seriné en boucle, surtout à droite, depuis qu'un géographe très talentueux a donné le signal.

Une aubaine : substituer aux clivages sociaux-économiques un clivage géographique. Non pas socialement de ce côté-ci ou de ce côté-là, mais géographiquement ici ou là. Non pas économiquement dominant ou dominé, mais supposément au milieu ou autour. On est « objectivement » dominant à Paris XXe, qui vote à gauche, et objectivement dominé à Chatou, Saint-Paul-de-Vence ou Saint-Tropez qui votent Rassemblement national. On a compris ?

Double danger de la dogmatisation d'antagonismes simplificateurs. Le yin et le yang comme le rouge et le noir.

Du binarisme réducteur d'une stricte lutte de classes omni-explicative (les Insoumis en sont toujours là !), on est passé à des antagonismes imaginés et mobilisés pour la remplacer sur une base non plus sociale, mais spatiale. Ruse qui permet un renversement : les « classes dangereuses » d'hier sont des « dominants » et les « ruraux » d'hier sont les « dominés ». On est exploiteur à Barbès, opprimé à Cagnes-sur-Mer.

Disjonction réelle d'une France d'avec une autre, certes, mais dont les manifestations, elles-mêmes contradictoires, sont, en réalité, beaucoup plus complexes.

D'autant que les nouveaux théoriciens d'une conflictualité avant tout géographique ne rangent pas les banlieues des grandes villes dans la France périphérique (il y a un « autour » qui est donc exclu de « l'autour ») pour ne pas ruiner un présupposé idéologique selon lequel la nouvelle France authentiquement populaire vote, comme eux, Rassemblement national.

Chez moi, nous sommes périphériques… et, d'ailleurs, nous votons Le Pen. Mais pas Argenteuil. (Encore moins Bourg-la-Reine.) Pourquoi ? Parce que le dominé - le peuple - est blanc, alors que l'immigré est potentiellement un dominant. Hors peuple. Absurde !

Au fond, à suivre nos nouveaux idéologues de la « contradiction sociale principale », ce n'est pas parce qu'on était « périphérique » qu'on a voté Le Pen (ou alors pourquoi le bourg merveilleusement rural de Saint-Mihiel, dans la Meuse, voterait Macron ?), mais c'était parce qu'on votait lepéniste qu'on était rangé périphérique, qu'on se pliait électoralement, en conséquence, à la nouvelle doxa, aussi caricaturalement étriquée que l'ancienne que les réciteurs marxistes nous ressassèrent.

Sécession rurale

Restait que non pas deux mais plusieurs France s'opposaient et que celle où il m'arrivait de résider se vivait, et se vit, comme l'envers périphérique d'une France supposément à l'endroit. Une France perçue, au pire sens du terme, comme « centre ». Et cette France-là ne constituait nullement, comme certaines banlieues, comme certaines « cités », une entité sociale en soi, elle reproduisait en elle-même, au milieu d'un monde flou et inquiétant, qui médiatiquement l'imprégnait, presque toutes les stratifications, qui furent celles des grandes villes, lorsqu'y dominait encore la mixité sociale : une majorité, en effet, y était « périphérique » - soit ruralement, soit préurbanistiquement périphérique -, mais une minorité y restait mentalement « centrale » et, en son sein, une autre minorité restait parisienne.

Le peuple d'ici est une population qui intègre sa bourgeoisie.

La petite ville votait majoritairement à gauche ou Macron (avec passage d'une sensibilité à l'autre). Ladite « périphérie », chez moi donc, vote massivement Rassemblement national. Avec des îlots de boboïsation, géographiquement périphériques, mais mentalement centraux, ceux-là accordant quelques miettes à un mélenchonisme délavé (l'engagement très ponctuel d'un responsable paysan pouvait en être la cause).

La droite gouvernementale, elle, avait progressivement disparu.

Ma France périphérique, en vérité, est de nulle part et de partout. Tout autour, il n'y a rien, mais ce rien, paradoxalement, renvoie à un tout : d'abord à un centre si proche qu'il devient notre centre (la petite ville), ensuite à un immense « ailleurs » qui, télévisuellement, s'installe dans chaque foyer. Urbanité-ruralité, concept dépassé : quand la ruralité se vide, elle s'accroche à la ville qui devient sa banlieue. Et plus les villages se désertifient, parce qu'ils se vident et paraissent ne plus se situer nulle part, plus - faute d'autres horizons - un « partout », un « ailleurs » omni-médiatisé (vu à la télé !) devient leur horizon.

Centre contre périphérie ? Mais cette périphérie, comme les autres, s'articule de plus en plus à un centre dont le cœur prend la forme presque tentaculaire d'un hypermarché. Ce qui place cette synthèse ultracommercialisée d'un partout au beau milieu (au centre géométrique) de la ruralité. Le marché hebdomadaire, du samedi, jouant, lui, le rôle de l'agora.

De cette ruralité, la voiture est le métro, le caddie le filet à provisions et la télévision la fenêtre de la salle à manger. Donnant, non sur cour, mais sur un ailleurs presque illimité. Le rural est le dortoir. Pour beaucoup, la petite ville est le travail et l'achat. La télévision le reste du monde. La ville est à côté. Et le monde est chez soi.

Les trains n'arrivent plus nulle part. Les bourgs et villages des alentours n'ont plus aucun commerce. Le seul cinéma est en ville. Cela signifie que les commerces de la ville sont les commerces des ruraux et le cinéma éventuellement leur cinéma. (La petite bourgeoisie bénéficiant de son ciné-club.) Évolution contradictoire : à la fois elle ruralise plus encore et elle intègre à la ville. Elle isole et elle mondialise en même temps.

Ce qui fait politiquement sécession, ce n'est donc pas exactement une ruralité périphérique, c'est un « partout » articulé à un centre, mais qui souffre de rester malgré tout « périphérie ». Et on voit filer sa ruralité au profit de ce centre et d'un partout. Les militants lepénistes crient « on est chez nous ! » Ici, ils reprendraient volontiers le même slogan pour signifier que leur façon d'être chez eux est d'être continuellement ailleurs et partout (Saint-Germain-des-Prés, en revanche, est vraiment chez soi).

Conçoit-on à quel point, en définitive, le vrai gap est culturel : au sein de cette majorité qui se périphérise plus qu'elle n'est périphérique, on ne lit pas de journaux. Presque pas de livres. Il y a, dans la petite ville, deux petits musées d'un réel intérêt. Presque personne ne les a fréquentés. Les activités d'ordre musical ou théâtral, de grande qualité le plus souvent, n'attirent que toujours le même cercle, relativement important cependant, qui apparaît ainsi comme le représentant d'un hypothétique centre d'en haut exilé dans la périphérie d'en bas. Quant à l'unique librairie, exemplaire, elle représente, au creux d'un désert possible, une oasis-centre et une oasis-monde.

C'est ce gap culturel là, bien plus que la répartition territoriale, même s'il y est lié, qui creuse le clivage.

Aucune des nombreuses controverses qui mobilisent notre intelligentsia (de gauche généralement, mais également de droite) ne trouve ici le moindre écho. Telle formule de Zemmour y a eu plus de résonance que toutes les fulgurantes analyses de nos penseurs universitaires. Venues d'ailleurs, ne se mélangent régulièrement à des bruits de fond que les trouvailles sans cesse renouvelées d'hurluberlus d'extrême gauche qui, télévisuellement et radiophoniquement, obsessionnellement diffusées et captées, relayées et déformées par les réseaux sociaux, font l'objet d'intenses et communicatives rigolades.

Les tenants logomachiques de la « cause du peuple » se rendent-ils compte de l'effet, sur ce peuple-là, des élucubrations qui sont complaisamment répercutées par les relayeurs conscients des droites et des extrêmes droites d'en haut, dans le but de gonfler, à jets continus, les consternations et les rages, y compris électorales, surtout électorales, d'une extrême droite inconsciente d'en bas ?

Dans ma campagne, donc, j'écoute, j'enregistre. Quoi ? Des propos, encore une fois, que la Marine Le Pen d'aujourd'hui n'oserait pas assumer. Propos de tripes qui ne laissent place au filet de retenue ni du cœur ni de la raison. Du brut et du brutal. Peu pensé, très vécu. Fût-ce artificiellement vécu. Ça ne s'élabore pas, ça sort. Ça jaillit. Ça ne vient pas du plafond, de la tête, de là où tout s'élabore, mais du plancher, là où tout se noue. Là où tout s'exaspère. Et s'exacerbe. Tous les préjugés agissent, y compris les pires, comme autant d'assaisonnement du ressenti.

Les projets se contractent en rejet. Il n'y a plus une seule expression ou émotion d'ordre artistico-intellectuelle, soupçonnée de descendre des lustres, qui bénéficie ici du moindre impact. On dit ce que l'on pense ? Non, on dit sans avoir même besoin de le penser. On constate, fût-ce par ouï-dire, ce qui n'a même plus besoin d'être entériné par des constats. Le « c'est comme ça » atteint des niveaux d'évidence qui n'a même plus besoin du « ça ». On écoute, mais ce qu'on entend est déjà enregistré, inscrit à l'intérieur de soi. Gravé. Si bien qu'il suffit, pour en tirer les conséquences, de se parler à soi-même.

Ce qui terrorise - « avec tout ce qu'on voit ! » - ce n'est pas ce que, effectivement, on voit, c'est ce qu'une rumeur de fond médiatique, relayée et amplifiée par les réseaux a-sociaux, vous fait voir, sans qu'il soit nécessaire de le voir. « L'en-dehors » de soi est un intérieur de soi. Ce qu'on dit, en fait, on le répète ? Peut-être... Mais ce qui se répète c'est, de plus en plus, ce qu'on dit.

Quasiment pas d'immigrés en ces lieux. Mais leur présence n'est nullement, comme dirait l'autre, la condition de leur « être-là ». « L'être-là » peut être un « ailleurs », un ailleurs qui est potentiellement là, médiatiquement là, donc qui est là. L'immigré est une « figure » et sa relative - et provisoire - absence ne contredit nullement l'omniprésence de cette figure.

En vérité, on (l'immigré compris) n'est plus seulement « ici » et « d'ici », on est un peu de « partout », puisque ce « partout », médiatiquement parlant, reçu ou fantasmé, est omniprésent « ici ». Ou, plus exactement - et en cela réside la profondeur de la crise existentielle -, on vit tout ce qui se rétrécit « ici » en même temps que ce qui paraît se répandre partout.

Insécurité faible. Où ? Ici. Mais, encore une fois, il n'y a plus d'ici. Le « ici » est submergé par le « partout » où l'insécurité est forte. Jamais la ruralité n'a été à ce point mentalement urbanisée et la périphérie dissoute, également mentalement, dans le centre dont elle est la périphérie.

Assaillies médiatiquement par l'évocation des banlieues, ruralité et périphéries se vivent comme banlieues en sursis. Non plus exceptions repliées sur elles-mêmes, mais intériorisation d'une normalité grande ouverte, dont on redoute de n'être plus l'exception.

Quelque part le vote lepéniste, ici, est un vote de classe. Le plouc vous salue bien ! Le grand bourgeois qui traîne a peut-être voté Zemmour. Le moyen, Macron. Le petit bourgeois qui passe éventuellement Mélenchon... Mais, majoritairement, on a voté « soi ». Comme soi. Pour soi. C'est-à-dire contre d'hypothétiques autres. Vote brut de décoffrage. Fruste peut-être. Mais qui se vit comme un vote exceptionnellement intelligent face aux infinies conneries, médiatiquement perçues, d'un petit monde d'en haut qui ne sait pas, qui ne connaît pas, qui ne peut pas comprendre. Qu'on soupçonne de débiter d'autant plus d'invraisemblables bêtises qu'on ne comprend pas un mot de ce qu'il dit.

Effet mentalement destructeur et dissolvant, sur ce peuple-là, des échos qu'il recueille, dont les réseaux sociaux lui ressassent la caricature, des effervescences lunaires qui sont censées agiter une intelligentsia moins de salon que de plafond.

Vote contestataire ? Radicalement. Mais moins sans doute social - car on vit finalement mieux ici qu'à la ville ou, surtout, qu'à la périphérie urbaine des grandes villes - que culturel, existentiel, sociétal. Vote très exactement de rejet. Vomissement nerveux. Vote d'anathème. Bûcher implicite inclus. Vote de classe, donc, mais qui n'induit nullement une lutte de classes. « L'en-bas » ne désigne pas, en priorité, les cibles d'une oppression économique (on dénigre les « assistés », on désigne les « cas sociaux », on vitupère les syndicats, on épargne les patrons), mais les victimes d'une aliénation culturelle, identitaire, morale. Ainsi que d'une oppression ethnique anticipée : l'immigré, qu'incarne le spectre des jeunes des quartiers à qui, à notre détriment, « on ne refuse rien ». L'immigré, un étranger qui fait semblant d'être nous. (Contre un riche Arabe assumé on n'a, en revanche, strictement rien.)

Certes, on n'aime pas « le riche ». Pas du tout. « Le » riche représentant plus ou moins la synthèse « des » riches. Mais ce n'est pas vraiment une question d'argent. Ou pas seulement. Les riches, chez soi, concrets, paysans très aisés, notables locaux, sont largement éclipsés, effacés par les riches hors de soi. Abstraits. Le vrai riche, c'est l'autre. L'une des figures, avec l'immigré de banlieue, d'un ailleurs déplaisant. C'est celui qui « peut se permettre », sans que soit très clairement défini, ce qu'il se permet. Le riche (et c'est là que le clivage à la mode fonctionne) est forcément l'émanation du « centre », d'un « centre », des « centres », d'une « centralité ». Ne serait-ce que de la sienne. Intrinsèquement urbain, intrinsèquement parisien, donc, même s'il vient de Lille ou de Bordeaux. Concrétion d'une abstraction qui renvoie à l'abstraction par excellence, redoutable : la finance ! Celle qui tient tout. Décide de tout. Tire toutes les ficelles. Devant laquelle on se couche. Qui submerge l'ailleurs. Symbolise le « partout » !

La hantise de la finance motiva naguère, ici aussi, des votes communistes. Ce communisme-là a très largement progressé. Simplement il a pris l'aspect d'un autre vote de classe : le vote Rassemblement national.

Chapitre 4

Invariances

J'avais naguère théorisé, en y consacrant deux ouvrages, le fait que l'évolution sociale, pas plus que l'évolution naturelle, ne se fait par ruptures, mais par recompositions « d'invariances ». Prît-elle, cette recomposition, une forme révolutionnaire.

Dans un sens ou dans l'autre.

Progrès ou régression.

Épanouissement d'un « déjà-là » ou réémergence d'un « toujours-là ». La tentation néofasciste sous une forme adaptivement recomposée : toujours là !

Et toujours là, possiblement, la recomposition mentale, adaptative, de ce qui prit la forme du stalinisme idéologique.

C'est ce que nous vivons aujourd'hui. Néo-pétainisme et néo-bolchévisme se réinventent de concert.

Moments de notre développement civilisationnel, le clanisme, le tribalisme, l'esclavagisme, le féodalisme, telles ces couches géologiques, toujours là, qui réapparaissent à chaque secousse tellurique, recomposent sans cesse leurs latences et cette recomposition même participe de ce qu'on appelle le « progrès ».

Ainsi, en France, le retour à la monarchie, en 1815, a-t-il dû intégrer les acquis de 1789. Et, à l'inverse, le néo-tsarisme, malgré la longue séquence soviétique, demeura inhérent à la réalité russe. Comme le démontre l'épisode Poutine.

Les pulsions radicales anarchisantes, comme les réactions traditionalistes et intégristes - l'actualité nous le prouve assez -, illustrent l'ineffaçable permanence d'un « toujours là » recomposé sous forme, ici, d'un libertarisme à revêtement écologiste et là, d'un autoritarisme monarchisant sous camouflage identitaire.

Donc, un précédent, en cette année 2022, ne cessa de me hanter.

Cela se passait au tout début des années 1930, dans une Allemagne traumatisée par sa « fausse défaite » de 1918. Le pays avait alors à sa tête, en tant que chancelier, un prédécesseur d'Emmanuel Macron, un libéral pro-européen de centre droit, Heinrich Brüning, qui fédérait, *a priori*, contre lui, favorable qu'il était à un relatif respect des clauses du traité de Versailles, toutes les exécrations de la gauche, de l'extrême gauche communiste, des droites conservatrices et réactionnaires, ainsi que des sociaux-populistes d'extrême droite. Confronté aux premières retombées économiques de la grande crise mondiale de 1929, Brüning dut prendre des mesures énergiques qui, bien qu'elles se révélassent assez efficaces, exacerbèrent son impopularité. Or le chef des réactionnaires, les « nationaux-conservateurs », qui ne s'était rallié qu'à mi-voix à la République, Alfred Hugenberg, un hyper-Vincent Bolloré de ce temps-là, était un riche industriel, ancien directeur de Krupp, qui consacrait désormais sa fortune à se bâtir un empire médiatique. Il avait constitué, à cet effet, un groupe puissant, qui avait fait main basse sur la moitié de la presse écrite, l'agence télégraphique nationale, la principale firme cinématographique et de nombreuses radios. C'est fort de ce redoutable outil d'influence qu'il avait réussi à imposer une « union des droites », le « front de Harzburg », qui, pour la première fois, intégrait le petit parti d'Hitler à cette alliance. Il mit toute sa puissance médiatique au service de cette coalition. Effet spectaculaire et immédiat : de 12 sièges le Parti national-socialiste passa à 107 !

Brüning voulut alors dissoudre la milice privée de cette faction d'extrême droite, les SA. En réaction, le président Hindenburg le renvoya et, après dissolution du Parlement, procéda à de nouvelles élections qui accordèrent, cette fois, 230 sièges (le premier groupe du Parlement - et de loin) aux nazis.

Hugenberg-Bolloré qui avait, en outre, contribué à vendre Hitler au grand patronat et à la grande finance originellement rétifs (même « national », le mot « socialiste » indisposait leurs oreilles), fit partie du premier gouvernement formé par Hitler devenu chancelier. Pour donner le change, celui-ci ne comprenait que trois hitlériens. Hugenberg était chargé de l'économie.

Quelques mois plus tard, il fut débarqué et son parti dissous. Ou avalé. Il avait joué, dans la mise en place du nouveau régime, le rôle principal. Marginalisé, il n'en joua plus aucun. En fonction de quoi il échappa au tribunal de Nuremberg.

Le Parti national-socialiste d'hier n'est nullement comparable à notre Rassemblement national français d'aujourd'hui. Mais ce qui l'est, comparable, c'est le rôle que joua la puissance médiatique exercée par Hugenberg en faveur d'une « union des droites ». Comparable au rôle que joue aujourd'hui Bolloré en mettant son empire médiatique au service d'une union des droites et extrêmes droites.

Une autre question nous renvoie à nos propres dilemmes : fallait-il considérer le Parti national-socialiste comme un parti d'extrême droite malgré ses diatribes anti-bourgeoises et anticapitalistes ?

En vérité, il y eut effectivement en son sein (et à son origine) une tendance pour laquelle le qualificatif « socialiste » ne devait pas être pris à la légère. Son chef de file s'appelait Gregor Strasser et fut, au début, un peu comme Florian Philippot, considéré comme le numéro deux du parti. Joseph Goebbels, qui feignit, d'abord, de partager la même ligne idéologique que lui, le secondait en tant qu'adjoint.

Ce Strasser, qui menaça un temps le leadership hitlérien, préconisait la spoliation des juifs, mais aussi la nationalisation des grands groupes industriels et financiers, l'expropriation des grands propriétaires fonciers, la confiscation des biens des anciennes familles royales ou le plafonnement des taux d'intérêt. Ainsi, ce qui était logique, qu'un rapprochement idéologique avec la Russie soviétique.

Toutes ces exigences figuraient également dans le programme du premier congrès du parti fasciste italien, avant que Mussolini ne les récuse pour obtenir le soutien des milieux patronaux et financiers.

Le frère de Strasser, plus radical encore, organisa à Berlin, contre Brüning, des grèves et des manifestations avec les communistes (ces mêmes communistes qui refusaient toute action conjointe avec la social-démocratie).

Accusés par Hitler d'être « marxistes », les Strasser tentèrent, encouragés par une partie de la droite, de provoquer une scission au sein du parti. Ils échouèrent et durent renoncer à toutes leurs fonctions.

Devenu chancelier, avec le soutien d'une autre partie de la droite, Hitler, pour rassurer définitivement les milieux industriels, fit abattre Gregor Strasser par les SS lors de la nuit des Longs Couteaux. Son frère, lui, se réfugia... aux États-Unis.

J'eus l'occasion d'évoquer, devant Marine Le Pen, le cas Strasser. Elle connaissait très bien.

Chapitre 5

La France qui tombe

La France s'effondre.

Pour certains, cela fait deux cent trente-quatre ans qu'elle s'effondre. Depuis 1789.

Dira-t-on à quel point cet acharnement orchestral à ne tromboner que ses tares, à cette France, à ne trompéter que ses échecs, à ne cymbaler que ses turpitudes... à quel point cette fureur à ne claironner que des couacs zébrés de fausses notes, à ne décrire obsessionnellement qu'une France « Orange mécanique » sur fond de « grand remplacement », à quel point cet a-patriotisme a constitué le facteur essentiel de la double poussée des extrêmes, qui ne pouvaient, aujourd'hui comme hier, s'épanouir que sur ce terrain-là... À quel point l'ampleur qu'a prise le négativisme systémique, en particulier médiatique, a entravé et entrave toute dynamique constructive nécessitant une confiance collective en soi.

Il arriva, c'est vrai, que nous cocoricassions quand, tout autour de nous, nos amis et partenaires en tête pointaient avec délectation nos dysfonctionnements et nos insuffisances. Cette fois, quand il arriva qu'on saluât, à l'étranger, certaines de nos avancées ou réussites, c'est, en notre sein, chez nous, que l'on opposa à ces indulgences la réaction offusquée de ce négativisme exacerbé. Silence, on coule !

Ici, criminalité irrépressible, insécurité chronique, submersion migratoire ; là, misère généralisée, inégalités record, services publics délabrés.

Pire qu'ailleurs. Toujours !

Et puis ?

Et puis ça : à la répétition, à droite, que le creusement continu et reccord de nos déficits fait de nous un pays en faillite répond, à gauche, l'affirmation réitérée qu'on allait crever d'un excès d'austérité budgétaire ! Médiatiquement, il est même permis de soutenir les deux thèses à la fois !

À l'occasion d'un salon du livre à Granville, dans la Manche, une dame, fort aimable, me demanda (c'était en juillet 2022) comment je voyais la situation. Sa mine, bizarrement entre consternation et contentement, indiquait qu'elle la jugeait catastrophique mais qu'il n'était pas certain que cela la désespérât.

La situation, effectivement, je ne la voyais pas en rose. Effet cumulé des conséquences des sanctions et des contre-sanctions consécutives à l'agression russe en Ukraine et de la déferlante inflationniste de liquidités en réplique à la crise du Covid.

Ne lui cachant pas mes craintes, j'ajoutai : « Et le plus inquiétant, c'est que nous sommes l'un des pays où c'est peut-être le moins pire ! »

Aussitôt la dame se raidit, se cabra même, me jeta un œil noir et, brusquement, me tourna le dos. Le fait que ce ne fût peut-être pas en France, chez nous, que c'était pire, forcément pire, lui était totalement insupportable.

Ça allait mieux en 1940

Pire qu'ailleurs. Et peut-être même pire que jamais.

Pire qu'en juin-juillet 1940 ?

Tenez-vous bien : pour certains, et pas des moindres, ça allait effectivement mieux.

À les entendre ou à les lire, ça allait « tellement mal » sous le Front populaire que la défaite de 1940 favorisait une « divine » surprise.

« La victoire de l'Allemagne, tranche, alors, l'écrivain Paul Léautaud, le prix de trop d'incapacités, de montages de coups, permettra une recomposition politique, sociale et morale - morale ! - de la France... Déjà les fripouilles et les canailles ont fui. Blum en tête. » Hourra !

L'écrivain Jacques Chardonne jubile : « Nous sommes enfin déconnectés de l'univers anglo-saxon et de l'ancienne forme de négoce. Je m'étais construit une société bourgeoise idéale, libérale. J'ai pris conscience de mon erreur... Il faut aller vers le socialisme, mais le socialisme noble qui est allemand, pas ce socialisme ignoble, celui qui a foi dans le progrès et la liberté de jouir... Je trouve Pétain sublime. »

L'éditeur Bernard Grasset salue dans l'apparent désastre « l'occasion unique d'échanger des pénétrations mutuelles. De retrouver l'être vraiment français ».

La catastrophe a, décidément, de très bons côtés : « Ah, s'exalte Paul Morand (futur académicien, "peintre mondain et sceptique de la vie moderne", comme le spécifient les encyclopédies), retrouver des soirées studieuses, le lit à neuf heures, la mort du bruit, l'air de la campagne à Paris. La réapparition de la lune, la réhabilitation des étoiles, la disparition de la publicité ! »

Qui, alors, osera affirmer que c'était mieux avant ?

De toute façon, cette défaite, on l'avait bien cherchée : « Tous les pays tuent la vermine..., ajoutait Morand, sauf le nôtre. »

« Ma consolation, avoue Paul Claudel, est de voir la fin de cet immonde régime parlementaire. C'en est fini des processions le poing levé, de la CGT, de la tyrannie des bistrots, des francs-maçons, des métèques, des pions et des instituteurs. »

Tout allait très mal, mais ça va mieux...

Version de gauche, sous la plume de deux de mes héros, je l'avoue. Giono, dans une lettre à Jean Paulhan : la France périphérique, celle des paysans et des artisans, va enfin prendre sa revanche sur la civilisation urbaine et technicienne qui la méprise : « Ce que je vous annonce, c'est le bouleversement total. Vous autres, à Paris, vous ne vous rendez pas compte que vous sentez mauvais. »

Alain, oui, Alain ! « Il faut voir les bons côtés. Tous les bons côtés. Une forme d'écologie, la méfiance envers l'industrie, la condamnation du capitalisme, le retour à la terre, l'exaltation de ceux d'en bas ! »

En 1938, ça allait mal. Très mal. En 1940, ça va bien.

Admirable opportunité qu'offre la défaite de son pays. Beaucoup le pensèrent après Waterloo. Après Sedan aussi. Pour ceux qui, en tout temps, ratiocinent sur l'air de « la France qui tombe », plus légère sera toujours l'après-chute. Restaurateurs d'un côté, liquidateurs de l'autre : l'espace d'un instant, on se retrouve. Réactionnaires des deux rives. La haine commune d'hier permet, un court instant, d'enchanter, ensemble, un aujourd'hui qui, apparemment, dévaste l'héritage honni. La démocratie républicaine pour les uns, le capitalisme industriel et financier pour les autres. Le socialisme et le libéralisme jetés dans la même déchetterie.

En désaccord sur la façon de mettre la table, on se réconcilie momentanément autour de la table rase.

C'est Bertrand de Jouvenel (avec qui j'eus, bien plus tard, des rapports enrichissants) qui écrit : « L'exemple allemand doit nous servir. La France doit se régler sur ce modèle. »

Il se passe, alors, quelque chose d'extraordinaire, c'est que, chez le plus ouvertement rétif à l'ordre politique et social antérieur, la catastrophe arrache ce cri : « On respire mieux ! »

Montherlant ne boude pas son plaisir : « Le temps des raseurs est fini. La bougeotte réfrénée par la difficulté de transport... ouf ! »

Le poète Léon-Paul Fargue : « Plus de bruit d'autos. Paris a perdu l'odeur de l'essence, le rugissement des autobus, le couac impératif des voitures. Aujourd'hui, ma vieille cité reprend insensiblement ses premiers amours. Ses aspects oubliés. Le regard, sans être gêné, porte jusqu'au bout des avenues tranquilles. » Enfin !

C'était mieux avant ? Non ! Paris occupé, Paris soumis : c'est encore mieux maintenant. Une catastrophe ? « Peut-être, juge le brillant chroniqueur Alfred Fabre-Luce (brillantes étaient, en effet, les lettres qu'il m'envoya, dans les années 1970), mais une catastrophe qui a pour effet de donner vie à un conte de fées. On est surpris par le silence. À l'entendre, on s'aperçoit que les trésors de Paris étaient auparavant comme effacés par le bruit. Les monuments surgissent avec une majesté inconnue. Parfois, au cœur de la capitale, je crois être à Versailles. »

Tous ceux-là, aujourd'hui, en auraient-ils pincé pour l'écologisme ? Qui sait ?

En attendant, ils étaient pétainistes. C'était mieux qu'avant.

Les deux France

Je parcours notre pays dans tous les sens.

Entre ce que je vois et ce que j'entends, tel est le terrible paradoxe : ce que je vois est souvent le meilleur, ce que j'entends est tout aussi souvent le pire.

Ce que je vois, ce sont d'innombrables dispositions au don de soi. La multiplication des disponibilités associatives les plus généreuses. La prolifération d'initiatives qui jaillissent d'une intelligence collective. La ferveur des luttes.

Ce que j'entends : le dénigrement répétitif et poisseux de sa propre famille, c'est-à-dire (venant de ceux qui se qualifient, par dérision sans doute, de « patriotes ») de sa propre nation. Le rejet, presque maladif, de tout ce que l'on est en conséquence d'une incapacité à devenir. Les rages qui dissimulent les démissions.

Ce que je vois, c'est la France de 1944 qui, parce qu'elle croit en elle-même, se délivre et se reconstruit. Ce que j'entends, c'est la France de 1940 qui, puisqu'elle en arrive à se détester, se cadenasse et se détruit.

Ici, richesse des actions qui projettent ; là, misère des propos qui rejettent. Les actes élancent, les propos enfoncent. Ce que l'on fait enclenche ; ce que l'on dit plonge.

Combien de fascinantes hauteurs de vue embrassant notre monde recouvrent-elles les petitesses dépressives distillées par notre petit monde.

Contraste traumatisant : ceux-ci font, concrètement ; ceux-là défont, verbalement. Ceux-ci, avec leurs mains et leur volonté, que dope leur intelligence, construisent ; ceux-là, avec leur langue branchée sur leur demi-cervelle, détruisent.

Ce qui illumine ici, un négativisme démolisseur l'éteint là.

Combien de gens admirables contribuent-ils, ou plutôt, ont-ils contribué à la résurrection de lieux, hier engoncés dans leur morne grisaille, qui, grâce à eux, se révèlent lumineux et vivants.

Combien d'autres, extériorisant la désolation qui s'est installée en eux, parce qu'ils ne sont plus capables que de déprécier, désertifient systématiquement leur propre environnement ?

Que rencontre-t-on, partout ? L'éclosion spontanée des dévouements, la floraison des investissements désintéressés, l'explosion des inventivités constructives. Mais, lorsqu'on sillonne notre pays, ce que l'on entend sourdre dans tous les recoins de ses tréfonds, comme une sorte de sécession d'avec soi-même, c'est que « la France est un pays de merde ».

Jouissance perverse de l'auto-lacération. Plaisir indicible que procure la lapidation de cette France adultère. Qui vous trompe. Pourquoi ? Parce qu'elle n'est pas qu'à vous. Qu'il y en a d'autres que vous. Et que, la charger de tous nos ressentiments, cette France-là, permet d'échapper à la médiocrité qui nous écrase. De l'abaisser assez pour se donner l'illusion de planer un peu au-dessus.

Il y a comme deux France : l'une est cet être en communion qui paraît se modeler sur ses paysages, qui en épouse les élancements, les douceurs, les harmonieuses inclinaisons et les envoûtantes régularités, les rugosités et les fractures aussi. Tableau impressionniste qui se déroule sous nos yeux comme les bobines obsédantes d'une projection magique.

Mosaïque de morceaux de bravoure.

Où la créativité humaine a-t-elle déposé autant de traces de ses enchanteurs moments de grâce ? Éventail grand ouvert que décore un enlacement de rotondités romanes et d'envolées gothiques, de grâces Renaissance et de fluorescences baroques, de broderies flamboyantes et d'arrogance classique, de modernités conquérantes et de passéisme décomplexé. Et, au creux de ce décor-là, comme une musique de fond, lancinante, obsédante et toujours réorchestrée, ce boléro où revient à jets continus la thématique de la haine de soi. Le refrain de l'auto-déploration. Un masochisme a-national comme wagnérien leitmotiv.

Chapitre 6

L'anti-France

Sidérante description inconsciente de soi-même. Les enfants le formulent, à leur façon : c'est celui qui le dit qui l'est !

Car, qui sont ceux qui trahirent, hier, avant-hier, toujours ? Ceux-là mêmes, exactement les mêmes (ce qui est louche car le vrai patriotisme devrait aller de soi) qui s'affichèrent comme « nationalistes ».

« Nationaliste intégral » même, comme se décrivait Charles Maurras, l'idéologue modèle d'Éric Zemmour, de Marion Maréchal et de Patrick Buisson (celui qui fut conseiller de Nicolas Sarkozy).

Maurras, précisément, pendant l'occupation de sa patrie ? Parlons-en : le 13 septembre 1943, dans son journal, dont il continue d'assurer l'éditorial, il exige l'exécution sommaire, pour chaque attentat commis par la Résistance, d'otages pris dans les prisons. Quelques jours plus tard, il insiste : « Qu'on prenne un certain nombre de prisonniers communistes comme otages et qu'on les exécute sans tarder. » Le 27 novembre 1943, il s'en prend aux gaullistes : « Des partisans armés non réguliers qu'une armée française aurait le droit de fusiller à toute capture » et d'ajouter : « Il ne faut pas hésiter à prendre des otages parmi les membres de leurs familles et à les exécuter. Qu'on établisse une cour martiale et que, dans les quarante-huit heures, les criminels interrogés soient jugés et exécutés. » Une obsession !

Il n'y a pas que les communistes et les gaullistes que Maurras voue au peloton d'exécution. Il se déchaîne aussi contre les « démocrates chrétiens », tel Francisque Gay, qui refusent que la France s'abandonne au joug nazi.

À propos d'une famille juive, la famille Worms, sur laquelle on a attiré son attention, il se surpasse : « Il serait curieux de savoir si cette noble famille est dans un camp de concentration, en Amérique ou en Afrique, ou si, par hasard, elle a gardé le droit d'épanouir ses beaux restes de prospérité dans quelque coin de notre Côte d'Azur. »

À son procès, on l'accusera d'avoir dénoncé des juifs au péril de leur vie. À quoi il répondra, sans esquisser le moindre regret : « Je l'ignorais, mais je savais le contraire : qu'il y avait une foule de pays dans lesquels les colonies juives florissaient, dans lesquelles elles se procuraient tout au marché noir, dans lesquelles elles corrompaient profondément la population paysanne. » Et d'en remettre une couche : « Au commencement de 1944, les juifs de beaucoup de pays devenaient très arrogants. »

Lorsque, en février 1944, les SS appuyés par la milice (qu'il soutient et même applaudit) se lancèrent à l'assaut du réduit résistant du plateau des Glières, Maurras se déshonora en quelques lignes : « Si, ce dont on peut douter, il subsiste en eux (les résistants) une ombre de conscience, ils doivent endurer des transes cruelles. »

Transes qu'apparemment lui s'épargna.

Quand, à la Libération, on lui lut le verdict qui le condamnait, il s'écria : « C'est la revanche de Dreyfus ! »

Nationaliste intégral !

Haine de soi

Ce nationalisme anti-patriotique - « intégral », donc, disent-ils - vient de loin. Projetons-nous, un instant, le film à l'envers : pour barrer la route à Henri IV, que firent nos nationalistes identitaires du temps, ceux de la Sainte-Ligue ? Ils appelèrent les troupes espagnoles et leur livrèrent Paris. Le héros de nos nationalistes identitaires, le Grand Condé, échoua à s'emparer du pouvoir. Que fit-il ? Il rejoignit l'armée espagnole et, comme c'était effectivement un grand capitaine, remporta plusieurs victoires : contre la France.

Oui, il y a historiquement une anti-France : en 1792, elle n'est pas à Valmy, elle est en face. En 1802, elle n'est pas à Austerlitz, elle est encore en face. À cette époque, elle se battait aux côtés des armées prussiennes, autrichiennes et russes. En 1814, elle revint à Paris... mais dans les fourgons, toujours, des armées prussiennes, autrichiennes et russes.

En 1870, contre Gambetta qui appelle à la résistance, elle exige la capitulation. Déjà. Elle l'obtient. Sans même attendre, le plus prestigieux de ses leaders, le général Bazaine, avait livré la ville de Metz et sa propre son armée à l'ennemi.

En 1871, comme un seul homme, contre la gauche républicaine de Clemenceau et de Victor Hugo, elle vote en faveur de la livraison de l'Alsace-Lorraine à l'Allemagne. En 1940, elle récidive. À l'envahisseur, elle livre tout. Tout le pays. Tout le monde. Et son honneur. Avant d'inciter son propre peuple à se jeter dans les bras de l'occupant.

Lors du vote, en 1905, de la loi de séparation de l'Église et de l'État, le poète français François Coppée, rallié à l'extrême droite antidreyfusarde, écrivait à Léon Daudet, le lieutenant de Charles Maurras : « Elle fait horreur cette

France où périt tout ce que nous aimons, tout ce que nous respectons, la foi, le patriotisme, l'honneur, absolument tout. Il semble que la vraie France soit morte. Elle est, dans tous les cas, chloroformée. »

Entre 1875 et 1914, de scandale de Panama en raz-de-marée boulangiste, de tentative de coup d'État en émeutes sociales noyées dans le sang, d'affaire Dreyfus en insurrection catholique, de guerres civiles larvées en sécessions idéologiques assumées, jamais on ne publia autant d'ouvrages prenant acte de notre déclin, de notre déliquescence, de notre perte d'identité, des dysfonctionnements de notre démocratie, de l'inadéquation de notre République, mais aussi des crises mortelles que traversaient notre musique, notre peinture, notre théâtre, notre littérature.

Or, que sait-on aujourd'hui ? Qu'aucune époque – même pas le Grand Siècle – ne fut, finalement, plus brillante dans le domaine musical (Ravel, Fauré, Debussy, Massenet, Dukas, Saint-Saëns), pictural (Monet, Manet, Renoir, Van Gogh, Cézanne), littéraire (Proust, Zola, Mallarmé, Anatole France, Barrès, Maupassant, Romain Rolland, Bergson, Verlaine et Rimbaud), scientifique (Pasteur, les Curie, les de Broglie), économique, social (les grandes lois constitutives de la France moderne, républicaine, démocratique et laïque furent votées) et qu'à l'issue de ce qu'on finit par appeler la « Belle Époque », et qui se traduisit par de spectaculaires avancées en matière sociale et sociétale, on gagna la guerre qu'on avait perdue en 1870 et qu'on perdra en 1940.

Nostalgiques, au fond, des périodes noires, nos ex-nationalistes identitaires, après avoir chaque fois exigé que leur pays s'aligne, sans moufter, sur la puissance hégémonique du moment (l'Italie, l'Allemagne, les États-Unis, l'atlantisme leur permettant, un temps, d'emballer leur négation de soi), s'engagèrent avec fureur dans les guerres coloniales, dont ils ne pouvaient pas ignorer, dont ils n'ignoraient pas, que, sans issue, elles appauvrissaient, affaiblissaient, ruinaient, brisaient, divisaient et déconsidéraient notre pays. Anti-France !

Détail significatif : lorsqu'un président français, qui avait mis quelques inanités verbales à son passif, déclara, ce à quoi, en revanche, tout patriote authentique ne pouvait qu'adhérer, qu'il n'y avait pas « une culture française » seule, unique donc, refermée en elle-même et sur elle-même, comme il y a une « culture arabo-musulmane », mais « des cultures françaises », diverses, ouvertes, complémentaires, dont la pluralité fait l'exceptionnelle richesse, quelle fut l'étrange réaction ? Les nationalistes identitaires se roulèrent par terre en hurlant.

À la France, donc, ils déniaient ce qui contribua tant à son exceptionnalité : la multiplicité des apports et des modes d'expression qui participèrent et participent de son génie.

Déjà, ils avaient rejeté, en musique, Berlioz. L'immense Berlioz, pourtant admiré de son vivant dans tout le reste de l'Europe, sauf en France. Ils avaient failli rejeter l'auteur de *Carmen* !

Ils avaient, en peinture, rejeté Manet, objet de scandales répétitifs que Clemenceau, authentique patriote lui, porta aux nues. Tous ceux-là, pas plus que Van Gogh ou Cézanne, pas plus qu'Erik Satie, ne rentraient dans le moule de leur univoque « culture française ».

Qu'est-ce, au fond, qu'un nationaliste identitaire ? Quelqu'un qui offre au monde une image caricaturale et donc dépréciée de sa propre nation : étriquée, rabougrie, excluante.

Éric Zemmour est un nationaliste identitaire. Or tout ce qui fait, tout ce qui a fait l'aura internationale de la France, dans son ouvrage *Destin français*, il l'ensevelit sous l'expression redondante de son exécration. Non seulement il passe le gaullisme par-dessus bord (« sa grande politique étrangère, qui a sacrifié Israël et l'Algérie, a été un échec »), mais il se déchaîne également contre Montesquieu, Voltaire, Victor Hugo, Gambetta, Clemenceau (qui, écrit-il, en perdant la paix au seul profit des Américains a contribué à tuer la France en tant que nation !), la tour Eiffel, la pyramide du Louvre...

Voltaire ? « Le père d'une succession de nihilistes et de démolisseurs », dont la philosophie « corrode tout, mine tout, emporte toutes les digues ».

Victor Hugo ? « Il a désarmé toutes nos défenses, il a désarmé la société. Il est la cause de l'ensauvagement d'une jeunesse délinquante. Son rêve christique est devenu notre cauchemar. »

Pourquoi, à en croire Zemmour, en 1873, le comte de Chambord renonça-t-il à revenir en France pour établir la monarchie ? Parce qu'il exigeait le retour au drapeau blanc, comme l'affirment nos manuels scolaires ? Non... « Mais parce qu'il avait compris que la France n'était plus sauvable. » Foutue. Déjà.

« Patriotes », disent-ils.

On se désigne, aujourd'hui, comme « patriote » comme les staliniens, hier, se désignaient comme « démocrates ».

Le dénommé Pierre Taittinger fut, avant guerre, le chef des « Jeunesses patriotes ». Il fut le premier à militer en faveur d'un alignement de la France sur le modèle allemand. Jacques Doriot s'autoproclamait patriote. Il fit la guerre sous l'uniforme allemand.

Relisons leur continuateur, patriote d'aujourd'hui : lorsqu'un grand patron américain, intéressé un temps à la reprise de l'usine française de pneus Goodyear, renonça, il argua, dans une lettre ouverte, du fait que les ouvriers hexagonaux étaient fainéants, alcooliques et incompétents. Aussitôt, des dizaines de milliers d'internautes, en particulier sur les sites de droite, le félicitèrent chaudement. Il avait bien raison. Lui, au moins, il osait le dire.

Lorsque l'acteur Gérard Depardieu accompagna un éloge de Vladimir Poutine et de la Grande Russie d'une charge dirigée contre une France misérable et lamentable, il fut, par les mêmes, acclamé : lui, au moins, il osait le dire.

Lorsque Donald Trump mit l'Europe et la France violemment en cause, le chroniqueur nationaliste identitaire Ivan Rioufol glorifia l'exemplaire grandeur de ce président américain comparé à la petitesse et à la médiocrité de notre minable nation dotée d'un minable président. Le même Rioufol décrivait ainsi le peuple français : « craintif et méfiant comme un chien battu, dominé par une trouille infantilisante, cotonneux, vétilleux, anesthésié, assujetti volontaire... ». Des minables !

Contre notre pays, à les entendre, tout le monde a toujours raison. La France, jamais.

C'était mieux avant et, surtout, chez nous, c'est pire, forcément pire, qu'ailleurs. Obsession du modèle sur lequel il convient de s'aligner. Le modèle d'ailleurs. D'un ailleurs qui nous fait honte. Qui nous fait nécessairement honte, dont on a pathétiquement besoin qu'il nous fasse honte, grande honte. Parce que la honte qu'il nous fait témoigne de notre néant. De notre déclin. Depuis quand ? Depuis toujours ? Depuis 1789, tout au moins.

On eut donc droit à la totale. Presque : modèle américain, allemand, britannique, italien, japonais, soviétique, yougoslave et même, on l'a oublié, brésilien, irlandais, singapourien. Covid : la Corée du Sud, c'était tellement mieux. Croissance : l'Allemagne de Merkel, c'était tellement mieux. L'Amérique de Bush avant la crise de 2007 : c'était tellement mieux. L'Angleterre avant la dégringolade, c'était tellement mieux !

À la fin des années 1960, je collaborais à l'hebdomadaire *L'Express* dirigé par Jean-Jacques Servan-Schreiber. De Gaulle incarnait alors la présidence française. Plusieurs phases de tensions nous opposèrent à d'autres pays ou à d'autres chefs d'État. Pas une seule fois *L'Express* ne donna raison à la France ou à de Gaulle. Pas une seule fois.

La France, vue de ce côté-ci, c'est quoi ? Vichy, la collaboration, la rafle du Vél d'Hiv, le colonialisme, la torture, les scandales à la chaîne.

La France, vue de ce côté-là, c'est quoi ? La Terreur, le « génocide vendéen ». La débâcle, l'épuration de 1944, l'invasion migratoire, l'État tentaculaire et oppresseur.

La France du « racisme systémique » face à la France « Orange mécanique ». Odieuse dans tous les cas.

Un homme, de Gaulle, incarna, à deux reprises, une renaissance française. La première fois, les nationalistes identitaires le condamnèrent à mort ; la seconde fois, ils tentèrent à plusieurs reprises de l'assassiner.

On connaît la formule de Jean Jaurès : « Un peu d'internationalisme éloigne de la patrie. Beaucoup d'internationalisme l'y ramène ! » La définition de nos nationalistes identitaires : un peu de nationalisme éloigne de la patrie ; beaucoup de nationalisme en éloigne encore plus.

Qui a entendu un dirigeant lepéniste se féliciter d'une exception française, d'une réussite française, d'une réalisation française ?

Et pourquoi, des trois couleurs de notre drapeau, a-t-on tendance, à l'extrême gauche, à n'en retenir qu'une ? Déjà prise ailleurs.

La France, quand on la parcourt, cela saute aux yeux et aux oreilles, est un pays qui démultiplie les façons d'être lui-même. Souvent, même, les façons réjouissantes d'être contradictoire. Et qu'est-ce que nos nationalistes en font, sous la housse étouffante de l'identitaire ? La caractérisation revendiquée d'un auto-enfermement.

L'identité, notre identité, c'est la résultante de ce que nouent, en nous, les fils, chaque fil qui, tout en cousant entre elles les composantes de ce que l'on est, nous relient à tout ce qui nous a fait.

C'est, en conséquence, la nier, cette identité, que de la fondre dans le nationalisme identitaire.

L'identité, c'est ce qui participe de l'être-soi. À côté des autres. Qui s'en enrichit. « L'identitarisme », c'est l'inverse : s'abandonner à un illusoire « moi » qui n'intègre pas les autres. Et s'appauvrit. L'identité fonde notre altérité. L'identitarisme la dissout.

Ni Charles Maurras, ni ses nombreux disciples d'aujourd'hui ne pouvaient le comprendre : le nationalisme identitaire participe, a toujours participé, de l'anti-France.

Chapitre 7

Binarisme et macronisme

S'être battu, non contre des moulins à vent, mais, inutilement, contre les vents qui, surgissant plus puissamment que jamais de leurs outres, font tourner toujours plus vite les ailes de toujours les mêmes vieux moulins ! Triomphe du binarisme. De la pensée « Trabant » fonctionnant à deux temps. Pas d'échappatoire : choisir l'une des deux mâchoires de la tenaille. Se retrouver noix prise dans l'étau du casse-noix. Ne mettre les pieds que dans les mêmes deux sabots, condition de la bourrée idéologique qui seule permet d'entrer dans la danse.

Du dépassement

Ce ne sont pourtant pas, au cours de notre histoire moderne, les triomphes d'un camp sur un autre qui ont déterminé les plus salvateurs déblocages (ou sauts qualitatifs), mais, plus fréquemment, les moments de convergences interclassistes ou interpartisanes.

Ainsi la convergence, en 1789, entre le tiers état et les fractions progressistes de la noblesse et du clergé ; ou, en 1830, des monarchistes libéraux et des républicains. Ainsi, surtout, la confluence mobilisatrice, des communistes aux libéraux, qui présida, en 1943, à la création du Conseil national de la Résistance et à son action libératrice.

Ce sont également de telles convergences entre une partie de la droite et une partie de la gauche qui permirent à Mendès France d'extraire la France du bourbier indochinois et au général de Gaulle de la sortir d'une guerre d'Algérie que les socialistes avaient au contraire exacerbée.

La catastrophe « hollandaise » (comme l'échec, en 1924, du « bloc des gauches ») fut, au contraire, le fruit d'une bipolarité totalement artificielle qui s'était interdit toute forme de convergence. Le bloc contre bloc du Front populaire permit, certes, d'initier de magnifiques avancées sociales et culturelles, mais il déboucha sur l'abandon de la République espagnole, le vote des accords de Munich et les pleins pouvoirs au maréchal Pétain.

Cependant, si le dépassement d'une bipolarité de pure apparence représente une salvatrice nécessité, son remplacement par des binarismes d'opportunité, tout aussi artificiels (à quoi le macronisme s'est voué), marquerait une régression.

Ainsi conservateurs / progressistes : clivage apparemment cher à Emmanuel Macron. Comme si le qualificatif (progressiste) primait sur le contenu du progrès ; comme s'il ne pouvait exister des progrès déplorables (la bombe H ? Le bétonnage des bords de mer ? L'abus de pesticides ? La cité des 4000 de La Courneuve ? Le poulet aux hormones ?). Comme si, parfois, le conservatisme (ceux qui, en 1851 ou en 1940, voulaient conserver la République avaient-ils tort ?), voire la réaction à une modernité perverse (une mondialisation néocapitaliste débridée, par exemple), ne devraient pas être constitutifs d'une politique authentiquement humaniste, réformiste et sociale. Comme si, surtout, toute personne normale ne faisait pas coexister cérébralement des hémisphères progressistes, conservateurs, réactionnaires et révolutionnaires. Et même anarchisants.

Ouverture et fermeture ? Autre classique macronien. Mais les deux, l'auto-enfermement et toutes fenêtres grandes ouvertes quelque temps qu'il fasse, le refus de tous les courants comme la non-maîtrise de tous les flux sont également désastreux.

Europe-nation ? Mais toute construction européenne qui ne s'appuierait pas sur des identités nationales, qui les nierait au lieu de s'en enrichir, serait violemment refusée.

Ceux qui acceptent la mondialisation / ceux qui la rejettent ? Mais ce n'est pas la mondialisation qui est en cause, l'internationalisme pourrait en être l'autre nom, c'est son caractère radicalement ultralibéral qui la transforme en une brutale uniformité hégémonique. Refuser la mondialisation est un pur déni, l'accepter telle qu'elle est s'apparente à une auto-immolation.

Libéral / antilibéral ? Est-ce à dire que le libéral propose de s'abandonner à la loi de la jungle (le renard libre dans le poulailler libre) et que l'antilibéral préconise l'instauration du socialisme, le rejet de la loi du marché, l'abolition de la propriété privée ? Évidemment pas. Alors que recouvre concrètement ce binarisme-là ? L'antilibéral Jean-Luc Mélenchon est-il prêt à faire front commun avec l'antilibéral Florian Philippot (lequel des deux, en l'occurrence, est le plus antilibéral ?) ? Benoît Hamon n'a-t-il pas exhumé de la marmite ultralibérale son projet de « revenu universel » ? Des antilibéraux patentés ne militent-ils pas en faveur d'une immigration libre, donc en faveur d'une libre circulation de la main-d'œuvre que préconise également le patronat le plus libéral ? Les mêmes ne préconisent-ils pas la libéralisation du commerce du cannabis alors que les soi-disant libéraux s'élèvent contre toute forme de libération des mœurs, tel le « mariage pour tous » ?

Nous voilà ici au cœur du débat que la révolution macronienne n'a pas manqué de susciter et d'entretenir : doit-on reconstituer une bipolarité partisane sur la base d'une double radicalisation, certains s'y emploient et c'est ce qui se passe ; doit-on, au contraire, lui substituer d'autres binarismes, à la façon macroniste ? Ou bien, enfin, alternative proposée, les subvertir tous, ces binarismes, c'est-à-dire, de façon hégélienne, contredire la contradiction pour se recentrer sur les seuls binarismes basiques qui vaillent : vrai ou faux, juste ou injuste, libérateur ou oppressif, efficient ou inefficace, limitant ou renforçant l'égalité des chances et des statuts, c'est-à-dire abolissant ou multipliant les privilèges.

Ce qui implique de répudier, d'abord, d'autres binarismes auxquels le macronisme n'échappe pas :

Modernité ou archaïsme ? Le fascisme et le stalinisme ne se tinrent-ils pas comme suprême modernité face à cette vieillerie qu'était censée représenter la démocratie libérale ? Le républicanisme n'était-il pas archaïque aux yeux des technocrates « futuristes » ralliés à la révolution nationale de Pétain ? Les partisans de Napoléon III ne traitaient-ils pas Victor Hugo de « vieille barbe » ? La mondialisation néolibérale ne s'est-elle pas parée des attributs de la modernité ? Une certaine « modernité » artistique n'a-t-elle pas débouché sur un véritable apartheid culturel et social ?

Sécurité ou liberté ? Comme si la liberté des plus fragiles, des moins privilégiés, ne passait pas d'abord par l'assurance de leur sécurité. Comme si la sécurité ne constituait pas la seule garantie de la liberté des plus pauvres.

Il faut faire preuve de l'arrogance hédoniste du libertaire bourgeois pour qualifier de « sécuritaire » la demande de protection de ceux que la violence sociale bouscule, renverse et écrase.

Identitarisme contre communautarisme ? Mais qu'est-ce que le communautarisme sinon un identitarisme particulier et spécifique ?

Le seul internationalisme ou mondialisme qui vaille n'est-il pas celui qui, loin de nier des identités, les croise au contraire jusqu'à ce qu'elles s'interpénètrent ?

On est en droit de se poser la question : ceux qui se déchaînent contre le « multiculturalisme » préconisent-ils le mono-culturalisme ? Comme sous Louis XIV ?

La position par rapport à l'immigration dessinerait une infranchissable frontière ? Même si le patronat, surtout le grand patronat, est favorable à l'immigration quand la classe ouvrière y est majoritairement hostile ?

Il paraît qu'accorder le droit de vote aux élections locales aux immigrés ancrés dans une commune serait de gauche (encore que la gauche le préconise, mais ne le fasse jamais !), mais que substituer un acte volontaire à l'automaticité de l'accession des enfants d'immigrés à la nationalité française serait de droite. Comme si une politique réellement d'intégration n'exigeait pas qu'on adopte, en parallèle, les deux démarches. Et de droite et de gauche, comme disait l'autre.

France d'en haut / France d'en bas ? Vous connaissez un bas qui n'a pas de haut et vice versa ? Un haut qui peut plonger sans aucun réceptacle en bas et, surtout, un bas sans aucune probabilité d'accrochage en haut !

La Révolution française provoqua un renversement salvateur de la hiérarchie, le haut, alors, vint d'en-bas : les généraux de la troupe des volontaires de l'an II. Pourquoi, en effet, ne pas redynamiser ce processus, le remplacement des élites ayant toujours boosté le renouveau de la nation, comme en 1789, en 1830 ou en 1848 ? Mais quand le bas et le milieu furent devenus le haut, ils régnèrent implacablement sur un plus bas que l'ancien bas.

Le problème d'Emmanuel Macron n'en fut pas moins celui-là : démontrer qu'il était capable de s'émanciper du monde dont il était issu, qui l'avait porté, qui l'avait choyé et qui l'encensait, afin de contribuer à la transgression de ce clivage-là, le haut et le bas, également. Confronter ce haut avec la réalité du bas pour le contraindre à combler le précipice effrayant qui, dans tous les domaines, y compris culturels, sépare son monde à lui de leur monde à eux.

CELLE QUI A OSÉ

Marine Le Pen : celle qui, finalement, a tout osé. C'est pourquoi on a fini par la reconnaître.

Il faut oser pour ne pas vivre ce que vivent les roses. Le discours du 18 Juin : un coup très osé.

Pompidou et Giscard s'imposèrent en osant. Mitterrand se révéla en osant. Chirac se relança en osant. Sarkozy s'était investi en osant.

Elle n'a réussi à survivre à autant de désastres qu'en osant.

Imagine-t-on le fils de De Gaulle dégageant son père pour substituer sa propre idéologie à celle du gaullisme original ?

Staline a peut-être trahi Lénine (encore que...), mais il ne l'afficha pas, bien qu'il n'en fût pas le fils.

Elle, elle se débarrassa de celui qui l'avait fait naître en même temps que d'une partie de l'idéologie grâce à laquelle, politiquement, elle était née.

Pousser dehors son homme à tout faire, Philippot : elle avait osé.

Assumer une ligne nationale-sociale, elle osa également. Comme surjouer le rôle de l'aile gaucho-populiste de la social-démocratie : la retraite à 60 ans et le SMIC au zénith ! Comme – le comble du comble – refuser toute collusion avec Éric Zemmour sous prétexte qu'il n'était pas question de s'allier avec... l'extrême droite ! Avec la droite non plus (souvent plus à droite qu'elle). Elle répudia également cette alliance.

Il n'y a, il n'y avait jamais eu de fascistes au Front national : elle n'avait cessé de l'affirmer. Il n'y en avait pas mais, dans un premier temps, elle affirma que, les fascistes – donc il y en avait –, elle les avait virés. Puis qu'ils étaient passés chez Zemmour. Donc ils étaient toujours là. Ainsi que les néonazis qui, selon elle, avaient fait leur nid dans le FN de Papa. Et eux aussi étaient passés chez Zemmour. Lequel, donc, aurait massivement récupéré, chez elle, ceux qui n'existaient pas.

Il fallait oser.

Zemmour... Dès sa candidature, elle s'était fait des cheveux. En conséquence, elle l'avait dans le nez. Il fallait serrer les coudes. Elle l'avait pris en pleine figure. Elle ne baissa pas les bras. Elle lui tourna le dos, refusa de lui serrer la main ou les coudes. À l'autre, ça lui fit les pieds. Lui, ne prit pas le sien.

Naguère, elle l'avait apprécié. Mais, pour elle comme pour Joséphine Baker, il y avait deux Zemmour. Le second la trouvait « trop à gauche ». Réponse de la bergère au berger, elle le rhabilla en facho réac. Ce qui était bien vu. Elle osa.

On l'avait déclarée « foutue ». Condamnée à consommer jusqu'à la lie (ce fut l'hallali) l'amère boisson de la défaite. Avant la finale de l'élection présidentielle, confrontée à Emmanuel Macron, elle joua le rôle de punching-ball.

Il n'y eut pas de haut. Simplement débat. Elle était morte. Et imaginer que les morts osent, c'est plus que morose, c'est sinistre. Or, elle osa.

Et, c'est lui, Zemmour, qui but la tasse.

À la présidentielle, il sombra. À l'espagnole. Sombreros et mantilles. La candidate improbable de la droite, Valérie Pécresse, recalée à l'oral, acculée à proférer des ciottises, l'avait précédé sous l'eau. Sans masque. Anne Hidalgo avait plongé plus profond. Elle avait entendu, dans une église laïque, le chœur socialiste chanter *Hosanna*. Elle avait osé. À tort.

Mélenchon, une fois de plus, avait remporté son challenge : devenir le champion des ratages de la dernière marche.

La Marine accéda, facile, au second tour. Mais, au final, c'était sa grande spécialité, aussitôt qu'elle foula, à la télévision, le tapis rouge de la victoire possible, elle se prit les pieds dedans.

La fois d'avant, elle ne se maîtrisait pas. Cette fois, ce sont ses dossiers qu'elle ne maîtrisa pas. Elle osait trop.

Les législatives suivirent. L'élection, disait-on, que les lepénistes ratent toujours. Une fois encore, elle refusa toute alliance. Snoba la droite et envoya balader Zemmour. On lui accordait trente sièges au plus. Elle en obtint quatre-vingt-dix en y ajoutant un audacieux nommé Nicolas Dupont-Aignan.

En vérité, elle avait fait une alliance. Mais on ne l'avait pas vu. Ce sont des suffrages provenant de l'extrême gauche mélenchoniste qui lui permirent de l'emporter dans les duels avec les macronistes. Souhaiter ouvertement cette collusion, elle l'avait osé.

Puis, elle osa une nouvelle fois. Quand les députés Insoumis imposèrent à la nouvelle Assemblée la loi du débrayé et du braillé, elle transforma les siens, les enfants de Marine, afin de se targuer du contraste, en enfants de chœur. Costumes-cravates et discours académiques. Costumes académiques et discours-cravates.

Les métamorphoser en leur contraire : elle avait osé.

Et, à son remplaçant supposé, Bardella, qu'elle osa opposer à son ancien compagnon, son propre fils à son presque ex-mari, puisqu'elle ose tout, elle aurait pu lancer, à l'anglaise : « Ose, man... et un boulevard s'ouvre devant toi ! » Un boulevard s'ouvrit.

VOUS AVEZ DIT COALITION

Le lendemain des élections législatives, un habitué des chroniques gratinées sur FigaroVox, qui est à la finesse ce que la grappa est à la limonade, un certain Maxime Tandonnet, expliquait que le macronisme étant de centre droit et non de droite, il était inconcevable que LR, ce qui restait de l'ex-grand parti conservateur, acceptât de former avec lui une coalition majoritaire.

Le propos, au même titre que d'autres stupidités restées légitimement célèbres, mériterait d'être homologué : donc, on ne peut s'allier qu'avec soi-même, ne s'entendre qu'avec son miroir sur la base d'un compromis avec son propre reflet. L'inconcevable commence une fois passée la frontière de la pure redondance. Le seul contrat envisageable est celui que permet le papier carbone. Vous ne pouvez vous entendre avec « l'à-côté » que si cet « à-côté » se situe, en réalité, à votre place.

Ainsi fonctionnaient les coalitions au pouvoir dans les pays de l'Est tombés sous la férule soviétique. Les partis communistes se coalisaient avec des partis satellites, c'est-à-dire avec des fractions d'eux-mêmes qui se faisaient enregistrer sous un autre nom. De faux noms. Ainsi, également, l'UMP n'avait aucun mal à s'acoquiner avec l'UDI ou

« Le Nouveau Centre » puisqu'il ne s'agissait, en réalité, que de succursales de soi-même, donc de l'UMP, enregistrées, pour des raisons tactiques, sous un sigle différent. Rôle que les radicaux de gauche jouèrent par rapport au PS.

On ne peut se fédérer qu'avec ses harkis quitte, à la fin, à les livrer aux chiens.

La réalité est même encore plus farce que cela : un souverainiste étatiste et un pro-européen libéral, en désaccord sur tout (Charles Pasqua et Alain Juppé), peuvent cohabiter dans le même gouvernement s'ils sont membres du même parti. Un Européen libéral ne peut, en revanche, figurer dans la même équipe qu'un autre pro-européen libéral s'ils ne sont pas affiliés à la même formation.

Ailleurs, presque partout ailleurs, l'idée saugrenue s'est imposée qu'une alliance politique implique la convergence partielle de différences partisanes. Ainsi, en Belgique, Suède, Allemagne, Autriche, Finlande, Italie, Grèce, aux Pays-Bas, au Danemark, presque partout, à l'occasion, socialistes, libéraux, écologistes, démocrates-chrétiens, conservateurs, extrême gauche parfois, parviennent, pendant un laps de temps donné, au rythme des coalitions, dans l'intérêt du pays, comme en France en 1945, à constituer des équipes gouvernementales. En France, la seule hypothèse cogestionnaire possible est celle qui réunit des antagonismes de convictions déguisés en similitudes d'encartement. Ou alors, des extrêmes qui forment le front commun des négativités. En définitive, que s'est-il passé ? Impossibilité de toute alliance assumée entre la droite et le centre droit, entre la gauche et le centre gauche, mais alliance, non assumée celle-là, entre l'extrême droite et l'extrême gauche.

****

Bloc populaire contre bloc élitaire ?

Ce qui, en réalité, au-delà de ces clivages avant tout rhétoriques, s'était creusé c'est la grande faille entre une France qui se croit et une France qui se voit. Une France qui s'écoute et une France qui se parle. Une France qui ne vit pas ce qu'elle dit et une France qui dit ce qu'elle vit.

Au fond, les communistes étaient plus cohérents qui tendaient à faire du bloc populaire un bloc élitaire !

DE LA REPRÉSENTATION

Les trois forces qui, en 2022, dominèrent l'élection présidentielle, derrière Emmanuel Macron, Marine Le Pen et Jean-Luc Mélenchon, c'est-à-dire extrême droite, extrême gauche et centre, n'étaient pas représentées à l'Assemblée nationale dix ans plus tôt. Ce qui signifiait qu'on avait inventé cette forme originale de démocratie, qui consistait, au niveau parlementaire, grâce à un mode de scrutin aberrant, à éradiquer toute réalité dérangeante pour lui substituer l'artificielle institutionnalisation des apparences. Et le commentariat se nourrissait, jour après jour, des jeux de scène de ce théâtre d'ombres. On se mouvait, éditorialement, au milieu de ce qui n'existait plus. Comme si, cela devant empêcher qu'on l'entrevît comme un cauchemar, on se satisfaisait que la vie politique ne fût qu'un songe.

Ce que nous expliquaient les défenseurs du pernicieux scrutin majoritaire, avant qu'il ne fût subverti par les électeurs eux-mêmes, c'est que, lorsque les électeurs avaient pointé trop fort et trop loin, il fallait pousser le cochonnet pour le rapprocher des boules.

Ils ont révisé leur jugement ? Pas du tout. Au Sénat, un parti qui obtint au mieux 11 % des suffrages aux législatives

(4,5 % à la présidentielle, 8 % aux européennes) détient la majorité absolue.

Même dans la Russie de Poutine on n'oserait pas.

Et ils sont ravis !

DE L'ART PARLEMENTAIRE

J'avais, depuis l'âge de 16 ans, été fasciné par cette forme de dramaturgie, à la fois littéraire et théâtrale, qu'étaient les débats parlementaires.

Élève au lycée Henri-IV, je faisais sortir, à la bibliothèque Sainte-Geneviève, les volumineux comptes-rendus du *Journal officiel* datant de quelques décennies et je m'en régalais, y compris des interruptions et des incidents de séance.

J'y découvris l'envolée jauressienne : ce feu d'artifice de trouvailles rhétoriques qui, précisément, ne paraissait jamais artifice ; cette musicalité recherchée du verbe, les mots enlacés comme des notes sur la portée de la phrase devenant mélodie ; le Victor Hugo adaptant au théâtre parlementaire les ressorts du drame romantique ; la patte de Clemenceau dont les formules écorchaient comme des griffes, mais aussi la solidité dialectique d'une démonstration implacable de « Monsieur Thiers », la puissance démystificatrice d'une analyse d'Alexis de Tocqueville, la glaciale intelligence qui portait l'oralité conservatrice de Guizot, les inspirés et pompeux méandres des discours de Maurice Barrès, la splendeur polyphonique des déploiements oratoires de Lamartine (j'eûs donné tous ses poèmes pour quelques-unes de ses interventions), les fulgurances monarchistes de Pierre-Antoine Berryer. J'avais lu et relu la mémorable intervention de Kerillis contre les accords de Munich et l'estocade d'un François Mitterrand opposant éloquemment le « gaullisme de brocante » au « gaullisme de légende ».

Je m'étais replongé dans les années de l'après-1870 pour en nourrir un ouvrage constitué des moments historiquement clés de la grande partition tribunitienne intitulé *Ainsi parlait la France*.

Et voilà que là, ici et maintenant, comme si ce que nous avaient légué Mozart et Beethoven ne laissait plus place qu'à *La Marche lorraine* et à *La Belle de Cadix*, le débat parlementaire tournait au monôme estudiantin et au déchaînement des tribunes nord après un échec footballistique de l'OM.

Jaurès remplacé par Mathilde Panot, c'était comme si, à Eddy Merckx, on avait substitué un enfant colérique monté sur tricycle. Comparé à Olivier Faure défendant une motion de censure, même François Hollande, avec le recul, nous paraissait un Démosthène.

Mépris total de ce que, au cœur de notre épopée démocratique, incarnait la représentation nationale devenue caisse de déraisonnance.

Hier reine des débats zébrés de traits d'esprit, l'extrême gauche d'Assemblée semblait avoir pris des leçons d'humour chez Edwy Plenel. Ses interpellations confinaient au chahut d'adolescents immatures : pas une fulgurance, aucune élévation de pensée, pas la moindre profondeur d'analyse. Ni formule qui se grave ni jugement qui imprime.

Comment en était-on arrivé là ?

LA DÉMOCRATIE DE L'ENTRE-SOI

CNews qui organise, en continu, des controverses « pluralistes », où tout le monde pense pareil à l'exception de souffre-douleur qui servent de faire-valoir, ne fait que pousser à l'extrême, et au profit d'un « ultraïsme » compulsif, une tendance générale. Tout le monde peut effectivement le constater : l'espace du débat, en France, tend à devenir une superposition de circuits fermés qui permettent à chacun de se coltiner son double.

Les colloques, les pages « débat » des grands quotidiens, les réflexions collectives consistent de plus en plus à confronter des individualités qui, pour l'essentiel, pensent à peu près la même chose. Les bouches de droite parlent aux nombrils droits et les bouches de gauche s'adressent aux oreilles gauches. À chacune et à chacun de choisir un espace d'expression nettoyé de toute altérité antagoniste. Pas de chevauchement de territoires, surtout pas. Les réacs entre eux, les gauchos en famille. Se confronter revient à mutuellement se conforter. On se retrouve entre gens qui pensent bien. C'est-à-dire pareil. Juste. Comme il faut. Dans le bon sens. Et ça tient chaud.

Qu'est-ce qu'un dialogue : un entretien de soi avec des comme soi. Londres ne parle qu'à Londres. On ne s'adresse qu'à sa duplication entouré et soutenu par les siens. En rond. Sous cloche. « L'entre-soi » est devenu un monde en soi. À chacun son cocon, sa bulle. Ce qu'on appelle un débat, quand il ne s'agit pas d'un match, d'une castagne (ça, on aime aussi), n'est plus que la mise en scène de l'artificielle pluralité du même. Une confrontation de ressemblances. La véritable différence est ressentie comme une pollution. Tribunes libres, totalement libres... de se dupliquer. De relayer de semblables certitudes.

L'espace de la controverse comme champ clos. Pas de champ libre : des barbelés y veillent. Et, pour être certain qu'il n'y aura pas de convergences, dans chaque camp médiatique, la tendance ultra monopolise l'expression.

Résultat : chaque population se disjoint des autres à l'intérieur du même peuple occupant le même territoire. Le peuple d'en bas ne peut éviter les passerelles, celui d'en haut coupe les ponts.

Échanger ? Mais les courants contraires, toutes confluences rendues impossibles, éloignant de plus en plus les uns des autres, on ne parle plus la même langue. On ne donne plus le même sens aux mots. On ne se raconte plus les mêmes histoires. On ne se barde plus des mêmes références. On ne rencontre pas les mêmes gens. On ne partage pas les mêmes espaces. En somme, on ne vit plus dans le même pays. On blinde, entre soi, ses convictions. On se conforte mutuellement. On exacerbe en circuit fermé ses obsessions. On mutualise ses rejets. Entre soi. On communautarise ses exécrations. Entre soi. On se radicalise. Entre soi.

Un signe : les interventions dans les pages « débat » censées être pluralistes du journal *Le Monde* sont de plus en plus signées collectivement. La pétition de principe devient une pétition tout court. Ne plus apporter des points de vue, mais collectiviser « un » point de vue. Non plus : pourquoi je pense différemment, mais « voilà pourquoi nous pensons la même chose ».

L'univers « réac » officie à huis clos. L'univers « progressiste » se confine dans ses prés carrés. L'échange se réduit à la mise en avant des têtes de gondole.

Au lieu de l'interpénétration démocratique des contradictions, l'Assemblée nationale elle-même n'est plus qu'une répartition cacophonique d'orchestres antagonistes regroupés autour de leur chef, qui ne jouent que pour leur clientèle et s'échinent à rendre inaudible la moindre mélodie esquissée par un instrument de l'orchestre d'à côté.

Qu'est-ce qu'un exercice de réflexion plurielle et collective ? Un rassemblement d'affidés autour d'un chef de clan qui savoure, non les différences, mais les déférences du haut de son donjon.

Comment en est-on arrivé là ?

TENTATION STALINIENNE

Radicalité de posture, de confort : on n'approfondit rien, on se contente d'exagérer tout. Le verbe se fait chair par la surenchère.

Ces grands sauts qualitatifs qui ont fait école, l'écologisme, le féminisme, connaissent les mêmes évolutions que celles qui ont extrémisé le socialisme en communisme, puis en léninisme, puis en stalinisme, puis en maoïsme (ou le christianisme en intégrisme clérico-inquisitorial, le républicanisme démocratique en terrorisme hébertiste, le libéralisme en ultracapitalisme de jungle). Cette propension à l'absolutisation, volontiers purificatrice, conduisant inéluctablement à la négation du meilleur de ce à quoi on aspire, en conséquence du pire de l'enfermement dans ce que l'on rejette.

On peut alors se poser cette question : la gauche dite « radicale » a rompu avec le stalinisme, mais a-t-elle jamais analysé la nature, l'essence, non pas tellement de cette perversion mais du processus - les pesanteurs mentales, en quelque sorte - qui conduisirent et qui conduisent presque fatalement, faute de mécanisme « mentalement correcteur », à ce qu'on s'y abandonne de nouveau. Au point qu'après s'être apparemment libéré de cette emprise, il advient qu'on y succombe de nouveau, toujours « mentalement », comme on le constate aujourd'hui. Comme on le constata, hier, après que d'ex-staliniens apparemment désaliénés furent devenus maoïstes.

Comment ne pas interroger, également, cette évidence qu'une certaine droite, hier vichysto-maurrassienne, le soit « redevenue », bien que le cours des événements ait semblé avoir définitivement enseveli cette « propension à » ? Propension qui n'est pas une exceptionnelle « dérive », mais la manifestation d'une thermodynamique de la radicalisation qui, elle aussi, a ses lois.

Et l'on se retrouve, aujourd'hui, confronté à cette double résurrection : d'une gauche, ou plutôt d'une extrême gauche, qui se livre tout cru à la restauration de ses anciens démons. D'une droite qui ne résiste plus à l'attraction qu'exercent sur elle les héritiers de ses anciens naufrages moraux : néo-pétainisme, néo-stalinisme. Comme un piège à loup qui se referme.

L'INNOCENCE EST LOUCHE

Les êtres humains comme des quilles à renverser.

L'innocence ne se présume plus, jamais. Au mieux, elle se prouve. Et encore...

Comme le susurraient les idéologiquement sceptiques du temps de l'affaire Dreyfus, « il n'y a pas de fumée sans feu ».

Tout suspect est apparemment mis hors la loi. Ce qui rend licite une loi des suspects.

Même démontrée, l'innocence est louche.

Mensongèrement et bruyamment dénoncé, un élu communiste du conseil municipal de Paris n'en paya pas moins d'une ruine de sa carrière sa trop peu bruyante (celle-là) réhabilitation.

On s'impose désormais politiquement et journalistiquement par le nombre de scalps qu'on est capable d'exhiber. Indien vaut mieux que deux tu l'auras.

Grâce à Voltaire, à quoi renvoie le nom de « Calas » ? À l'évidence glorieusement proclamée d'une innocence.

Qu'en resterait-il aujourd'hui ? La vague odeur d'une possible culpabilité. Qui oserait, après l'exhibition d'un bordereau à la télévision, prendre la défense d'un dénommé Dreyfus ? Pas de fumée...

Il arrive qu'après exécution on soit blanchi. Mais on est mort. Blanchi n'indique alors que la couleur du linceul.

Avoir soutenu un effroyable régime totalitaire n'est pas rédhibitoire. Un jeu de mots limite, en revanche, ne pardonne pas. On l'oublie ? Jamais ! Quitte à remonter le plus loin possible dans le temps, on le retrouve toujours. C'est devenu une spécialité. Une mission. Il y a même des officines pour ça. Au fond, qu'il ait été, en Algérie, complice d'actes de torture a fait moins de tort à Jean-Marie Le Pen que son « jeu de mots » : « Durafour crématoire ».

S'être totalement, régulièrement, gravement trompé n'a aucune importance : d'autant que, généralement, nul ne prendra le risque de s'exposer soi-même en le rappelant. Les mêmes qui poussèrent systématiquement à ces interventions armées qui se soldèrent par autant de désastres furent amnistiés. Aussi promptement que les auteurs d'une incorrection verbale furent, eux, envoyés au bûcher.

Un journaliste vedette d'une station de radio qui lui devait beaucoup fut accusé d'avoir tenté d'embrasser une « collègue » dans une piscine. Il fut dégagé. Mis au ban.

Aurait-il embrassé - intellectuellement - Éric Zemmour, qu'il aurait sans doute gardé son poste.

Les staliniens s'en étaient fait une spécialité : s'emparer d'une petite phrase, le plus souvent sortie de son contexte, l'intemporaliser et la recycler obsessionnellement, en boucle, pour réduire toute pensée idéologiquement, par eux rejetée, à la désagréable sonorité d'une formule conservée dans son formol.

La très empathique Rachida Dati fut accusée - en tant qu'élue - de s'être fait rétribuer pour défendre des intérêts privés au Parlement européen. Elle n'en subit apparemment aucune conséquence. En revanche, une élue de droite avait, dix ans plus tôt, exprimé, en termes carrés, son opposition au mariage homosexuel. Elle devint ministre (dix ans plus tard donc). On lui ressortit et on demanda sa démission. Qui ? Ceux qui, au même moment, s'indignèrent qu'on ait voulu expulser un imam qui tenait des sermons antisémites, homophobes, sexistes, anti-laïcs et antirépublicains.

Pas grave !

REDONDANCE CHRONIQUEUSE

Le dénommé Ivan Rioufol, qui fut le seul chroniqueur (avec peut-être, au XIXe siècle, Édouard Drumont et Louis Veuillot), pendant plus de vingt ans, à écrire chaque semaine, dans *Le Figaro*, toujours le même article. Mais payé comme s'il s'agissait chaque fois d'un article différent. Ce Rioufol, donc, ambulante machine à photocopier, a fait des émules. Dans les pages « débat » des grands quotidiens se succèdent d'émérites chroniqueurs qui, obsessionnellement, brodent sur le même thème, toujours, les mêmes considérations, toujours, bardé des mêmes illustrations, toujours, débouchant sur les mêmes conclusions, toujours, en fonction des mêmes références, toujours, rythmé par les mêmes formules assaisonnées aux mêmes mots. Toujours.

De cette duplication en boucle, succession de pensums réitérés qui se mordent la queue, Mathieu Bock-Côté, sociologue québécois de son état, est devenu l'orgue de

Barbarie et Thomas Piketty le limonaire. Comme aucun des deux, et de très loin, n'est un imbécile, la lecture est reposante. Le support devient alors un missel. On peut soi-même finir les phrases. Ponctuées d'un « Amen ».

LA NOUVELLE « SAINTE-LIGUE »

C'était nouveau.

Même si une esquisse en était apparue dans les années 1930. Mais, depuis la Libération, aucune rémanence. Jusqu'en 2020, lorsque, pour s'opposer à une mesure exigée par les écologistes et la gauche (la taxe carbone), émergea un mouvement syncrétique qui fédéra, sous le même gilet, des forces éruptives en provenance des deux bords politiques rivaux.

Cela prit d'abord la forme d'un grand spectacle colérique : entrelacs de saillies anticapitalistes, antimacronistes, antibourgeoises, démocratiques et libertaires, mais aussi anti-homosexuels, antisémites, anti-franc-maçonnes... Malaxage cacophonique de slogans d'extrême gauche et de vieux refrains d'extrême droite.

Or cela, cet entremêlement de pulsions réactionnaires, libertaires, révolutionnaires et sociales-populistes, on l'avait déjà vécu. Quand ? Six siècles plus tôt. Ce mouvement social là fut baptisé la « Sainte-Ligue ». Le duc de Guise en était le Mélenchon. Ce soulèvement authentiquement populaire, bien que l'intolérance clérico-idéologique le fourvoyât, était dirigé contre les élites, l'absolutisme et l'establishment aristocratico-bourgeois, contre le pouvoir monarchique aussi, soupçonné de coupables tolérances multiculturalistes. Le tout au nom d'une affirmation violemment identitaire : rejet d'un protestantisme intellectuel, que l'on qualifierait, aujourd'hui, de boboïsé, et d'une forme de centrisme qui prétendait rejeter les deux extrêmes. Un peuple, un culte. Appel à la constitution d'une Commune. Normalisation de la terreur exigée par une base chauffée à blanc. À bas les mi-chèvre mi-chou. L'argent est huguenot. Le riche est un traître en puissance. Haro sur les parpaillots, accessoirement les juifs, les hésitants, les neutres, les modérés ! Éloge du régicide. Ravaillac et Jacques Clément représentants d'une aile anarcho-radicale. Confluence d'une authentique « Insoumission » et d'un « Rassemblement national ». Mélange de fanatisme confessionnel et d'insurrection libératrice. On les reconnaissait non pas à la couleur des gilets, mais aux insignes qu'ils portaient.

HIER - AUJOURD'HUI

Nos petits-enfants pourront-ils jamais le croire ? Quand nous étions jeunes, on chantait encore *Mon homme* : « Il me fout des coups, il me prend mes sous, mais je l'aime... c'est lui que j'ai dans la peau ». Ou bien : « Le lavabo avait une fuite, Félicie aussi ». « Je me ferais teindre en blonde si tu me le demandais » ; en prime, signé Georges Milton : « Le livreur c'est tout l'temps pour ma mère, les factures c'est tout l'temps pour mon père », « les dessous troublants c'est pour ma maman » ; « Les mains de femmes », selon le chansonnier Félix Mayol : « la petite menotte coud, pique, tricote, joue de l'éventail. [...] Quand sur leur minois joli, elles mettent la poudre de riz. [...] Quand elles placent leurs joyaux, qu'ils soient vrais ou qu'ils soient faux... les mains de femmes sont des bijoux. »

Écrivent, peignent, créent ? Hier, jamais !

Hier, on se répétait complaisamment les tristes et misérables saillies misogynes de Sacha Guitry.

On élisait de furieux antisémites à l'Académie française. Paul Morand encore dans les années 1960.

Hier, une publicité préconisait : « Un dernier coup pour la route ! » Hier, on magnifiait le progrès en multipliant les représentations de cheminées d'usines.

On faisait parler les « blacks » comme des sauvages : « Y'a bon Banania ! » On traitait les Maghrébins de « bicots » marchands de tapis. Et la droite applaudissait.

Des intellectuels de gauche, hier, il est vrai, pétitionnaient en faveur de pédophiles. Il est vrai aussi que les mêmes avaient divinisé le marquis de Sade, théoricien du plaisir généré par les violences faites aux femmes.

C'était hier. Mais aujourd'hui ?

On réprimait, hier, au nom des phobies. On réprime, aujourd'hui, au nom des anti-phobies.

Hier, on bâillonnait des bouches de ceux qui mal disaient. Aujourd'hui, on abat les statues de ceux qui mal firent.

Hier, on se moquait des bigotes. Aujourd'hui, on milite en faveur de leur liberté de se voiler.

C'est aujourd'hui à gauche ou plutôt à l'extrême gauche qu'on a substitué à un universalisme déclaré « ringard », la centralité absolue de la race, de la religion et du genre, ce que les progressistes d'hier répudiaient tout aussi absolument.

C'est à gauche et non plus à droite qu'on manifeste aux côtés de ceux qui scandent, comme on récitait hier des litanies, la sacralisation de l'unicité et de l'immensité du « Créateur ».

Aujourd'hui, c'est à gauche et non plus à droite, comme hier, que l'on traite avec mépris de « laïcards » celles et ceux qui entendent se plier à une stricte observance de la loi républicaine de séparation de l'Église et de l'État.

Hier, on était brûlé vif, comme Giordano Bruno, pour une philosophie. Aujourd'hui, on est liquidé pour un baiser volé.

Hier, on pouvait traiter Berlioz ou Victor Hugo de « pompiers », Zola de « populiste », Barrès d' « andouille ». Aujourd'hui, serait intellectuellement excommunié quiconque oserait suggérer, à tort bien sûr, que *À la recherche du temps perdu* est un peu chiant ou *Ulysse*, de James Joyce, illisible.

Aujourd'hui c'est à droite, et non plus à gauche, qu'on fustige à toute occasion les « élites ». C'est à droite, et non plus à gauche, qu'on trouve les plus ardents agents de Moscou.

C'est à droite autant qu'à gauche, désormais, qu'on se déchaîne contre les banquiers. C'est à droite qu'on recycle un marxisme de bande dessinée. C'est à droite et à l'extrême droite qu'on se réclame d'une France populaire et « périphérique », opposée à une France bourgeoise et « élitaire ». La lutte des classes retournée.

Hier, l'extrême gauche ostracisait tout ce qui s'apparentait, de près ou même de très loin, à l'extrême droite. Et celle-ci, l'extrême droite, investissait toutes ses fureurs dans la dénonciation de l'extrême gauche.

Aujourd'hui, Macron constituant malgré lui le fédérateur des haines, extrême droite et extrême gauche manifestent ensemble, votent, à l'occasion, ensemble.

Hier, la droite était modérée et l'extrême gauche républicaine. Aujourd'hui, la droite est devenue hystérique et le qualificatif « républicain » louche aux yeux de l'extrême gauche.

****

La Ve République, sans majorité absolue à l'Assemblée nationale, c'est comme un Tour de France sans maillot jaune.

ÉLITE

Jeunes gens, surtout, ne faites pas d'études poussées, ne cherchez pas à multiplier les connaissances, ne vous mettez pas en tête de prendre des initiatives qui risquent de vous valoir promotion. Refusez les responsabilités politiques, économiques, intellectuelles ou syndicales. Contentez-vous du moindre effort. N'entreprenez que le strict minimum.

Sans quoi, que vous le vouliez ou non, vous feriez partie de « l'élite ». Des « élites ». Et, de l'extrême droite à l'extrême gauche, on vous versera des tonnes d'excréments sur la tête. On vous rendra responsables de tout ce qui cloche, on vous demandera des comptes pour nos propres échecs.

DÉCOMPLEXÉE

Ils se réclament d'une droite « décomplexée ».

Cela signifie quoi exactement ?

En fait, cela dit fort bien ce que cela veut dire. Cela signifie que rien, ni le monarchisme ultra, ni le rejet violent de la République et de la démocratie, ni le coup d'État du 2 décembre 1851, ni le boulangisme, ni la passion antidreyfusarde, ni le cléricalisme, ni le colonialisme, ni surtout le pétainisme ou même, pour certains, la collaboration, que rien de tous ces précédents ne devraient, en quoi que ce soit, « complexer » la droite invitée, de la sorte, à tout assumer. À être fière de tout.

En face, que serait une gauche « décomplexée » ? Une gauche qui se décomplexerait de la Terreur robespierriste, de l'hébertisme, des horreurs staliniennes, du maoïsme et, pourquoi pas, des Khmers rouges. En assumant tous leurs forfaits. Fièrement ?

Comment en est-on arrivé là ?

OMNIPRÉSENCE MÉDIATIQUE

Longtemps, pour caractériser une époque, on fit référence à un règne : Louis XIV, Louis XV, Napoléon, Louis-Philippe, Napoléon III, de Gaulle, Giscard, Mitterrand.

Il n'y en avait que pour eux. Et, entre les interstices, la Régence, le Directoire, l'avant-guerre. Ensuite, la Belle Époque, les Années folles. Ça ne durait que quelques années.

Le temps s'accélérant, désormais, il convient de compter par séquences mensuelles dominées par des omniprésences médiatiques.

Période Éric Zemmour. Période Jean-Luc Mélenchon. Période Sandrine Rousseau. Période Aurélien Pradier.

Tous les jours, partout, à toute heure : lit fait, couvert mis.

Et puis ça passe, ça lasse et ça se casse.

Comment en est-on arrivé là ?

ASSISTANAT

Quel est le pendant, quasi automatique, de l'application d'une logique néolibérale qui précarise, flexibilise, minimise et dévalorise le travail ? L'assistanat ! Son filet de sécurité en somme. « L'assistanat », pour parler comme Laurent Wauquiez, par lequel l'État, pour éviter une explosion sociale et un effondrement économique, tente de limiter les dégâts de ce néocapitalisme déchaîné en subventionnant ses laissés-pour-compte.

Toute mise en équivalence du travail et de l'assistanat conforte donc la pire des logiques néolibérales. Le patron du Parti communiste, Fabien Roussel, l'avait pour sa part fort bien compris. Pas les grosses têtes de La France insoumise.

C'est sans doute pourquoi le pouvoir médiatique lié, comme ils disent, au « grand capital », privilégie cette sensibilité-là.

Comment en est-on arrivé là ?

EMBAUCHE

Encore 7,5 % de chômage et forte pénurie de personnel.

Ici, faute d'embauche, on doit toucher des indemnités pour survivre. Là, des entreprises ferment parce qu'elles ne trouvent pas à embaucher.

S'interroger sur les raisons de cette contradiction : interdit à gauche ! Et prétexte, à droite, à culpabiliser les chômeurs.

Match nul. Vraiment nul.

Comment en est-on arrivé là ?

LAÏCITÉ, DISENT-ILS

Ceux qui s'opposèrent à la loi sur les signes religieux à l'école, à la répudiation de l'exhibition de la burka, sont les mêmes qui exonérèrent les islamistes algériens de leurs crimes, prêchèrent un soutien aveugle aux islamistes afghans, puis syriens, idéalisèrent l'ultra islamisme tchétchène, justifièrent toutes les violations islamistes de la loi, prirent la défense d'imams antisémites, ultraréactionnaires et violemment antirépublicains. Ils se réclamaient d'une gauche radicale.

En face, on voulut interdire les femmes voilées des sorties scolaires et les expulser de l'espace public, on métamorphosa en laïcisme intransigeant ce qui n'était qu'une rancœur anti-arabe elle aussi voilée ; une nostalgie de l'ancien monolithisme religieux. On cléricalisa une forme larvée de racisme et, tout en portant aux nues l'enseignement confessionnel, on alla jusqu'à justifier l'installation de crèches dans les mairies.

Ici, on était devenu anti-laïc, mais on ne l'avouait pas.

Et, là, on l'était resté, mais on le dissimulait.

Chapitre 8

Celui qui rend fou

Dans une séquence de l'émission télévisée *La Caméra invisible*, un acteur, complice du gag, errant apparemment avenue de la Grande-Armée, demandait à une passante du quartier comment atteindre l'Arc de triomphe. Celle-ci, sans la moindre hésitation, lui indiquait la direction. La bonne. L'évidente. Mais, aussitôt, des comparses feignant d'avoir, tout à fait par hasard, entendu la question et la réponse, s'inscrivaient résolument en faux et désignaient, comme allant de soi, la direction inverse.

La dame se récrie. Elle connaît le quartier comme sa poche. Il n'y a aucun doute. Mais d'autres complices s'arrêtent et tous le confirment effrontément : l'Arc de triomphe, c'est par là. Dans le sens contraire.

Elle résiste. Proteste. Puis, devant l'accumulation des fausses indications, se trouble. Comme si elle ne savait plus où elle était. Et lâche : « C'est possible, je suis gauchère ! »

L'élection d'Emmanuel Macron, cinq ans plus tôt, ressembla à ce gag de *La Caméra invisible.*

Jusque-là, la vie politique était régie par l'intangibilité de ses repères. Solides et pérennes. À chaque aspiration répondait une direction. La gauche, c'était par ici ; la droite, c'était par là. Pas de chemin de traverse. Et chacune de ces familles de pensée était représentée par un parti dominant : l'UMP, le PS. Partis qui cogéraient leurs alternances et d'où étaient issus, après avoir fait leurs preuves, après avoir, avec des hauts et des bas, franchi toutes les étapes nécessaires - maires, députés, plusieurs fois ministres -, des candidats légitimes, solides, expérimentés, bardés de cicatrices, à la fonction suprême.

Et, soudain, brusquement, c'était à n'y pas croire, personne ne l'ayant vu venir : patatras ! L'Arc de triomphe ne se trouvait plus là où tous les gens du quartier l'avaient toujours placé. Cul par-dessus tête !

Et ça rendait fou.

On a sans doute sous-estimé la brutalité de ce traumatisme. Le surgissement quelque part, ici et maintenant, d'un nulle part. Le tout tombant entre les mains d'un présumé rien. La République conquise comme le Cyclope de l'*Odyssée* par un Ulysse qui n'était personne.

Jusqu'ici, on savait qui était où et en fonction de quoi. Soudain, on ne savait plus. Le « quoi » ne définissant plus le « qui », ce « qui » s'installait à la première place sans qu'on sache « où ». Les frontières étaient franchies sans avoir été violées : incompréhensible !

La contradiction principale n'opposait plus ceux-ci à ceux-là - ils avaient été les uns et les autres court-circuités - mais, à l'intrus tombé des cintres, les deux ex-alternants qui n'alternaient plus.

La droite n'était plus confrontée à la gauche, mais à un remake, à un ersatz d'elle-même. À un brouillage de sa propre image. À une forme de soi qui n'était pas soi. À un autre qui n'était plus tout à fait l'autre.

Mais ce que le macronisme n'était pas aux yeux de la droite, malgré les ressemblances, c'est-à-dire une autre droite, il l'était, aux yeux de la gauche, malgré les différences.

Ce qui revenait à la fois à être un peu ce que, pour ceux-ci, on n'était pas et n'être pas tout à fait ce que, pour ceux-là, on était.

Comment, en effet, ne pas devenir fou ?

Plus l'OVNI macroniste lançait des réformes, exigées par la droite, laquelle ne les réalisait pas, plus elle expliquait, cette droite, que cet objet non identifiable, « qui ne faisait aucune réforme », n'était qu'un simple succédané de la gauche socialiste.

Et plus, rattrapée par la crise pandémique et financière, cette chose indéfinissable qu'était Macron battait des records de keynésisme néo-étatique et plus la gauche dénonçait sa dérive « ultralibérale ». On multipliait des manifestations contre des réformes qui, selon la droite, étaient inexistantes. On accumulait les déficits par suite de sur-dépenses publiques qui, pour la gauche, s'apparentaient à de l'austérité.

Puisqu'on avait l'habitude de se définir, non pas en soi, mais « par rapport à », comment se placer soi-même quand l'adversaire n'était plus plaçable ?

Comment rester là où on était, quand le « en face » cessait d'être en face ?

Quand on s'enferme dans un cadre, il est insupportable de devoir se positionner par rapport à une sorte de funambule qui ne cesse de sortir du cadre.

La force du macronisme ne fut pas sa rationalité, qui ne fut pas toujours évidente, mais d'avoir rendu ses contempteurs complètement fous.

L'éruption macronienne eut cette conséquence que, premièrement : puisque qu'en matière économique et sociale la droite modérée se retrouvait en face d'une sorte de double, soit elle se ralliait, soit, pour se démarquer, elle s'extrémisait. Une partie se rallia, une partie s'extrémisa. Et en cela, elle se tuait.

Deuxièmement : puisque, en matière sociétale, régalienne et communautaire, la gauche sociale-démocrate se voyait confrontée à une redondance d'elle-même, soit elle se ralliait, soit, pour se démarquer, elle s'extrémisait. Et ses deux ailes choisirent chacune l'une de ces options. En cela, elles se tuaient.

Quant à l'opinion publique, si une fraction se rallia, une majorité s'extrémisa, hostile qu'elle était à la fois au libéralisme économico-social et au progressisme sociétal et communautaire.

De ces deux rejets le lepénisme fit la synthèse.

MACRON

Au fond, la différence entre la droite et la gauche tient à la façon différente d'être ou d'avoir été anti-Macron.

****

Le pire côté de Macron : quel que soit le bord dont on se réclame, il a contre lui tous les gens qu'on aime. Le meilleur côté : d'où qu'on vienne, il s'est mis à dos tous les gens que l'on déteste.

****

Macron a arraché le pouvoir à la droite. Bon gars, il lui a rendu.

****

À force de vouloir à tout prix dealer avec la droite, qui ne mobilise plus personne, les macronistes ressemblent à des dealers qui se damneraient pour un trafic de cachous.

****

Dira-t-on un jour : c'était du temps du gouvernement Castex ?

****

Emmanuel Macron : acteur très doué, mais qui n'excelle qu'à n'interpréter un seul rôle. Le sien.

****

Aucun président, sous la Ve République, n'a pratiqué et assumé un libéralisme aussi orthodoxe.

Aucun n'a pratiqué, sinon assumé, un keynésianisme aussi orthodoxe.

D'où « socialiste » pour les uns et ultra-libéral pour les autres. Mais socialiste pour les libéraux dont il fait la politique et libéral pour les socialistes dont il a poussé à l'extrême l'interventionnisme budgétaire.

****

Macron, au fond, a tiré la leçon du « précédent » Michel Rocard. Celui-là, tout le monde ou presque, manifestait un minimum d'empathie à son endroit. Résultat : échec politique total.

Lui, Macron, s'est arrangé pour exacerber toutes les exécrations à son endroit. Résultat : réélu.

****

A réussi à transformer en majorité relative un empilement, contre lui, de majorités absolues.

****

L'excès de verticalité brouille l'horizontalité : quand on voit de trop haut, on ne voit pas assez proche. On voit l'Amérique, on ne voit plus Argenteuil.

****

Narcisse s'aimait, mais en se prenant pour un autre. Macron, lui, s'aime parce qu'il sait qu'il est cet autre. Et il rit de se voir si belle en ce miroir !

****

Sa conception du compromis : autour d'un ego intangible, une négo permanente.

****

Prestidigitateur qui rate un tour sur trois.

****

À son actif : un bilan ! À son passif : s'être imposé comme le seul président dont une majorité de Français se foutent du bilan.

****

Bon sujet de dissertation : comment peut-on se faire réélire en étant le président des riches, alors que les pauvres sont beaucoup plus nombreux ?

****

Pas de droite, mais de droite : pas du lard, mais du cochon.

****

Les médias furent unanimes à décliner ce constat : Macron venait « de nulle part ». Remarquable aveu : ce que les journalistes ne voient pas venir, par définition, est nulle part !

****

Renaissance. Renaître : définit un horizon que ne pouvait se fixer qu'un parti qui se considérait comme mort.

****

Macronistes : ce qu'ils savent, c'est ce qu'ils ne sont pas.

La preuve qu'il n'est pas toujours nécessaire de savoir où l'on va pour y aller.

****

Gilles Legendre : traitre d'union plutôt que trait d'union. Les belles-mères devraient se méfier.

****

Édouard Philippe : il lui reste à se faire un nom. Il se voit déjà élu à la présidence de la République : à quelques poils près.

****

Stanislas Guerini : il fut le chef de file du premier parti de France. Il était le seul à le savoir.

****

François de Rugy : éphémère ministre macroniste de l'Écologie : homard l'a tué !

****

Avec Macron tout dis-court devient un dis-long.

****

Faire de Donald Trump notre invité d'honneur un 14 Juillet, multiplier les cadeaux à Philippe de Villiers, se rendre à Marseille pour faire la promotion du professeur Raoult ; recevoir Netanyahou sans faire la moindre allusion à l'extrême droitisation de son gouvernement : on imagine ce qu'aurait pu être la réaction d'un macroniste à un président qui aurait pris de telles initiatives.

****

Ministre de la Culture sous Macron : fonction fantôme. Fantôme de fonction.

****

Sous la pression des événements, Bruno Le Maire a inventé la façon la plus à gauche de faire une politique de droite.

Moscovici avait inventé la méthode inverse.

****

Le macronisme est de droite pour tout ce qui, en nous, est toujours un peu de gauche. Et de gauche pour tout ce qui, en nous, est toujours un peu de droite.

Qui peut nier, dans ces conditions, qu'avoir séduit un tiers des Français tient du miracle historico-politique ?

****

Curieux que les macronistes n'aient pas proposé de panthéoniser Alexandre Millerand.

Président de la République de droite, il venait de la gauche socialiste.

****

Quand la gauche reviendra au pouvoir, si cela arrive, le leitmotiv de la droite, dite « d'opposition », sera : « Ce qu'il nous faudrait, c'est un nouveau Macron. » On parie ?

LES PRIMAIRES QUI TUENT

Éric Ciotti élu à la tête du parti de l'ancienne droite gouvernementale, celle qui représenta longtemps « les modérés » ?

L'histoire récente - en particulier celle du Royaume-Uni avec la démentielle expérience Truss - abonde en exemples d'une extrémisation provoquée par le vote majoritaire de la base activiste d'une formation partisane, elle-même repliée sur son noyau dur. C'est la sélection, à l'issue des primaires au sein du PS en 2017, du très radicalement insuffisant Benoît Hamon qui déclencha le processus d'effondrement électoral du Parti socialiste.

Notre « avant-guerre » nous offrit un éloquent exemple de ce type d'emprise suicidaire d'une base militante, portée à incandescence, qui entraîne, ou plutôt conforte, ses dirigeants dans leur dérive. Parfois dans leur délire.

Patron de « l'Alliance démocratique », sorte de LR de l'époque, Pierre-Étienne Flandin avait appelé, en septembre 1938, à une paix de compromis, sinon de compromissions, avec l'Allemagne hitlérienne... et dénoncé « les forces occultes » qui, selon lui, poussaient à l'affrontement. Alors qu'il convenait, au contraire, « d'aller au-delà des accords de Munich et non de basculer dans l'escroquerie patriotique ».

En fonction de quoi, le lendemain de l'entrée des troupes allemandes en Tchécoslovaquie, il envoya un télégramme approbateur à Hitler dans lequel on pouvait lire : « Je vous prie d'agréer mes chaleureuses félicitations pour le maintien de la paix, dans l'espoir que naîtra de cet acte historique une collaboration confiante et cordiale entre les quatre grandes puissances européennes. »

Hitler, en réponse, le félicita pour « ses efforts en vue d'une collaboration compréhensive entre la France et l'Allemagne ».

Or, les 12 et 13 novembre se tint le congrès de « l'Alliance démocratique », en prélude duquel un des dirigeants du parti, le patriote Charles Reibel, reprocha à Flandin son initiative et son télégramme à Hitler. Il fut interrompu et hué par la salle, non réélu à la direction du parti (il obtint 268 voix sur 1 539). Puis Flandin, après avoir stigmatisé « ceux qui poussaient à la destruction de l'ordre établi et de la civilisation européenne (thème cher à Zemmour, soit dit en passant) en espérant faire sombrer toutes les nations d'Europe sous le poids des endettements et des faillites monétaires », dénonça les « maquignons du patriotisme ». Il mit en garde contre un conflit qui menacerait « la suprématie blanche » et fustigea « la colonisation de la France par l'étranger indésirable, dont il faut épurer le pays après l'avoir libéré des forces occultes de l'Internationale des usuriers ». Le basculement de la droite à l'extrême droite était patent.

Après cette péroraison, donc, Flandin fut salué par une standing ovation, ponctuée d'une vibrante *Marseillaise*... et fut réélu par 1 526 voix sur 1 650. Qui vota contre ? Paul Reynaud qui, en mai 1940, tenta de s'opposer à l'armistice, un député juif alsacien, deux autres députés Louis Jacquinot et Joseph Laniel, les seuls qui, plus tard, se rallièrent à la Résistance. Plus quelques rares sénateurs.

Faut-il le préciser : Flandin se rallia au régime de Vichy et fut même, un temps, ministre des Affaires étrangères du maréchal Pétain. Les futurs vichystes l'avaient massivement emporté sur les futurs gaullistes. La base militante avait parlé.

CREDO IN EXCELSIS GRETA

Du vert cru au vert-de-gris, du vert gilets rouges au vert chemises noires, le vert est potentiellement de toutes les couleurs : PS de substitution, gauchisto-anarchisant avec Extinction Rébellion, droitiers compatibles avec les Autrichiens et les Allemands, macronisto-opportunistes et même possiblement d'extrême droite. Ainsi l'immigration désignée comme une pollution ; la ruralité opposée à la ville corruptrice ; retour à la terre ; le refus de la PMA assimilé à un rejet des OGM ; l'atteinte à l'intégrité de la nature assimilée à cette atteinte à l'intégrité de la culture qu'est le multiculturalisme ou Sandrine Rousseau le rejet de la « philosophie des Lumières » !

Le socialisme aussi, quand il fut au zénith, emprunta quatre directions : socialisme réel (communisme), socialisme démocratique, social-anarchisme, national-socialisme. Et même socialisme libéral !

La diversification des occurrences c'est le signe du triomphe.

Que fut le christianisme ? Une « extinction-rébellion » à l'origine. Un égalitarisme radical. Plutôt le martyre que l'acceptation du pouvoir impérial. Puis l'empereur devint chrétien. Il christianisa l'empire. Le christianisme, devenu idéologie officielle, généra ces deux excroissances sur sa gauche et sur sa droite : « anabaptistes » du révolutionnaire Thomas Müntzer ; inquisiteurs fanatisés de saint Dominique. Mais toujours au nom de la rédemption de la planète. « *Agnus Dei, qui tollis peccata mundi* » : il est temps de racheter les « péchés du monde ». D'en consumer les horreurs sur les bûchers des vanités.

« Je veux que vous paniquiez. Que chaque jour vous ayez peur comme moi. Je veux que vous agissiez comme si votre maison était en feu. Parce qu'elle l'est. » Qui lançait ce cri d'alarme ? Ce n'était pas le prophète Jérémie. C'est Greta Thunberg.

L'écologisme triomphant comme nouveau christianisme triomphant ?

Il a son credo. Ses dogmes. Ses pères de l'Église. Ses prophètes. Ses grands prêtres. Sa curie d'experts, le GIEC. Ses synodes œcuméniques, les COP. Son organe paroissial, *Le Monde*. Ses croisades des enfants. Ses processions. Ses étendards. Ses grand-messes. Il en appelle à la contrition. Inspire des mea culpa. Fustige les pécheurs, stigmatise l'esprit de lucre et la goinfrerie consommatrice, appelle au repentir, à l'abstinence, au Carême, à faire maigre, à changer notre façon de vivre au risque de l'apocalypse. Il a son clergé, son catéchisme, ses inquisiteurs, ses millénaristes, ses intégristes, ses cathares, ses orthodoxes, ses exaltés à la Tertullien ou à la Yves Cochet : « *credo quia absurdum* ». Il ne recule ni devant l'excommunication ni devant les anathèmes visant les mécréants et les hérétiques. Il divise l'univers en bons et en méchants, en anges et en démons. Comme les chrétiens multipliaient les saints sacrements, les saints-sépulcres, les saints chrêmes dans la sainte ampoule, les saint-frusquin, l'écologisme sacralise les mots en les faisant précéder du préfixe « bio » ou « éco » : biodiversité, écodéveloppement. Et déjà, c'était fatal, il a ses tartuffes et ses cardinaux athées.

Le socialisme et le libéralisme, le républicanisme et le laïcisme aussi sont devenus des religions : ce qui a débouché sur le goulag, l'horreur néolibérale, la terreur robespierriste et les persécutions anticléricales. Puis sur les réactions que ces dérives ont suscitées.

Là est le danger. On milite, et on a raison, en faveur d'une atmosphère décarbonée. D'une mer dépolluée. À partir de quoi on élargit le front des « sans » : sans voiture, sans nucléaire, sans pétrole, sans béton. On n'a pas tort. Puis on élargit encore : steak sans viande, bière sans alcool, café sans caféine (et, pour d'autres raisons, pâté sans porc), espace sans cigarette et cigarettes sans tabac. C'est le propre des avant-gardes que d'épurer. Régis Debray le rappelait dans un stimulant petit « trac » : musique sans mélodie, poésie sans rimes, roman sans récit, peinture sans figuration, la reproduction sans le sexe, le mot sans la chose. Mais aussi l'européisme sans frontière, le mondialisme sans identité, le numérique sans altérité, le libéralisme sans concurrence, le socialisme sans le peuple.

Et qu'a-t-on récolté ? Le retour en force des nationalismes, des populismes, des identitarismes, des racialismes, du roman-feuilleton à l'ancienne, de la musique de papa, de la chanson remplaçant la poésie, de l'hyperréalisme en peinture, du libéralisme à la Trump et du socialisme à la chinoise.

Chapitre 9

La religion tue

C'est l'évidence. Comme on dit : elle crève les yeux. Elle bouscule la raison. Elle révulse le cœur. Elle retourne l'âme.

Il suffit donc, les yeux, de les ouvrir. De les connecter à la raison. De leur donner du cœur. De leur verser ne serait-ce que quelques gouttes de supplément d'âme.

Le constat est aveuglant. Ici : de l'Iran à l'Afghanistan, sunnites ou chiites, ravage terrifiant de l'islamisme installé et, là, du Caire à Damas, hier de l'Algérie à la Libye, de l'islamisme qui rêve de s'installer et génère les tyrannies qui le nourrissent.

Au Brésil comme aux États-Unis, déferlement destructeur de l'évangélisme protestant dont la démocratie est la cible.

Flambée d'un hindouisme d'exclusion dont Narendra Modi se veut le Torquemada.

Explosion, en Israël, d'un judéo-intégrisme dont le sionisme originel est d'ores et déjà la pantelante victime.

Emprise poutinesque sur une chrétienté orthodoxe revancharde qui déborde en Serbie comme en Grèce.

Partout, de Varsovie à Belfast, accumulation des méfaits d'une religiosité destructrice et crépusculaire.

Au-delà du cléricalisme, derrière le cléricalisme : la religion. Voilà l'ennemi.

La religion, ce « Doliprane 1000 » qui relativise les douleurs suscitées par les fractures de l'existence et les arthroses de l'âme.

Le pire n'est peut-être pas qu'elle ait justifié naguère, et aujourd'hui encore parfois, le mal absolu, mais qu'elle désapprenne à faire le bien pour lui-même, sans référence à l'impérative obligation de le faire pour son salut.

Qu'est-ce qui a sauvé le catholicisme, qui revient pourtant de loin ? Qui l'a réancré à l'impératif démocratique, qui l'a, chez nous au moins, rendu à son temps : la laïcité !

L'ennemi ? La religion, donc, pas Dieu, car il est notre œuvre et nous en faisons ce que nous voulons. La religion, car nous sommes son œuvre et, un peu partout, elle cherche à faire de nous ce qu'elle veut. À nous embarquer, ici, ailleurs et maintenant, dans sa grande « Manif pour tous ».

La religion substituée à Dieu et, au-delà de la religion, derrière la religion, tout ce qui feint, chez nous aussi, de ne pas être elle mais nous aliène à la rémanence de l'emprise, à la prégnance de la fascination qu'elle exerce sur nous.

Géraldine Muhlmann, dans un livre important, et que les inquisiteurs de CNews enverraient volontiers au bûcher s'ils y comprenaient quelque chose, a eu raison de dénoncer « l'imposture du théologico-politique » qui, partout, sous toutes les formes, instille, distille la régression sous les oripeaux d'une fallacieuse modernité.

Au Bataclan, à Hébron, en Tchétchénie, à Sabra et Chatila, à Donetsk, au Haut-Karabakh, au Kosovo, la religion tue. Elle lacère le Nigéria, elle écartèle la Côte d'Ivoire, elle dépèce le Yémen, elle enflamme le Sahel comme elle a massacré à *Charlie Hebdo*. Au Liban, en Bosnie, en Irak, à Jérusalem, trois religions, trois entités antagonistes : détestez-vous les uns les autres.

Les prétendus lieux saints sont devenus des lieux de mort.

Aucune issue, ni ici ni ailleurs, sans un radical rejet de cette chape-là. Seule façon de faire de la liberté l'unique référent de la liberté, de la morale le seul garant et la seule condition d'elle-même. Revenir à Feuerbach (à Nietzsche aussi, dans une certaine mesure) qui avait ouvert la voie (qu'hélas on a refermée depuis) de la véritable sortie du politique hors des tenailles du religieux institutionnalisé. Nécessité de désacraliser, de désanctifier, non seulement toute mythique création, toute sanctification de l'ignorance, du désir d'ignorance, parfois de l'imbécillité, du désir d'imbécillité, mais également, et au même titre, en tout moment et en tout lieu, nécessité de dédiviniser, de désacraliser une classe sociale, la raison, la nature, l'État, l'argent, la révolution, le progrès lui-même.

Recentrer l'humain, au prix d'un décentrage de l'État et de l'argent, certes. L'humain non comme totalité, mais comme mesure. La mesure de toutes choses. Émanciper les idées des concepts qui les étouffent. Rendre à l'être l'essentiel de sa raison d'être.

Respect total de la foi, mais rejet de toutes les clérico-philosophies. La croyance comme droit du sujet, le théologique comme aliénation objective.

Derrière la méthode quelque peu chansonnière que j'appliquerai, dans les pages suivantes (état des lieux), à la critique du fait politique qu'il est temps d'émanciper de toutes les imprégnations et connivences théologico-idéologiques (nos extrêmes d'aujourd'hui en sont les porteurs), au-delà de la rigolade didactique, ne nous y trompons pas : c'est un travail philosophique libérateur de fond qui s'impose.

Cela sans doute viendra.

SÉQUELLES

Gauche

Ce qui, paradoxalement, sépare la gauche de la droite en matière de politique migratoire : la gauche se réclame de la loi du libre marché, la droite lui oppose un dirigisme étatique.

En fait, la gauche défend la libre circulation des gens, mais pas des choses ; la droite la libre circulation des choses, mais pas des gens.

Résultat paradoxal : la droite prend une position qui désespère le patronat demandeur de main-d'œuvre bon marché et la gauche la classe ouvrière qui redoute une concurrence à l'emploi. D'où le vote populaire en faveur du Rassemblement national ; petit bourgeois en faveur des Insoumis ; moyen bourgeois en faveur des macronistes ; et des notables ruraux en faveur de la droite LR.

Conséquence : à l'extrême droite on drague sans pudeur le peuple d'avant, mais, à l'extrême gauche on se cache à peine de favoriser l'émergence d'un peuple d'après.

****

D'une façon générale, comment reconnaît-on une gauche radicale ? À ce qu'elle défend des approches ultra-libérales en matière sécuritaire, d'immigration et sociétale. À l'inverse, dans presque tous les domaines, la droite dite « libérale » exige un renforcement du rôle répressif de l'État.

****

Pourquoi, quand elle prend son pied, la gauche, prend-elle toujours celui qui l'a fait se lever de mauvaise humeur ?

****

Qu'est-ce qu'une gauche offensive ? Une gauche qui ne se mobilise plus que sur le thème de la retraite.

****

Parti socialiste. Comme le sigle PS l'indique, de sa lettre d'intention originelle, très longue, il ne reste que cela : le post-scriptum.

****

A pris la place des radicaux d'avant-hier : restaurant ouvrier, cuisine bourgeoise.

****

Socialistes européens : en matière de catharsis, ils furent servis. Cela prit même la forme d'une « quatarsis ».

****

Socialistes : est-ce parce qu'ils ont choisi le déshonneur qu'ils ne sont plus légion ?

****

Socialisme : comme le chantait Offenbach, « son habit a craqué dans le dos ».

Depuis, désigne une idéologie qui n'est plus faite pour mettre, mais pour vendre. À bas prix.

****

Parti communiste : grâce aux « Insoumis » l'époque de sa domination à gauche apparaît comme un âge d'or. Avant que le coco ait viré bobo.

****

Communisme : seul cas de marchandise dégriffée qui continue à se vendre, même mal, sous la même marque.

Masochisme admirable : se réclamer d'un terrible échec par nostalgie d'une grande espérance.

****

Lénine : il organisa, en octobre 1917, une invasion du Capitole de Petrograd : le palais d'Hiver. Pourquoi, dans son cas, ça a marché ? Parce que le pouvoir était à l'intérieur et que ses partisans étaient armés. Heureusement, ni Trump ni Bolsonaro ne l'avait lu.

****

Trotskisme : léninisme qui a eu la chance d'être exonéré, par Staline, de ses conséquences.

****

Anarchisme. L'anarchisme a son anarschisme : le néolibéralisme.

****

Si un intellectuel de droite passe à gauche, il perd des amis qui comptent (Zola les a tous perdus et Victor Hugo presque tous). Quand un intellectuel de gauche passe à droite, il ne perd, en revanche, que des amis qui coûtent.

L'intellectuel de gauche qui passe à droite est aussitôt héroïsé par ses nouveaux amis - même Céline. L'intellectuel de droite qui passe à gauche est mis en quarantaine par ses anciens adversaires.

Conséquence : on ne compte plus les intellectuels de gauche passés à droite avec une prédilection pour le passage de l'extrême à l'extrême (du maoïsme au néo-conservatisme, du gauchisme à la réaction, d'un stalinisme à l'autre).

Quel intellectuel de droite, en revanche, depuis vingt ans, est-il passé à gauche ?

Pourquoi perdre sa tribune au *Figaro* si c'est pour se faire ostraciser par *Libération* ?

****

Juin 1848. Mai 1871. Mai 1968 : la gauche a le culte de ses échecs.

Louis XIV, Napoléon, Napoléon III : la droite a le culte de ses tyrannies.

****

Parce qu'on a baissé les bras, à tout propos, désormais, on lève le poing.

****

Gilets jaunes : retour à la préhistoire du mouvement social pour faire oublier qu'on a rompu avec les fondamentaux de son histoire.

****

Avoir vu si souvent la gauche couler incite à s'éloigner du plongeoir.

****

Social-démocratie : ça commence avec le drapeau rouge. Ça se poursuit avec le drapeau rose. Ça finit par le drapeau blanc.

****

Olivier Faure : à son actif, trois faits d'armes qui se sont soldés par des désastres : pilier de l'Élysée sous et à côté de François Hollande, il a contribué à l'élaboration et à la mise en œuvre des trahisons qui ont planté la gauche. Il a fermement soutenu la candidature catastrophique d'Anne Hidalgo à la présidence de la République. Il a vendu le PS, qu'il avait contribué à démolir, à l'extrême gauche mélenchoniste.

Même Guy Mollet, en comparaison, était un génie.

*

Le von Papen de Mélenchon.

*

Grâce à lui le PS est incarné. Comme un ongle.

*

Après de Gaulle, Christian Jacob. Après Jaurès, Olivier Faure : le sens de l'Histoire ? Olivier Faure, il faut donc le juger à l'échelle de Jacob.

****

Michel Rocard : on a beaucoup prétendu qu'on ne comprenait pas toujours ce qu'il disait. Lui non plus. Son point commun avec Emmanuel Macron. Cela vaut mieux, cependant, que dire, même si on ne le pense pas, ce que tout le monde ne comprend que trop bien et ne le dire, précisément, que parce que même les imbéciles, surtout les imbéciles, peuvent le comprendre !

****

Nicolas Hulot : le vert était-il dans le fruit ?

****

Les maires écolos, pour préserver les forêts, ont remplacé les sapins de Noël par des sapins artificiels... en bois !

C'est comme remplacer les impôts par des taxes.

****

Thomas Piketty : l'égalitarisme au risque d'une hernie fiscale.

****

Écolos. Prestidigitateurs à l'envers : ils défendent une cause, en théorie, largement majoritaire. Mais, en pratique, s'arrangent pour la rendre largement minoritaire. Les noces de Cana à l'envers. La transformation du vin en eau.

Ils bénéficient d'un avantage moral formidable : ne pas être d'accord avec eux c'est être un « salaud ». Et ils finissent par faire en sorte de générer une majorité de salauds.

*

S'opposent à toute correction de la nature. De la leur aussi. Hélas parfois !

*

Entre la brebis et le loup, ont tendance à choisir le loup.

****

François Hollande : économe, quand il a quitté l'Élysée, il a éteint la lumière.

*

Le pire, ce n'est pas de ne pas avoir tenu ses promesses, c'est de les avoir faites.

****

Julien Bayou : leader de l'aile gauche des écolos qui préconise une politique de rupture. C'est d'ailleurs une rupture qui faillit lui être fatale.

****

Adrien Quatennens : les féministes Insoumises lui ont demandé de prendre ses cliques... et ses claques.

Du coup, elles reprochent à Mélenchon de protéger et sa clique et sa claque.

****

La gauche pacifiste a fini par faire la guerre.

La gauche anticoloniale par coloniser.

La gauche révolutionnaire par rétablir l'ordre.

La gauche anticapitaliste par assurer la croissance du capitalisme.

Au fond, quand la droite se déchaîne contre la gauche, il faut lui reconnaître ce désintéressement qu'elle joue contre ses intérêts.

****

Féministe brûlée sur ordre des prêtres. Soutenue par le peuple, trahie par le roi, elle fut abandonnée et vendue par les grands. Hostile à l'OTAN, elle refusa l'hégémonie anglo-saxonne. Millénariste, rêvant d'un royaume idéal qui n'était pas celui qui s'était imposé sur Terre, elle attendait le « Grand Soir » qui annonçait la félicité générale. Elle s'appuya sur des soudards, des délinquants et même un pédophile. Elle récusa toute domination masculine. Écolo ? En cherchant bien on pourrait trouver des signes...

Jeanne d'Arc fut heureusement récupérée par l'Église et la monarchie, sans quoi la postérité (Michelet s'y essaya) l'aurait transformée en pétroleuse d'extrême gauche.

****

Sandrine Rousseau : en nouvelle Héloïse, c'est elle qui aurait châtré Abélard.

****

Manuel Bompard : pour prendre la tête de LFI après la mise sur la touche de Quatennens, Mélenchon s'est fait remplacer par son double. Il prétexta qu'il n'avait pas trouvé de roux de secours.

****

LFI et les affaires : du danger de lyncher en permanence en utilisant non pas une corde mais un boomerang.

*

Conception musclée du rapport à l'autre : on cogne verbalement ses adversaires légitimes et on finit par frapper physiquement son épouse légitime.

****

Aurélien Taché : un nom à retenir. Un cas d'école : le pire de l'opportunisme politicien. Converti au centre droit macronien et à son programme libéral pour obtenir un siège, il se rallie à l'extrême gauche « Insoumise » pour conserver ce siège. Bien assis sur son premier siège macroniste, il vote les yeux fermés la suppression de l'impôt sur la fortune. Pour ne pas le perdre, il passe à l'extrême gauche et exige le rétablissement de l'impôt sur la fortune. De toute tendance qui risque de devenir majoritaire – écologiste un temps, mélenchoniste un autre –, il fait le siège. Puis, pour être certain de ne pas perdre son siège dans une circonscription à forte population musulmane, il ne recule devant rien pour mettre les islamistes dans sa poche. Aucun doute ne l'assiège. Jamais.

Pour accumuler autant de va-et-vient, quand on n'a pas encore de la bouteille, et qu'il faut se remonter le moral, les bouteilles on a tendance à les vider : ce qu'il fait. Allègrement.

****

Manuel Valls : comme son nom l'indique.

****

Jean-Christophe Cambadélis : un Guy Mollet qui aurait pris des leçons chez Trotski. Avait le chic pour contrôler un appareil. D'où l'expression « apparatchic » !

****

Martine Aubry : un de ses fans s'était exclamé « elle m'enchante ! » M'enchante : il y avait simplement le premier « n » de trop.

****

Éric Piolle : maire écolo de Grenoble. Il envisagerait de permettre aux curés de se baigner dans les piscines de la ville en soutane.

****

Ségolène Royal : la madone de la maldonne.

Candidate : à tout !

N'est jamais où on l'attend. Et on l'attend où ? Nulle part.

Elle a commis la plus grande faute idéologique que l'on puisse commettre à gauche : elle a dit un jour – horreur ! – « Aimez-vous les uns les autres ! »

****

Anne Hidalgo : contrairement à sainte Geneviève, elle a fait entrer Attila dans Paris.

Elle a réalisé, au nom du PS, un score historique à l'élection présidentielle de 2022. Le principal était qu'il fût historique. Ce qui permet, effectivement, de rester dans l'Histoire.

Pour la première fois depuis 1945, à l'issue d'un duel de titans, un candidat communiste à la présidentielle a réussi à rattraper la candidate socialiste : 2,3 % contre 1,7 %.

****

Benoît Hamon : il s'est ramassé en aval.

Candidat PS à l'élection présidentielle de 2017, il a cassé la baraque. Au sens exact du terme.

****

Christiane Taubira : elle n'a pas réussi à offrir à la gauche un récit, en revanche, elle l'a comblée en matière de récitations.

****

Jean-Pierre Chevènement : il fut, à gauche, celui qui se trompa le plus souvent tout en ayant tout à fait raison.

Contrairement à Jésus Christ, son calvaire ce furent ses disciples.

****

Aymeric Caron : animaliste radical, il représente à l'Assemblée nationale, entre autres, les punaises de lit. Il a demandé, à juste raison, l'interdiction des courses de taureaux. Mais pourquoi, alors, avoir transformé les débats parlementaires en corrida ? Comme si la cause des cafards justifiait le capharnaüm !

****

Pierre Moscovici : il représenta brillamment la droite au sein de la gauche. Un Giscard qui se serait trompé de porte.

Ayant gravement échoué, sous Hollande, au ministère de l'Économie, on le chargea, à la Cour des comptes, de veiller à l'orthodoxie de la politique économique de Macron. Logique !

****

Arnaud Montebourg : ses défauts l'ont conduit au gouvernement. Mais ses vraies qualités ne lui ont laissé aucune autre chance.

****

Mathilde Panot : les bas de Hurlevent.

Comme le chantait Léo Ferré : non pas Jaurès, mais sa rature.

Présidente du groupe Insoumis à l'Assemblée nationale, elle en est également l'oratrice principale. Bien qu'elle soit à l'art oratoire ce que les spahis sont au ski alpin.

****

Jean-Luc Mélenchon : personnage balzacien. Rastignac et Vautrin à la fois qui se serait réincarné en père Doriot.

*

Il finit par croire ce qu'il dit.

Emmanuel Macron, lui, finit par faire ce qu'il annonce...

Très inquiétant dans les deux cas.

*

Mélenchon / Macron : on aimerait, parfois, qu'ils échangent leurs miroirs.

*

Les fins de « moi » sont difficiles... Ainsi que les sorties de « je ».

*

À force de se réincarner en Robespierre, il se sent cerné par les Thermidoriens.

****

LFI : organisation gazeuse voulue par Mélenchon. Du coup, certains commencent à se munir d'un masque.

*

NUPES : union des carpes et du requin.

*

Fabien Roussel, l'antinomie de Sandrine Rousseau.

Il a défendu, contre elle, le droit au barbecue parce qu'il a compris que le Parti communiste, dont il a pris la direction avait besoin d'une incarnation. Afin de donner de la chair à la conscience de classe.

Parce qu'il avait déclaré qu'il préférait se battre pour la revalorisation salariale du travail plutôt que pour la généralisation de l'assistanat, les Insoumis dénoncèrent sa dérive « droitière ».

Néron, qui multiplia la prise en charge par l'État de pans entiers de la plèbe romaine était-il de gauche ?

****

Combien de ceux qui scandent : « un autre monde est possible » se réclamèrent d'un autre monde qui s'avéra impossible ?

****

Féminisme : il est honteux qu'on continue à accepter que le féminin de gars - un bon gars - soit « garce ».

On ne fera pas de bonnes omelettes sans casser les « e ».

****

Alain Minc : visiteur du dimanche à qui les Français doivent beaucoup de leurs gueules de bois du lundi.

*

Bernard-Henri Lévy : ses interventions sont d'autant plus remarquables qu'elles débouchent toujours sur des exigences d'interventions.

*

Pages « débats » des journaux de gauche et de droite : toujours du pâté, mais dix chevaux, une plume d'alouette.

****

Il arrive que la droite libérale et la gauche dite « socialiste » et leurs médias défendent exactement les mêmes positions. Par exemple : pour soutenir la catastrophique intervention militaire en Lybie ; pour approuver le catastrophique tournant néolibéral pris par François Hollande en violation de tous ses engagements électoraux ; pour justifier la ratification, sans vote, d'une constitution européenne préalablement rejetée par les électeurs, ce qui eut un effet catastrophique ; pour applaudir Jacques Chirac quand, en catastrophe, il rallia la politique contre laquelle il avait été élu.

Quand gauche et droite sont d'accord, il faut décidément, et hélas, s'attendre au pire.

Droite

Illustre brillamment la théorie marxiste des contradictions dialectiques.

Transcende son antigaullisme radical par un gaullisme ardent... Fait preuve d'un bellicisme agressif sauf en temps de guerre... Pratique l'impérialisme sous le drapeau de l'indépendance nationale... Mâtine d'un cléricalisme systématique son intransigeance laïque... Se réclame de la façon la plus résolument chrétienne de rejeter en matière sociale, humanitaire et migratoire les recommandations de l'Église catholique... Célèbre les valeurs républicaines entre deux exaltations de Napoléon et de Louis XIV... Double son atlantisme foncier d'un antiaméricanisme rhétorique... Met en œuvre la façon la plus étatique d'être fondamentalement libéral... Rêve de mettre une société fermée au service d'une économie ouverte... Préconise de garantir, en matière économique et sociale, de la manière la plus autoritaire et dirigiste possible, le plus de libertés et d'autonomie possible... Idéalise la « réforme » en général par rejet de la plupart des réformes en particulier... Défend le plus de protectionnisme pratique au nom d'une théorique libéralisation générale des échanges... Préconise la prégnance d'un ordre public strict par la nécessité de pérenniser d'indispensables désordres privés... Stigmatise les déficits publics, mais multiplie les propositions qui gonflent les dépenses... Elle exigeait un report de l'âge de la retraite à 65 ans, qu'elle jugea « injuste et brutal » quand le gouvernement tenta de l'instituer à 64 ans...

****

En Angleterre, le parti de droite se désigne comme « parti conservateur ». En France, le qualificatif serait considéré comme une insulte.

En conséquence, la droite britannique a toujours « conservé » ses institutions démocratiques. Souvent, en revanche, la droite française, en cela non conservatrice, a choisi de ne pas conserver le régime républicain. Et de larguer les institutions démocratiques.

****

Là-bas, en Angleterre, les juges s'affublent encore de perruques sur la tête. Chez nous, surtout à droite, on n'en porte plus que sur les idées.

****

Droite républicaine ? Droite monarchiste qui a répudié le principe d'hérédité.

****

Gauche responsable : gauche qui mène, au pouvoir, la politique qu'elle stigmatisait quand elle était dans l'opposition.

Droite responsable : droite qui condamne, quand elle est au pouvoir, ce qu'elle préconisait quand elle était dans l'opposition.

****

Ce que la droite appelle « réforme », c'est l'abolition des réformes de gauche.

Ce que la gauche appelle « réforme », c'est ce que la droite se promet d'abolir.

Le plus souvent elles finissent, l'une et l'autre, par conserver ce qu'elles se promettaient de larguer. C'est très exactement ce qu'on appelle « le progrès ».

****

Le pire de la gauche, la droite finit toujours (c'est sa force) par le récupérer, alors que le pire d'elle-même (c'est sa faiblesse), elle le garde.

****

Droite-gauche : adapter toujours le discours de l'endroit où l'on siège, c'est comme tenir des propos scatologiques chaque fois que l'on va aux toilettes.

****

La droite libérale pourfend vigoureusement le « monopole ». Elle s'oppose tout aussi vigoureusement à toute législation anti-monopole.

****

À gauche, on refuse toute remise en cause des statuts, surtout celui des fonctionnaires.

À droite, on refuse tout renversement des statues, surtout celles des esclavagistes.

****

Populisme de droite : socialisme pour possédants qui mobilise des cohortes de possédés.

****

Tout ce qu'on met, à raison, à l'actif de la droite d'hier : de Gaulle, Pompidou, Chaban-Delmas, Giscard, certaines nationalisations, la décolonisation, la mensualisation, la tentative de réforme du Sénat, la réforme de l'Université, l'élection des délégués de classe, le vote à 18 ans, la pilule, la légalisation de l'IVG, le regroupement familial même... la droite le rejetterait furieusement aujourd'hui. Arguant que tout cela date du temps où elle était comme le chantait Boris Vian, « bourrée de complexes ».

*

À quoi reconnaît-on le leader d'une droite décomplexée ? À ce qu'il préconise d'abolir toutes les avancées que l'on doit à la droite complexée.

****

La ligne droite, si on refuse, dans tous les cas, de prendre à gauche, finit toujours dans la flotte ou dans le mur.

****

« Notre droite est la plus bête du monde », avait jugé, en son temps, Guy Mollet. Pourtant, il ne connaissait pas Christian Jacob.

S'il avait su... que notre droite s'opposerait au seul mode de scrutin électoral, la « proportionnelle », qui lui permettrait, aujourd'hui, une éventuelle résurrection... Si on avait su qu'elle expliquerait, cette droite, que les personnes issues de l'immigration sont en train de submerger la francité blanche de souche, mais qu'elle saisirait tous les prétextes à se déchaîner contre cette même population, qui compte pourtant plus de conservateurs, de réactionnaires et de croyants que la population de souche et que, donc, de deux choses l'une : ou bien cette droite ne croit pas ce qu'elle dit, ou bien, en se mettant systématiquement à dos un électorat promis à devenir majoritaire, elle est suicidaire.

La plus bête du monde.

****

Il faut remercier Zemmour : il a révélé l'invariant d'une partie de la droite. Elle faisait croire qu'elle était devenue, il a montré qu'elle était restée.

****

Le militant droitiste internaute : il surnomme Macron « Macaron » et se regarde sur la Toile tout fier de lui.

****

Hier, déjà, deux droites : celle pour qui la France restait la France, même républicaine ; celle pour qui l'avènement de la République valait abolition de la patrie.

****

Comment disait-on, hier, en parlant de la droite ? « Les modérés » ? Aujourd'hui, celui qui, en son sein, oserait s'auto-désigner de cette façon serait exclu.

****

J'exige la retraite à 65 ans et je vote contre, même à 64 ans : de quoi j'ai LR ?

****

Si, aux primaires, les militants LR avaient eu le choix entre Simone Veil et Nadine Morano, ils auraient choisi Morano ! Forcément. En 1848, entre Lamartine et Guizot ? Guizot. Forcément. En 1855, entre Napoléon III et Victor Hugo ? Napoléon III. Forcément. En 1873, entre Mac Mahon et Gambetta ? Mac Mahon. Forcément. En 1900, entre Drumont et Zola ? Entre Charles Maurras et Clemenceau ? En 1957, entre Pinay et Mendès France ? Et entre de Gaulle et Pétain ?

****

Le problème de la droite : s'opposer frontalement à un président qui mène la politique qu'elle préconise.

Il est vrai que cela n'a pas empêché trotskistes et staliniens de se faire une guerre implacable.

****

La droite LR se donnant à Ciotti : comme si le flambeau du catholicisme était passé de saint Augustin à monseigneur Dupanloup ; celui du marxisme de Gramsci à

Karmapa ; celui du libéralisme de Benjamin Constant à Pascal Salin. On ne tombe même pas de haut, on tombe de bas.

*

Éric Ciotti se serait voulu le Jean-Luc Mélenchon de la droite. Il n'en sera que le Benoît Hamon.

*

Après 45 ans, le visage est le miroir de l'âme.

Candidat à la candidature de la présidentielle de 2022, Ciotti proposa, très exactement, la même politique fiscale que celle qui, au Royaume-Uni, après avoir déchaîné un ouragan financier provoqua, en moins d'un mois, la chute de la Première ministre conservatrice, Liz Truss. On lui a dit ?

*

Selon Victor Hugo, Napoléon III fut le châtiment de Napoléon Ier pour le 18 Brumaire. Peut-être Ciotti est-il le châtiment de De Gaulle pour le « je vous ai compris » ?

****

La quintessence de la pensée réactionnaire est, a toujours été et reste, sous une forme ou une autre, l'aspiration à une « restauration » en général et de l'esclavagisme en particulier.

Cependant, face à une gauche à hélices, ou à une gauche qui plane, une droite à réaction tend à prendre une longueur d'avance.

****

Déclinistes : la France tombe. Il n'y a plus qu'à déposer sur sa tombe des fleurs à la Toussaint.

Impossible de les contredire : aussitôt ils disent « chut ».

Il arrive même que ce soit leur racisme qui les incite à voir l'avenir en noir.

****

Ce qui caractérise les nationalistes... la brutalité de leur rejet du nationalisme des autres.

****

Nation : arrivée des défilés qui partent de la République.

****

Souverainisme : *Land über alles.*

****

De Gaulle : la gauche le voua aux gémonies. Elle est donc bien placée pour dénoncer celles et ceux qui, aujourd'hui, le trahissent.

Il défendit presque tout ce que la droite, désormais, rejette (et rejeta entre 1940 et 1943). Il est donc normal qu'elle dissimule ces rejets derrière le culte qu'elle feint de leur vouer.

****

Gaullisme : centrisme dur que ses véritables disciples opposent, avec raison, au centrisme mou.

Ceux qui, à droite, brandissent de nos jours son étendard font penser à des partisans de François Hollande qui se draperaient dans le drapeau… du socialisme !

****

Souverainistes : refusent de mettre un terme au « maîtres chez soi ».

Impossible d'en mesurer les conséquences car ils refusent, également, de mettre un thermomètre chez eux.

****

Bonapartisme : léninisme de droite. Dans les deux cas, détournement d'une révolution démocratique pour la transformer en dictature totalitaire. Ceux qui prétendent que le gaullisme fut un bonapartisme s'aviseront-ils que le Général a parcouru le chemin exactement inverse : transformer, en 1944, une dictature quasi totalitaire en République démocratique ?

****

Boulangisme : convergence de type Gilets jaunes destinée à renverser la IIIe République. L'extrême droite bonapartiste constitua le levain. Les monarchistes livrèrent le blé. La droite républicaine fabriqua la farine. L'extrême gauche blanquiste mit la main à la pâte. Et, *in fine*, cela fit un four.

****

Valeurs actuelles : on ne leur fait pas dire.

****

Tocqueville : une phrase, une idée.
Bock-Côté : une seule idée, des phrases.

*

Acceptable à l'écrit, insupportable à l'oral.

*

Chaque jour sur CNews, chaque semaine dans *Le Figaro*, il pointe, parfois non sans raison, les ridicules et les tares de la gauche. Pas une seule fois, en dix ans, il n'a relevé, fût-ce en une demi-ligne, un ridicule ou une tare de droite et encore moins d'extrême droite.

Signe qui ne trompe pas d'une forme de folie.

****

Eugénie Bastié : journaliste vedette des médias de droite. Talentueuse, intelligente et cultivée. Très branchée. Pas sur le terre à terre, mais sur le ciel à ciel. Emmanuel Kant en personne comparée à Ivan Rioufol. Mais non ! contrairement à ce que suggère une malveillante rumeur, ce n'est pas elle qui écrit, ou même inspire, les sorties de Vladimir Poutine sur la dégénérescence de nos sociétés occidentales laxistes et décadentes.

****

Jacques Chirac : il n'avait pas écrit ses livres, mais il ne les avait pas lus non plus.

****

Valérie Pécresse : cas d'école. Vedette du grand théâtre présidentiel, elle s'est trompée de rôle. Programmée en Madame Roland, elle a joué Marie-Antoinette. On la força à s'écarter de son texte pour proférer des ciottises.

****

En choisissant Rachida Dati contre Anne Hidalgo, la droite s'était fait passer elle-même par peste et profits.

****

Marine Le Pen faisait pitié. Grâce à Éric Zemmour, elle fait Pythie.

****

Marion Maréchal : paradoxalement, depuis qu'elle a planté sa tante, ne sait plus où elle habite.

****

Alain Madelin : drogue en vente libre, immigration libre : il poussa le libéralisme de droite jusqu'à séduire les libertaires de gauche.

****

Xavier Bertrand : il s'était forgé une image en quittant Les Républicains. Il l'effaça en y retournant. L'Élysée ne vaut pas toujours une messe.

****

Nadine Morano : personnage fictif inventé par la gauche pour caricaturer la droite. À moins que...

****

Bruno Retailleau : tandis que d'autres, tel Aurélien Pradié, font de la politique en jouant, lui, il la fait en chouan.

****

Aurélien Pradié : défend l'idée que la meilleure façon, pour la droite, de radicaliser son anti-macronisme, c'est de faire semblant d'être de gauche. Résultat : personne ne comprend ce qu'il dit.

****

Michel Barnier : son optimisation du lieu commun tient de la performance. Il a réussi à conférer des lettres de noblesse à toutes les banalités de passage, celles qui incitent à les ponctuer d'un « je ne vous le fais pas dire ! »

****

François Baroin : il aurait pu. Il aurait dû. Il n'a pas su.

****

Nicolas Sarkozy : les caciques de son parti lui reprochent de les avoir lâchés. En fait, il a préféré son double à ses créatures. Son double parce qu'il s'aime, ses créatures parce qu'il les connaît.

****

Laurent Wauquiez : il avait reconnu en privé, devant un groupe d'étudiants, en leur demandant de ne pas le répéter, qu'en public il racontait des craques. Problème : si, apparemment sincère, il reconnaissait mentir, mentait-il quand il le reconnaissait, ce qui faisait de lui quelqu'un de sincère ?

Ou bien, disait-il vrai en se reconnaissant faux ? Ce qui faisait de lui un menteur. Lors du débat sur la réforme des retraites a-t-il dit vrai ou faux ? Il n'a rien dit !

****

Hervé Morin : représentant du « Nouveau Centre », nouveau nom de l'ancienne droite.

****

François-Xavier Bellamy, philosophe versaillais : 8 % aux élections européennes. Le plus mauvais résultat, alors, de l'histoire de la droite. Un score qui sonna le signal du grand décrochage. Depuis il passe son temps à donner aux siens des leçons d'intransigeante efficacité. C'est comme si, après le désastre de 1940, le général Gamelin s'était reconverti dans le conseil en stratégie militaire.

Personnage de Maupassant, mais rhabillé par Stendhal.

****

François Fillon : il embaucha ses enfants et fit appointer, par le Parlement, son épouse. Ce qui, puisque l'argent restait dans la famille, n'aggravait pas ses déficits ni ne creusait sa dette.

Il se procura, à l'occasion, des costumes à l'œil et se fit rembourser les sommes que lui avait coûtées le mariage de sa progéniture. Ce qui, de nouveau, lui permit d'équilibrer son budget sans recourir démesurément à l'emprunt.

Il démontra qu'il aurait fait un excellent ministre des Finances.

Occasion ratée.

****

David Lisnard : puisqu'un maire de Neuilly a pu devenir président de la République, pourquoi pas le maire de Cannes ? Au nom de la France périphérique ?

Ça commencerait comme une descente de la Croisette et ça finirait comme une descente de croix.

****

À ceux qui qualifient notre vénérable quotidien vespéral de « *Monde Woke* », allusion à une complaisance supposée à l'endroit de l'extrême gauche, on répondra que l'extrême droite, elle, peut compter sur FigaroVox.

****

Comme le « merlan en colère », recette qui implique que ce poisson se morde la queue, *Marianne* est un excellent journal en colère qui finit, souvent, par se mordre la queue. Grâce à générosité d'un Tchèque avec provision.

****

Tragédie droitière

La tragédie de la droite, quand elle est dans l'opposition, c'est de défendre rageusement des positions qu'elle aurait honte de revendiquer trente ans plus tard : contre l'instauration de la République, contre le suffrage universel, contre les lois laïques et la séparation de l'Église et de l'État, contre la légalisation du divorce, contre la progressivité de l'impôt, contre les libertés syndicales, contre les congés payés, contre le salaire minimum, contre le PACS... Aujourd'hui, contre le vote des immigrés intégrés à leur commune aux élections locales !

Ce qui la sauve, c'est qu'elle promeut tout aussi régulièrement, au pouvoir, ce qu'elle aurait fustigé dans l'opposition : la légalisation de l'IVG, le vote à 18 ans, la suppression du service militaire.

****

On rejette *Carmen* de Bizet pour immoralité ; on manifeste, par nationalisme, contre la représentation des opéras de Wagner ; on boude Berlioz ; on ignore Erik Satie ; on récuse Manet et son *Déjeuner sur l'herbe* après s'être déchaîné contre les premiers Delacroix ; on ignore Van Gogh et Cézanne ; on vomit Émile Zola ; on excommunie Victor Hugo. Mais on idolâtre François

Coppée et Paul Bourget… Qu'importe : trente ans plus tard on est devenu d'ardents thuriféraires de ce qu'on déplorait et on a totalement oublié ce qu'on portait aux nues.

Deuxième partie

Plein feu sur l'extrémisme

Chapitre 1

Radicalité et extrémisme

J'ai évoqué les deux « extrémismes ». Il m'arrivera, pour ne pas abuser de ce qualificatif, d'évoquer « deux radicalités ».

En réalité, il y a une différence essentielle entre « extrémisme » et « radicalité ». Surtout à gauche. La radicalité est un « moment », l'extrémisme est un « état ».

Le « moment », la « radicalité », historiquement, fut (et est encore) souvent nécessaire. Salvateur. Accoucheur. L'« état », l'extrémisme, fut, lui, presque toujours destructeur. Et en particulier de lui-même.

Dans le premier tome de ces *Mémoires* j'ai montré, expérience personnelle à l'appui, comment cette forme d'extrémisme qu'est le « gauchisme » fit, quasiment partout, toujours, à toute époque, le jeu des extrêmes droites militaires et fascisantes.

Ce sont des extrémistes qui mèneront au désastre la révolution de février 1848, que des radicaux avaient initiée.

« L'orléanisme », y compris en 1825, fut la radicalité d'un « moment ». Condorcet représenta la radicalité d'un autre « moment ». « L'hébertisme », en revanche, fut un extrémisme et c'était son « état ».

Ledru-Rollin, Gambetta, Louis Blanc, Clemenceau, Jaurès, de Gaulle même, furent, chacun à son « moment », « radicaux ». Mais aucun n'avait vocation à s'ancrer à cette posture. À en faire quasiment profession. Le « radical » ne le reste que si demeurent les raisons objectives de le rester. L'extrémiste, lui, toujours, structurellement s'y ancre. Blanqui, jusqu'au bout, le resta. Il passa sa vie à initier, sous la monarchie, l'Empire ou la République, des caricatures de révolutions, dont la réaction la plus droitière fit, chaque fois, ses choux gras. Beaucoup des blanquistes se rallièrent, d'ailleurs, plus tard, à la droite boulangiste.

Le radical, le vrai (rien à voir avec l'étiquette sous laquelle se dissimulèrent, ensuite, des politiciens opportunistes), évolue au rythme de la satisfaction de ses rêves. De gauche radicale sous le Second Empire, il devient de gauche réformiste après la chute de Napoléon III. De gauche radicale sous la droite monarchiste, il devient républicain de gauche sous la République. Mirabeau est radical en 1789, modéré une fois que le système parlementaire s'est imposé à la monarchie. Gambetta est radical en 1870, « opportuniste » quand la République est solidement établie. Le général de Gaulle, donc, est radical en 1940, on peut le considérer comme centriste en 1945.

L'extrémiste, lui, comme Blanqui (ou Bakounine, ou Alain Krivine, ou Arlette Laguiller, ou le Mélenchon dernière manière), le reste sans que cela dérange personne. Paradoxalement, ce sont presque toujours soit des radicaux, soit des modérés, jamais des extrémistes qui, comme en Angleterre en 1688, déclenchèrent les révolutions ; Mirabeau et Barnave, Lafayette puis Camille Desmoulins en 1789 ; Thiers, Laffitte et encore Lafayette en 1830 ; Lamartine ou Armand Marrast en février 1848 ; Gambetta et Jules Ferry en septembre 1870 ; Patrick Henry et George Washington, aux États-Unis, en 1774 ; le prince Lvov, démocrate libéral, puis Kerenski en Russie en février 1917 ; Gandhi en Inde. Parce que leur radicalité visait à la réalisation d'un objectif *in fine* raisonnable (la démocratie ou l'indépendance), elle ne déboucha jamais sur l'extrémisme.

À l'inverse, combien d'extrémistes ont-ils été à l'origine d'un bouleversement d'ordre révolutionnaire pérenne, si l'on admet que Lénine, lui, exécuta un putsch armé et que son initiative engendra, soixante-dix ans plus tard, une des plus violentes régressions réactionnaires que l'histoire ait enregistrées ? Si Mao Tsé-toung et Fidel Castro arrivèrent au pouvoir, ce fut à l'issue d'une sanglante guerre civile qui engendra un système qui apparut, dans les deux cas, comme la négation de ce qui avait motivé leurs combats.

Donc, l'extrémiste soit persévère, jusqu'au bout, dans son être d'extrémiste, l'institutionnalise, le professionnalise presque, quelles que soient les avancées auxquelles, éventuellement, il contribua (avancées démocratiques et sociales qui devront beaucoup à Waldeck-Rousseau, à Louis Blanc, à Jules Ferry, à Jaurès, à Blum, au général de Gaulle, à Mendès France, à Mitterrand, mais rien à Blanqui, à Barbès, à Jules Guesde ou à Olivier Besancenot) ; soit il reste extrémiste mais change de bord, ce qui est sa façon de rester fidèle à son extrémisme.

Changement de bord ? Ainsi, les « blanquistes » qui se rallièrent au boulangisme ; ainsi Gustave Hervé qui ne cessa de s'opposer avec virulence à Jean Jaurès sur sa gauche et en appela finalement à la prise du pouvoir par le maréchal Pétain ; ainsi Henri Rochefort, l'extrémiste communard, se ralliant à l'Action française au nom de toujours la même hostilité à la « république bourgeoise » ; ainsi Jacques Doriot passant du communisme le plus ultra à l'extrême droite.

Combien d'ex-maoïstes, extrémistes par excellence, se rallièrent-ils à un néolibéralisme musclé, certains devenant d'influents conseillers du Medef ? Combien d'ex-trotskistes américains se reconvertirent-ils en bushistes exaltés ?

Ici, un précédent est éloquent et troublant, que j'ai évoqué plus haut : le communisme version Maurice Thorez eût été typiquement un radicalisme sans la pression soviéto-stalinienne. Mais, à la fin des années 1920 et au début des années 1930, le PCF tomba aux mains d'authentiques extrémistes, qui lui imposèrent la stratégie ultrasectaire du « classe contre classe ». Comment évoluèrent ces chefs de file ? Le numéro un, Henri Barbé, passa au fascisme ; le numéro deux, Pierre Celor, passa au fascisme ; le responsable de l'organisation, Paul Marion, passa au fascisme et, on l'a dit, l'orateur vedette, Jacques Doriot, passa au fascisme.

L'extrémiste finit toujours par sortir de la logique défendue par ceux qu'il entend, non seulement dépasser mais, en fait, éradiquer (comme les Montagnards anéantirent les Girondins, comme les bolcheviks éradiquèrent les mencheviks, comme les castristes liquidèrent la social-démocratie cubaine).

Jamais, en revanche, les « radicaux » non extrémistes - Lula au Brésil, par exemple, ou Allende au Chili - n'ont dérogé en quoi que ce soit - ce que les extrémistes, précisément, leur ont reproché - au système démocratique.

Surtout, le radical s'assume radical, l'extrémiste, lui, ne s'assume pas extrémiste. Le radical veut convaincre, l'extrémiste provoque pour vaincre ; le radical tient compte de l'autre, fût-ce de façon polémique car antagoniste, l'extrémiste, lui, dénie toute légitimité à l'autre. Il le nie.

L'extrémiste exclut son adversaire (Lénine exclut Kerenski, comme Pinochet exclut Allende) ; le radical le combat, mais l'accepte. Le radical exige « plus » en souhaitant l'obtenir ; l'extrémiste espère ne pas l'obtenir et le rejette s'il l'obtient. L'attitude de nos « Insoumis » est, à cet égard, exemplaire. Ce pourquoi il exige « toujours plus ».

Le radical veut transformer radicalement, cela passe-t-il par la destruction d'un pouvoir illégitime (c'était la position de Victor Hugo). L'extrémiste veut d'abord détruire, fût-ce un pouvoir légitime (ce pourquoi le même Victor Hugo refusa de rallier l'insurrection communarde).

Le radical et l'extrémiste peuvent ponctuellement lutter ensemble, mais finissent toujours, du fait de l'extrémiste, par se battre l'un contre l'autre.

Le radical n'estime pas que la fin justifie les moyens, l'extrémiste le pense.

Le radical argumente et enveloppe ses revendications, l'extrémiste les hurle et les assène.

Le radical va au bout de sa réflexion. L'extrémiste met, à un moment, un terme à toute réflexion.

Le radical évolue, l'extrémiste piétine.

Celui-ci en arrive dynamiquement à une ultime conclusion. Celui-là s'enferme statiquement dans sa dernière conclusion.

Le radical bouge, l'extrémiste stagne.

Le radical innove, l'extrémiste répète.

Le radical se libère, l'extrémiste s'enferme.

Jaurès projetait. Mélenchon ressasse.

Le radical peut s'appuyer sur des vérités relatives. L'extrémiste abuse des mensonges absolus.

La radicalité porte une pensée en mouvement. L'extrémisme s'immobilise dans l'outrance.

La radicalité intègre un projet. L'extrémisme n'exprime qu'un rejet.

Chez le radical, l'idée vit et bouge. Chez l'extrémiste, elle se raidit et elle meurt.

L'extrémisme dans tous ses états

Les extrémistes se réclament volontiers de l'expérience de l'extrême gauche montagnarde de 1793 par opposition à la supposée ambiguïté républicaine des Girondins. Or, ce que les historiens s'abstiennent de souligner, c'est que la plupart des Girondins, qui échappèrent à la guillotine, résistèrent aux tentations de l'Empire et aux pressions de la Restauration qu'ils combattirent avec vigueur, alors que les plus extrémistes parmi les montagnards soit (comme Louis Fréron, parmi d'autres) passèrent à l'extrême droite contre-révolutionnaire ; soit, comme Joseph Fouché, Tallien ou le peintre David, se rallièrent à l'Empire ; soit même, comme beaucoup, tentèrent de s'arranger avec la monarchie restaurée. (C'est elle qui, finalement, les rejeta.) Condorcet avait été Girondin, Barras fut un fervent Montagnard. Comme Bonaparte. Ce sont des Montagnards pas des Girondins qui initièrent la réaction thermidorienne.

La chute dans l'extrémisme, cette déraison possible de toutes les raisons possibles, cette déchéance possible de toutes les émancipations possibles - car il s'agit bien d'une chute -, n'épargne, en définitive, aucune sensibilité. Ses différentes formes ont abondé les pires tragédies de notre histoire et de notre monde. Sa forme socialiste, qui culmina avec ses dérives communistes, stalinienne ou maoïste, nord-coréenne ou khmer rouge, et avait été précédée par les expériences anabaptistes ou terroristes, celles de Savonarole ou des jésuites du Paraguay, se prêta à toutes sortes d'autres caricaturales dérivations dans leur version baasiste syrienne ou irakienne, mais aussi en Éthiopie, en Libye, en Somalie, en Guinée, à Cuba, et j'en passe.

Aucune raison à cela ? Simplement des successions de hasards ?

La forme ultra-droitière de l'extrémisme, qui culmina en Allemagne nazie sous un déguisement national et socialiste, après avoir terrorisé, opprimé, ensanglanté notre monde pendant des siècles, de pogroms en croisades, d'inquisitions en tyrannies, de colonialismes en impérialismes, prit des aspects les plus divers et les plus différenciés : en Espagne, au Portugal, en Italie, en Hongrie, en Roumanie, en Croatie, en Slovaquie puis, après-guerre, en République dominicaine (Rafael Trujillo), au Nicaragua (Anastasio Somoza), au Venezuela, au Paraguay (Alfredo Stroessner), au Guatemala, au Brésil, au Chili (Augusto Pinochet), en Argentine, en Corée, en Thaïlande, en Birmanie, en Grèce...

Au-delà de toutes les confessions, aucune mouvance idéologique, fût-elle la plus noble au départ, comme le socialisme (ou le christianisme), n'échappa, en réalité, à la tentation : ni le libéralisme, encore moins le néolibéralisme, dont les théoriciens Friedrich Hayek ou Milton Friedman inspirèrent leurs disciples chiliens sous Pinochet ; ni le républicanisme, qui passa par des phases terroristes ; ni le démocratisme dont l'anarchisme massacreur à la Nestor Makhno, en Ukraine, constitua l'une des affluences.

Ni même, donc, le féminisme et l'écologisme (comme hier le virilisme et le productivisme), dont on voit aujourd'hui les emballements les plus dérisoires se retourner (comme dans le cas du libéralisme, du socialisme ou du confessionnalisme) contre ce qu'il y avait de plus novateur et de plus salvateur dans leurs messages originels.

Bien que l'apparence, souvent, nous y conduise, on hésitera à mettre tous les extrémistes dans le même panier. On a pu cependant, hélas, « extrémiser », jusqu'à les inciter à commettre les pires atrocités, des intentions formellement nobles au même titre que des intentions ignobles, des intentions libératrices de même que des intentions oppressives.

Outre que beaucoup d'extrémismes ont pris *a priori* racine dans le mal (qui se donne évidemment pas comme tel), quand d'autres, dont certains furent les pires, ont voulu jusqu'au bout se convaincre d'agir pour le bien, on ne saurait faire l'impasse sur ce constat incontournable : l'extrémisme, s'il prétend indûment avoir ses saints (du Polyeucte de Corneille à saint Dominique, de Théodose à Pie IX), peut effectivement afficher des héros capables de se sacrifier au nom de l'idée qu'ils portent. Combien de staliniens se comportèrent-ils de façon admirable au cours de la lutte pour la libération de leur pays ou contre des régimes tyranniques ? Combien d'autres, en face, qui tournèrent très mal, luttèrent-ils héroïquement contre la perversion d'en face ? Combien de fois fallut-il se mobiliser, au nom de combats justes, à côté d'extrémistes qui n'eussent sans doute pas hésité, dans d'autres circonstances, à se mobiliser pour des combats injustes ?

Fascination mutuelle

Ici, un parallélisme s'impose. L'extrémisme cherche à ancrer sa légitimité dans la lutte, forcément implacable, contre l'extrémisme d'en face. Mais, en même temps qu'il pointe (et parfois avant tout le monde) l'extrême dangerosité de cet extrémisme-là (le fascisme dénonçant le totalitarisme léniniste), il se nie toujours lui-même en tant qu'extrémisme. Il se bat pour la liberté (ce fut même un leitmotiv du fascisme), la « cause du peuple », la justice, l'identité, l'égalité... Il ne voit jamais les extrémisations chez lui !

En 2020, on m'avait demandé, à la télévision, de suppléer une absence dans un débat face au directeur de la rédaction du *Figaro Magazine*. Je rends service. Nous évoquons - c'était déjà d'actualité - le poids de plus en plus lourd des extrêmes « radicalités » à gauche. Il y va franco : le « wokisme », l'islamo-gauchisme, la « cancel culture », l'influence de l'indigénisme décolonial. Je lui concède, même s'il en remet plusieurs couches, la légitimité du questionnement.

Puis j'évoque la prégnance, de plus en plus forte, des pulsions inverses, la virulence expressive des exécrations les plus réactionnaires, la rémanence d'une forme de néofascisme, l'émergence d'une idéologie maurrassienne implicitement néo-pétainiste dont Zemmour se fera le porte-parole.

C'est comme si je lui avais écrasé le pied ou tordu le nez. Réaction presque physique : non, non ! Aucune radicalité, aucun extrémisme, de ce côté-là ! L'extrémisme de droite : une pure foutaise ! Dérangé dans les régularités unidirectionnelles de son vol planant, il réagissait comme un oiseau migrateur, oiseau qui, comme chacun sait, ne se gratte que d'un seul côté.

Il arriva, il est vrai, que « réac », « facho », « pétainiste », « extrême droite maurrassienne » devinssent des expressions automatisées, totalement déconnectées de leur objet de référence, qu'elles pimentassent de vieux airs ne correspondant plus à aucune chanson audible. (Dieu sait que j'eus l'occasion de mettre en garde contre ces abusifs détournements de qualifications historicisées.)

En conséquence de quoi (c'est un classique), lorsque se déchaînent effectivement, comme aujourd'hui, les plus rétrogrades et les plus pernicieuses tentations, lorsque ressurgit une forme de fascisme de notre temps, lorsqu'un extrémisme de droite d'essence maurrassienne, lorsqu'un pétainisme revisité relèvent la tête, on se heurte à cette évidence que la surutilisation intempestive de ces qualificatifs par une gauche « en manque » a rendu l'utilisation de ces cartouches inopérante et que, face à ce redoutable danger, on ne peut que tirer à blanc.

Or, c'est au même phénomène, inversé, que l'on assiste de l'autre côté : les lourdes pesanteurs qui ont entraîné une partie de la gauche, et surtout de l'extrême gauche, dans leurs mortelles instrumentalisations d'un supposé extrémisme d'en face, même quand c'était contestable, ont suscité, à droite, une tout aussi mortelle instrumentalisation, généralisante, répétitive, obsessionnelle et, en fin de compte imbécile, d'un supposé extrémisme antagoniste, parfois réel, mais presque toujours surexploité : islamo-gauchisme comme judéo-bolchevisme. Un oxymore qui désigne moins une réalité qu'il ne met en garde contre ce qu'elle évoque : un oxymore possible ! Il y avait beaucoup de dirigeants bolcheviks juifs. Pour autant, s'agissait-il d'un « judéo-bolchevisme » ? Il y a, à l'extrême gauche, pour des raisons souvent électoralistes (tous les élus de Seine-Saint-Denis sont des mélenchonistes), d'incontestables complaisances ou indulgences à l'égard de certaines formes d'islamisme. Pour autant peut-on parler d'« islamo-gauchisme » ? L'intégrisme islamique étant profondément réactionnaire, est-ce un « islamo-droitisme » ? L'islamo-gauchisme comme « obscure clarté » ? « Wokisme » mis à toutes les sauces : ce n'est pas un concept qui se pense, c'est un concept qui évite de penser. Cas limite, en vérité, que ce qualificatif passe-partout, expression-valise dont les utilisateurs ne savent pas toujours ce qu'elle désigne, et qui est employé mécaniquement, en boucle, par ceux-là mêmes qui ne lui donnent pas d'autre sens que celui-là : « Je ne peux pas trop expliquer pourquoi, mais je sens que je suis très fortement en désaccord avec ça. » Le « wokisme », pour certains, comme le néofascisme, pour d'autres, n'est que le vague nom que l'on donne, non à un extrémisme, mais à une radicalité que l'on diabolise.

Quant à l'idéologie dite « décoloniale », « indigéniste » ou « intersectionnelle » (terme incompréhensible pour 90 % de la population), elle joue, certes, le même rôle, dans certains milieux universitaires, que « l'archéo-marxisme » des années 1950, mais ces concepts parlent sans doute plus (du moins musicalement) à l'électorat de droite, qui doit les ingurgiter à jets continus, qu'à l'électorat populaire de gauche pour qui cette phraséologie reste de l'hébreu.

Il y a toujours eu, y compris dans les années 1950, 1960 ou 1970, une rémanence invariante de pulsions néofascistes, d'idéologie maurrassienne et de pesanteur pétainiste. Mais la gauche, en ouvrant abusivement le compas, en généralisant à l'excès, en automatisant ces constats qualificatifs, a fini par se construire un réel logomachique de remplacement, ce qui non seulement l'a empêchée d'analyser en profondeur les signes de sa propre crise identitaire mais, également, de prendre acte, à temps, de l'émergence effective, et réelle cette fois, de pulsions néofascistes et néopétainistes redoutables et envahissantes.

Mon interlocuteur figaresque ne voyait pas, ou ne voulait pas voir, où pouvait bien se nicher un « extrémisme de droite ». Ce qui donnait à penser qu'il naviguait peu sur les réseaux sociaux et que, peu lecteur des tribunes de la plupart de ses chroniqueurs, il ne consultait pas le site internet de son propre journal, excellent par ailleurs, mais au fil duquel une large majorité d'internautes, souvent des milliers, aboient des exécrations, décochent de rageuses injonctions, déclinent de sulfureuses positions, qui vous feraient exclure des rangs du Rassemblement national pour outrance.

Lorsque des militaires, dont des officiers supérieurs, se fendirent de pétitions, d'où il résultait que l'anarchie ambiante pourrait justifier qu'ils intervinssent (à quoi le général de Gaulle aurait répliqué par une fournée de mises à pied), une majorité des internautes, qui s'exprimèrent sur le site du *Figaro*, appelèrent à l'instauration d'une dictature militaire ou à l'avènement d'un Franco voire d'un Pinochet !

Impossible de déceler où pouvait bien se manifester un extrémisme de droite en France ?

C'est précisément un chroniqueur du *Figaro*, Éric Zemmour, promu par Vincent Bolloré, qui leva la main et s'exclama : « Et moi, et moi, et moi ! »

Car lui ne dissimulait rien. Brut de décoffrage. Franc du collier. Disait tout. Justifiait accessoirement la Saint-Barthélemy, reprochait aux dreyfusards leur campagne « anti-française », estimait que les juifs l'avaient bien cherché et reconnaissait à Pétain le grand mérite d'avoir échangé des juifs venus d'ailleurs contre des juifs de chez nous.

****

Il est fréquent - et même naturel - que les extrémismes se confortent l'un l'autre, aient absolument besoin l'un de l'autre, se légitiment l'un l'autre comme repoussoir.

Ce qu'illustrent les actuels débats parlementaires en France.

C'est même en fonction d'une telle nécessité que chaque extrémisme s'acharne, pour justifier sa propre agressivité, à maximiser, souvent à raison, mais toujours outrageusement, le danger qu'est censé représenter l'autre.

Le maccarthysme pouvait-il se passer de l'omniprésence, jugée redoutable bien qu'en grande partie fantasmée, du communisme aux États-Unis ?

En regard, et en en faisant ses choux gras, le stalinisme profita du maccarthysme, non seulement pour justifier toutes les répressions dans son pré carré, mais aussi pour « fasciser » tous ceux qui prétendaient lui faire pièce en Occident.

De même que s'affirma un antisémitisme sans juifs, on vit éclore des anti-communistes pratiquement sans communistes. En Union soviétique, comme en Chine maoïste, on ne cessa de s'inventer des diables (le trotskisme ou le révisionnisme firent office d'extrémismes d'opportunité et de remplacement) pour anéantir toute opposition.

Douteuses convergences

Cette cogestion d'un antagonisme, de part et d'autre identitaire, peut également déboucher - et débouche bien plus souvent qu'on ne l'admet - sur des confluences tactiques, voire stratégiques, et, en conséquence, sur des complicités, non plus seulement « subjectives » mais « objectives ». Comme l'ont illustré les convergences d'intentions et d'actions, aussi bien en Allemagne au tout début des années 1990 qu'en France à l'occasion du mouvement des Gilets jaunes.

En Italie, par exemple, après guerre, le mouvement culturel « futuriste » de Marinetti, issu d'une avant-garde d'extrême gauche, se rallia, et de façon très active, au fascisme. Ce qui inspira au philosophe libéral Benedetto Croce cette analyse d'une brûlante actualité : « Quiconque a le sens de l'analyse historique peut trouver les origines du fascisme dans le futurisme, dans cette détermination à descendre dans la rue, à imposer sa propre opinion, à faire taire les opposants, à nier le danger des émeutes et des rixes, dans cette exaltation de la jeunesse. »

En février 2023, c'est l'expression parlementaire d'un extrémisme de gauche purement sonore que les lepénistes se contentèrent d'engranger.

****

En 1920, lors du deuxième congrès de l'Internationale communiste à Moscou, c'est Antonio Gramsci lui-même qui défendit le rôle, à ses yeux positif, du « futurisme » même officiellement rallié au fascisme : « Les futuristes, lança-t-il, qui détruisaient, détruisaient, détruisaient, sans se soucier de savoir si ce qu'ils avaient créé était, en fin de compte, plus valable que ce qu'ils avaient détruit... Il s'agit d'une conception clairement révolutionnaire. »

L'intellectuel bolchevique Vladimir Maïakovski ne se réclama-t-il pas, lui aussi, du « futurisme » ? Dans le numéro 2, datant de 1922, du journal créé par ce dernier, dédié au « Front de gauche de l'art », on pouvait lire, sous la signature d'un certain Mikhaïl Levidov : « Le futurisme italien mise sur ce qui est fort. Bravo ! Aujourd'hui, c'est le fascisme qui semble fort, demain ça sera la révolution. Tout mouvement du monde qui a décidé de miser sur la force, quelles que soient ses aspirations, doit objectivement faire le jeu de la révolution. Le pouvoir des soviets en Russie ? Les futuristes sont pour. Le pouvoir fasciste en Italie ? Les futuristes sont pour. En Italie, Maïakovski aurait été "marinettiste". »

Le théoricien marxiste Nicolaï Gorlov, dans un livre publié en 1924 à Moscou, mettait les points sur les i : « Le futurisme ne cessera jamais d'être révolutionnaire même si un certain nombre de futuristes italiens ont tenté de se concilier avec le fascisme. »

Le jeune Joseph Goebbels écrivait à l'époque dans son journal : « En dernière analyse, mieux vaut sombrer que vivre dans une éternelle servitude capitaliste. Je trouve horrible que nous et les communistes nous nous défoncions mutuellement le crâne. » Et, plus tard, dans une « Lettre à un ami de gauche », il préconisera, en direction des communistes : « De part et d'autre, nous luttons résolument pour la liberté et rien que pour la liberté. Nous voulons, comme récompense ultime, la communauté, vous celle du monde, moi celle du peuple. Que cette récompense nous ne puissions l'obtenir dans le système actuel est clair, évident pour nous tous. En procédant à la division de nos forces nous n'atteindrons jamais notre but. Peut-être est-ce la nécessité la plus extrême qui nous rapprochera. »

Effectivement, une éphémère tentative de création d'un mouvement « national bolchevik » fut soutenue à la fois par Goebbels, l'économiste nazi Gottfried Feder, Ernst Jünger, mais aussi par le représentant du Komintern en Allemagne, Karl Radek (qui sera liquidé par Staline).

En 1930, à la veille des élections, le chef du Parti communiste allemand désignait encore la social-démocratie comme l'ennemi principal et mettait en garde contre « une exagération du danger fasciste ».

Quant à l'Internationale communiste, le 1er avril 1933, elle alla plus loin en se félicitant presque (bel exemple d'antagonisme de collusion) de la victoire hitlérienne : « L'instauration d'une dictature ouvertement fasciste, qui détruira les illusions démocratiques des masses et les libérera de l'influence des sociaux-démocrates, lancera l'Allemagne sur la voie de la révolution prolétarienne ! »

Un tel cynisme stratégique n'est pas étranger, aujourd'hui encore, au calcul, fût-il moins explicite, de notre extrême gauche mélenchoniste pour qui, même si son activisme débridé dans la rue et au Parlement fait le jeu de l'extrême droite, l'arrivée au pouvoir d'une coalition lepéniste ne pourrait que conforter, sur le thème de l'antifascisme, une contre-offensive victorieuse dont les Insoumis seraient les principaux profiteurs.

Cela ne se passe jamais comme ça. Mais cette illusion ne disparaît jamais.

Les extrémismes idéologiques tendent, presque toujours, sinon à court terme au moins à long terme, à se retourner contre l'essence de ce dont ils se réclamaient. C'est la hantise des exactions extrémistes de la Ligue qui provoqua l'instauration de l'absolutisme monarchique dont Louis XIV fut l'héritier. La Terreur robespierriste engendra la dictature napoléonienne, puis la Restauration. L'insurrection gauchiste de juin 1848 permit la prise de pouvoir de Napoléon III. L'aile extrémiste des communards inspira des initiatives qui favorisèrent, ensuite, quinze ans de régression clérico-réactionnaire.

Constat incontournable : si le monde, qui est le nôtre, a été façonné par les acquis ineffaçables des révolutions modérées ou radicales, en revanche, les héritages des révolutions ou des coups de force extrémistes ont été, presque partout, implacablement liquidés, débouchant, comme en Russie, sur de terrifiants retours en arrière.

Bolchevisme artistique

Ce fut vrai également dans le domaine artistique, qui connut ses propres révolutions bolcheviques avec, le plus souvent, les mêmes conséquences et, à la clé, la même issue.

L'exemple le plus emblématique d'une modernité dont l'extrémisme fit tragiquement le jeu de son contraire, c'est ce qui se passa, en matière picturale, dans la jeune Union soviétique entre 1918 et 1923.

On sait que, sous l'impulsion stalinienne, à partir de 1927, l'art dit « moderne », et en particulier non figuratif, fut brutalement banni au profit d'un académisme rétrograde mis au service d'impératifs totalitaires, le culte de Staline y tournant, en outre, au ridicule. Ce que l'on sait moins (ou que l'on ne veut pas savoir) c'est qu'à partir de 1900, une avant-garde radicale avait commencé, sous l'influence des écoles françaises, à s'imposer. Or, en 1918, dans le sillage de la victoire bolchevique, l'aile extrémiste de cette avant-garde prit le pouvoir, occupa tous les postes (on y retrouva, un temps, Vassily Kandinsky - premier président de l'Institut de culture artistique -, Kasimir Malevitch, son successeur, Nathan Altman, Nikolaï Pounine, Vladimir Tatline, Ossip Brik, Naum Gabo, Alexandre Rodtchenko). Elle imposa cette avant-garde de l'avant-garde, ses normes, d'autant plus facilement qu'on avait fermé les académies, les instituts et les musées. Et surtout, sur un ton terroriste que n'aurait pas renié en France, dans le domaine musical, le Pierre Boulez première manière, elle exigea et obtint l'exclusion de tout ce qui se réclamait du réalisme, du figuratif, de l'impressionnisme et, d'une façon plus générale, de l'art dit « bourgeois ». Et cela, faute impardonnable dont ils deviendront les victimes, en invoquant « l'esprit de Parti, la défense de la révolution et du socialisme, la conscience de classe ».

Pourquoi notre gauche intellectuelle s'est-elle interdit de relever que le terrorisme artistiquement extrémiste pratiqué par une certaine avant-garde provisoirement bolchevisée, en banalisant l'exigence d'un art politique d'État, et en se heurtant en même temps à la totale incompréhension de la base populaire sur laquelle tentait de s'appuyer le jeune pouvoir soviétique, conduisit presque inéluctablement, en matière picturale, à la contre-révolution stalinienne ?

N'est-ce pas un semblable extrémisme révolutionnariste qui a contribué à marginaliser une musique contemporaine qui, malgré la riche pluralité de ses réalisations, cessa, un temps, d'être vivante pour se confiner dans des expériences de laboratoire ? Au point que des œuvres écrites il y a quatre-vingt-dix ans, le laps de temps qui sépare Mozart et Wagner, signées Stockhausen par exemple, souffrent, encore aujourd'hui, d'être reçues comme l'expression difficilement accessible d'une extrême modernité.

En 1850, on jouait, en particulier à l'Opéra ou à l'Opéra-Comique, des œuvres de 1850. En 1880 encore des œuvres de 1880. Verdi du vivant de Verdi, Puccini du vivant de Puccini, Debussy de *Pelléas et Mélisande* du vivant de Debussy, Alfred Bruneau du vivant d'Alfred Bruneau.

Aujourd'hui, que joue-t-on ?

J'ai voulu, en consultant les programmes des grands opéras internationaux, en avoir le cœur net. On jouait des œuvres datant de 1850 ou de 1880. Peut-être le *Dialogue des carmélites* de Poulenc, mais aucune (du moins ce mois-là) des œuvres emblématiques de la modernité du XXe siècle, tel *Le Grand Macabre* de György Ligeti, *Au grand soleil d'amour chargé* de Luigi Nono, *Die Soldaten* de Bernd Alois Zimmermann, *La vera storia* de Luciano Berio ou *Addio Garibaldi* de Girolamo Arrigo.

Et en France ? Préoccupant constat : Maurice Ohana (*La Célestine*), Antoine Duhamel (*Le Rital - Mémoire des Célestins*), Philippe Fénelon (huit opéras, dont *Salammbô* et *La Cerisaie*), Jean-Michel Damase (*Colombe*), Michèle Reverdy (*Médée*), Philippe Hersant (*Le Château des Carpathes, Le Moine noir*), Michaël Levinas (*Les Nègres* et *La Conférence des oiseaux*), Philippe Manoury (huit opéras, lui aussi, dont *La Nuit de Gutenberg*)... Aucun de ces créateurs, pour ne prendre que ces quelques exemples, n'était programmé. Nulle part.

Que jouait-on ? *Carmen, Faust, La Traviata, Tosca*... Qui jouait-on ? Mozart, Verdi, Wagner, Puccini, Rossini, Strauss.

Comment en était-on arrivé là ?

Là encore, en choisissant la déconstruction contre l'évolution.

Pierre Boulez, qui se voulait, alors, le Pol Pot de l'ultra-révolutionnarisme musical, se déchaînait contre ce « tas d'immondices » qu'était l'opéra : « Dans cette ville de province qu'est Paris, déclarait-il à un journal d'outre-Rhin, ce lieu est plein de merdes pour parler en bon allemand. Les touristes y vont parce qu'il fait partie du circuit touristique comme les Folies Bergère. » Et d'ajouter, pour illustrer sa conception très bolchevique, en effet, de la tolérance et du pluralisme d'expression : « Tout musicien qui n'a pas ressenti la nécessité du langage dodécaphonique est inutile

– inutile ! –, car son œuvre se place en deçà des nécessités de l'époque. »

Propos qui étaient alors partagés par une fraction majoritaire de la critique autoproclamée « progressiste ».

La dynamique était telle que Poulenc, qui terminait son *Dialogue des carmélites* – nous sommes en 1954 –, écrivait à un ami : « Je me dépêche dans l'espoir qu'il y aura encore un peu de tonalité dans votre cœur et dans vos oreilles pour m'écouter. » Et, devant Henri Sauguet, il feignait de s'excuser : « Les carmélites, les pauvres, ne peuvent chanter que dans le ton. Il faut leur pardonner. » Le compositeur Pierre Ancelin résumait : « Il existe un courant de pensée qui se dit "contemporain", qui dénigre à tout créateur non inféodé à lui d'être un compositeur d'opéra actuel et digne de création scénique... La recherche est devenue une fin en soi. »

La prise de pouvoir institutionnelle, dans les années 1950, par une forme d'extrémisme musical d'avant-garde se heurta, au fond, à la même contradiction que la prise de pouvoir, en 1920, en URSS, par plusieurs formes d'extrémisme picturales d'avant-garde.

On est, au sein de cette mouvance de sensibilité d'extrême gauche (dans son opéra *Intolleranza 1960*, Luigi Nono multiplie les citations de Louise Michel, Che Guevara, Karl Marx, Lénine, Cesare Pavese ou Arthur Rimbaud). Ce que l'on reproche à l'opéra, dans sa version traditionnelle, c'est son caractère éminemment « bourgeois ». Patrick Chéreau, un peu plus tard, en 1974, s'exprimera de cette façon tout à fait significative : « Quand je vois le public d'opéras, que j'ai appris à découvrir, je me rends compte que ces gens me sont étrangers, sont la plupart d'une inculture saisissante, que je n'ai rien à leur dire et que je ne veux rien avoir à leur dire. »

Logiquement, puisqu'on était censé s'insurger contre une culture « bourgeoise », on aurait dû faire en sorte d'assurer à la modernité musicale (ou picturale) une assise plus populaire. Or, on entreprit de rétrécir, au contraire, considérablement, sa base d'adhésion. Son acceptation sociale.

En fait, on adhérait volontiers à ce jugement d'Arnold Schönberg : « Aucun artiste, aucun poète, aucun philosophe et aucun musicien, dont la pensée se situe dans les plus hautes sphères, ne devrait s'abaisser à la vulgarité dans le but de satisfaire à un slogan tel que "l'art pour tous". Car s'il est question d'art, cet art n'est pas fait pour tous et si quelque chose est fait pour tous, ce n'est pas de l'art. »

Au demeurant, le *Pierrot lunaire* de Schönberg ou le *Wozzeck* d'Alban Berg, chefs-d'œuvre qui, eux, sont rentrés au répertoire, seront rangés au rang des ultimes manifestations d'un traditionalisme lyrique par les « extrêmes » modernités des années 1950 à 1970, dans le sillage des expériences aléatoires (John Cage), concrètes ou électro-acoustiques.

Le résultat fut, comme toujours, comme dans le cas du bolchevisme politique, idéologique et social, une quadruple régression : pour la première fois dans l'histoire de la musique, répétons-le, les créations de l'époque, c'est-à-dire celles produites les cinquante dernières années, furent marginalisées et parfois même néantisées au profit des seules « incontournables » des décennies ou des siècles révolus. Les œuvres modernes les plus jouées furent celles, indicible paradoxe, à qui le stalinisme avait imposé de tourner le dos à l'avant-garde, Dmitri Chostakovitch, Sergueï Prokofiev, Sarkis Khatchatourian. L'Igor Stravinski néoclassique, celui de *L'Oiseau de feu* plus que celui des *Noces*. La comédie musicale étouffa totalement la création lyrique contemporaine et Leonard Bernstein, celui de *West Side*

Story ou de *Candide*, éclipsa à lui seul tous les apports de la création atonale, sérielle ou concrète.

La musique de film, enfin, aux ressorts traditionnels, envahit les salles de concert à côté des musiques classiques ou anciennes.

Les productions de l'extrême « modernité » ne furent presque jamais rejouées après leur « première » qui fut aussi leur « unique ».

Quelques exceptions, cependant, s'agissant d'œuvres il est vrai moins radicales qui ont eu l'honneur de l'Opéra de Paris : *L'Atlantide* d'Henri Tomasi, jouée 20 fois depuis 1954 ; *Bolivar*, chef-d'œuvre de Darius Milhaud, 22 fois depuis 1950 ; *Numance* d'Henri Barraud, 5 fois depuis 1955 ; *Kerkeb* de Marcel Samuel-Rousseau, 26 fois depuis 1951. Ce qui constitua un record. Et combien de fois cette œuvre majeure qu'est le *Saint François d'Assise* de Messiaen ?

Or, s'agissant toujours de l'Opéra de Paris, comparons : *Samson et Dalila* de Saint-Saëns, 800 reprises jusqu'en 1940 ; *Faust* de Gounod, 2 000 jusqu'en 1944 ; *La Juive* d'Halévy, 564 fois jusqu'en 1934 ; *Carmen* de Bizet, 2 500 fois jusqu'en 1943 ; *Lakmé* de Léo Delibes, 1 500 fois jusqu'en 1960 ; *Mignon* d'Ambroise Thomas, 2 000 jusqu'en 1950 et *Manon* de Jules Massenet, 2 000 jusqu'en 1952.

Constat d'autant plus évident qu'il est stupéfiant qu'une sorte de terrorisme des extrêmes modernités de posture ait réussi à imposer son occultation. Le critique musical Benoît Duteurtre fut, un temps, ostracisé pour avoir, dans *Requiem pour une avant-garde*, osé un questionnement.

****

Aujourd'hui encore, combien de compositeurs contemporains vivants joue-t-on régulièrement dans les concerts ordinaires, à côté des incontournables Beethoven, Mozart, Brahms ? Dans la plupart des cas, aucun !

Or, en 1872 par exemple, la programmation de la Société des concerts du Conservatoire, plutôt conservatrice, comprenait des œuvres de César Franck, Saint-Saëns, Charles Dubois ou Charles Lenepveu, tous auteurs vivants.

Durant l'hiver 1878, les concerts Cressonnois, à prix modérés, à côté de Grétry, Rameau, Lully, Méhul, Weber ou Rossini, programmaient Massenet, Guiraud, Lalo, Joncières, musiciens contemporains et vivants.

En décembre 1878, à l'Hippodrome, 460 exécutants, devant quelque 20 000 personnes, interprétèrent, à l'occasion de six concerts, outre Saint-Saëns, Massenet, Delibes ou Fauré, Reyer, Salvayre, Godard, Weckerlin, et plus d'une dizaine d'autres musiciens français, non seulement contemporains, mais vivants. (En moyenne, en 1878, on joua quarante compositeurs dont vingt-huit vivants.) Et, au Jardin zoologique, entre 1870 et 1893, l'orchestre Colonne présenta, en vingt-neuf auditions, 83 % d'auteurs vivants, dont des œuvres de femmes, programmées dans quinze concerts, parmi lesquelles Augusta Holmès, dont seize œuvres furent données en 1890 et, en particulier, sa spectaculaire *Ode triomphale* dans la tradition de la musique révolutionnaire de Gossec.

En 1885, quatre œuvres françaises d'auteurs vivants entrèrent à l'Opéra, signées Massenet, Émile Pessard, Gaston Salvayre et l'admirable *Sigurd* d'Ernest Reyer.

« Le public aujourd'hui, décrivait Jules Danbé, dans une lettre publiée par *L'Orphéon*, comprend mieux la musique moderne qu'ancienne. »

Alfred Bruneau, qui tira plusieurs œuvres lyriques des romans d'Émile Zola, constatait : « Jamais la foule n'a été autant attirée par la modernité. »

On ajoutera, pour faire rêver, que, durant la saison 1873-1874, le théâtre impérial de Berlin (la Prusse vient d'écraser militairement la France !) montera dix opéras français - dix ! - et que le *Mignon* d'Ambroise Thomas fut l'œuvre la plus jouée dans le monde (450 références mondiales en une seule année).

****

En mai 1952, encore, à Paris, dans le cadre d'un grand festival intitulé « L'Œuvre du xxe siècle », présenté sous l'égide du « Congrès pour la liberté de la culture » (dont on s'avisera plus tard que c'était la CIA qui l'avait financé), on interpréta une majorité d'auteurs vivants : Stravinski, Jean Françaix, Samuel Barber, Edgard Varèse, Messiaen, Henri Dutilleux, le jeune Boulez, Charles Ives.

****

C'est encore le primat de la déconstruction sur l'évolution, du révolutionnarisme bolchevique sur la réforme, qui précipita, dans la foulée de l'échec du Nouveau Roman (Alain Robbe-Grillet) - rature du récit et même parfois des personnages -, et cela malgré de créatives et enrichissantes intuitions, un retour en force de toutes les vieilles ficelles, des écritures « limande », au point que les prix Goncourt ou même Nobel finirent par récompenser des néo-littératures de gare.

En définitive, le progressisme ne triompha, par exemple, avec Gabriel García Márquez, que sous sa forme la plus traditionnelle.

Chapitre 2

L'extrême comme carapace de la stupidité

Ce que j'appelle, ici, l'extrémisme, ce n'est nullement le fait de porter, à l'occasion, une révolte, une indignation, une dénonciation, un refus, un rejet, une résistance à l'inacceptable. Cela c'est même, le plus souvent, une nécessité. Une obligation morale.

L'apostrophe de Mirabeau : « Nous n'en sortirons que par la force des baïonnettes » ou celle de Gambetta : « Se soumettre ou se démettre » sont typiques de ces éclairs d'expressions extrêmes, d'autant plus nécessaires et mobilisatrices qu'elles marquent le moment où même le modéré, surtout le modéré (auquel sa modération, précisément, interdit d'accepter un excès d'oppression, d'injustice ou de bêtise), se doit d'aller jusqu'au bout de son refus de l'inacceptable.

Qu'y a-t-il de plus factuellement extrémiste que les paroles de *La Marseillaise* ou du *Chant des partisans* ?

On trouverait facilement, sous ma propre plume, des moments d'opposition dont l'extrémisme expressif apparaîtrait patent.

Ce que je désigne comme extrémisme, c'est « l'installation dans », « l'ancrage à ». C'est-à-dire l'institutionnalisation structurante d'une posture. Répétons-le : « le moment » transformé en « état ». Le moyen devenant finalité. L'extrémisme comme statut, en somme. Quasi-professionnalisation (de mélenchonisme prétendument

« Insoumis » vous en offre une version particulièrement caricaturale).

Alors, ce qui pouvait être, ce qui était souvent, un acte de courage, devient un réflexe d'autoprotection. Telle attitude, tel propos qui eussent risqué de susciter l'indignation générale, de vous mettre en danger, perdent leur impact subversif dès lors qu'ils participent d'une normalité identitaire. Vous ne pouvez pas me reprocher ce que je suis : extrémiste ! Ce qui définit quasiment mon statut, mon être social, ce qui, surtout, fonde ma célébrité, assure ma « reconnaissance ».

Résultat : ce que personne - dois-je préciser « de normal » - n'oserait proférer, l'extrémisme institutionnel, mais seulement s'il a réussi à s'institutionnaliser en tant qu'extrémiste, peut le décliner sans complexe. Ce n'est plus, alors, seulement une opinion, mon opinion, c'est l'expression normalisée de mon identité. Fût-ce une identité de confort, une identité d'emprunt.

À l'occasion d'une cérémonie des César du cinéma qui fut prétexte à l'ouverture des vannes de toutes les démagogies, Virginie Despentes publia un texte stylistiquement assez talentueux, « fort » comme on dit, mais délirant, ridicule, limite imbécile, frôlant même parfois l'ignominie.

S'agissant de n'importe qui, on aurait crié « au fou ! », au pétage de plombs, on aurait invité l'autrice à se ressaisir. Mais il s'agissait de Virginie Despentes et l'extrémisme assumé, calculé, programmé de cette diatribe n'était nullement le fruit d'un emballement incontrôlé, d'un coup de colère spontané, mais la confirmation attendue, nécessaire, d'un statut. D'une fonction.

Il fut donc, dans les médias de gauche et d'extrême gauche, reçu et salué comme tel. Le contenu, les paroles étaient, au fond, sans importance, seul comptait le maximalisme sonore de la musique qui les portait. Le dire s'épuisait dans l'outrance très travaillée et, d'une certaine manière, très efficace (il fut, d'ailleurs, largement cité sur toutes les radios) de la façon de le dire. Le moindre ton au-dessous, la moindre rationalisation (on n'ose dire modération) du propos eussent risqué de dévaloriser un statut qui était attaché, au-delà de la personnalité, à la notoriété de la personne. À la personne que son « maximalisme » précisément identifiait.

On a dit que les outrances d'Éric Zemmour avaient plombé sa candidature à l'élection présidentielle. Mais, en réalité, c'est l'extrémisme systématisé et calculé de ses propos, normalisés et même institutionnalisés par des médias demandeurs d'une identification de cette fonction provocatrice, qui devait asseoir son statut de candidat de la transgression réactionnaire.

S'il s'en sortait, il disparaissait. Modéré, il se dissolvait.

Ses outrances l'ont peut-être, *in fine*, perdu, mais, sans elles, il n'y aurait pas eu de phénomène Zemmour. Elles s'apparentaient à des déclinaisons d'identité. Elles constituaient son uniforme.

L'extrémisme permet ce que toutes formes de raison critique auraient jugé attentatoire à un débat démocratique, honorable et serein. Il vaut passeport diplomatique.

Sous sa couverture, le plus insensé trouve un passage, mais aussi, et surtout, le plus tristement stupide dans la mesure où le permis d'idiotie participe intrinsèquement de l'institutionnalisation de l'outrance intellectuellement banalisée.

Lors du débat sur les retraites un député dit « Insoumis » a lu (aucune improvisation) un petit texte accusant le ministre du Travail d'être un « assassin » parce que les accidents du travail avaient augmenté. (Ce qui, en outre, était faux.)

Version d'en face : les naufrages des bateaux de migrants ont augmenté. Or, vous préconisez une politique d'ouverture à l'immigration : vous êtes des assassins !

J'eus l'occasion, à la télévision, de débattre avec le dénommé Aymeric Caron, « animaliste » qui, lui aussi, s'est recasé Insoumis. La bêtise de ses interventions me laissa pantois. De la part d'un « raisonnable » cela eût été explosif. Là, cela n'avait plus aucune importance.

De même, comment un Ivan Rioufol, création de la chapelle d'en face, a-t-il pu se tailler une telle reconnaissance médiatique ? Précisément, parce que l'extrémisme a cette vertu de dissoudre la crétinerie dans sa propre transcendance. L'idiotie n'est plus l'idiotie, c'est l'une des dimensions du processus par lequel l'extrémisme ruine, en les dépassant, les règles qui fondent la décence de toute dialectique ordinaire.

Ce n'est peut-être qu'en cela que l'extrémisme est, finalement, révolutionnaire.

Chapitre 3

Variations sur l'extrémisme

Au fond, Lénine, qui parlait en connaissance de cause, l'avait fort bien exprimé : l'extrémisme, en l'occurrence le gauchisme, est un infantilisme. Un caca-boudin idéologico-politique. Une façon avantageuse de marcher à quatre pattes.

D'où la tendance à agiter frénétiquement des hochets.

Pourquoi - on l'a vu - passe-t-on si facilement d'un extrémisme à l'autre ? D'un stalinisme à l'autre, telle l'universitaire ex-communiste Annie Kriegel qui, après avoir perçu, à toute occasion, la main de la CIA, en vint à accuser le KGB d'être responsable des massacres de Sabra et Chatila au Liban. Ce qui faisait dire à Arthur Koestler que « changer de trottoir ne fait pas changer de fonction ! »

Pourquoi la quasi-banalité d'un tel basculement si ce n'est, comme l'illustra l'attitude des députés Insoumis à l'Assemblée nationale, parce que le fond ne pouvant s'exprimer que sous cette forme « ultra », elle devient, cette forme, le principal constituant du fond ?

Dès lors, du moment que l'on préserve la forme, qui est, en quelque sorte, constitutive du sens, il s'avère presque banal de changer le contenu. Le chant des « Gilets jaunes », « on est là ! », entonné au Parlement par les « Insoumis » offre toute sa structure d'accueil à un contenu fascisant. On n'est pas là pour une grande cause, on est là pour vous faire taire. Le « dire » finit par s'épuiser dans la façon de dire. L'ex-stalinien devient l'anti-communiste déchaîné. L'ex-maoïste, un furieux ultralibéral (ainsi l'ex-chef du gouvernement portugais José Manuel Barroso). On centralisa, sans le moindre recul, Israël, comme on avait, sans le moindre recul, centralisé l'Union soviétique.

Quand d'ex-trotskistes américains devinrent de fervents « néoconservateurs » (et, chez nous, d'ex-maoïstes comme le philosophe André Glucksmann), s'agissait-il d'une radicale métamorphose ? Pas sûr !

Une identité qu'on se confectionne dans la haine du bourgeois peut se recycler dans la haine du juif (ainsi Henri Rochefort). Quand on aspirait à se retrouver, presque mystiquement, dans un « guide », changer de camp revenait simplement à changer de « guide » (Malaparte commença avec Mussolini et finit avec Mao Tsé-toung). Jacques Doriot, ex-communiste, passa apparemment de « l'autre côté » mais dans le même style et, en l'occurrence, ce style oratoire participait, en profondeur, de sa personnalité. Les invectives de Fréron, ultra-montagnard passé contre-révolutionnaire, ne violentèrent nullement sa nature : simplement, la même musique servait d'autres paroles, parce qu'elle ne servait plus les mêmes gens. Paul Marion, qui avait été un dur du PCF, se transforma en dur du pétainisme. L'écrivain Pierre Drieu la Rochelle, fasciste assumé, se chanta à lui-même, la veille de son suicide, un hymne possible à Staline.

L'extrémiste qui change de train ne change pas pour autant de bagages. Il passe d'une gare à l'autre en portant la même valise, lourde, pour l'essentiel, du même contenu. Même si, idéologiquement, on change d'identité, on investit ce nouveau créneau de façon toujours aussi identitaire.

Question : on peut être un extrémiste talentueux : ainsi Léon Bloy, Céline, Charles Maurras, Jean Genet, Paul

Lafargue, Maria Antonietta Macciocchi. Mais peut-on être un extrémiste intelligent ?

Quand les extrêmes fusionnent

Beaucoup de communards de 1871 contribueront à l'émergence du mouvement socialiste… mais c'est à l'extrême gauche de cette mouvance, la tendance « blanquiste », que se développera un processus de ralliement à la droite nationaliste, d'abord boulangiste, puis antisémite et antidreyfusarde. Son héros, Henri Rochefort, rejoindra l'ultra-droite maurrassienne. L'un de ses partisans, venu lui aussi du blanquisme, fera la liaison en appelant à « rejeter la République qui n'est que la République des capitalistes ».

Se créera alors un magazine, *La Cocarde*, qui, drivé par Maurice Barrès, réunira des figures de l'extrême gauche (Clovis Hugues et Émile Eudes) et de l'extrême droite (Léon Daudet, Charles Maurras), Barrès résumant ainsi leur programme commun : « protectionnisme contre les produits étrangers et l'ouvrier étranger, contre la féodalité financière internationale et ses syndicats anonymes, contre les naturalisés (en l'occurrence les juifs) ».

Ce glissement prendra encore plus d'ampleur après 1900. Gustave Hervé, qui campait alors à l'extrême gauche du Parti socialiste créé par Jaurès (il lui reprochait en particulier d'avoir démarché des capitalistes juifs pour créer *l'Humanité*), avait fondé le journal ultra-radical *La Guerre sociale* qui, lorsque les camelots du roi maurrassiens giflèrent Aristide Briand, écrivit « en assumant cette convergence, ce sont les royalistes qui ont aujourd'hui le courage de donner des leçons aux bandits du pouvoir ».

Message reçu : l'Action française de Maurras, après que des syndicalistes d'extrême gauche avaient pendu l'effigie de la République devant la Bourse du travail, saluera de son côté « l'extraordinaire rencontre, l'alliance de toutes les forces politiques et sociales qui combattent la démocratie et le développement du régime capitaliste ».

C'est toujours *La Guerre sociale* qui lancera, en direction de ses lecteurs ouvriers : « Ne craignez pas de faire le jeu de la réaction. La vraie réaction c'est la République bourgeoise. »

En face, un certain Georges Valois, qui représentait l'aile « gauche » du monarchisme maurrassien, créera le premier parti ouvertement « fasciste » français et lancera ce cri de guerre : « Au financier, au pétrolier, à l'éleveur de porcs qui se croient les maîtres du monde et veulent l'organiser selon la loi de l'argent, selon la philosophie du cochon et plier les peuples à la politique des dividendes, le fascisme répond en levant l'épée. »

Ce même Valois rendra hommage au socialiste Proudhon en ces termes : « Plutôt que de diriger ses foudres contre la société française, il a compris qu'il fallait se lever contre le vrai coupable, le capitaliste juif et l'ordre social imposé par l'étranger. »

C'est dans ce climat qu'en 1911, se tint, à Paris, un colloque international regroupant les représentants européens du « syndicalisme révolutionnaire » et de « l'anarcho-syndicalisme » tendance Georges Sorel, opposé au « réformisme » du socialisme jaurésien. Y participèrent l'Italien Antonio Labriola, l'Allemand Roberto Michels, le Français Hubert Lagardelle. Tous, après guerre, se rallieront au fascisme : comme Oswald Mosley venu de l'extrême gauche travailliste britannique, comme le socialiste belge Henri de Man, comme Mussolini lui-même transfuge de la gauche socialiste radicale, comme les néosocialistes français de Marcel Déat... Et, comme, on l'a dit, les principaux dirigeants du Parti communiste pendant sa phase ultra-sectaire dite du « classe contre classe ».

L'extrême gauche contre Jaurès

En juillet 1899, en pleine affaire Dreyfus, Jean Jaurès accepta de soutenir un gouvernement de « bloc républicain » auquel participait pour la première fois un ministre socialiste. Une large fraction d'élus socialistes, derrière Jules Guesde et Édouard Vaillant, se prononça contre cette intolérable compromission.

Leur proclamation disait : « Nous n'avons pas à partager le pouvoir avec la bourgeoisie. Notre mission est de le lui arracher. Parti d'opposition, nous devons le rester, n'envoyant les nôtres dans les parlements et autres assemblées électives qu'en l'état d'ennemis. »

Très exactement, au mot près, la position qui est, aujourd'hui, celle des « Insoumis ».

Pétition à laquelle Jean Jaurès répondit : « Il s'agit de la condamnation amère, brutale, offensante de la lutte que nous soutenons depuis des années contre la barbarie cléricale, antirépublicaine et militariste. »

Ceux des signataires de cette proclamation intrinsèquement extrémiste, qui ne passeront pas dans le camp d'en face, se retrouveront, en 1920, tel Marcel Sembat, à la droite de la social-démocratie.

Chapitre 4

On peut le dire comme ça

Les extrêmes s'attirent. D'où la fréquence de leurs érections.

Les extrêmes satyres !

****

Le gauchisme est une forme d'alcoolisme qui tente de magnifier en « ivresse » ce qui relève de l'éthylisme idéologique. Face à quoi de vrais amateurs de bon vin rouge devraient faire verre commun.

****

L'extrémisme, ce n'est pas pousser le bouchon. Le radicalisme y suffit. C'est l'enlever. C'est pourquoi, à la fin, la bouteille se vide.

****

L'extrémisme revient à appuyer sur l'accélérateur même quand on n'a plus d'essence et à accuser la société quand on est tombé en panne.

****

L'extrémisme de gauche est une crise de nerfs qui ne se soigne qu'en institutionnalisant et en normalisant sa répétition.

****

On ne passe pas d'un extrémisme à l'autre, on reste « extrémiste ». Mais, parce qu'on finit par en avoir les moyens, on renouvelle sa cave.

****

Ce n'est pas l'idiotie qui rend extrémiste, mais la confrontation avec certaines réalités. En revanche, c'est l'extrémisme, quand il s'émancipe de la réalité, qui rend crétin.

****

La droite, lucide, sait fort bien qu'un « autre monde est possible ». Si elle apprécie tant les gauchistes, c'est qu'elle leur est reconnaissante de le rendre impossible.

****

Le « fachidiot » : terme allemand qui désigne « un individu borné qui aborde les problèmes à facettes multiples de manière univoque et inflexible ».

Tout est dit.

****

De toutes les onctions, « l'extrême » est celle dont on ne se relève pas.

****

L'extrémisme ne constitue jamais sa propre limite. La preuve : au NPA, le « parti anticapitaliste » de Besancenot et Poutou, il y a eu une scission. L'ultragauche de l'extrême gauche a dénoncé une dérive droitière !

****

Qu'est-ce que « le peuple » pour le gauchiste ? La fraction de la population, aussi minoritaire soit-elle, qui pense comme lui.

Et pour l'extrême droite ? Forcément la majorité de la population puisqu'elle a décidé, quoi que cette population pense, fût-ce le pire, de penser comme elle.

****

Le gauchisme est à la gauche républicaine ce que l'incontinence verbale est à l'art oratoire. Et l'obésité à l'enrobement, l'inondation à la crue, Bigard à Devos, le goinfre au gourmet, la pornographie à l'érotisme, François Copé à Victor Hugo, la musique militaire à Mozart, l'incendie à la cuisson, le gras-double au foie de veau, l'alcool à 90° au vieil armagnac, le graffiti à la calligraphie, l'injure à la réplique, la grossièreté à la vanne, le fanatisme à l'engagement, Gustave Moreau à Murillo et... Panot à Jaurès.

****

C'est au galop que tout extrémiste pratique une course au trop.

****

Pourquoi le gauchisme précède-t-il, si souvent, une évolution vers la droite la plus musclée ? Non pas parce que les extrêmes se touchent, mais parce que, avec le temps, ils se prolongent.

****

Le gauchisme est une infirmité de la raison, le droitisme est une infirmité de l'âme.

****

La solution par le « Toujours plus » : c'est l'acceptation et même l'exigence de faire plusieurs pas en avant même quand on est au bord du précipice.

****

L'extrémiste ne dort jamais. Dommage.

****

Le gauchisme est à la gauche ce que le calvados est au cidre. Mais du calvados qui se boirait dans des verres beaucoup plus grands que les verres de cidre.

****

Les activistes de droite roulent à droite. Ceux de gauche roulent à gauche. *A priori*, il leur est difficile d'emprunter les mêmes autoroutes. Mais ça arrive. Et ça finit par des catastrophes.

****

L'extrémisme est une maladie qui se vit comme un traitement.

****

Jean-Marie Le Pen :

Travail : inexistant ! Famille : déchirée ! Patrie : méprisée !

C'est comme si, sur le drapeau national, on remplaçait les trois couleurs par trois trous.

****

La pire emmerde pour un extrémiste, c'est une solution.

****

À quoi reconnaît-on un extrémiste de droite ? Au fait qu'il nie l'existence de l'extrémisme de droite.

****

L'extrême droite a une aile gauche : le fascisme.

L'extrême gauche a une aile droite : également le fascisme.

****

Toute idéologie est potentiellement en butte à une dérive extrémiste. Le modérantisme y compris.

****

C'est une photographie célèbre : le train de Granville, arrivé gare Montparnasse, ne s'arrête pas, arrache le butoir, défonce la façade et s'écrase sur la place.

Personne n'a songé à utiliser ce cliché pour illustrer la nature des extrémismes. Dommage.

****

Pour les extrémistes, il ne s'agit pas d'imposer un changement mais, au contraire, au nom du grand chambardement, de s'opposer à tout changement. Systématiquement. Exactement comme les conservateurs, mais eux, c'est au nom de la peur du grand chambardement qu'ils s'opposent à tout changement.

À la fin ils manifestent ensemble : contre tout changement !

****

Se positionner à l'extrême, fastoche ! Au lieu d'avancer une idée nouvelle, il suffit d'ajouter trois « plus » à une revendication ancienne.

****

La preuve par Bolsonaro : quand on s'installe à l'extrême, on peut soi-même scander à longueur de journée et le prouver « je suis un con » sans perdre un seul de ses partisans.

****

Le poids de l'Histoire ? L'Italie, qui n'a pas de pétrole, s'était démocratisée, mais son terreau, naguère, fut propice à l'extraction de gaz fasciste... par fragmentation.

****

Pas vu pas pris : s'il avait écrit *Mein Kampf*, Michel Houellebecq l'aurait écrit à la troisième personne. Contrairement à Flaubert, il aurait juré que Madame Bovary ce n'est surtout pas lui !

Lancé par les médias de gauche, il a vite compris qu'évoluer comme Céline n'est, désormais, possible qu'en style indirect.

****

Fascisme : la seule forme de socialisme que les possédants achètent ne serait-ce que parce qu'elle est à vendre.

****

Intégrisme : on avale tout, on ne recrache rien. Ça finit toujours en maladie de foi.

****

Exterminer tous les habitants de Gomorrhe sous prétexte que beaucoup d'entre eux seraient suspects de tendance homosexuelle : l'extrémiste très croyant ne trouve nullement cela excessif.

Il est vrai qu'il refusera également de considérer Noé comme le rescapé d'un « génocide divin ».

Une autre histoire

Marie-Antoinette, à partir de 1791, fit financer, secrètement, sur fonds royaux, les révolutionnaires les plus extrémistes en espérant que leurs agissements feraient le jeu de la contre-Révolution.

Notre extrême gauche, aujourd'hui, fait le même calcul, mais à l'envers : favoriser une poussée d'extrême droite en estimant qu'en réaction, son arrivée au pouvoir ferait leur jeu.

Dans les deux cas, la manœuvre pourrait bien avoir la même conséquence : le contraire de ce que l'on vise.

****

Le seul révolutionnaire que Napoléon admirait, et admirera jusqu'à sa mort, était Robespierre. Normal. L'un et l'autre poussèrent à sa dernière extrémité une logique qui centralisait, l'un une idée : la sienne. L'autre une personne : lui !

L'un et l'autre justifièrent par les exigences d'une finalité (une finalité supérieure) la férocité des moyens qu'ils employèrent. Napoléon lui sacrifiant, à cette finalité dont il était l'enjeu, finalement beaucoup plus de victimes que Robespierre qui, lui, n'était l'enjeu que de ses obsessions.

Deux différences cependant : Robespierre, bien que militairement vainqueur, fut renversé par des parlementaires ; Napoléon, militairement vaincu, le fut par ses maréchaux.

Surtout, Napoléon n'exerça la terreur que contre ses ennemis et adversaires quitte à couver et à couvrir les plus indignes de ses complices ou alliés. Robespierre, lui, n'hésita pas à exercer la terreur contre les siens, y compris parfois les plus dignes.

****

Jules Guesde, le Jean-Luc Mélenchon de son temps : il avait le même mauvais caractère et représentait, au sein du Parti socialiste en 1905, l'aile ultra-gauche hostile à Jean Jaurès. Il condamnait donc, à toute occasion, contrairement à Jaurès précisément, la moindre velléité de participer à un gouvernement républicain « bourgeois » de gauche.

Effectivement, il tint parole : il participa, finalement, à un gouvernement regroupant, entre autres, toutes les droites. Et il s'y trouva très bien.

****

Marceau Pivert, trotskiste implanté au Parti socialiste, fut le type du gauchiste à l'époque du Front populaire en 1936. « Tout est possible », clamait-il à tout bout de champ. Ce qui était parfaitement idiot car, contrairement à ce qu'imaginent, à la fois l'extrême gauche et les intégristes chrétiens, on ne peut ni multiplier les pains, ni changer l'eau en vin.

Ce « tout est possible » conduisit le « pacifiste » Marceau Pivert à affirmer, en 1938 et 1939, que s'opposer militairement au nazisme était condamnable et inutile, car il suffisait de s'appuyer sur les travailleurs allemands pour mettre en échec le bellicisme hitlérien.

On a vu.

****

Le coup d'État du 2 juin 1793.

Les élections (les premières au suffrage universel « masculin » qui se soldèrent par une très forte abstention) ayant donné la majorité à la gauche girondine, l'extrême gauche montagnarde, quoique minoritaire, réalisa un coup de force armé, s'empara du pouvoir et fit mettre hors-la-loi les chefs girondins.

C'est pourquoi, aujourd'hui encore, le nouveau leader des Insoumis peut déclarer que « l'élection n'est nullement un critère de démocratie ». En effet.

Robespierre, au Club des jacobins, avait fait, le 20 mai, une déclaration que ne renieraient pas les mélenchonistes : « C'est quand le despotisme est à son comble (les despotes étant, en l'occurrence, un gouvernement de la gauche républicaine) que le peuple doit s'insurger. Ce moment est arrivé. » « Quel peuple ? » lui demanda-t-on. « Le peuple, répondit Danton, est la minorité agissante, c'est la sentinelle avancée de la démocratie. »

Les meneurs du coup de force exigeaient « l'arrestation (ils furent condamnés à mort) des leaders Girondins de centre gauche et des ministres ; la création d'une armée des sans-culottes ; une réduction drastique des prix (car la France révolutionnaire connaissait une situation d'inflation) ; l'incarcération de tous les suspects ; le droit de vote réservé à la gauche patriote ; un emprunt forcé sur les riches ; le paiement immédiat d'indemnités aux défenseurs de la patrie ; une épuration à tous les niveaux du pouvoir ».

Dans un premier temps, ils obtinrent satisfaction.

Finalement, Robespierre fit liquider les initiateurs les plus extrémistes de l'opération (Hébert et les « partageux ») et ceux qui l'avaient imprudemment accompagné (Danton, Camille Desmoulins).

Lamartine résuma la tragédie des Girondins en ces termes : « On honora ce groupe de républicains pour ses intentions, on l'admira pour ses talents, on le plaignit pour ses malheurs… on le regretta à cause de ses successeurs. »

Le coup de force du 2 juin 1793, que Lénine reprit à son compte en octobre 1917 à Petrograd (et de nouveau contre la socialiste et républicaine) est, dans certaines têtes toujours « soumises » au culte de ce précédent, resté d'actualité.

****

Juin 1848.

Insurrection de l'extrême gauche parisienne, favorisée par l'extrême droite monarchisto-bonapartiste, pour renverser le régime républicain de centre gauche instauré cinq ans plus tôt à la révolution de Février.

Un seul vainqueur : Napoléon III, élu président en réaction et qui, à la faveur d'un coup d'État, règnera dix-huit ans !

Février 48 fut une réussite. Juin 48, un échec qui ruinera cette réussite. Que croyez-vous que l'extrême gauche préfère : l'échec ou la réussite ?

****

Commune de Paris.

Révolution préférée de la gauche parce qu'elle a échoué et qu'elle ne pouvait pas réussir. Elle déboucha sur douze ans de régression politique et sociale. Mais permit de belles commémorations.

****

Mai-Juin 1968.

Révolution paradoxale. D'abord puissant mouvement de masse. À l'arrivée, la droite remporta sa plus grande victoire électorale sous un régime républicain.

En conséquence, c'est le seul grand roman d'aventures dont les auteurs interdisent de raconter la fin.

****

Conclusion : Juin 1793 - Juin 1848 - Mars 1871 - Juin 1968.

L'extrémisation d'un mouvement nécessaire et salvateur débouche toujours et partout sur un contre-feu contre-révolutionnaire qui fait le jeu de la pire réaction. Quelle leçon l'extrême gauche en a-t-elle tiré ? Aucune.

Inversion d'extrémisme

Jacques Doriot est un symbole. De la rapidité d'un passage d'un extrémisme à l'extrémisme inverse. D'où retournement de radicalité au plein sens du terme. On était un dur dans un camp, on reste un dur dans le camp d'en face.

Le Parti communiste, dans les années 1920 et au début des années 1930, s'était construit sur une ligne ultra-gauchiste dite « classe contre classe ». Or, c'est l'essentiel de la direction de l'époque, Henri Barbé et Pierre Celor en particulier, qui, après l'avoir quitté ou en avoir été écarté, évoluera vers des positions droitières et ultra-droitières ou même, comme beaucoup, « collaborationnistes » et fascisantes pendant l'Occupation. Y compris certains de ceux qui, c'était en leur honneur, avaient pris leurs distances en réaction au Pacte germano-soviétique. Très peu se contentèrent de passer à la gauche réformiste, à la droite modérée ou au gaullisme. Pas de milieu. Pas de positions intermédiaires. De l'extrême gauche on glisse à l'extrême droite.

La liste de ces transferts d'une ultra-radicalité à l'autre, concernant des élus ou des personnalités qui jouèrent localement ou nationalement un rôle dirigeant jusque dans les années 1930, est impressionnante. D'autant qu'un Doriot, par exemple, entraîna une majorité de sa section de Saint-Denis.

On citera, outre Paul Marion qui deviendra un ponte du régime de Vichy, Albert Beugras, Marcel Capron, Simon Sabiani, Jean Fontenoy, Louis Sellier, Raymond Abellio, Marcel Gitton, Félicien Challaye, François Chasseigne, Jean-Marie Clamamus, Francis Desphelippon.

Certains étaient passés, entretemps, par un « Parti d'unité prolétarienne ».

Ce phénomène, qui se tarira après guerre (la plupart de ceux qui quitteront le PC resteront alors à gauche), faute qu'on s'y soit confronté, n'a pas été analysé : sauf sous la forme d'une dénonciation de la trahison par des « renégats ».

Une question méritait pourtant d'être posée : pourquoi et comment une ligne ultra-radicale (avant la nouvelle orientation impulsée par Maurice Thorez) a-t-elle pu si systématiquement déboucher sur l'ultra radicalisme inverse ? D'autant qu'on assista à un processus assez proche au sein du Parti socialiste, comme l'illustrèrent les cas de Marcel Déat, bien sûr, mais aussi d'un Georges Albertini, d'un Adrien Marquet ou d'un Hubert Lagardelle.

L'extrémisation des pesanteurs droitières

Un cas d'école illustre l'inéluctable processus d'extrémisation sans limites ni frontières qu'induisent, fréquemment, les radicalisations à droite.

Philippe Henriot ne venait pas de l'extrême droite mais de la droite conservatrice et catholique classique. Il s'était fait élire député sous le sigle de « l'Union populaire républicaine », puis de la « Fédération républicaine ».

En 1940, il se rallie au pétainisme comme la quasi-totalité des représentants de cette mouvance. C'est l'ex-chef de l'un des deux grands partis de droite de l'époque, « l'Alliance démocratique », Pierre-Étienne Flandin, qui le fait entrer à la Radio nationale de la France vichyste. À mesure que le régime se durcit et que des oppositions se renforcent, il joue un rôle de plus en plus important, assurant à la fin deux éditoriaux par jour dans lesquels il fait l'éloge de la collaboration et se déchaîne contre les résistants, les gaullistes et la République. L'efficacité de ses diatribes en fait un secrétaire d'État à la Propagande. Il finit par adhérer à la « Milice », tandis que son fils va combattre aux côtés des forces allemandes.

Il intègre (ce qui est, à l'époque, une nouveauté) à ses philippiques de plus en plus virulentes (dans lesquelles il stigmatise, au nom d'un prétendu « nationalisme identitaire », les opposants qui portent un nom à consonnance étrangère) de véritables mini-reportages. C'est ainsi qu'en 1944, il se rend sur le plateau des Glières. Il y interroge des maquisards faits prisonniers, qu'il insulte au passage, et conclut sa chronique par ces mots : « Ce ne sont pas des hommes, ce sont des loques. »

Ses déchaînements radiophoniques touchent, hélas, un public presque aussi important que Radio Londres et, jusqu'à la fin, son influence, en particulier sur le public conservateur et réactionnaire, restera considérable.

Cette fin sera d'ailleurs aussi la sienne puisque, quelques semaines avant la Libération de Paris, il est abattu par un commando de la Résistance. Le pouvoir germano-pétainiste ainsi que la hiérarchie catholique (le cardinal Suhard et monseigneur Feltin) lui rendront, à Notre-Dame de Paris dans le cadre d'obsèques nationales, un spectaculaire hommage.

À bas les modérés

Abel Bonnard : écrivain de renom, poète délicat, membre de l'Académie française. Conservateur, il s'ancra à droite. Il remporta un grand succès d'édition en publiant un pamphlet dirigé contre... les « modérés ». La suite était donc programmée : il s'éloigna de plus en plus de toute modération.

Devenu ministre de l'Éducation nationale du régime de Vichy, il passa ouvertement à la collaboration, puis au fascisme. Au point que des soupçons d'homosexualité le firent surnommer « Gestapette ».

Morale : quand le « modéré » est a priori considéré comme l'ennemi, il n'y a pas « d'extrémisme » auquel on ne soit susceptible de faire allégeance.

****

Pétain (ex-maréchal) : il se fit attribuer les pleins pouvoirs. Liquida le régime républicain. Abolit le système démocratique. Appela à collaborer avec l'ennemi envahisseur. Interdit et réprima toute forme d'opposition. Imposa une législation intrinsèquement et brutalement raciste...

Est-il condamnable ?

On estime, généralement, à droite, qu'il y a débat.

****

La Vérité : organe trotskiste français publié pendant l'Occupation.

Contrairement à ce qu'on aurait attendu, le journal, à partir de juin 1941, rejeta la lutte armée et, au nom de l'internationalisme, préconisa la fraternisation révolutionnaire avec les soldats allemands. Au nom de la paix.

****

Lors de la libération de Paris, en août 1944, il y eut de nombreuses barricades dans le XIe ou le XXe arrondissement. Mais pratiquement aucune dans le XVIe ou le XVIIe. Personne n'a pu expliquer pourquoi.

****

CNR (Conseil national de la Résistance) : sorte de gouvernement provisoire de la résistance intérieure initié par Jean Moulin, dont le programme, référence suprême et méritée de la gauche (et surtout de l'extrême gauche), portait l'âge légal du départ à la retraite - bien qu'on vécût, à l'époque, huit ans de moins en moyenne qu'aujourd'hui -... à 65 ans !

J'y crois

Créationniste : est convaincu, aucun être n'étant devenu, que Dieu a personnellement créé Goebbels, Pol Pot et Beria. Et, pour se délasser, Mathilde Panot et Éric Ciotti.

****

Complotiste d'extrême droite : aucun avion ne s'est écrasé sur le Pentagone car c'est impossible. En revanche, Lazare a bien été ressuscité par le fils de Dieu.

****

Combien d'antivax croient aux guérisons miraculeuses par imposition des mains ? Le pass-sanitaire est inutile, mais le pèlerinage à Lourdes, lui, est salvateur.

****

« L'Islam est la religion la plus con » selon Michel Houellebecq. Et un Dieu qui juge de la fidélité d'un père à sa personne en lui donnant l'ordre de mettre à mort son propre enfant... puis, à la suite d'une déconvenue, décide (comme Hérode plus tard) la mise à mort de milliers de bébés sous prétexte qu'ils sont nés au bord du Nil, c'est beaucoup plus intelligent ?

****

Fondamentalisme : intangibilité des mythes et des dogmes. Le fondamentaliste païen continue à chercher la force de Vulcain au fond des cratères de volcans.

****

Raisonnement type du complotiste négationniste : celui que l'on prend pour William Shakespeare n'était pas shakespearien : c'était un individu mystérieux qui n'avait rien à voir avec l'auteur supposé d'Hamlet, mais portait le même nom, vivait exactement à la même époque, dans la même ville et avait écrit dans la même langue les mêmes pièces. D'où la lamentable confusion.

****

Conservateur religieux : croit que tout s'explique par un coup de pouce originel et adore ce pouce.

L'extrémiste religieux remplace ce pouce par une main.

Internationalisme

Le propre des idéologues internationalistes c'est qu'ils finissent par se faire la guerre. Ca commence par l'inter, ça finit par l'intra.

****

Le fascisme fut un internationalisme fédérateur des ultra-nationalismes.

Le communisme devint un internationalisme au service d'un nationalisme.

****

L'Internationale. Hymne anti-mélenchonistes : « Ni Dieu, ni César, ni tribun ! » Il proclame : « S'ils s'obstinent, ces cannibales, à faire de nous des héros, Ils sauront bientôt que nos balles. Sont pour nos propres généraux. »

Combien de soldats de l'Armée rouge entonnèrent-ils ce couplet à Stalingrad ?

****

Ce fut le premier hymne socialiste. Que dit-il ? Nos salaires de misère ne nous permettent pas de manger à notre faim. Nos richissimes voisins, eux, se gavent, mais nous refusent même un quignon de pain. Salopard ! Le titre : « Dansons la capucine » Youh !

****

Mondialisme : au nom du globe, on gobe.

Les mots pour le dire

Vincent Bolloré a fait passer la consigne à ses médias et, donc, à ses journalistes (qui se couchent) : on ne parle plus « d'extrême droite » mais de « droite nationale ».

Ce qui induit que, « nationale », la droite dite « républicaine » ne l'est pas. Merci !

Droite nationale : c'est le qualificatif que s'était attribué la droite qui devait trahir entre 1940 et 1944.

C'était également le qualificatif qui désignait la droite radicale allemande en 1930.

Comment les communistes, eux, désignaient-ils, dans les années 1950, les accros à la dictature stalinienne ? Les « démocrates » !

Il est vrai qu'un licenciement collectif, désormais, c'est une « mesure de protection de l'emploi ».

****

L'égocentrisme donne François Bayrou. L'ego-extrémisme donne Michel Onfray.

****

Onfray : Gnafron populaire

****

Sentier lumineux : emprunté par un gauchisme qui avait éteint toutes les lumières.

C'était le Pérou.

****

Islamiste extrémiste : redondance. Comme sociologue d'extrême gauche et primitif flamand.

****

Philippe de Villiers : le Sandrine Rousseau de l'extrémisme de droite. Quoique furieusement monarchiste (ou parce que), il ne pardonnera jamais à Louis XVI la convocation des États généraux.

****

Le maoïsme fut au socialisme ce que la partouze est à l'amour.

****

Anarchisme : collectivisation du moi destiné à encadrer le tout à l'ego.

****

Libertarisme : version extrémiste de droite (libérale) de l'idéologie libertaire qui est, elle, une idéologie extrémiste de gauche.

****

Lucien Rebatet : fasciste et collabo, éditorialiste de *Je suis partout*, auteur d'un bestseller ultra-décliniste, « Les décombres », publié en 1942.

Aujourd'hui, serait pris en bonnes feuilles dans *Valeurs actuelles*.

****

Demandez à un politique très, très ancré à droite, s'il connaît Robert Brasillach et Jean Cavaillès, il ne connaîtra que le premier, qui fut fusillé pour collaboration.

Il est vrai que, le second, grand philosophe, ne fut fusillé que pour acte de résistance.

****

L'évolution du gauchisme permit à certains, tel Philippe Sollers, de passer du Petit Livre rose au Petit Livre rouge et vice versa. Cela mériterait un livre blanc ou un petit livre noir.

****

Ça se répand : hier, les États-Unis et le Brésil, aujourd'hui, l'Italie, la Hongrie, la Pologne, la Suède, la Russie, Israël, l'Iran, la Turquie, l'Afghanistan, le Pakistan, la Syrie, l'Égypte, l'Inde... Partout, ces cinq dernières années, les droites extrêmes ont marqué des points.

****

Un athée militant nommé ministre de l'Éducation dans l'Iran des ayatollahs ? Vous n'y croyez pas ? Un fasciste avéré est bien devenu ministre de l'Ordre public en Israël.

****

OAS : organisation extrémiste de droite qui permit aux extrémistes du FLN de prendre le pouvoir en Algérie.

****

Peu de responsables politiques furent autant haïs et avec une telle virulence par les droites extrêmes que Ledru-Rollin, Louis Blanc, Gambetta, Jules Ferry, Clemenceau, Victor Hugo, Jean Jaurès, Léon Blum, de Gaulle, Mendès France.

Les extrêmes droitistes détestent les noms d'avenue et de boulevard !

****

À l'Assemblée nationale, en 1871, un député extrémiste monarchiste accusa Victor Hugo « de ne pas parler français ». Il fut acclamé par la droite monarchiste : en bon français.

****

Le comble égotique de l'extrémisme : l'extrémisation de la puissance supposée de soi-même. Robespierre créa une religion dont il se décréta le « grand prêtre » (Henri VIII d'Angleterre aussi, mais, lui, c'était pour une affaire de cul). Napoléon décréta que le 15 août deviendrait la Saint-Napoléon, fête nationale ! Charles X publia des ordonnances d'abolition de la Révolution française. Napoléon III déclara à la Prusse une guerre sans alliés et à un contre deux. Staline extermina son propre entourage. Trump donna l'ordre d'inverser le résultat d'une élection.

C'est leur côté farceur.

****

De qui peut-on dire qu'ils ont laissé la France dans un état pire que celui dans lequel ils l'avaient trouvé ? Louis XIV et Napoléon. Les droites extrêmes les adorent.

****

Ultra : nom que l'on donnait aux extrémistes de droite sous la Restauration. Plus royalistes que le roi !

Le rayon ultraviolet est destructeur des tissus vivants. L'ultradroite aussi.

Quant aux ultrasons, c'est comme certaines formes de fascisme : leurs fréquences sont trop élevées, dit le dictionnaire, pour que l'oreille puisse les percevoir.

****

Plus les supporters de foot sont abrutis, plus ils intitulent leur club de soutien les « ultras », jamais les « infras ». Pourquoi ?

****

Ultra version 1818 : le roi, c'est la France.
Ultra version 1960 : l'Algérie, c'est la France.
Ultra version 2022 : sans le roi et sans l'Algérie, la France c'est le Lichtenstein.

****

Pourquoi les radiations infrarouges sont-elles aussi performantes ? Parce que leurs longueurs d'onde sont plus grandes. On aurait dû en avertir Olivier Besancenot.

****

Le passage d'un extrémisme à l'autre n'abolit pas cette évidence : même retournée, une veste reste une veste.

****

Indigénisme : théorie selon laquelle la scandaleuse présence en France de millions de citoyens issus de l'immigration maghrébine n'est que la reproduction, en interne, du système d'exploitation coloniale. Quelle différence avec ce que serine l'extrême droite, fût-ce à l'envers... en prétendant, elle, défendre les vrais « indigènes de la République » ?

****

Raciser. Comme aurait dit Simone de Beauvoir : on ne naît pas noir ou blanc, on le devient.

****

Genre. On le chanta lors de la démission du président Jules Grévy : quel malheur d'avoir un genre !

****

Black Blocs. Tous les cléricalismes ont leur rituel : toujours se conduire de la même façon, dans les mêmes occasions et dans le même accoutrement. Les prélats, lors des grand-messes ou les black blocs lors des manifestations.

****

Écriture inclusive : les Gaulois avaient une langue, mais pas d'écriture. L'écriture inclusive est une écriture qui n'a pas de langue.

****

Annie Ernaux : romancière très engagée, y compris en sa propre faveur. Elle écrit comme elle pense. Ce qui ne serait pas grave si elle ne pensait comme elle écrit. Tous n'ont pas ri en la voyant Nobel en son miroir.

****

Le trotskisme est stalinisme qui a eu la chance de perdre.

****

Staline : ça commence presque comme du Mélenchon, ça finit presque comme du Pol Pot.

****

Si la démocratie consistait à se plier à une volonté supposément majoritaire du peuple, thèse toujours défendue par les extrêmes, le pluralisme n'aurait plus aucune justification.

Il paraît que le peuple, en 1941, était pétainiste. Simplement, de Gaulle avait un peuple d'avance. Avant, il défendait le peuple contre la volonté supposée du peuple.

****

L'anarchisme est un extrémisme... libéral, s'il est cohérent... mais dont l'engagement a pour cohérence qu'il devient antilibéral... s'il reste cohérent.

****

L'extrémisme de gauche a cette particularité qu'il se déchaîne en priorité contre la gauche quand elle gouverne. Il en profite. De toute façon, quand l'extrême droite gouverne vraiment, il devient trop dangereux de se déchaîner.

****

Ce n'est que lorsqu'il se dégoûte - et cela arrive - que l'extrémiste fait sienne l'évangélique injonction : aime ton prochain comme toi-même.

*

L'extrémisme, par définition, n'est pas centriste (encore que, frappant un jour à gauche et un jour à droite, Robespierre et Staline feignaient presque de l'être).

Mais si l'extrémiste n'est pas centriste (par définition), par définition, également, il centralise. Une classe sociale, la race, le sol, une tradition, une croyance, un dieu, une personne, un guide, un moment et une conception de l'histoire, un rejet, une exécration, un chef d'orchestre clandestin qui tire toutes les ficelles...

Toute pluralité causale le déstabilise, toute complexité explicative lui donne mal à la tête. Or sa tête, il la centralise aussi.

****

Le gauchiste répudie la patrie mais, parfois, au cours de l'histoire, il la sert.

L'extrême droitiste se réclame de la patrie mais, souvent, au cours de l'histoire, il la trahit.

****

Il y a, entre la presse d'extrême gauche et les journaux réactionnaires, des points communs : il est essentiel de signaler à la « une » leur date de publication, sans quoi on risquerait de croire (les mêmes mots, les mêmes formules, les mêmes références) qu'ils ont été rédigés 150 ans plus tôt.

****

Un livre, signé du frère de Vincent Bolloré - Michel-Yves Bolloré -, encensé par les médias conservateurs (la plupart étant d'ailleurs la propriété de Vincent Bolloré), a fait un tabac en librairie. On y démontre que tout ce qui est écrit dans la Bible, sous la dictée de Dieu père et fils - c'est le même -, est strictement véridique et que la Sainte Vierge Marie elle-même, à l'occasion de sa dernière apparition à Fatima - c'était un miracle -, nous avait mis en garde contre l'arrivée de la gauche au pouvoir.

En revanche, pour le risque que représentait l'accession de Mélenchon au poste de Premier ministre, elle n'a pas jugé utile de se déranger. Pour faire barrage à Donald Trump non plus.

Les chroniqueurs de CNews ont raison : l'intégrisme religieux nous menace.

****

Commencée comme une boisson forte, l'aventure Zemmour a fini en eau... minérale : veni, vidi, Vichy !

****

Argument : Zemmour ne peut pas être antisémite puisqu'il est juif. Comment un homme peut-il être misanthrope ?

****

Selon Zemmour, l'innocence de Dreyfus n'est pas prouvée : la culpabilité de Landru non plus.

****

Cas d'école de l'extrémisme : ce qui accablait Dreyfus c'était son écriture sur un bordereau et une lettre qui l'accusait nommément. Quand on découvrit que sur le bordereau ce n'était pas son écriture mais celle d'un certain Esterhazy, et que la lettre qui le désignait était un faux, dont l'auteur, un ponte des services secrets, se suicida, les anti-dreyfusards ultras (pléonasme) continuèrent sans complexes à déclarer Dreyfus coupable.

Aujourd'hui, quel que forfait que Donald Trump serait pris en flagrant délit d'avoir commis, ses partisans le déclareraient innocent.

****

À l'avocat Gilles-William Goldnadel, aux très fortes convictions, osera-t-on poser cette question : « si on vous avait dit qu'un radicalisme sioniste, hier furieusement antifasciste (le Betar), se coulerait si facilement dans le lit d'une extrême droite hier furieusement antisémite, l'auriez-vous cru ?

****

CNews : chaîne d'infos à jets sulfureux continus qui se targue de révéler ce que d'autres cachent. À raison. Ainsi permet-elle de repérer les cafés et autres établissements dont les patrons, en l'imposant à leurs clients, révèlent leur sensibilité d'extrême droite.

****

Fox News : chaîne de télévision américaine. Version extrême droitière, du temps de Trump, de la télévision soviétique du temps de Brejnev. A inspiré la création de la chaîne CNews en France.

****

L'itinéraire politico-idéologique de l'ex-député du parti Les Républicains Guillaume Peltier est exemplaire : Le Pen, Villiers, Sarkozy, Jacob, Zemmour...

Pourquoi Jacob ?

****

Qu'est-ce qui distingue généralement un patron de PME d'extrême droite ? Le fait que son personnel est constitué de travailleurs immigrés mal payés et souvent... sans papiers !

****

L'extrémisme n'est-il qu'une opinion poussée trop loin ? Le pillage généralisé, par rapport au vol à la tire, n'est-il qu'une pratique poussée trop loin ?

L'holocauste n'est-il qu'une blague antisémite poussée trop loin ?

****

En Éric Zemmour, l'extrême droite avait trouvé sa surenchère à canon.

****

L'extrême droite : la « vraie droite », selon ses partisans avoués ou inavoués. À gauche, ils pensent exactement la même chose. De la droite.

****

L'extrême droite vota, en octobre 2022, une motion de censure rédigée par les Insoumis en des termes qui permettaient cette convergence. Elle échoua de 50 voix. « À 50 voix près, nous sommes majoritaires », clamèrent aussitôt Mélenchon et ses affidés. « Nous ! » C'est-à-dire la coalition extrême gauche-extrême droite. C'était dit ! Car, être majoritaires, cela signifie être capables, en cas de renversement d'un gouvernement, de le remplacer pour gouverner à sa place. Ensemble.

Conclusion : l'extrémisme est possiblement fédérateur des contraires. Il est, en soi, constitutif d'une entité.

****

Le problème de l'extrémisme : chaque fois qu'il se montre sensé, il se décrédibilise aux yeux de ses suiveurs. Ce qui, qu'il le veuille ou non, l'arrime à l'insensé.

****

Grâce à Éric Zemmour et à Éric Ciotti, Marine Le Pen a réussi à démontrer qu'il y avait une extrême droite modérée.

****

Charles Maurras fut le type même de l'extrémiste de droite qui se protège des interpellations du réel : il ne sortait jamais de son bureau !

****

Le sens du débat

Des argumentations structurées par dix arguments on est passé à des rafales d'invectives à dix balles. À la crachanikov.

Boileau l'a résumé : « ce qui se conçoit mal se beugle clairement. Les meuglements pour le dire arrivent aisément ».

L'Assemblée nationale comme un chenil. On écrit et on lit même ce qu'on aboie. La prise de parole est devenue une prise de cri. Député « Insoumis » ? Une vie de chien !

Ce qui sort de la bouche, on semble se l'être d'abord mis dans le nez.

Face à un extrême droite « bardellasé », un extrême gauche « bordelisé ».

Voilà le résultat quand l'une sélectionne ce qui hurle.

****

Mélenchon affirmait qu'il obtiendrait avec la NUPES la majorité absolue qui en ferait le Premier ministre de la France. Il obtint 27 % au lieu de 50 %. Il rata son pari vraiment de très peu !

****

Les expériences extrémistes de droite ou de gauche ont toujours fini en catastrophe. À cet égard, les extrêmes gauchistes sont plus lucides puisqu'ils clament que « du passé il faut faire table rase ! »

****

Très souvent, l'« Insoumis » est un soumis qui hurle.

****

Mélenchon : « Ami si tu tombes pourvu qu'aucun ami ne sorte de l'ombre pour prendre ma place ».

****

Si ce n'est pas moi, c'est le déluge.

****

Comment éviter que le « grand orateur » parlementaire ne finisse par trouver un remplaçant à sa hauteur ? En ne faisant élire à l'Assemblée nationale, sous le sigle « Insoumis », que des bègues ! Vocalement et intellectuellement.

****

À l'occasion du débat sur la réforme des retraites, les députés Insoumis ont offert aux adversaires de la République, de la démocratie parlementaire et de la gauche, l'image la plus caricaturale que ceux-ci s'échinent à leur coller à la peau. Comme si des juifs se munissaient eux-mêmes de faux nez et de faux doigts crochus tout en se pendant des lingots d'or autour du cou.

****

Les députés Insoumis en donnant d'eux-mêmes une image repoussante ont inventé un nouveau concept : le zado-masochisme.

****

Stratégie démocratique : la rue s'exprime à travers le Parlement.

Stratégie mélenchoniste : on met le Parlement à la rue.

****

Inflexion stratégique à l'extrême gauche : refuser de faire la courte-échelle à l'extrême droite. Se contenter d'un escabeau.

****

Marine Le Pen a fantasmé que Jean-Luc Mélenchon avait été élu président de la République. Un cauchemar ? Non... un rêve.

****

Kamikaze : extrémiste qui s'arrange pour faire profiter tout son entourage de sa sortie de scène.

Le terroriste qui n'abat qu'une seule personne est un « extrémiste modéré ».

****

Anfifa : de même qu'il y a eu une façon religieuse d'être marxiste ou une façon populiste d'être de droite, il y a une façon quasiment fasciste d'être antifasciste.

****

Le leader léniniste de la fédération CGT de l'énergie a menacé de couper l'électricité aux élus qui ne partageaient pas son point de vue. En Italie pré-mussolinienne on était plus inventif : on leur faisait ingurgiter de force de l'huile de ricin.

****

Ce que les extrémistes qualifièrent de « schismatique » ou « d'hérésie », les communistes le rebaptisèrent « déviationnisme » et « révisionnisme ». Qui en jugeait ? L'Inquisition dans le premier cas, la direction politique du Parti dans le second.

Et aujourd'hui ? Les praticiens de la cancel culture.

****

Wokisme : concept incompréhensible qui permet à la droite de mettre tous les œufs qu'elle décrète pourris dans le même panier.

****

Dans outrance, il y a transe et rance. Deux mots qui, en effet, concernent chacun des extrêmes.

****

Patrick Buisson : intellectuel extrémiste, monarchiste, maurrassien, qui présenta cette originalité que, radicalement antirépublicain, il fut le principal conseiller d'un président de la République.

****

La preuve, malgré tout, de la consolidation de notre démocratie : les extrémistes, désormais, meurent dans leur lit. Et vieux.

****

Le gauchiste n'imagine pas un instant que ses idées seront un jour appliquées. C'est pourquoi il y a tant de gauchistes qui deviennent riches.

****

Khmers rouges : marxistes un peu excessifs.

****

Beaucoup d'entre nous, la majorité peut-être, ont traversé, en particulier dans leur jeunesse (à gauche) ou à l'orée de leur vieillesse (à droite), des phases, furent-elles passagères, non de nécessaires radicalités (celles-là sont positivement fondatrices ou réparatrices), mais d'extrémismes...

L'extrémisme représente, au fond, la part la plus agressive, mais aussi (c'est, hélas, sa force) souvent la plus dynamique, de la connerie qui git toujours en nous.

****

Dilemme : antimonarchiste précurseur ou clérical fanatique, Ravaillac était-il un extrémiste de gauche ou de droite ?

****

D'ultragauche en 1793, Murat entreprit des démarches pour s'appeler « Marat ». Finalement, il mûrit : il permit à Bonaparte de réaliser son coup d'État et il devint prince.

Chapitre 5

Extrémisme et rapport au réel

L'extrémisme, sous sa forme gauchiste ou droitiste, a cette particularité - a évidemment cette particularité - qu'il extrémise son appréhension de la réalité et maximalise, par voie de conséquence, cette réalité elle-même. Ce pourquoi il contribue à pervertir les rapports collectifs à l'actualité comme à l'histoire.

Ainsi, lorsque les médias marquèrent l'anniversaire de la tuerie implicitement raciste d'octobre 1961 à Paris (l'exécution d'Algériens par la police à l'issue d'une manifestation d'opposition à un couvre-feu ségrégationniste, manifestation dont la fédération de France du FLN avait pris l'initiative). Inoubliable tragédie, en effet ! Il y eut, sans doute, une cinquantaine de victimes, sans compter les blessés. Ayant été témoin du drame, j'ai longuement enquêté sur cette déshonorante forfaiture policière. Une cinquantaine de morts : chiffre ahurissant en soi. En région parisienne. En temps de paix. Il y a soixante ans !

Surtout si on compare l'ampleur de cette répression au fait qu'à l'issue d'une bonne cinquantaine de manifestations parisiennes et mêmes nationales de Gilets jaunes, dont plusieurs tournèrent à l'émeute, avec destruction de biens publics, on déplora de nombreux blessés, certes, mais aucun mort, ce qui n'empêcha pas que l'extrême gauche dénonçât une répression digne du régime de Pinochet.

Or, lorsque fut évoqué, en octobre 2021, ce forfait, la droite relativisa, l'extrême droite nia ou excusa et l'extrême gauche, relayée par les médias qui ont tendance à s'aligner sur elle, affirma, sans le moindre bémol conditionnel, qu'on recensa en réalité plus de deux cents morts. Toujours plus !

La guerre d'Algérie, chiffre d'extrême gauche : un million d'Algériens exterminés. Mais, chiffre de droite, des milliers et des milliers de pieds-noirs massacrés en juillet 1962 à Oran. Deux chiffres faux mais dont l'extrémisme a besoin comme carburant de sa systématique hystérisation autopersuasive du réel.

Quand on se meut dans une vision démesurément outrancière de ce qu'on rejette, on ne peut que suradditionner, presque sans limitation, les dégâts de ce que l'on dénonce.

Le chiffrage est à l'extrémisme ce que la nourriture roborative est aux boulimiques.

La démultiplication des victimes du camp du mal n'est que l'envers de la démultiplication des manifestants (ou des protestataires) du camp du bien. En février 2023, 100 000 manifestants anti-réforme des retraites à Paris. J'y étais. La CGT annonce 700 000, ce qui aurait dû mettre trois jours pour s'écouler. La presse de gauche s'abstint de ridiculiser ce chiffre, bien qu'elle le sut faux.

La Révolution française, selon l'extrémiste droitiste Philippe de Villiers : un génocide ! L'épuration, en France, entre 1944 et 1945, à en croire la droite extrême : 100 000 exécutions ! (Chiffres totalement extravagants.) Mais 60 000 communistes fusillés par les nazis selon le PCF, nettement plus que de fusillés au total !

Combien de chômeurs en 2017 ? « En réalité, plus de sept millions ! » Et combien d'immigrés étrangers ?

« En réalité, plus de 40 % de la population. » L'extrémiste, toujours, surdramatise un chiffrage au nom du dévoilement d'une vérité que toujours « on vous cache ! »

Des deux côtés. La France, vue par des yeux ultra-droitistes, a toujours été en butte (même sous de Gaulle ou sous Sarkozy... et déjà, d'ailleurs, à la fin du XIXe siècle) à une augmentation quasiment exponentielle des crimes commis par des Français d'origine étrangère.

Et, aux yeux de l'extrême gauche, les seuls actes criminels repérables et « dénonçables » sont ceux que sont censés accumuler les racistes et les nervis d'extrême droite. L'extrémisme se repaît toujours de l'instrumentalisation hystérisée de faits divers.

En octobre 2022, la droite extrême, entraînant dans son sillage une droite de moins en moins républicaine, exploita avec tant de cynisme le meurtre horrible d'une petite fille par une jeune femme algérienne à moitié cinglée que les parents de la victime, pourtant submergés par leur douleur, durent appeler expressément à mettre fin à cette indigne instrumentalisation.

N'était-ce point un meurtre d'enfant, exploité par l'extrême droite avec la complicité du régime tsariste, qui provoqua le premier grand pogrom antisémite à Kiev à la fin du XIXe siècle ? Et deux meurtres d'enfants qu'exploita avec succès, à en juger par sa progression électorale, le Parti national-socialiste allemand en 1931 ?

On vit parallèlement, après le meurtre d'une fillette à Bruay-en-Artois, dans les années 1970, notre extrême gauche maoïste déclencher une campagne d'une extravagante violence contre les notables en général, ponctuée de véritables appels au meurtre, sous prétexte que c'était le notaire de l'endroit, un « grand bourgeois » donc, qui aurait perpétré le crime (ce qui se révéla absolument inexact).

De la même façon, lorsque des prostituées accusèrent le maire centriste de Toulouse, Dominique Baudis, de complicité d'agissements criminels aussi odieux qu'imaginaires, une partie de l'extrême gauche et des médias qu'elle influence firent mine de prendre très au sérieux ces mensongères insanités, que crédibilisât, à leurs yeux, une haine incandescente du notable, ce bourgeois institutionnalisé.

Le notable, comme le policier, incarne, aux yeux de l'extrême gauche, ce que l'immigré, particulièrement musulman, représente aux yeux des droites extrêmes.

De la même façon, aux deux extrêmes, on adhéra d'abord, sans aucune prudence, à la criminalisation, à l'occasion de l'affaire Clearstream, de presque tout le haut personnel politique.

Le chiffrage ne constitue que la musique de fond de cette diabolisation de « l'en face ». Tout extrémiste aime à se laisser guider par l'ivresse que ce chiffrage procure.

En juin 2022, alors que le creusement des inégalités, exacerbé par la crise pandémique puis par l'inflation, constituait, effectivement, un scandale social et sociétal majeur, le talentueux député de la Somme, proche des Insoumis, affirma, à plusieurs reprises, qu'en cinq ans, alors que le pouvoir d'achat stagnait, les fortunes des plus riches avaient été multipliées par cinq. Par cinq ! Chiffre délirant qui n'avait pas pour fonction de décrire mais de proscrire. Qui ne provoqua dans son camp aucune mise en garde contre les dangers de l'excès en exagération. Au demeurant, ni les macronistes ni la droite ne relevèrent l'incongruité de cette hyper-gonflette, satisfaits qu'ils étaient, au fond, de l'aspect caricatural de cette outrance qui empêchait de regarder en face une réalité, qui suffisait à justifier toutes les colères.

Un mois plus tard, les députés Insoumis ayant bêtement été accusés d'être « débraillés » et l'inévitable extrémiste d'en face, Éric Ciotti, ayant demandé que le port de la cravate soit rendu obligatoire au Parlement, un élu mélenchoniste répliqua qu'il y avait deux camps, le sien, celui des soi-disant « débraillés » et celui des « porteurs de costard » à... 3 000 euros ! Pas de milieu ! Pas d'entre-deux ! (Il avait échappé à ce jeune servant d'un binarisme primaire, que les plus riches ne mettaient plus de costards ni de cravates et que cet accoutrement, pour un coût généralement cinq fois moindre, ne restait prisé, le dimanche, que des cadres et classes moyennes salariées.)

Cette stupide saillie signifiait seulement que le costume faisant le privilège ne pouvait coûter que le plus cher possible. Toujours, donc, le même impératif : le plus possible. L'allié met « hors de combat ». L'adversaire « commet un génocide ».

L'extrémisme est démultiplicateur.

L'extrémiste voit en dehors de lui tout ce qui sommeille à l'intérieur de lui. Son regard ne prend jamais la lumière, il ne la voit pas non plus. Le noir lui va si bien. Ici l'ombre. La France qui se noie parle à la France qui coule. Seul le mal mérite un signe « plus ». Les plus sombres versions sont les seules à procurer un obscur plaisir. Le négativisme descriptif, que rythment les surenchères comptables et les outrances statistiques, imprègne son discours comme le mysticisme celui de certains croyants.

Tout est grand, mais pour le pire : grand déplacement. Grand remplacement. Grand effondrement.

Chiffrage sans frontières : la dégradation sans gradations.

Un bon chiffre est un inqualifiable trucage. Un mauvais chiffre un incontournable constat.

Hors les catastrophistes apoplectiques, il n'y a que des imbéciles heureux !

Chapitre 6

L'extrémisme d'ailleurs

N'y a-t-il pas toujours, chez les droitistes comme chez les gauchistes, une tendance à se laisser enivrer, dans un premier temps au moins, par les incandescentes séductions de l'extrémisme d'ailleurs ?

Au congrès de Tours, en 1921, une nette majorité de militants opta, passant outre aux mises en garde de Léon Blum (mais aussi, on l'a oublié, de Jules Guesde), en faveur des « maximalistes » russes. Et cela malgré les conditions drastiques rédigées par Grigori Zinoviev qui aurait dû les en dissuader.

L'argument, pourtant difficilement réfutable, selon lequel la pseudo-révolution s'apparentait, en réalité, à un putsch extrémiste exécuté contre un gouvernement socialiste, fut de peu de poids. Comme le fait, absolument incontestable pourtant, que les Russes venaient juste d'élire, à l'issue d'élections libres, une Assemblée constituante, qui fut aussitôt dispersée *manu militari*, parce que les bolcheviques, qui n'avaient obtenu que 25 % des suffrages, y étaient minoritaires.

Beaucoup de ceux qui rompirent, ensuite, avec le stalinisme pour avoir pris conscience de ses turpitudes, en particulier parmi les intellectuels, rejoignirent la faction maximaliste de ce maximalisme : le trotskisme (il y eut même une version maximaliste, le lambertisme, de cette tendance maximaliste du maximalisme).

Non seulement le maoïsme, à son tour, aura ses croyants, mais il recrutera des fanatiques, et non des moindres, même après avoir basculé dans la folie collective de la révolution culturelle. Avant de devenir bushiste, le philosophe très médiatique, André Glucksmann, fut maoïste, comme Sollers. On pouvait, donc, s'être guéri du Covid stalinien et basculer dans la pandémie maoïste !

L'anarchiste ukrainien massacreur Nestor Makhno, comme les anarchistes espagnols dont les exactions, pendant la guerre civile, amenèrent tant d'eau bourbeuse au sale moulin du fascisme franquiste, eurent eux aussi des admirateurs.

Ils furent sans doute plus nombreux (il n'y a pas photo !) dans les rangs de l'extrême gauche que dans ceux de la droite extrémiste à rompre avec les versions les plus perverties de leurs propres sensibilités. Le fascisme, le nazisme, le franquisme, la dictature de Salazar au Portugal ou de l'amiral Horthy en Hongrie (sans parler du pétainisme), mobilisèrent, en France même, des cohortes très fournies de thuriféraires. Sidérante est la liste, par exemple, des très nombreux intellectuels de droite qui signèrent, dans les années 1930, une pétition pour appuyer avec enthousiasme l'agression et l'occupation de l'Éthiopie par les troupes de Mussolini. Cette sensibilité-là au sens large, ralliée au pétainisme, fut même majoritaire à l'Académie française.

Après guerre, encore, un Jacques Soustelle, ethnologue venant de la gauche, ancien résistant gaulliste, extrémisé à droite par son ralliement à l'Algérie française, devint un défenseur militant et décomplexé du système de l'apartheid en Afrique du Sud. Et il fut loin d'être le seul. Tandis que l'écrivain conservateur Thierry Maulnier, rescapé de la « nouvelle droite » d'avant guerre, se recycla en propagandiste du régime des colonels grecs.

Malgré Mélenchon, on compta, apparemment, en France, même à l'extrême gauche, moins de défenseurs des pouvoirs vénézuéliens ou nicaraguayens (encore moins, après une longue phase d'exaltation, du régime cubain), que d'inconditionnels, à droite, et surtout à l'extrême droite, du délire trumpiste qui fut plébiscité, jusqu'à l'embrasement final, par une majorité d'internautes de la presse conservatrice, lesquels étalèrent, en revanche, leur mépris pour la « médiocrité » de son adversaire, Biden, décrit en « vieillard gâteux ».

On se demande jusqu'à quelle délirante extrémité Trump aurait dû se hisser pour dessaouler ses derniers admirateurs.

En réalité, les tendances à en pincer pour des extrémismes externes ou exotiques furent, en France, selon les périodes et les circonstances, aussi fortes d'un côté que de l'autre de l'échiquier politique. Chaque sensibilité se scindant, alors, en deux tronçons.

Des adhésions positives ou militantes ont même été souvent plus larges à gauche (de 1935 à 1938, par exemple, il y avait sans doute plus de communistes staliniens déclarés que de fascistes invétérés et, surtout, en 1952, plus de pro-staliniens que de pro-franquistes). Mais, en revanche, sous une forme purement réactive, ces adhésions furent toujours beaucoup plus importantes à droite qu'à gauche. Plutôt ceci que cela ! Le fameux « plutôt Hitler que le Front populaire ! »

Ainsi, à gauche (la gauche républicaine), se manifesta toujours une forte propension, fréquemment majoritaire, à s'opposer clairement aux extrémismes extérieurs se réclamassent-ils du socialisme. Se retrouver, sur ce point précis, sur la même ligne que la droite conservatrice ou libérale ne paraissait alors nullement poser un problème rédhibitoire.

En revanche, la droite française donna très massivement son adhésion au franquisme espagnol et sa préférence au fascisme mussolinien à partir du moment où ces ultra-droites se donnèrent comme alternatives - un barrage - à une gauche radicale, ou au socialisme.

La droite française, en 1938, était encore majoritairement républicaine, mais, de 1940 jusqu'au début de l'année 1944, « l'en-face » intégrant la gauche et les communistes, fût-ce sous l'égide du général de Gaulle, elle resta majoritairement pétainiste.

S'il fallait choisir entre le régime castriste cubain actuel et une opposition de droite démocratique et libérale, les électeurs français de sensibilité de gauche seraient sans doute plus nombreux à choisir la seconde. En revanche, il n'est pas certain qu'entre les Brésiliens Bolsonaro et Lula, c'est-à-dire une droite extrême et une gauche réformiste, nos sympathisants de droite hexagonaux choisiraient majoritairement le centre gauche plutôt que la droite extrême. N'oublions jamais le choix de Ciotti ou de Bellamy : plutôt Zemmour que Macron !

D'une façon générale - tous les précédents historiques le démontrent -, la fraction de la gauche qui refuse, dans tous les cas, même face à la droite libérale, tout ralliement à l'extrémisme a-démocratique, fût-il issu de son sein, est beaucoup plus nombreuse que la fraction de la droite qui serait prête, elle, dans tous les cas, c'est-à-dire même face à une gauche électoralement menaçante, à refuser tout soutien à un extrémisme a-démocratique portant les mêmes rejets qu'elle.

Conséquence : si un président de gauche caricatural et a-démocrate (ainsi au Venezuela de Nicolas Maduro ou au Nicaragua de Daniel Ortega) se soumettait à des élections réellement libres, il perdrait, car une fraction de l'électorat supposément progressiste voterait contre lui. Alors que, en revanche, aussi caricatural et a-démocrate qu'il soit, un président conservateur, même réactionnaire ou ultralibéral, s'il est opposé à la gauche, gardera des chances de l'emporter, l'électorat de sensibilité droitière votant, de toute façon, contre la gauche. Ainsi, l'électorat de droite brésilien a-t-il presque unanimement revoté en faveur de l'extrémiste Bolsonaro qui a failli l'emporter. Comme l'électorat de droite américain a massivement opté pour une réélection de Trump. Mieux vaut un candidat de droite même extrémiste qu'un candidat de gauche même modéré.

En d'autres termes, au pouvoir, l'extrémisme de gauche dérange apparemment plus la gauche que l'extrémisme de droite ne dérange la droite.

La raison en est sans doute que, même extrémistes, les pulsions droitières sont majoritairement plus « naturelles » et les pulsions de gauche plus « culturelles ».

Le vote de classe, contrairement à ce que suggère un lieu commun très partagé, est beaucoup moins affirmé et compact à gauche qu'à droite : une partie de l'électorat populaire brésilien a voté Bolsonaro, alors que l'électorat bourgeois s'est très peu laissé séduire par Lula. En France, où le scrutin est majoritaire, on ne compte plus les circonscriptions très ancrées à gauche qui sont passées, au cours de l'Histoire, à droite, et surtout à l'extrême droite. Les circonscriptions très ancrées à droite passées à gauche sont infiniment plus réduites et à l'extrême gauche quasiment nulles. L'Aude, massivement socialiste hier, est passée à l'extrême droite, alors que la Vendée n'est jamais passée à gauche. La gauche peut perdre Aubervilliers, la droite ou le centre droit ne peuvent pas perdre Cannes ou Antibes.

Deux des composantes de la rhétorique extrémiste de droite, l'immigration et la sécurité (et même le conservatisme en matière de mœurs), sont majoritaires au sein de l'électorat populaire, alors que même en matière sociale (la prédilection pour l'assistanat) la rhétorique d'extrême gauche reste minoritaire.

Si les mélenchonistes arrivaient au pouvoir, l'opposition à gauche et de gauche serait rapidement considérable. Si, à l'inverse, l'extrême droite gagnait les prochaines élections législatives et présidentielles, le ralliement de ce qui reste de la droite serait massif et on serait sidéré du nombre d'intellectuels et de journalistes, se réclamant *a priori* de la droite modérée, qui sauteraient le pas. Combien « d'intellectuels » et de journalistes se réclamant de la « droite républicaine » ont-il déjà fait allégeance, par intérêt, à Bolloré !

A-t-on assez analysé, en profondeur, le fait que dans les villes emblématiques de tous les grands combats sociaux et émancipateurs de la gauche - Anzin, Denain, Liévin, Fourmies, Lens, Courrières - c'est Marine Le Pen qui l'a emporté au second tour ; que le Rassemblement national a obtenu une majorité absolue dans les municipalités communistes de Somain (59,45 %), Raismes (59,46 %), Douchy-les-Mines (60,2 %), Méricourt (58,94 %), Lillers (57,05 %) dans le Nord et le Pas-de-Calais, Gardanne (52,24 %). À Port-de-Bouc (50,19 %) dans les Bouches-du-Rhône, Jean-Luc Mélenchon étant arrivé en tête au premier tour, et deuxième à Fos-sur-Mer, le second tour a donné 60,7 % à Marine Le Pen.

Chapitre 7

Osmose

L'extrémisme politique et religieux

La fascination, que les extrémismes exercent l'un sur l'autre, atteignit une manière de paroxysme, quand se multiplièrent, à l'extrême gauche, les signes de « complaisance » (au mieux) à l'égard de l'islamisme politique de tendance Frères musulmans ou même de stupéfiante ambiguïté à l'endroit de la fureur djihadiste.

Aveuglés par leur estimable propension à prendre, par principe, parti pour les rébellions face aux pouvoirs en place, surtout si les pouvoirs ne satisfont effectivement pas aux normes démocratiques ou ont une coloration militaire, notre extrême gauche, en particulier la mouvance issue du trotskisme, entraînant derrière elle un pan entier du reste de la gauche, en particulier médiatique, exonéra non seulement le FIS, mais également le GIA algérien, ancêtre de Daesh, de toute responsabilité dans les atrocités innommables qu'ils multiplièrent. Et cela bien que ces actes de terreur, d'ailleurs reconnus par leurs auteurs, aient visé en priorité les démocrates algériens qui se réclamaient de la gauche. Démocrates que, du coup, notre extrême gauche et ses médias traitèrent d'« éradicateurs », parce qu'ils entendaient, eux, résister et combattre les responsables de ces horreurs.

Quelque crimes qu'ils commettent, les massacreurs étaient, *a priori*, innocentés ou amnistiés.

Plus tard, les tueurs intégristes syriens se réclamant d'Al-Qaïda ou de Daesh, pour les mêmes raisons (la saloperie de leurs adversaires) bénéficièrent, un temps, de la même indulgence. On vit, alors, les tenants de l'extrême gauche laïque refuser de se solidariser avec les martyrs de *Charlie Hebdo* (et Virginie Despentes fit même leur éloge) au nom d'un très régressif refus du droit au blasphème. Blasphème que certains, comme un président du MRAP de l'époque, préconisèrent même de recriminaliser : ce qui suggérait qu'un Salman Rushdie, un professeur, Samuel Paty, ou les caricaturistes de *Charlie* ne fussent pas totalement innocents de la mise à mort dont ils avaient été victimes ou étaient menacés.

En août 2022, cette fascination exercée par les extrémistes les uns sur les autres confina à un dédoublement de la personnalité. Les Insoumis avaient entrepris une féroce campagne contre une ministre issue de la droite, dont on avait exhumé la rugueuse justification de son hostilité, dix ans plus tôt, au « mariage pour tous ». Elle tenta bien d'arguer maladroitement d'une évolution et d'un regret mais en utilisant une expression fatale, « ces gens-là ». La « mélenchonie » déchaînée exigea son immédiate démission. Or, exactement au même moment, un imam du nord de la France, islamiste de tendance Frères musulmans, risquait l'expulsion pour avoir multiplié, également il y a une dizaine d'années, les commentaires antisémites, homophobes, anti-laïcs et antirépublicains, négateur de l'égalité homme-femme. Eh bien ! Totalement inconscients de la contradiction entre les deux attitudes, les Insoumis, les mêmes, protestèrent vertement contre la sanction qui planait sur la tête du prédicateur réactionnaire, mais dans une version fondamentaliste, ce qui changeait tout.

Ils condamnèrent également, comme liberticide, un projet de loi tendant à faire effacer sur Internet des messages justifiant le terrorisme !

Au demeurant, on retrouvait l'effet de cette double fascination dans la convergence qui permettait à un extrémiste sioniste de faire corps avec l'extrémisme le plus droitier, l'hostilité aux musulmans faisant cette fois ciment.

Convergences

Si la fascination mutuelle prend, la plupart du temps, la forme d'un enfermement dans le face-à-face, elle peut également déboucher, soit sur des convergences passagères, soit sur des interpénétrations et même, dans des cas limites, sur des fusions.

Ce sont les convergences qui dominèrent les années 2018-2022 à l'occasion du mouvement des Gilets jaunes, puis antivax et anti-pass sanitaire.

Je l'ai évoqué au début de ce livre pour les avoir largement couvertes (et j'y reviendrai à la fin de ce livre) : ces manifestations me permirent de constater l'ampleur, souvent spectaculaire, de la cohabitation militante des deux sensibilités supposément antagonistes. On marchait du même pas, coude à coude, en scandant souvent, vêtus de la même tunique, les mêmes slogans et sous les mêmes pancartes ou banderoles (l'exécration de Macron activant la catalyse) qu'encadraient, en revanche, de forts éclectiques drapeaux, du très rouge au blanc fleurdelysé. Au point qu'il n'était pas évident de distinguer qui était qui et se réclamait de quoi, même et surtout quand des professions de foi radicalement contestataires, ne se distinguant les unes des autres qu'à la marge, décoraient les chasubles couleur jonquille.

Quant aux interpénétrations et fusions, favorisées par la relative facilité du passage d'un extrémisme à l'autre (le maire lepéniste d'Hayange venant, par exemple, du parti anticapitaliste de Besancenot), elles marquèrent profondément la période qui va du mouvement boulangiste à 1940.

Qu'est-ce qui caractérisa le fascisme, tel qu'il surgit en Italie au début des années 1920 ? Très exactement une convergence extrême droite-extrême gauche cimentée par une même détestation du libéralisme (économique, politique, sociétal ou culturel), un rejet de la démocratie dite « formelle » ou bourgeoise, une dénonciation du « système » et des élites, un identitarisme à relents racistes, un complotisme (cette hantise d'un chef d'orchestre clandestin qui tire les ficelles). Au premier congrès fasciste, les militants venant de l'extrême gauche, « syndicalistes révolutionnaires » en particulier, et venant de l'extrême droite se partagèrent les délégués à parts égales.

Convergences picturales et musicales

En matière culturelle un spectaculaire précédant montre jusqu'où peuvent aller les confluences.

L'art, en Union soviétique après 1925, en Allemagne à partir de 1934 et en Italie à partir de 1930, en arriva à pousser les ressemblances jusqu'à l'osmose.

Qu'est-ce qui conduisit l'art soviétique et l'art du IIIe Reich (mais aussi l'art fasciste italien) à se ressembler jusqu'à confiner à une quasi-identité ? L'idée, comme aurait dit Macron, qu'il y avait, non pas plusieurs cultures russes ou allemandes, d'inspiration et de facture diverses, éventuellement antagonistes, mais « une » culture russe ou allemande, intrinsèquement russe ou allemande, ancrées toutes les deux à une histoire, à un « roman national » et à un peuple, un seul peuple, porteur d'une mission. Et que toute déviance « cosmopolite », par rapport à cet héritage identitaire, devait être implacablement rejetée.

L'exemple russe est si frappant qu'il conviendrait de l'exemplariser à des fins didactiques.

À l'origine, entre 1863 et 1871, des élèves de l'Académie des beaux-arts de Saint-Pétersbourg se révoltèrent contre la tyrannie de l'antique et de l'imitation des écoles européennes pour préconiser un « art national » ancré dans le terreau slave et orthodoxe, puisant son inspiration dans les profondeurs du peuple, du peuple « périphérique », rural, longtemps opprimé, par opposition à celui, perverti, des grandes métropoles. Ils se réclamèrent, donc, de la vie réelle de ce peuple, qui n'avait rien à faire des influences étrangères dissolvantes et déracinées.

Ce mouvement, dit des « Peredvijniki », représenta, au début, une réaction salvatrice et progressiste, qu'illustrèrent des artistes de qualité tels Ivan Kramskoï, Ivan Chichkine, Ilya Répine et Vassili Sourikov. Pour devenir, peu à peu, art réactif, puis art dominant, puis art officiel, rejetant tout ce qui ne se pliait pas à ses oukases et évoluant vers un totalitarisme panslave, souvent clérical, nationaliste, xénophobe et conservateur. Voire réactionnaire. Se multiplièrent alors les thèmes, non seulement de l'enracinement identitaire, mais également de l'exceptionnalité de la mission d'un peuple russe mythifié.

Le critique Vladimir Stassov, devenu l'intraitable théoricien du mouvement, traita, dans un article fondateur, la modernité en général (et française en particulier) de « foyer de lépreux ». Il ajoutait, anticipant sur ce que deviendra la poisseuse rhétorique stalinienne : « Nous n'avons pas besoin de cette "vermine"... Cet art, pas mûr ou trop mûr, pourri, vérolé et infesté de vers est inutile. Il faut le détruire. »

Stassov écrivait cela (qui enchantait la droite nationaliste et panslave) dans les années 1880, mais les staliniens des années 1930 le prirent pour modèle. Puis les nationalistes allemands pré-hitlériens, puis les fascistes italiens s'en inspirèrent. Tous insistaient sur le thème, inusable, de la « décadence » que popularisera le best-seller d'Oswald Spengler *Le Déclin de l'Occident.* (En 1892, était paru un livre de Max Nordau intitulé *Dégénérescence*, terme devenu viral.)

Précurseur du national-socialisme, Adolf Bartels, n'affirmait-il pas, ce que nos réactionnaires français d'aujourd'hui ne renieraient nullement, que la « dégénérescence de l'art » résultait du fait que le capitalisme menait à la poursuite du plaisir et que le monde moderne était caractérisé par « un matérialisme vulgaire et encanaillé par la social-démocratie » qui lui devait, en particulier, sa fascination pour le « pessimisme morbide » ?

Ainsi, un courant, formidablement prometteur à ses débuts, qui poussa à l'extrémisme un national-populisme devenu de plus en plus ouvertement conservateur, voire réactionnaire, devint-il, à partir de 1929, et de façon de plus en plus caricaturale à partir des années 1930, la référence absolue du réalisme socialiste stalinien et inspira largement, en parallèle, les promoteurs de l'art national allemand sous le nazisme tel que l'illustrèrent un Julius Langbehn, un Dietrich Eckart ou un Arno Breker.

L'idée de l'unicité identitaire d'une culture française, allemande ou russe (ou chinoise), chère à la fraction la plus obtuse de notre droite congelée, et le rejet, en conséquence, comme sous la plume de Stassov, de la pluralité de cette culture, de la diversité de son essence (y aurait-il une culture spécifiquement française qui réunirait Rabelais et Bossuet, l'abbé Delille et Arthur Rimbaud, Meissonier et Braque !), cet extrémisme-là, qui affola les deux bords, a toujours, sous de multiples cieux, et pas seulement en France, eut des conséquences potentiellement identiques et redoutables.

****

Une musique française intensément identitaire (« un chant naturel plutôt qu'une cantilène apprise », écrivait Maurice Barrès dans *Le Figaro*) : la revendication devait nourrir bien des extrémismes populiste et nationaliste d'extrême gauche en URSS et un peu partout, mais fit surtout fureur, en France, dans les milieux de la droite nationaliste à la fin du XIXe siècle.

Le musicologue Gaston Bertrand la résuma ainsi : « L'inspiration doit être non seulement personnelle, mais nationale. Nous aimons les Italiens bien italianisants, les Allemands bien germanisants, les Français bien francisants. »

Or, cette « francité », dont on niait l'extrême diversité d'expressions, se sentit attaquée sur deux fronts : Wagner d'un côté et l'« hébraïsme » de l'autre. C'est-à-dire les courants Meyerbeer, Halévy et Offenbach. « Les trésors culturels peuvent être menacés, résumait Charles Maurras, sans qu'aucune armée étrangère ait passé la frontière. » Or, la « juiverie » grignotait notre identitarisme musical.

« Le juif Offenbach, s'indigne Édouard Drumont, raille, dans le général Boum, les chefs de l'armée française[1]. »

À l'avant-garde de cette défense du conservatisme identitaire en matière musicale, trônait l'auteur de la *Symphonie sur un chant montagnard*, Vincent d'Indy. Il avait réussi à faire jouer, en 1920, salle Garnier, un opéra, *La Légende de saint Christophe*, dont le héros négatif, le roi de l'Or, était « un homme replet et réjoui, avec des cheveux crépus et le nez busqué, qui achète tout et exerce, bien qu'il soit de nulle part, un pouvoir tentaculaire ».

« Opéra antijuif », reconnaissait d'ailleurs d'Indy, qui se terminait sur cette déclaration du roi de l'Or : « Avec cet argent soudoyant les prétoires, je fais innocenter les traîtres. » Suivez mon regard...

Or, Vincent d'Indy, s'inspirant, pour le coup, d'un pamphlet de Wagner, écrivit un ouvrage (que Carl Orff aurait pu signer) dans lequel il montrait que notre génie propre français en matière musicale s'exprimait dans une écriture monodique exemplaire, symbole de l'unité de la foi chrétienne, illustré par Lully et Gluck (dont il occultait, en passant, qu'ils étaient italien et allemand et en oubliant, au passage, Berlioz), avant de connaître une irrésistible décadence, conséquence de son « enjuivement ».

« Le grand art, intrinsèquement français, écrivait d'Indy, baigné dans la sueur sacrée de deux millénaires », a été totalement dévalorisé par un sous-art, non culturellement français celui-là, dont « la véritable nature est l'industrie, le but moral l'argent, le prétexte esthétique la distraction des ennuyés ».

Les coupables ? Meyerbeer et Halévy, donc, des juifs bien sûr, mais aussi les non-juifs « enjuivés » : Eugène

1. *La Grande-Duchesse de Gérolstein.*

Scribe, « fournisseur patenté de tous les canevas sur lesquels la musique hébraïque vient plaquer ces formules » ; Auber, « victime d'un incontestable atavisme » ; Félicien David, auteur du *Désert* ; et même Adolphe Adam, auteur pourtant de *Minuit, chrétiens*, mais que d'Indy compare à une chanson à boire... Et surtout, surtout, le corrupteur en chef, Jacques Offenbach. « Ce fut encore ce juif qui prit la tête du mouvement qui ne produisit que de mauvais fruits. » Et Vincent d'Indy, figure emblématique de l'extrémisme identitaire en matière musicale, de conclure par cette saillie digne des éructations staliniennes de la fin des années 1930 : « L'époque judaïque aboutit naturellement à l'intrusion d'un art inférieur, sorte de champignon parasite éclos sur la pourriture, que l'on appelle l'opérette. »

Jusqu'en 1945, sous la plume en particulier de Lucien Rebatet, ce nationalisme identitaire, qui répudie ce qui finira par représenter mondialement l'esprit français par excellence (encore oublie-t-on Reynaldo Hahn, l'auteur de *Ciboulette*), dominera la musicologie de l'extrême conservatisme, ce qui contribuera à la marginalisation des grandes œuvres lyriques françaises du XIXe siècle, qui avaient fait de l'Opéra de Paris un centre mondial de l'art musical (ces œuvres furent d'ailleurs interdites pendant l'Occupation).

Ce nationalisme identitaire là, qui alimenta une manière de fascisme culturel, ne fut d'ailleurs pas forcément antimoderne puisque, outre Lully ou Rameau, il magnifia le *Pelléas et Mélisande* de Debussy (l'anti-wagnérisme par excellence).

Ce qui constitue l'unicité de notre culture, selon Brasillach ? « Racine, les cathédrales, le théâtre de Giraudoux et les femmes rondes de Maillol ! » Voltaire et Victor Hugo, non ! Zemmour est sur la même ligne.

La question du « en même temps »

Un tic de langage a souvent fait répéter à Emmanuel Macron (et, en vérité, à beaucoup d'autres) l'expression « en même temps ». « Horreur ! » Ainsi la vérité - il y en a une seule - pourrait être « enchaînée à son contraire ! » Le critique national-réaliste russe Stassov, si prisé de l'Union soviétique stalinienne, avait formulé avec force ce rejet généralisé et brutal du « en même temps », qui a toujours caractérisé les extrémismes : sa formule était devenue culte. « On croit là-bas, en Occident, que deux voix opposées peuvent être également justes, également légitimes selon le point de vue où l'on se place. Nous n'avons pas, nous, une telle molle tolérance. Nous considérons qu'en art comme dans la vie, il ne peut y avoir qu'une vérité. » Tout extrémisme adhère à cette position de principe.

Dans la bouche de notre « philosophe » et politicien Bellamy, ça donne : « Il faut en finir avec le "en même temps", c'est "ou bien, ou bien", il faut savoir choisir. »

Donc favoriser l'expansion économique en même temps que la justice sociale, non ! C'est l'un ou l'autre. Ou bien l'expansion économique ou bien la justice sociale. Quel aveu !

Assurer la sécurité et, « en même temps », élargir le champ des libertés : non ! C'est l'un ou l'autre. La sécurité assurée ou les libertés préservées. Effrayant !

Consolider notre défense « en même temps » que défendre la paix, non ! C'est soit notre défense, soit la défense de la paix ! On frissonne !

Refuser, dans les années 1930, « en même temps » le stalinisme et le fascisme ? Non ! C'est l'un ou l'autre : le stalinisme ou le fascisme.

Les « compagnons de route » des communistes et les sympathisants de l'extrême droite ont, en effet, toujours refusé, en la matière, le « en même temps ».

Entre la liberté et la sécurité, plus de sécurité et plus de liberté, on doit choisir. C'est-à-dire refuser l'un ou l'autre. Les Insoumis et les lepénistes ont choisi. En sens inverse.

Aucun des censeurs obsessionnels et systématiques du « en même temps » ne semble s'être posé la question des conséquences de cette mécanique (et purement verbale) phobie.

Dogmatisation d'une forme de bêtise.

Refus de la complexité en soi, donc hors de soi. On est triste ou on est joyeux. Il faut être Rabelais pour imaginer que, confronté à la mort et à la naissance, à ce qui s'en va et à ce qui vient, on puisse potentiellement être les deux.

Chapitre 8

C'est nouveau : la droite marxiste

La convergence des extrêmes peut prendre une forme plus fusionnelle. On le vit dans le passé : le nazisme et le fascisme intégrèrent une rhétorique issue de l'extrême gauche, tandis que stalinisme et maoïsme recyclèrent l'ultranationalisme, le conservatisme sociétal et même le racisme.

On revit, aujourd'hui, ce phénomène sous deux aspects que nous fournissent deux cas d'école : une droite nationale-populiste intégrant à son discours, quelque peu logomachique, un binarisme social de facture archéo-marxisante ; une gauche sociale-libertaire en arrivant à recycler les éléments parmi les plus structurants de l'idéologie réactionnaire.

****

Notons que le néo-marxisme de droite trouve largement à s'exprimer dans les colonnes du *Figaro* et, donc, n'a aucune difficulté à s'adresser à la bourgeoisie. De même que la dérive néoréactionnaire de gauche trouve tout aussi largement asile dans les colonnes du *Monde* ou de *Libération*.

La première occurrence apparut dans le sillage de l'élection d'Emmanuel Macron, un ex-banquier qui avait rallié une partie de l'électorat de gauche à sa démarche libérale.

Électrochoc pour la droite : on retournait contre elle ce qu'elle n'avait cessé de préconiser sans jamais oser le réaliser.

D'où cette réaction de défense spontanée : en un tournemain sans complexe, après avoir acclamé le programme hyper-libéral porté par leur candidat François Fillon, certains de ses plus ardents porte-parole entreprirent de diaboliser la banque, de répudier la finance et de renier, en paroles, le libéralisme économique.

Une droite réactionnaire mais a-libérale n'avait-elle pas écrasé, en Pologne, une droite conservatrice et libérale ? Orban en Hongrie, Erdogan en Turquie, n'avaient-ils pas, eux aussi, raflé la mise en exploitant ce filon ?

Laurent Wauquiez, devenu très provisoirement le patron de la droite LR, se mit en conséquence à dénoncer (mais cela ne dura pas !) « l'argent roi » !

Le futur numéro deux du parti LR, l'ex-ultra-sarkozyste Guillaume Peltier, lui, n'y alla pas par quatre chemins : « La droite, écrivait-il, s'est soumise à la domination de la finance et à la religion du libre-échange. Elle s'est égarée dans les courbes du PIB en oubliant l'essentiel : les aspirations du peuple. C'est ce avec quoi nous devons rompre. Refuser la démission du politique face à l'économique. La dictature de l'argent. Le président de la République est un financier, le Premier ministre un comptable. Nous ne rêvons pas, nous, contrairement à Macron, d'une France des traders, des milliardaires et des déracinés. Nous sommes contre une société soumise aux spéculateurs, aux frondeurs, aux exilés fiscaux. »

Jean-Luc Mélenchon aurait presque pu l'écrire. En partie, Mussolini aussi. Gregor Strasser, on l'a vu, allait plus loin. Ainsi que Marine Le Pen du temps de Florian Philippot.

Guillaume Peltier virait-il à gauche comme un Jacques Toubon ?

Pas du tout ! Plus de cinq ans plus tard, il se rallia à Éric Zemmour dont il devint le principal lieutenant.

Et voilà que, un quinquennat après, on relève ces affirmations catégoriques et musclées : « La bourgeoisie, forcément versaillaise, a trahi. C'est dans sa nature de trahir. Si elle tend à conforter les tribalismes, c'est pour faire disparaître les conflits de classes. Les classes supérieures, d'une façon générale, ont fait sécession d'avec la patrie, ce pourquoi, en réaction, le peuple s'abstient. »

De telles affirmations (ou constats) - la trahison systémique de la bourgeoisie - rythmèrent, comme autant de leitmotivs, les discours du Parti communiste français dans les années 1950. La grande nouveauté c'est que, celui qui, parmi beaucoup d'autres souvent talentueux, les réactualise, n'est nullement un sympathisant Insoumis mais, s'exprimant dans les colonnes du *Figaro*, le remarquable géographe Christophe Guilluy, celui qui a tant popularisé le thème de la « France périphérique » opposée à une « France bourgeoise et centrale ». Or, à le lire, en effet, ce n'était pas du tout à Jean-Luc Mélenchon qu'avaient été ses sympathies à l'occasion de l'élection présidentielle, mais plutôt à son « en face ». Marine Le Pen, comme ne cessait de le répéter l'excellent spécialiste des enquêtes d'opinion Jérôme Sainte-Marie, devenu proche, lui aussi, de ce côté-là, n'était-elle pas devenue, objectivement, la championne du « bloc populaire » opposé au « bloc élitaire » ? Autrement dit, l'incarnation du vote populaire de classe confronté à un vote bourgeois également de classe.

Christophe Guilluy, dans son ouvrage *Les Dépossédés* (titre reprenant la désignation de ceux que l'on appelait auparavant « prolétaires » ou « exploités »), ces

« non-possédants » que l'on a, en outre, « dépossédé » de leurs attaches territoriales et culturelles (c'est ce que pointait déjà Karl Marx et beaucoup de ses continuateurs), Guilluy, donc, ose ces constats effectivement interpellateurs : le processus capitaliste de la « dépossession des lieux », c'est-à-dire l'exclusion des plus modestes de leur lieu de vie et de naissance (doublée d'un éloignement de leur lieu de travail) a été accompagnée, voire accentuée, par la bourgeoisie et son intelligentsia au nom de la mondialisation et de la modernité. De même que la gentrification du littoral marin : « On peut acter, précise-t-il, la fin programmée de la présence populaire près des bords de mer. » Et de pointer, en prime, l'auto-enfermement social des métropoles, lieux de décisions, dont sont exclus les plus modestes que l'on a « volontairement » éloignés des espaces « où ça se passe ! » ; ainsi que le confinement de ceux d'en haut dans leurs citadelles métropolitaines, comme dans leurs citadelles culturelles, au prix d'un déclassement intellectuel méprisant de ceux d'en bas.

Comment en est-on arrivé là ? Du fait, martèle Guilluy, que les élites ont abandonné les gens ordinaires – « nous sommes la seule partie du monde où celles-ci, les élites, ont fait sécession » –, au point qu'elles ne cessent de déconsidérer, à travers un discours partagé par la gauche et par la droite classique, ceux qui font vivre concrètement la nation et l'Occident.

Seule la droite lepénisto-populiste échappe à cette mise en cause.

On remarquera que cette « exemplarité » de la France paraîtra assez étrange à qui connaît les États-Unis, le Chili ou le Royaume-Uni.

Analyse forte et, dans une certaine mesure, lucide. Mais ce néo-marxisme apparent (plutôt un gaucho-droitisme) passe volontairement à côté du processus propre à la logique économique libérale pour se focaliser sur la lourde responsabilité d'une entité abstraite, liquide, indéfinissable, transcendant tout caractère de classe, mais pratique : les élites ! Concept à la fois parlant et fourre-tout qui permet d'opposer un peuple potentiellement Gilets jaunes et votant majoritairement Rassemblement national à une nébuleuse de profiteurs et d'oppresseurs au sein de laquelle la grande bourgeoisie, les rois de la finance, des néolibéraux et des conservateurs indéterminés, cohabitent, en toute complicité, avec, selon lui, les caciques socialistes, les intellectuels gaucho-libertaires et les dirigeants syndicaux. Néo-marxisme, débordant en apparence, l'archéo-marxisme sur sa gauche mais réancré à droite, voire à l'extrême droite, ce que la presse conservatrice a bien compris puisqu'elle a fait (FigaroVox en pointe)un triomphe à cette analyse.

Pour justifier la radicale nouveauté de ce qu'il dénonce (et qui ne serait donc pas inhérent à un capitalisme débridé), Guilluy ne recule pas devant un caricatural « c'était mieux avant ». Ainsi, affirme-t-il, dans une interview au *Figaro* : « Après la dernière guerre avait émergé une classe moyenne majoritaire dans laquelle se reconnaissaient les ouvriers, les employés comme les paysans, ainsi que les cadres supérieurs. À l'époque, on ne se posait pas la question de la mixité sociale puisqu'on était intégré économiquement, mais aussi politiquement et donc culturellement. Ce qu'on appelle l'élite était alors au service de la majorité. »

Ceux qui, comme moi, ont vécu cette période en seront estomaqués.

(Les chiffres de la fraction populaire accédant alors à l'enseignement universitaire sont, à cet égard, assez éloquents. Et aussi celui des femmes occupant des postes à responsabilité.)

Faut-il rappeler que la « France périphérique », chère à Christophe Guilluy, en 1849, comme en 1871, s'opposait déjà si massivement au « progressisme républicain », que la gauche dénonçait avec mépris les « ruraux » qui, dans son esprit, s'apparentaient à la droite réactionnaire ?

C'est, en outre, à la fin du XIXe siècle - le processus libéral du marché foncier et immobilier aidant - que la ségrégation sociale par étage se métamorphosa en ségrégation sociale dans l'espace. Mais de façon duale, car si une périphérie se paupérisa, une autre devint le refuge des classes moyennes supérieures.

En réalité, les inégalités s'étant accentuées (résultat mécanique, en effet, de la logique néolibérale), ce sont les faubourgs et les banlieues des grandes métropoles qui se sont paupérisées le plus évidemment et sont, en effet, victimes d'une forme de dépossession. Mais la prégnance, dans ces périphéries-là, d'une population issue de l'immigration fait que cela ne rentre pas dans le schéma de la description guilluyiste, pas plus que le fait que le Luberon ou Saint-Tropez, par exemple, aient voté lepéniste.

Ce qui dérange le discours, souvent très éclairant, de Guilluy, c'est la dimension non prise en compte de la complexité. Ce qui entrava, également, les formidables avancées de la perspective marxiste. Le binarisme induit nécessairement une certaine violence faite au réel.

Binarisme économico-social devenu (fait nouveau donc) implacable ? En réalité, aucune élection récente n'a atteint le degré de partition sociologique qui caractérisa les scrutins de 1979 ou de 1981, ou même de 1936 et de 1956 !

Le phénomène, en revanche, que Guilluy constate avec raison, c'est le basculement de l'ancien vote communiste vers le vote lepéniste et la communautarisation de l'ancien vote populaire des banlieues.

L'un des initiateurs de ce néo-marxisme passé à la droite populiste, Jean-Claude Michéa (dont la pensée a plus marqué notre époque qu'on ne le croit), n'a pas hésité, dans une interview accordée au *Figaro* (leur journal de classe ?), pour défendre les courses de taureaux contre l'attitude « néocoloniale » (*sic*) de leurs adversaires, à déclarer : « L'actuelle croisade contre les corridas vise à éradiquer tous les obstacles culturels au développement (capitaliste), sans la moindre limite morale, comme l'écrivait Karl Marx. En invoquant le marché uniformisateur, cette croisade ne constitue que la première étape d'un processus néolibéral visant à déconstruire toutes les formes de culture populaire. Il s'agit d'une croisade de classe. Les élites bourgeoises n'hésitent jamais à instrumentaliser les différences (pro et anti-corrida) dans le but d'invisibiliser les antagonismes de classes réels sur lesquels repose la société capitaliste. La société "inclusive", synonyme aujourd'hui de libéralisme intégral, doit désormais être conçue sur le modèle des campus de l'Amérique "woke", comme un immense parc Disney. Le grand historien marxiste anglais, E. P. Thompson, a effectivement mis en lumière - comme Antonio Gramsci avant lui - le rôle déterminant que jouent la plupart des traditions populaires (hier, les combats de gladiateurs ?) dans la résistance des "gens ordinaires" à l'uniformisation capitaliste de leur vie quotidienne par le droit et le marché. » Même dans *L'Humanité* on n'ose plus !

Michéa ne recule même pas devant cette saillie : « Un torero risque sa vie chaque fois qu'il affronte un taureau. Klaus Barbie, lui, ne risquait rien chaque fois qu'il torturait Jean Moulin. »

Typique également de ce retour en force, mais à droite ou à l'extrême droite, d'une analyse néo-marxiste dans sa version la plus « hard » fut une longue interview du très réactionnaire Pierre Vermeren, lui aussi habitué des colonnes du *Figaro* (et plus Le Pen que Macron ou Mélenchon), que publia le magazine, rien moins que gauchiste, *Causeur* !

Quelques expressions relevées au passage : « bloc bourgeois », « agent de la bourgeoisie », « intellectuel bourgeois », « vendu à la bourgeoisie », « presse bourgeoise ». Même *Rouge* n'en était plus là. Depuis longtemps.

« La bourgeoisie, écrivait l'auteur, ne s'embarrasse plus de la moindre considération idéologique ou intellectuelle. Elle n'est plus patriote. N'a-t-elle pas collaboré sans vergogne avec les nazis ? Elle ne défend que ses intérêts. Elle ne rencontre jamais les gens de condition modeste. Même dans le train. Le réseau ferroviaire libéralisé a été soigneusement segmenté pour que les classes sociales ne se croisent plus. Déchristianisée, la bourgeoisie s'est même libérée de son devoir de charité... Elle est mue par une violence animale que plus aucune morale sociale individuelle ou collective ne retient. »

Notre Parti communiste, tout à ses délires staliniens des années 1950, soutenait que, malgré toutes les réformes sociales de 1936 ou de 1945, la classe ouvrière connaissait un processus irréversible de « paupérisation absolue ». Or, Pierre Vermeren recyclait sans vergogne cette thèse : « Trente ou quarante millions de Français modestes (60 %), autrement dit appelés "classe populaire", voient leurs conditions d'existence se dégrader depuis trente ans. »

Certes, hier, des pauvres, des travailleurs, des petits salariés, votaient parfois à droite et, surtout, à l'extrême droite. Les marxistes stalinisés avançaient l'explication selon laquelle existait un « lumpenprolétariat » qui, vivant en marge de la délinquance, était dépourvu de toute conscience de classe. Notre Pierre Vermeren reprenait très exactement cette thèse, mais en l'inversant : il y a, aujourd'hui encore, selon lui, une fraction du peuple qui ne vote pas Le Pen (elle a même voté Macron au deuxième tour de la présidentielle), mais il s'agit d'un nouveau lumpenprolétariat - les immigrés - vivant lui aussi au seuil de la délinquance et qui fournit à la bourgeoisie son « peuple préféré ». « Au vrai peuple, insistait-il, les bourgeois possédants préfèrent les travailleurs importés, exploités ou sous-payés, plutôt que de rémunérer décemment des travaux d'ouvriers nationaux et feignent, ensuite, protégés dans leurs beaux appartements, bercés par leurs journaux - *Le Monde* -, de défendre ces immigrés pour justifier leurs hauts revenus. » Colossale finesse !

Pourquoi, précisait-il, tant d'intellectuels ont-ils appelé à faire barrage à Marine Le Pen ? « Par refus de se désolidariser de leur classe, la bourgeoisie. » Seule exception, selon lui : Emmanuel Todd, Christophe Guilluy et Michel Onfray.

Qui aurait imaginé que l'influence marxiste, sous la forme d'un binarisme sociologique aussi primaire, aurait laissé dans les esprits une telle empreinte qu'elle ressurgirait tout armée, mais cette fois dans les têtes d'ultraconservateurs ?

Sans doute cette appréhension de la réalité politico-sociale charrie-t-elle quelques notations justes ? Il est incontestable que le vote Le Pen, contrairement au vote Zemmour ou LR, est d'essence presque aussi intrinsèquement populaire qu'hier le vote communiste. Il a réuni, ce vote dit « d'extrême droite », une majorité relative d'ouvriers et d'employés, quand le choix Mélenchon unifiait, lui, des suffrages immigrés et petits bourgeois urbains.

Extraordinaire basculement cependant. Au moment où, à l'extrême gauche, on récupérait des concepts jusqu'ici étiquetés « réactionnaires » (racialisme, tribalisme, cléricalisme, anti-universalisme), où l'on recyclait des méthodes jugées hier « fascisantes », on voyait se développer, à droite et surtout à l'extrême droite, en matière idéologique et sociologique, cette même bipolarité sociale implacablement réductrice qui avait fini par rendre le marxisme fou.

On pourrait même élargir ce constat : une large partie de la droite n'eut-elle pas tendance, comme s'y laissa aller, en son temps, l'extrême gauche communiste, à assimiler tout ce qui ne tournait pas comme elle le souhaitait (ainsi l'échec de la candidature Fillon à l'élection présidentielle de 2017) à l'existence d'un complot concocté par un fantomatique « cabinet noir » ?

Que nous disait alors, et nous dit encore, une partie de cette droite newlook ? Que l'enseignement de l'histoire devrait se résumer à la promotion d'un « roman national » : d'un roman !

Comme en Union soviétique.

Qu'au nom d'une « culture française » identitaire, il convenait de bannir tout « multiculturalisme », concept répulsif mis alors à toutes les sauces. Exactement ce que les staliniens qualifiaient de « cosmopolitisme ».

Donc, comme en Union soviétique.

Qu'il fallait même, selon certains, réimposer le port d'un uniforme à l'école.

Comme en Union soviétique.

Le néo-marxisme de droite est, au fond, le pendant d'un néolibéralisme de gauche, voire d'un néofascisme d'extrême gauche. C'est d'ailleurs celui-ci qui a déterminé l'émergence de celui-là.

Chapitre 9

Ça vient de sortir : la gauche réac

Qui l'eût cru ? On s'en prend à des œuvres d'art, on récuse la légitimité des résultats d'une élection démocratique ; on provoque l'arrêt d'une représentation théâtrale ; on fait interdire, sous la menace, la tenue de conférences ; on s'oppose, par la violence, à toute expression d'une présumée « mal-pensance » ; on diabolise et on met hors la loi la contradiction ; on exige, et on obtient, l'arrêt de la publication d'un livre ; on transforme l'hémicycle d'un Parlement élu dans un cadre républicain en arène de gladiateurs qui s'affrontent à coups d'invectives ; on recentralise la notion de race, on recriminalise le blasphème ; on récuse l'universalisme...

Devinette : on est d'extrême droite ?

Non, on est d'extrême gauche.

D'un côté, dans l'espace traditionnellement occupé par la droite, c'est une idéologie objectivement néofasciste mais récupérant des séquences entières de la vieille logomachie d'extrême gauche qui tend de plus en plus à l'affirmer ; et, de l'autre côté, dans l'espace tout aussi traditionnellement dévolu à la tendance « progressiste », c'est une gauche réac, recyclant ce qui caractérisait jusqu'ici la droite la plus réactionnaire, qui est en train de s'imposer. Au point que, dans un petit ouvrage collectif cosigné par l'écologiste d'extrême gauche Sandrine Rousseau, on en appelle à répudier la « philosophie des Lumières » et (comme les intégristes) à rompre avec « la théorie de l'évolution », à rejeter les apports d'un Buffon, d'un Lamarck ou d'un Darwin.

Extrême droite néo-marxiste, extrême gauche néo-cléricale ? C'est ici qu'on fulmine contre « les élites bourgeoises ». C'est là qu'on dénonce les « laïcards ».

Illustration : une petite foule se rassemble devant l'hôtel de ville de Paris, municipalité écolo-communisto-socialiste, que les pancartes brandies par les manifestantes (et tants) dénoncent comme un « pédoland ». Vous avez bien lu !

Imaginons un visiteur martien assistant à cette démonstration : il ne douterait pas un instant qu'il s'agit d'une initiative de l'extrême droite. Et même de l'aile dure de l'extrême droite, car Marine Le Pen, elle, n'aurait pas osé : les médias progressistes la cloueraient au pilori et la renverraient aux campagnes pétainistes dirigées contre le « pédophile André Gide », le « démoralisateur de notre jeunesse ».

Or, pas du tout. C'était l'extrême gauche féministo-écologiste qui manifestait.

Une cohorte qui envahit le siège d'un grand syndicat de salariés, la CFDT, et bouscule les permanents présents ? L'extrême droite ? Non, l'extrême gauche. Des menaces, ou même des voies de fait, contre des députés accusés de ne pas avoir voté comme il convient ? L'extrême droite ? Non, l'extrême gauche. Et l'injure en guise d'argument, la représentation nationale bafouée, la démocratie représentative piétinée ?

Une bande de furieux qui prend quasiment d'assaut la mairie de gauche socialiste de Saint-Denis, bouscule et frappe les élus ? L'extrême droite ? Non, l'extrême gauche.

Quand un élu parisien, pour mieux s'en prendre au Tour de France, stigmatise les « chômeurs affalés dans leur canapé à qui on vend du rêve », des abrutis, donc, « qui regardent des types qui ne gagnent que parce qu'ils sont dopés », on ne doute pas que l'auteur de la saillie soit un grand bourgeois élitiste qui exhibe son mépris de classe. Eh bien non : il s'agit d'un certain Jacques Boutault, écologiste, maire adjoint d'Anne Hidalgo. Hier, les réactionnaires intégristes dressaient un tableau effrayant d'une société qui tolérait l'homosexualité. Aujourd'hui, la militante lesbienne Alice Coffin, élue écologiste de Paris, écrit : « Les hommes, la masculinité sont une menace immense pour la sécurité du pays. » Elle en tire la conséquence : « Je ne lis plus les livres des hommes, je ne regarde plus leurs films, je n'écoute plus leurs musiques. Les œuvres des hommes sont le prolongement du système. Il ne suffit pas de nous entraider, il faut les éliminer. »

Remplaçons homme par « juif », « arabe », « allemand » ou « nain ».

Le journaliste et écrivain Guy Konopnicki publia, en 2020, un petit livre tonique, dérangeant, dont aucun grand média ne parla puisqu'il interpellait cruellement la gauche au nom des valeurs de gauche (ou, plutôt, qui furent de gauche). L'ouvrage s'intitulait *Il est toujours interdit d'interdire*. Que constatait-il ? Que les censures se multipliaient, que les listes noires se dressaient, que les interdits se mettaient au service des intolérances, qu'on anathémisait, qu'on excommuniait, que l'on appelait à bâillonner, à effacer, à exclure. Ce n'était pas nouveau. On manifesta naguère pour empêcher la représentation de la pièce de Jean Genet *Les Paravents*, la projection des films *La Bataille d'Alger* ou *La Religieuse* d'après le roman de Diderot. On fit interdire d'antenne aussi bien *Gare au gorille* de Brassens que *Le Déserteur* de Boris Vian. On fit voiler le tableau *L'Origine du monde* de Courbet. Un siècle plus tôt, on déchaîna les foudres de la justice contre *Madame Bovary* de Flaubert ou *Les Fleurs du mal* de Baudelaire.

D'où venaient ces coups ? De la droite intolérante, réactionnaire, cléricale. Toujours.

Or, remarquait Konopnicki, qui a tenté d'empêcher la diffusion du film *J'accuse* de Polanski ? Qui a terrorisé un éditeur pour lui interdire de publier les mémoires de Woody Allen ? Qui a forcé une université à annuler une conférence de la philosophe Sylviane Agacinski, l'épouse de Lionel Jospin ? Une autre parce qu'elle abordait, de façon non « progressistement » orthodoxe, la question des « transgenres » ? Une troisième, parce qu'elle se proposait de critiquer l'usage de l'écriture « inclusive » ? Qui empêcha la représentation, à la Sorbonne, d'une pièce d'Eschyle pour cause de mise en scène incorrecte ? Qui força François Hollande à renoncer à une causerie sur la démocratie ? Des réacs ? Des catholiques intégristes ? Ça, c'était hier. Non... des lobbies, des groupes ou groupuscules se réclamant de l'extrême gauche. Terrorisme intellectuel totalement assumé.

On aurait pu ajouter qu'un célèbre acteur ayant été accusé par sa fille, mais ayant été judiciairement innocenté, a été sommé d'arrêter la représentation du spectacle qu'il interprétait et qui contenait un hommage... à Gisèle Halimi !

C'est un certain Geoffroy de Lagasnerie, philosophe-sociologue d'extrême gauche de son état, longuement interviewé sur France Inter, qui déclara : « Je suis contre le paradigme du débat et je l'assume. Il faut rétablir la censure dans l'espace public pour que les idées justes prennent le pouvoir sur les idées injustes. »

Les ex-gardiens intransigeants du dogme, qui faisaient brûler sur les marches du parlement de Paris des œuvres mal-pensantes, ne disaient pas autre chose.

Une autre idole de la gauche réac, Édouard Louis, avait d'ailleurs précédemment proclamé : il n'y a pas de débat admissible avec ceux qui pensent mal. En fonction de quoi, il avait tenté de faire annuler la conférence inaugurale de Marcel Gauchet aux « Rendez-vous de l'Histoire » de Blois.

Jusqu'alors, qu'est-ce qui caractérisait la rhétorique de la droite la plus rétrograde ? L'obsession discriminante de la race, de la croyance, du genre. « De quel droit de l'homme parlez-vous ? » interrogeait le contre-révolutionnaire ultra Joseph de Maistre. « Je ne vois pas d'homme en général, expliquait-il, mais des êtres définis par leur nationalité, leur morphologie, leur confession, leurs traditions, leur langue, leur couleur de peau. » « Un Blanc, un Noir, un Africain, un Russe, mais un homme je ne sais pas ce que c'est ! »

En 2021, un élu de Saint-Denis, ville de la région parisienne, lui fit en quelque sorte écho : « Qu'on ne me bassine plus avec l'universalisme ! » Et l'un de ses camarades de renchérir, en ne voyant dans cet « universalisme-là » qu'une « vieille lune abstraite ». Et ringarde.

En l'occurrence, ces deux personnages se réclamaient de l'extrême gauche mélenchoniste.

Ce fut d'ailleurs un militant d'extrême gauche martiniquais, Louis-Georges Tin, qui publia à cette époque un pamphlet, *Les Impostures de l'universalisme*, dans lequel il s'en prenait aux organisations « antiracistes de papa », celles qui, précisément, refusaient toute segmentation dans le rejet de la discrimination raciale.

Traumatisante nouveauté : désormais c'était une large fraction de la gauche radicale qui, au détriment de l'universel, du commun, centralisait, absolutisait même, « la race » (mot jusqu'alors tabou à gauche), la pigmentation, la religion, le genre, la tradition, l'ethnie. « L'humanité » : le mot devenait tabou, Jaurès dût-il se retourner dans sa tombe. La personne, l'individu s'épuisaient dans l'exaltation de leurs composantes ethniques, sociales, religieuses, linguistiques ou sexuelles. Non plus : « vous êtes qui ? », mais : « vous êtes quoi ? »

Un « indigéniste », maître de conférences à l'université de Tours, mit les points sur les i : « Un homme blanc ne peut pas incarner l'antiracisme et ne peut pas avoir raison contre une femme noire ou arabe. » Au-delà de l'idiotie du propos, ce fut au nom de ce prérequis terrifiant que fut déboulonnée la statue de Victor Schœlcher, le militant démocrate républicain exemplaire qui arracha, en 1848, l'abolition de l'esclavage : il était blanc ! Comme Victor Hugo, dont on détruisit une plaque d'hommage. Le ségrégationniste américain, lui, clamait qu'un Noir ne pouvait pas avoir raison contre une femme blanche !

Un intellectuel américain, Adolph L. Reed Jr., partisan du sénateur Bernie Sanders, le seul sénateur américain de tendance ouvertement socialiste, se vit ostraciser et exclure par les siens, parce qu'il avait osé mettre en garde contre un ensevelissement de la question sociale sous la question raciale. Il était raciste !

Alexandre Dumas avait été, naguère, ramené, dans un journal de gauche, à son métissage apparemment plus essentiel que son talent de romancier. Or, voilà qu'Arthur Rimbaud et Verlaine étaient ramenés, eux, à leur courte aventure homosexuelle plus déterminante que leur apport poétique !

Dans *Le Monde*, une historienne d'extrême gauche, Aurélia Michel, écrivait : « Les identitaires, les racialistes, les indigénistes ne revendiquent rien d'autre que la pleine réalisation de l'universalisme ! » Et ce n'était pas de l'humour. C'était cependant la figure emblématique de ces « indigénistes identitaires et racialistes », Houria Bouteldja, défendue par toute une fraction de l'extrême gauche, qui, reprenant à son compte la formule de Jean-Marie Le Pen, affirmait, dans un livre, à côté de considérations limites sur « les juifs », qu'au-dessus de l'humanité, au-dessus de la patrie, de l'appartenance sociale, elle plaçait « sa race et sa croyance, l'islam, son clan, l'Algérie, son quartier, sa famille ».

Simple ambiguïté ? Non. Cette héroïne d'une fraction de l'extrême gauche mettait les points sur les i... Elle se réclamait de Jean-Paul Sartre, mais seulement dans la mesure où il avait été « traître à sa race ! » Et de Jean Genet. Pourquoi ? Parce que lui, au moins, « se foutait d'Hitler ». D'ailleurs, précisait-elle, pour s'en féliciter, « dans les pays du Sud, la Shoah est moins qu'un détail ! » Le féminisme ? « Il fait partie des phénomènes européens exportés. » En Iran ? L'homophobie ? « Nos hommes à nous ne sont pas des PD. » Trucs, de toute façon, de « démocrates blancs ». La laïcité ? « Détournons Descartes, échappons à la dictature de la raison blanche. Répétons “Allah Akbar”. »

Propos délirants ? Mais fut publiée une pétition de soutien d'intellectuels d'extrême gauche, dont le prix Nobel Annie Ernaux, à cette grande figure de l'indigénisme. Mais, à l'université Paris VIII, fut organisé un colloque consacré au post-impérialisme. Cette manifestation était « non accessible aux Blancs » et un stage prévu en province par la même mouvance affichait une semblable exclusion : « Pas de Blancs ! »

Il se trouva alors un sociologue « d'extrême gauche », Éric Fassin, une caricature ambulante (s'il était de droite même *Valeurs actuelles* prendrait ses distances) pour lancer une pétition en faveur « du droit à la non-mixité ».

Le parallélisme est frappant : à une idéologie d'exclusion, portée par l'extrême droite, et aussi par une partie de la droite, répond une contre-idéologie d'exclusion qui fascine et séduit de plus en plus toute une fraction de l'extrême gauche. Ethnicisme contre ethnicisme, néoracisme contre racisme, ostracisme contre ostracisme.

Le syndicat Sud de la Seine-Saint-Denis, soutenu par toute une palanquée de sociologues et bénéficiant de l'indulgence d'un journal comme *Libération*, organisa, lui aussi, des stages non mixtes (de femmes à l'exclusion des hommes, mais aussi de Noirs à l'exclusion des Blancs), arguant du fait, à propos de tels rassemblements, que toute acceptation de la diversité sexuelle, ethnique ou religieuse étoufferait la possibilité d'exprimer son ressenti d'opprimé ou de discriminé.

On peut légitiment s'interroger : en quoi la dénonciation du racisme en s'enfermant entre soi, de façon monoethnique, sans la moindre esquisse d'ouverture à l'autre, serait-elle plus efficace que le même combat mené de manière ouverte, de façon à entraîner l'adhésion d'une diversité d'« inclus » dans la lutte contre l'exclusion, d'une majorité de « différents » dans la lutte pour le respect de toutes les différences ?

Une certaine extrême gauche en arriverait-elle à préconiser une forme d'apartheid inversé ? Interrogeons-nous : si, dans une ville, dans un espace, où les Français dits « de souche » sont désormais minoritaires, l'extrême droite organisait des réunions non mixtes, interdites aux Noirs ou aux Arabes, pour permettre aux Blancs, aux « petits Blancs » comme on dit, de rester entre eux pour mieux exprimer leur ressenti d'opprimés, comment réagirait la gauche et l'extrême gauche ?

Jeux redoutables. Pour tenter de détourner les pauvres de toutes revendications sociales on a également racialisé les riches en les identifiant aux juifs. Or, c'est très exactement ce à quoi s'est laissé aller Gérard Filoche, issu de la gauche socialiste, ex-trotskiste, en osant l'assimilation « Macron = riches = juifs ». Ou d'autres à l'extrême gauche : « La bourgeoisie est une race ! » Et le sexe aussi, à lire Sandrine Rousseau.

Ainsi en arrive-t-on à un inconcevable cul par-dessus tête : hier, certains, à la gauche de la gauche, nous expliquaient que l'humanité était unique et que le racisme commençait avec la reconnaissance de la moindre différence en son sein (alors que l'antiracisme consiste, au contraire, à valoriser, au sein d'une unicité ontologique, la richesse des différences). Or, les mêmes, aujourd'hui, en viennent à récuser tout concept d'humanité unifiée, d'universalité de la nature humaine, pour nous décrire un monde où la guerre du « tous contre tous » implique l'absolue dominance de l'antagonisme fondamental entre sexes, entre races ou ethnies, entre religions, entre cultures, entre positions sociales, entre générations.

Haine de l'autre systématiquement racialisé. Pardon, racisé !

Jusqu'ici, la pensée réactionnaire c'était ça.

À Paris, lors d'une manifestation initiée par le comité « Adama Traoré », proche de l'extrême gauche, des policiers noirs furent traités de traîtres. « Traîtres », pourquoi ? Parce que, noirs, ils s'étaient mis au service de la

République. Comme, sans doute, Dreyfus était potentiellement un « traître » parce que, juif, il s'était mis au service de l'armée de la République.

La laïcité constitua longtemps le ciment de l'affirmation d'une gauche républicaine. Mais voilà qu'une fraction radicalisée de cette gauche qui reprenait à son compte le terme péjoratif de « laïcard » qu'affectionnaient tant les conservateurs cléricaux (les maurrassiens en particulier), dénonçait, dans cette laïcité, une machine à opprimer la population musulmane, exactement comme les cléricaux dénonçaient, dans les lois de Jules Ferry, une machine à opprimer la population catholique. Une présidente d'association, proche des mouvances islamistes, à qui le maire PS de Bagnolet, Tony di Martino, avait loué 1 000 m^2 dans la Maison de l'écologie populaire, avait franchement répliqué à ses détracteurs : « Je m'en bats les reins dc votre laïcité ! »

Hier, on raillait les bigotes qui exhibaient des crucifix en guise de collier. On vit le parti trotskiste, le NPA, défiler en plaçant en tête de cortège trois rangées de femmes voilées.

Une famille musulmane d'origine bosniaque avait-elle rasé et battu l'une de ses filles, parce qu'elle fréquentait un chrétien qu'un élu, ex-macroniste rallié à la gauche écologisto-radicale, Aurélien Taché, qualifia de « stigmatisation coupable » le fait de dénoncer un tel acte.

Manifestation flagrante, en vérité, de paternalisme néocolonialiste : il y a des principes auxquels catholiques, protestants, juifs, bouddhistes furent sommés de se soumettre au nom de la laïcité et des valeurs républicaines. Et ils s'y soumirent. De plus ou moins bonne grâce. Mais les musulmans, en quelque sorte, ne seraient pas à niveau ; leur capacité intellectuelle à s'émanciper d'une dogmatique confessionnelle serait moindre. Comme à des enfants on ne saurait donc leur imposer les règles qui valent pour les adultes. Racisme larvé. De même, aux Noirs africains, certains, croyant bien faire, parlaient « petit nègre » !

N'est-ce pas, pourtant, dans des pays arabes que le plus de citoyens musulmans sont morts héroïquement pour avoir défendu jusqu'au bout des valeurs de la laïcité ?

Après la décapitation du professeur Samuel Paty, on n'hésita pas, à l'extrême gauche, à imputer de telles dérives délinquantes et terroristes à une forme de déterminisme social. (On ne savait pas que Ben Laden était pauvre ?) Ce qui renvoyait, en fait, au concept ultradroitier de « classe dangereuse » cher à la grande bourgeoisie réactionnaire de la fin du XIXe siècle. Criminel parce que fils du peuple ! En conséquence, et logiquement, on incrimina, non pas l'emprise d'une idéologie régressive et fascisante, mais l'État (de quoi enchanter les ultralibéraux), qui aurait « volontairement » ghettoïsé les quartiers. L'État ! La perversité ségrégationniste de la logique néocapitaliste en matière foncière et immobilière n'y était donc pour rien. On en vint même presque à criminaliser la politique de développement de grands ensembles HLM menée, en particulier, par des municipalités communistes. Lesquelles, en prime, on accusa, à tort, d'avoir délaissé les infrastructures collectives (seule cause de la délinquance, comme chacun sait !).

En quoi, au demeurant, les tueurs de *Charlie Hebdo*, du Bataclan, de Conflans-Sainte-Honorine, venus de pays étrangers (ou présents en France depuis deux mois seulement), étaient-ils des enfants d'une ségrégation imposée par l'État dans nos banlieues ?

C'est encore sous l'influence de certaines mouvances d'extrême gauche qu'on rejeta le principe même de démocratie représentative articulée à des élections pluralistes et libres pour y substituer la méthode du tirage au sort (un tirage au sort qui, bizarrement, exclut ceux qui ne pensent pas comme vous), voire le plébiscite permanent (revendication traditionnelle de l'extrême droite) ; qu'on imputa à la République, voire à la démocratie, tous les crimes commis depuis des siècles en violation des valeurs et des principes de la République et de la démocratie ; qu'on diabolisa, au-delà de la campagne contre la 5G (sans même prendre en compte ce qu'elle pouvait apporter en matière d'économie d'énergie), l'idée même de « progrès » quitte à s'opposer au projet de ligne TGV Lyon-Turin, alors qu'on exigeait, par ailleurs, pour des raisons écologiques justifiées, une réduction drastique de la circulation automobile au profit du chemin de fer ; qu'on réinventa des versions pseudo-progressistes du maccarthysme en justifiant cette forme de lynchage qui consistait à « effacer », à anéantir, celles et ceux qui ne pensent pas selon la norme : vos opinions me dérangent, je vous dénie le droit à l'existence.

Mutation sidérante : le néo-racialisme a basculé à gauche ou à l'extrême gauche. Le néo-ethnicisme, le néo-cléricalisme, le néo-clanisme, le néo-maccarthysme sont devenus des composantes d'une certaine gauche ou d'une certaine extrême gauche. C'est à l'extrême gauche qu'on propose de larguer la démocratie représentative au profit d'une très bonapartiste démocratie plébiscitaire ; qu'on en arrive à quasiment criminaliser les rejets, fussent-ils de tonalité voltairienne ou hugolienne, des dogmatismes religieux (islamophobes ! christianophobes !), sans jamais s'émouvoir de la barbarie des répressions « athéophobes » ! Hier, on n'hésita pas à tendre la main aux Frères musulmans rhabillés en « islamistes modérés » ! Type de l'« islamisme modéré », donc, le penseur des Frères musulmans, le prêcheur vedette d'Al Jazeera, Youssef al-Qardaoui, qui déclarait, en 1999 : « Tout au long de l'histoire, Allah a imposé aux juifs des personnes qui les punissaient. Le premier châtiment a été administré par Hitler. Avec tout ce qu'il leur a fait (les juifs l'ont exagéré), il a réussi à les remettre à leur place. Châtiment divin. Si Allah le veut, la prochaine fois, ce sera par les mains des croyants. »

La « cancel culture », cette exacerbation de l'intolérance ? La chercheuse Laure Murat, dans *Le Monde*, la justifia en ces termes : « Il s'agit de renverser la vapeur. Maintenant, ce sont les agresseurs qui sont effacés ! » Aveu troublant : ainsi, pour renverser la vapeur, il faudrait opposer au fascisme de droite un fascisme de gauche, brûler les mauvais livres pour répondre à ceux qui brûlaient les bons livres, pratiquer l'Inquisition, bûcher compris, contre les ex-inquisiteurs ? Telle fut la justification des éradications staliniennes.

En 2021, le philosophe d'extrême gauche Giorgio Agamben, disciple de Michel Foucault, dit-on, écrivit : « L'épisode du coronavirus a été inventé comme prétexte idéal pour mettre en place des mesures liberticides au-delà de toutes limites. » Bien sûr : la grippe espagnole fut une invention juive en punition de l'affaire Dreyfus.

Finalement, ce fut exactement la position de Donald Trump et de toutes les extrêmes droites.

L'une des figures emblématiques de cette nouvelle gauche anarcho-radicale est Virginie Despentes. Au lendemain de la tuerie de *Charlie Hebdo*, qui vit des fanatiques (non pas des « barbares », mais des fanatiques) abattre, au nom de Dieu et du Prophète, douze personnes dont huit agnostiques de gauche, elle écrivit ces lignes qui, hélas, ne manquaient pas de musculature dans leur délire : « J'ai aimé aussi les gars qui entrent avec leurs armes. Ceux qui venaient de s'acheter une kalachnikov au marché noir et avaient décidé, à leur façon, la seule qui leur soit accessible, de mourir debout plutôt que vivre à genoux. J'ai aimé aussi ceux-là qui ont fait lever leurs victimes en leur demandant de décliner leur identité avant de viser au visage. J'ai aimé aussi leur désespoir. Leur façon de dire - vous ne voulez pas de moi, vous ne voulez pas me voir, vous pensez que je vais vivre ma vie accroupi dans un ghetto en supportant votre hostilité sans venir gêner votre semaine de shopping soldes ou votre partie de golf... Je les ai aimés dans leur maladresse - quand je les ai vus, armes à la main, semer la terreur en hurlant "on a vengé le Prophète" et ne pas trouver le ton juste pour le dire. Jusque dans leur acte héroïque, il y avait quelque chose qui ne réussissait pas. Il y a eu deux jours comme ça de choc tellement intense que j'ai plané dans un amour de tous - dans un rayon puissant. »

Une députée Insoumise, Danièle Obono, mettait, elle, en parallèle - et en équivalence - le massacre des journalistes de *Charlie Hebdo*, « qu'elle ne pleurait pas » et les mesures judiciaires contre l'antisémitisme de Dieudonné !

On a connu des tribuns de gauche (Jacques Doriot), des politiques de gauche (Alexandre Millerand), des intellectuels de gauche (André Glucksmann) passant clairement à droite. Des maoïstes devenant des idéologues du patronat. Mais des activistes d'extrême gauche restant à l'extrême gauche tout en devenant franchement réacs, c'est nouveau.

Philippe Lançon, l'un des rescapés du massacre de *Charlie Hebdo* et auteur du magistral livre *Le Lambeau*, tira de toutes ces démences dialectiques cette conclusion, en citant la façon dont l'*Encyclopædia Universalis* résume un chef-d'œuvre de Dostoïevski *Les Possédés* : « Tableau d'une société que ses vices et sa lâcheté ont désarmée, mise à mal, par des révolutionnaires dont la troupe est formée d'imbéciles et de fanatiques, dont les chefs ne sont pas guidés par une doctrine mais par une volonté de détruire. »

****

Il eût sans doute été possible d'enrayer à temps cette redoutable dérive, dont le basculement de millions de Français vers l'extrême droite fut l'une des conséquences. Encore eût-il fallu que les médias de gauche s'y essayassent. C'était leur devoir.

Or, un phénomène « délétère », comme on dit aujourd'hui à tout bout de champ, l'aggrava au contraire, cette dérive. Des intellectuels issus de l'espace progressiste, et non des moindres, tirèrent la sonnette d'alarme. Mais, ayant de plus en plus de mal à s'exprimer dans les médias dont ils étaient *a priori* les plus proches, en étant même régulièrement exclus, ils furent accueillis à bras ouverts par la presse de droite. Ils résistèrent un temps. Mais, peu à peu, confrontés à cet ostracisme d'un côté, et à cette récupération de l'autre et à ces flatteries, ils se droitisèrent. Quelques-uns (ou quelques-unes) de plus en plus. Et, véritable tragédie, ils devinrent alors inaudibles à gauche.

Dramatiques conséquences.

Troisième partie

La hantise des années 1930...

Des extrêmes droites à 32 %, sinon plus ? Mais non ! Ce n'est pas l'extrême droite. D'ailleurs, il n'y a pas d'extrême droite. Rien non plus qui s'apparente, de près ou de loin, à une forme de néofascisme. Il faut être Joe Biden et américain pour oser dénoncer le « semi-fascisme » de Donald Trump. C'est un fantasme ! Même l'excellent Éric Zemmour se risquant à une réhabilitation claire et franche du maréchal Pétain n'est nullement d'extrême droite. Des internautes peuvent, par milliers, en appeler à un coup d'État militaire, à un nouveau Pinochet, à un nouveau Franco ; *Valeurs actuelles* ou CNews peuvent, en comparaison de leurs diatribes en boucle, faire apparaître Marine Le Pen comme une centriste molle ; les groupuscules de barjots suprémacistes, voire néonazis, peuvent se multiplier... l'extrémisme de droite n'existe pas ! Tel est le leitmotiv que file, entre autres, de chroniques en diatribes audiovisuelles, le sociologue québécois Mathieu Bock-Côté, qui, en quelque sorte, finit par se nier en niant répétitivement la réalité de ce qu'il représente. « Nationaliste », « national conservateur » ou, pire, « national populiste » : on veut bien (comme si les autres mouvances, y compris la droite LR, n'était pas « nationale ! »), mais « extrême droite », tabou ! Certains journaux ont interdit d'employer l'expression.

Vieille ruse. Comment se désignait, déjà, l'extrême droite d'avant guerre ? On invoquait les « nationaux », le « camp national » ! Et le front éphémère constitué par Jacques Doriot se nomma « Front de la liberté ».

Nationaux : qualificatif très bien choisi puisque, entre 1940 et 1944, la plupart des représentants de cette mouvance trahirent sans vergogne la nation. Et s'opposèrent, jusqu'à les condamner à mort, aux vrais nationaux, dont les gaullistes constituèrent les fers de lance.

L'activisme éditorial déployé pour ostraciser un qualificatif afin de mieux néantiser le concept qu'il désigne, alors que l'on s'en réclame, est ridicule mais significatif. Car les mêmes négateurs n'hésitent pas, en revanche, à qualifier, ou plutôt à disqualifier, à toutes occasions, pour les mieux dénoncer : l'extrême gauche, les gauchistes (on a même parfois l'impression que le gauchisme commence avec Alain Juppé et François Bayrou), « l'islamo-gauchisme », les « trotskistes », les « maoïstes », les « anarchistes », le « néo-stalinisme », le « wokisme » mis à toutes les sauces, « l'indigénisme ». Mais l'extrême droite ou le fascisme : tabou absolu. Ces expressions qualifiantes n'ont plus lieu d'être. Défense de qualifier ce que nous sommes en train de devenir.

Détail croustillant : l'avocat (on n'ose plus dire d'« extrême droite ») Gilles-William Goldnadel publia un petit ouvrage, encensé par les médias de droite, dans lequel il stigmatisait quoi ? Le « fascisme de gauche ». Le seul fascisme qu'on reconnaît de ce côté-là. Vous pouvez le dire ? Il peut le dire !

Le comble est qu'en s'interdisant, et en interdisant de caractériser « l'extrême droite » en tant que telle, la droite fait mieux - ou pire - que se tirer une balle dans le pied : elle s'est suicidée. Pourquoi ? Pour une raison que n'importe quel analphabète politique peut comprendre : s'il n'y a pas d'extrême droite, il n'y a que deux ou trois droites.

Comparables. Dès lors, pourquoi ne pas voter pour la plus dynamique, la plus forte en gueule et la moins divisée, celle que la famille Le Pen incarne ?

Certes, je l'ai souligné plus haut, la gauche et tout particulièrement l'extrême gauche payent ainsi leurs propres turpitudes : les décennies durant lesquelles elles fascisèrent, presque mécaniquement, toutes différences un peu musclées rétives à traverser dans leurs clous.

Le Parti communiste, à sa grande époque, eut tendance à fasciser à tout-va. La social-démocratie fut assimilée par lui à un « social-fascisme ». On osa, dans les années 1970, se gargariser du terme « facho Chirac ! » On disait « facho » aussi facilement que « gaucho » à droite. Simple façon d'anathémiser l'autre. C'est parce que, en ce temps-là, à gauche, on feignit de voir le fascisme supposé partout, qu'il est devenu si facile, à droite, de pousser jusqu'à une quasi-complicité la sommation à ne plus le voir nulle part.

Dieu sait que je me suis battu, sans trêve, contre la banalisation et la détestable instrumentalisation du concept de « fascisme », comme de celui de « populisme ».

Or, petit signe du retournement de l'outrance nominative en autocensure : avant que je ne m'éloigne définitivement de *Marianne*, je suggérais de « restaurer », à bon escient cette fois, le concept de « néofascisme » à l'occasion de l'élection de Jair Bolsonaro à la tête du Brésil. C'était devenu impossible ! On avait, à gauche, surchargé la bête, à droite, on la débestialisait afin de s'en faire, si possible, une monture.

Toujours, on refuse de nommer ce qu'on entend banaliser pour l'utiliser ou s'y rallier. Ne pas dire, c'est une façon de normaliser ce qu'on ne dit pas. La droite n'est pas la dernière à l'avoir seriné : tout déni a, en creux, une signification. La façon, disait-elle, dont toute une fraction de la gauche a longtemps disqualifié, *a priori*, toute référence aux problèmes de l'immigration ou de l'insécurité en jetant le discrédit sur l'utilisation des mots qui fâchent, témoignait de son refus suspect - suspect ! - d'affronter ces questions-là.

La remarque vaut pour le refus droitier (et tout aussi suspect) de désigner cette réalité dérangeante, la montée de l'extrême droite et l'émergence évidente d'un néofascisme. Qu'il faudrait affronter si on les nommait.

Refuser de caractériser le mal revient, au fond, à préserver l'opportunité de l'embrasser.

Cette censure de la désignation en a entraîné une autre, que résume le mépris ironique, et parfois même violent, que les mêmes censeurs manifestent à l'égard de toutes références aux « années sombres ». Ou aux idéologies « des années 1930 ». Là encore rideau ! Page tournée : on n'en parle plus !

Notons-le : ceux-là mêmes qui exigent cette rature n'ont aucun complexe à évoquer à tout bout de champ la terreur robespierriste, le « génocide vendéen », les crimes du communisme ou les graves erreurs du Front populaire.

Quand on cherche, parfois compulsivement, à jeter un voile - un voile sans aucune transparence - sur une phrase déterminée d'une histoire commune, c'est, clairement, qu'on a des raisons précises d'en redouter le rappel (comme les communistes, longtemps, à tout rappel des horreurs du stalinisme).

Pourquoi le redoute-t-on ? Parce qu'il ne faudrait surtout pas s'aviser - horreur ! - que certains aspects des évolutions politiques présentes renvoient aux aspects les plus emblématiques des évolutions politiques de l'époque. Évolutions dont il convient d'effacer les conséquences des mémoires.

Que s'agit-il de dissimuler ?

Non pas que la situation d'aujourd'hui serait identique à celle qui prévalait dans les années 1930. Les contextes sont radicalement différents. Il n'y a, aujourd'hui, aucun danger d'invasion, la France n'est pas entourée de régimes totalitaires agressifs. Et, en sens inverse, paradoxalement, le camp « progressiste » s'étant considérablement affaibli, les extrêmes droites obtiennent beaucoup plus de suffrages en France aujourd'hui qu'à l'époque. Fût-ce à la veille de l'instauration du régime de Vichy.

Ce qu'il s'agit absolument d'occulter, donc, c'est le fait, que la plupart des processus qui déterminèrent et exacerbèrent les événements (et pas seulement en France), que l'on cherche à escamoter, tendent à se reproduire. En particulier une normalisation des extrémismes accentuée par l'influence redoutable exercée par les médias dits « sociaux » ; l'emprise des radicalités sur la sphère médiatique en général ; la déliquescence d'une gauche que plombent les dérives à ses marges et à ses extrêmes : la banalisation, à droite, aujourd'hui comme hier, du style incendiaire, hier de *Gringoire* ou de *Candide*, voire de *Je suis partout*, aujourd'hui de *Valeurs actuelles* ou de CNews ; la multiplication, aujourd'hui comme hier, de brûlots complotistes et éructants ; l'affaissement des barrages qui, hier encore, séparaient les extrêmes droites des droites gouvernementales, que l'on qualifiait de « modérées » mais, qu'hier comme aujourd'hui, la conjoncture hystérisait et hystérise ; l'émergence majoritaire, dans le camp conservateur, de leaders, hier d'un Pierre-Étienne Flandin, aujourd'hui d'un Éric Ciotti, qui admettent préférer les extrêmes droites non seulement à la gauche ou au centre gauche mais également, comme en Allemagne sous le gouvernement Brüning, au centre droit. À quoi on ajoutera l'instrumentalisation, à jets continus, par certains médias, du moindre fait divers : ce qui, la flambée réelle des délinquances ordinaires aidant, sur fond de trafic de drogues et d'« incivilisation » adolescente (ainsi que l'incapacité de la gauche à s'emparer de cette thématique), porta et porte à incandescence, aujourd'hui comme hier, l'obsession entretenue d'un désastre sécuritaire qu'exaspèrent toutes les aspirations à un autoritarisme restauré.

En 2020, le journaliste et écrivain allemand Uwe Wittstock a consacré un ouvrage aux quatre semaines qui ont suivi, en 1933, la nomination de Hitler à la chancellerie. Résumant, dans sa préface, les facteurs qui, selon tous les analystes et historiens, ont précipité cette conclusion, il cite « l'influence croissante des partis extrémistes qui divisait le pays. Une propagande chauffée à blanc qui enfonçait le coin le plus profondément et bloquait les compromis. À quoi s'ajoutaient l'indécision et la faiblesse des partis centristes. La terreur de droite et de gauche qui prenait des allures de guerre civile. La misère causée par la crise économique mondiale. La montée des régimes nationalistes dans d'autres pays ».

Situation qui renvoie aux situations qui, selon lui, caractérisent notre époque : « La scission croissante de la société. L'indignation permanente que ne cesse d'aggraver les clivages sur les réseaux sociaux. L'incapacité d'un centre bourgeois désemparé à juguler le goût pour l'extrémisme. Le nombre croissant d'attentats terroristes. Les risques que la crise financière fait courir à l'économie mondiale. »

Le parallélisme est sidérant.

Aujourd'hui comme hier s'ajoute à ces dépressions l'angoisse identitaire, amplifiée par la hantise de la menace islamisto-terroriste, qu'exacerbe l'autre angoisse, autoterrorisante celle-là, qui a interdit à la gauche de se confronter au problème des ghettoïsations ethniques entretenues par les flux, sans cesse croissants, de populations venues d'ailleurs. Hantise du migrant étranger, hier déjà du juif chassé d'Allemagne, de Pologne, de Hongrie, d'Autriche, des républicains espagnols fuyant l'Espagne franquiste ou des Italiens refusant la fascisation de l'Italie, dont on faisait les avant-coureurs d'une submersion et d'une subversion bolchevique fantasmée.

****

Le 5 mars 1939, au théâtre Marigny, se tint une réunion publique au cours de laquelle Jean Ybarnégaray, un des porte-parole de la droite ultra, proclama et dénonça « l'intolérable menace que constitue la présence dans notre pays de quatre millions d'étrangers et, en particulier, de 150 000 miliciens espagnols qui, depuis quelques jours, ont organisé leur fuite des camps de concentration pour s'infiltrer dans notre pays ».

Il s'agissait de « républicains », dont la plupart participeront activement à la Résistance et s'engageront dans la 2e DB du général Leclerc.

Déjà, le 9 novembre 1937, à Neuilly, à l'occasion d'une réunion du Front de la liberté, Pierre Taittinger, le chef des Jeunes patriotes (qui deviendra maire de Paris pendant l'Occupation), se fit acclamer à l'issue de cette sortie : « Notre pays est un dépotoir de toute la lie étrangère. Actuellement, 30 % des malades, à Paris, dans nos hôpitaux, sont étrangers. Il y a certains quartiers où on cause dans toutes les langues sauf le français. Demain, lorsque le succès de celui qui veut libérer l'Espagne de la férule rouge sera assuré (Franco), nous allons recevoir des centaines de milliers d'Espagnols qui, chez nous, formeront des brigades de la révolution. Nous avions déjà les israélites allemands, les révolutionnaires italiens, maintenant va venir le tour des anarchistes espagnols. »

****

Aujourd'hui comme hier, comment ne pas relever la généralisation, au-delà même de l'Europe, de puissants courants nationaux-populistes, réactionnaires ou réactifs, qui, d'abord aux États-Unis, puis au Brésil, ensuite en Italie (et même en Suède), bouleversent les hiérarchies idéologico-politiques existantes ; l'attraction exercée par l'implantation de régimes, hier totalitaires aujourd'hui autoritaires et illibéraux, d'autant que ces espaces en marge du système libéral démocratique sont représentés par des puissances potentiellement hégémoniques ; le rôle catalyseur joué, hier, par la guerre civile espagnole, aujourd'hui, quoique de façon différente, par la guerre d'Ukraine ; les rejets suscités, aujourd'hui comme hier par les surenchères d'une extrême gauche intellectuelle et petite bourgeoise, écolo-libertaire, totalement déconnectée de la réalité sociale ; les injonctions négativistes distillées, aujourd'hui comme hier, par cette véritable haine de soi que cultivent en commun, au creux d'une conjonction antisystème, les extrêmes droites et les extrêmes gauches ; les facteurs aggravants que représentèrent, hier, dans le sillage du crack de 1929 aux États-Unis et que représentent aujourd'hui en réplique à des pandémies sécuritaires ou guerrières les crises économiques et financières à répétition ?

On ne saurait sous-estimer, en prime, la confluence possible de deux extrêmes droites, *a priori* antagonistes, que ne soude que leur commune centralisation des thèmes de l'immigration et de l'insécurité, l'une antirépublicaine, néo-monarchiste, contre-révolutionnaire, souvent cléricale (maurrassienne hier, zemmourienne aujourd'hui) ; l'autre, à la fois nationale et sociale-populiste, antilibérale en matière économique, souverainiste et plutôt républicaine (comme le Mussolini de la république de Salò), que représentaient hier un Marcel Déat ou un Jacques Doriot et qu'incarnent, aujourd'hui, plusieurs dirigeants du Rassemblement national, dont Marine Le Pen. Quand, dans les années 1940, la première extrême droite s'investissait totalement dans le régime pétainiste, la seconde, celle de Déat ou de Doriot, qui dominait à Paris, dénonçait, dans ses journaux, cette extrême droite là comme « cléricale » et « réactionnaire ». Pour renverser le régime démocratique elles n'en firent pas moins front commun.

Surtout, un parallèle interpelle furieusement. Même si on refuse toute assimilation mécanique, qui relèverait de l'anachronisme (au fond, c'est peut-être la personnalité de Marine Le Pen elle-même qui exclut le pire), doit-on s'interdire de rappeler qu'en Italie, au lendemain de la Grande Guerre, l'activisme désordonné de l'extrême gauche socialiste permit à Mussolini (qui en était issu) d'offrir ses services, contre soutien financier, aux possédants apeurés, puis de rallier les forces de droite à une prise de pouvoir qui ne revêtit que quelques années plus tard une forme totalitaire ?

... En Hongrie, c'est l'éphémère et folle instauration du pouvoir communiste de Béla Kun qui livra le pays à des extrêmes droites (dont celle de l'amiral Horthy) derrière lesquelles l'essentiel des droites classiques se rangèrent...

... En 1933, en Allemagne, où l'extrême gauche maximaliste refusa toute politique unitaire de défense républicaine, c'est un leader de droite classique, Franz von Papen, qui permit l'arrivée au pouvoir de celui qui – Hitler –, très vite, se débarrassa des conservateurs qui avaient accompagné ses premiers pas...

... En Espagne, les exactions commises par l'extrême gauche anarchiste servirent de prétexte au déclenchement d'une révolte extrémiste de droite, à laquelle presque toute la droite finit par se rallier...

... En France, la défaite militaire aidant, ainsi que la démission socialiste et l'attitude plus qu'ambiguë des communistes, c'est l'essentiel de la droite gouvernementale dite « républicaine », qui cautionna la mise en place du régime pétainiste...

... Au Chili, bien après guerre, les surenchères de l'extrême gauche sous la présidence Allende ouvrirent la voie au coup d'État d'extrême droite du général Pinochet, qu'acceptèrent de soutenir la quasi-totalité des forces de droites classiques.

Une seule exception, une seule : la Grèce où, très majoritairement, la droite s'opposa au régime des colonels.

Comparaison n'est certes pas raison. Il n'y a, il n'y a pratiquement jamais, avec plusieurs décennies de décalage, duplication exacte des événements, sauf, comme disait Karl Marx, la seconde fois sous forme de caricatures. Le pouvoir de Napoléon III, même dans sa phase dictatoriale, ne fut nullement comparable à celui, en réalité totalitaire, de Napoléon Ier.

Certes, un Donald Trump ou un Jair Bolsonaro furent tous les deux tentés de défier le suffrage universel. Ils s'y essayèrent même. Mais, précisément, les ressorts de la démocratie se révélèrent assez solides pour qu'ils n'y parviennent pas. Et même si un Recep Erdogan en Turquie, un Viktor Orban en Hongrie ou l'hyper-droite cléricale polonaise sont parvenus à se maintenir électoralement au pouvoir et à museler à la fois les médias et la justice, il est probable, même s'ils s'y essayaient, qu'ils ne parviendraient pas à liquider totalement les institutions démocratiques, leur intégration à l'Union européenne ou à l'OTAN agissant comme un empêchement.

Ajouterais-je que, à tort ou à raison, je ne soupçonne nullement une Marine Le Pen, sans doute acquise à la légalité démocratique, contrairement à un Éric Zemmour, d'être prête, une fois parvenue au pouvoir, à s'émanciper des impératifs électoraux.

En conséquence, si nos extrêmes droites en Europe, et tout particulièrement en France, ont de fortes chances d'accéder aux affaires et de former des gouvernements, il est malgré tout peu probable que les événements, qui ont suivi avant guerre leur accession à la responsabilité suprême, se répètent à l'identique. Mais il serait fou, en revanche, de négliger ce constat que les conditions, qui permirent, hier, non seulement leur victoire mais leur implantation idéologique durable, tendent, elles, à reproduire. Presque à l'identique.

Marine Le Pen n'est pas fasciste. Mais elle a admis elle-même que beaucoup, au sein de l'ex-Front national, l'étaient (et même néonazis), en précisant qu'elle s'était débarrassée d'eux ou qu'ils étaient passés chez Zemmour. D'où ils peuvent donc revenir.

Or, comme dans presque toutes les familles politiques (au PS hier, à LR ou chez les Verts aujourd'hui), les bases (voire l'électorat) sont plus radicales que leurs dirigeants.

Un Jordan Bardella, à la radicalité terrifiante parce que lisse, ne dépareillerait pas dans l'entourage de Zemmour.

Extrême droite : ce qualificatif même, s'agissant de Marine Le Pen, ne correspond qu'à une demi-réalité puisque, non seulement Éric Zemmour, mais même un Éric Ciotti ou un François-Xavier Bellamy, alignés sur elle en matière régalienne, lui reprochent d'être trop à gauche s'agissant des questions économiques et sociales se positionnant, en cela, à sa droite. L'un et l'autre, lors de l'élection présidentielle, précisèrent d'ailleurs qu'au second tour, si le choix s'était présenté, ils auraient voté Zemmour - lui-même se situant à la droite de Le Pen - plutôt que pour le centre droit Emmanuel Macron.

****

Ce qui n'est pas nouveau : en 1931, par exemple, les milieux industriels et financiers, en la personne de François de Wendel et d'Ernest Mercier, magnats de la sidérurgie et de l'électricité, qui soutenaient financièrement le colonel de La Rocque situé à l'extrême droite, s'émurent du fait que le leader des Croix-de-Feu avait, au cours d'une réunion publique, stigmatisé « la haute banque et le grand capital ».

Je suis personnellement convaincu que le discours anticapitaliste et anti-bourgeois de Marine Le Pen est sincère. Qu'il se nourrit de son implantation dans l'ex-fief prolétarien du Pas-de-Calais et du ralliement massif à sa personne d'un ex-électorat communiste persuadé d'exercer, de nouveau, en sa faveur, un vote de classe. Mais tous les précédents historiques prouvent que les mouvements nationaux-populistes, tel celui de Mussolini à la logomachie quasiment gauchiste à l'origine ou tel le national-socialisme allemand quand Gregor Strasser en était le numéro deux, finissent toujours par troquer le soutien ou le ralliement de l'establishment industriel et financier contre un renoncement à leur verbalisme socialisant. La Phalange espagnole, le parti fasciste qui avait porté Franco au pouvoir, fut mise sur la touche pour rassurer le « grand capital » et l'aile anticapitaliste du nazisme fut exterminée par Hitler lors de la « nuit des Longs Couteaux ».

Le Rassemblement national, aujourd'hui, joue, d'une façon plus conséquente et effective que les activistes mélenchonisto-Insoumis, le jeu de la légalité démocratique. Mais, en arrière-fond, combien de ses activistes ou de ses simples sympathisants, exaltés par le triomphe de leurs idées si longtemps tenues en lisière, seraient-ils tentés, au cas où une présidence lepéniste devrait céder électoralement le pouvoir à l'opposition, surtout si celle-ci était de « gauche », plutôt que de reconnaître une défaite et de s'effacer, de mobiliser leur base partisane comme s'y sont essayés Trump et Bolsonaro afin de faire barrage à cette insupportable alternance ?

Dans les années 1930, deux tentatives de coups de force, les émeutes du 6 février 1934 et le complot dit « de la Cagoule », furent mises en échec grâce, en partie, au légitimisme républicain du colonel de La Rocque qui représentait alors la force principale à la droite de la droite (et au relatif immobilisme de Charles Maurras qui, le 6 février 1934, ne quitta pas son bureau). Il n'empêche qu'avant même l'attribution des pleins pouvoirs à Pétain favorisée par les manœuvres du général monarchiste Weygand, il y eut bien ces deux tentatives.

Or, lorsqu'en 2021, des officiers supérieurs, en retraite ou en fonction, sous l'impulsion de l'un d'eux très proche des Gilets jaunes, signèrent, à deux reprises, des pétitions qui menaçaient notre « système en crise », en cas d'intensification de « l'anarchie ambiante », d'une intervention militaire, pétitions que les médias de droite accueillirent avec une certaine empathie, les réseaux sociaux et les sites internet de la presse conservatrice furent submergés de messages en appelant à une prise de pouvoir de l'armée.

29 janvier 1933 en Allemagne : ni coup d'État, ni émeutes, ni prise d'assaut et occupation du lieu d'où est sensé s'exercer le pouvoir d'État. Simple remaniement ministériel en quelque sorte. Le président de la République, conservateur mais en faveur duquel a fait voter le Parti social-démocrate, confronté à la mise en minorité du gouvernement précédent, sur la suggestion d'un politicien venu du centre droit, a demandé au chef du parti le plus fortement représenté au Parlement de former un cabinet de large coalition des droites. Cabinet au sein duquel il devra lui-même se contenter de trois représentants. Pas de quoi, donc, pousser des hurlements. Sauf que le Premier ministre en question, nouveau chancelier, n'est autre qu'Adolf Hitler. Et que la symbolique de cette accession du leader de l'extrême droite à un poste aussi emblématique (alors que le Parti national-socialiste était électoralement en sensible recul) va provoquer un terrifiant processus d'accélération du cours de l'Histoire.

Dès le 30 janvier, l'ensemble des militants « nationaux populistes », comme électrisés par la propulsion de leur chef au sommet de l'État, convergent à Berlin en une immense retraite aux flambeaux qui se solde, à l'issue d'un affrontement avec les communistes, par la mort d'un activiste SA nommé Maikovsky et d'un policier. Ce qui donnera prétexte à leur enterrement qui prendra vite la forme d'une manifestation de masse plus puissante encore.

Le 31 janvier le député social-démocrate Julius Leber, poursuivi par une douzaine de militants nazis, est gravement blessé... puis arrêté « pour assurer sa sécurité ». Quand il sera libéré, on tirera sur sa voiture et on l'arrêtera de nouveau. À Breslau, la police tire sur une manifestation communiste. Une personne tuée. À Duisbourg, une bagarre entre communistes et nazis fait deux morts.

Près d'Essen, un communiste veut décrocher un drapeau nazi : il est abattu. Des communistes attaquent un foyer de la SA : deux nazis sont gravement blessés. Une querelle politique au sein de la direction des Chemins de fer fait une victime. À Zittau, un correspondant d'un journal nazi est assassiné. À Altona, quartier de Hambourg, une fusillade se solde par un communiste et un nazi tués, plus un passant. Dans le quartier Charlottenburg de Berlin un communiste est poignardé.

Le 2 février, les SA se mobilisent à Darmstadt pour obtenir l'interdiction de la pièce de Bertolt Brecht *Sainte Jeanne des Abattoirs*. Une réunion de la Ligue des droits de l'homme prévue salle Beethoven à Berlin est interdite. Explication : « Les opinions exprimées pourraient heurter. »

À Duisbourg, Berlin-Moabit et Berlin-Neukölln, trois communistes sont abattus. Près de Magdebourg, un maire SPD est assassiné devant la porte de son jardin par un lycéen nazi... qui est arrêté et libéré. À Bochum, c'est le chef d'une section SA qui est assassiné par des communistes. À Breslau, à l'issue d'un meeting du SPD, deux participants sont tués à coups de couteau par des nazis, mais à Hambourg, ce sont les communistes qui s'en prennent à un bar fréquenté par l'extrême droite. Près de Halle, six cents SA attaquent un bâtiment utilisé par les communistes : quatre tués dont un SS et vingt-quatre blessés à coups de bêche.

Une représentation de *L'Opéra de quat'sous* est interrompue sous pression de manifestants. L'épuration de la section littéraire de « l'Académie » de Berlin commence. Peu à peu les écrivains, très majoritairement « de gauche », vont mettre les pouces. Les premières de plusieurs pièces de théâtre, dont *Arthur Aronymus* de Lasker-Schüler, sont repoussées ou interdites. Des activistes envahissent l'École nationale des beaux-arts de Berlin et exigent l'exclusion de quatre professeurs « progressistes ». Une pièce de Georg Kaiser avec musique de Kurt Weill est programmée à Leipzig, Magdebourg et Erfurt. Des protestataires obtiennent successivement leur interruption dans les trois villes. Les directeurs des théâtres sont licenciés.

Le 19 février, l'Union pour la culture organise une manifestation... mais elle est annulée au dernier moment parce que, sous prétexte d'un concert des SA, toutes les voies d'accès ont été fermées.

Le 20 février, vingt-six représentants de l'industrie et de la finance, réunis autour d'Hitler, s'engagent à financer largement la prochaine campagne électorale du Parti national-socialiste.

Le 21 février, ce sont des réunions électorales de centre droit (le Zentrum) qui sont attaquées à Munster, à Krefeld, à Trèves. Une lecture publique d'un humoriste, vedette des cabarets, Roda Roda, est empêchée.

En revanche, une pièce signée Hanns Johst, dédiée à Hitler, qui glorifie un nationaliste d'extrême droite exécuté par les Français lors de l'occupation de la Ruhr, est soudain programmée par plus de... cent théâtres.

Or, cela se passait dans une Allemagne encore démocratique, juste avant l'incendie du Reichstag qui servira de prétexte à l'instauration de la dictature totalitaire.

La nouvelle élection législative, imposée par Hitler, la dernière, se déroulera le 5 mars. Le Parti national-socialiste obtiendra 43,9 % des suffrages et l'extrême droite de Hugenberg 8 %. Majorité absolue !

En fait, c'est peut-être moins l'instauration d'une semi-dictature que l'accession au pouvoir, aujourd'hui, d'une droite dite « extrême » devrait faire craindre, qu'un climat latent de guerre civile (entretenu par l'extrême gauche et exacerbé par les groupuscules fascisants) qui mettrait en branle, au prétexte de réactions défensives, les factions les plus extrêmes et les plus déterminées du national-populisme. Comment réagirait, alors, l'armée ? Et, surtout, les forces de l'ordre, dont une majorité des membres penchent de ce côté-là ?

N'oublions pas qu'après le putsch de 1958 à Alger, concocté à l'origine par des « extrémistes » de sensibilité néofasciste, dont les gaullistes récupérèrent heureusement l'initiative, la dernière tentative de coup de force militaro-droitier, en France, relayée par une phase terroriste (l'OAS), ne date pas de 1940 mais de 1961, vingt et un ans plus tard, et fut dirigée contre le général de Gaulle. (On estime à soixante le nombre de députés qui, alors, furent de mèche avec ce courant ultra.)

Rappelons, également, que, dans les années 1930, alors que se multiplièrent les passerelles entre droite gouvernementale (de Flandin à Laval), extrême droite et ligues fascisantes (il n'était pas rare que les Philippe Henriot, les Xavier Vallat, les Jean Ybarnégaray fussent conviés à intervenir lors de réunions de la droite républicaine), la presse conservatrice, déjà, qualifiait systématiquement les extrémistes effectivement fascisants - ceux qui basculeront dans la collaboration la plus ouverte avec l'Allemagne nazie - de « patriotes » ou de « nationaux ».

Ainsi, après la tentative subversive de février 1934 (dont on semble avoir oublié qu'elle déboucha sur la démission forcée d'un gouvernement sorti des urnes (celui d'Édouard Daladier), lors d'une réunion de la commission d'enquête parlementaire, Vincent Auriol, qui n'était alors que député, interrogeant Pierre Taittinger, qui niait tout extrémisme factieux, le confronta au texte de la section méditerranéenne de sa formation, les Jeunesses patriotes, dans lequel on pouvait lire, en décembre 1933 : « Le fascisme est pour la fin janvier. Le Parlement en tremble déjà. La révolution grandit. Nous n'avons encore rien vu. On s'expliquera dans un mois. »

Les conjurés ainsi mis en cause ne concédèrent, eux, qu'un objectif : « remplacer un ministère de partisans par un ministère de Salut public ».

Ce qui se disait et s'écrivait dans les années 1930

Quelles étaient, au mitan de ces années 1930, outre la peur du bolchevisme ou l'hostilité, après 1936, au Front populaire, les thématiques, obsessionnellement agitées par une presse radicalisée, qui mobilisait les extrêmes droites et gonflait les rangs de ses affidés ? On ne sera pas dépaysé : l'insécurité, l'immigration, les menaces pesant sur « l'identité » de notre pays, les scandales telle l'affaire Stavisky, la déliquescence supposée de l'enseignement, l'attirance exercée par les gouvernements totalitaires, le risque de guerre que faisaient craindre les demandes de sanctions contre l'Allemagne hitlérienne, le rejet de la SDN (l'ONU de l'époque) et des pactes qui liaient entre eux un certain nombre de pays démocratiques européens. L'antiaméricanisme enfin.

L'angoisse identitaire ? Un rapport des Renseignements généraux, daté d'octobre 1933, mettait en garde contre « une véritable colonie de judéo-allemands qui se signalaient par leur type sémite, parfois très marqué, par leur langue et leurs journaux, en allemand et parfois en yiddish, et cela d'autant plus qu'ils ont tendance à se regrouper et toujours aux mêmes endroits ». Et la sous-direction des étrangers et des passeports à la préfecture de police stipulait, dans un autre rapport : « L'installation d'un trop grand nombre de réfugiés juifs dans nos grands centres ne laisse pas d'être inquiétant pour l'avenir. Les nationalistes peuvent réagir en invoquant la sécurité du pays. »

Et, effectivement, au cours d'une réunion publique tenue le 21 juin 1933 sous la présidence du richissime parfumeur François Coty (qui avait investi dans plusieurs journaux d'extrême droite et racheté, un temps, *Le Figaro*), on se déchaîna, selon le compte-rendu des Renseignements généraux, « contre l'invasion judéo-germanique en voie de transformer notre pays en ghetto international. Deux millions de métèques travaillent chez nous, pendant que trois cent mille des nôtres sont au chômage ».

Même l'organisation patronale, le 1er avril 1933, s'alarma, dans un communiqué, du fait que « de nombreux réfugiés manifestent l'intention d'installer des usines ou des ateliers dans notre pays, d'autres ouvrent des boutiques et y vendent des marchandises les plus diverses. Nous attirons l'attention du gouvernement sur cette concurrence. »

L'insécurité ?

En mars 1932, le journal *L'Excelsior*, pour réagir à la « montée de l'insécurité », à « l'explosion de sauvagerie », au « laissez-faire de l'État », comme le dénonçait A. Lafon, député d'Ille-et-Vilaine, organisa un « meeting de salut public » sur le thème « il faut nous protéger ». Le député Lafon, précisément, qui approuvait l'initiative, mettait en garde contre le danger que les citoyens en viennent « à se faire justice eux-mêmes », « à recourir, comme en Amérique, au lynchage ». Paul Escudier, député de Paris, applaudissait : « L'audace avec laquelle les criminels commettent des méfaits en plein jour appelle une répression énergique. La fausse sensiblerie qui inspire certains projets de lois n'est plus de mise. Elle donne aux filous plus de sécurité qu'aux honnêtes gens. »

Tornade, député de Paris lui aussi, abondait dans le même sens : « Moins de sentimentalisme et plus de sévérité chez les juges ! » André Hesse, député de Charente, surenchérissait : « Il est temps qu'ordre soit donné aux agents de la force publique de se servir, sans aucune espèce d'hésitation, de leurs armes. » Et chacun d'y aller de sa déploration. Paul Hervieu, de l'Académie française : « Il est temps de défendre la société ! » ; Frantz Jourdain, président du Salon d'automne : « Aucune pitié pour les ignobles fripouilles qui entendent s'offrir des noces crapuleuses en chourinant les braves gens ! » Armand Massard, conseiller de Paris : « Quels moyens compte-t-on prendre pour assurer la sécurité dans la capitale et sa banlieue ? »... Et le journal de mettre l'accent sur deux fléaux : la drogue et... l'utilisation de l'automobile à des fins criminelles.

La belle époque, on vous dit.

La déliquescence de l'enseignement ? C'était le sens d'une analyse commandée par le général Weygand et par le maréchal Pétain, à l'époque ministre de la Défense, dans laquelle était souligné le rôle néfaste des instituteurs : « La jeunesse et l'enfant ne sont plus éduqués dans le respect de leurs devoirs. »

L'opposition aux sanctions, comme celles qui frappent aujourd'hui la Russie, et le rejet « pacifiste » des alliances européennes ou internationales ? Le député de droite de la Seine Jean Goy, principal dirigeant de l'Union nationale des combattants, s'étant rendu en Allemagne où il avait rencontré Hitler, déclarait : « J'affirme qu'il est plus facile de traiter avec un homme (Hitler), car on n'a devant soi que deux mains et deux yeux à surveiller, que de traiter à la

SDN où l'on a à contrôler les deux mains et les deux yeux de plus de quarante représentants de nations. »

L'attraction exercée par les pouvoirs totalitaires qui se multipliaient depuis le basculement de l'Italie dans le fascisme ? En novembre 1935, Pierre Taittinger prend la parole au cours d'un meeting du Parti national populaire. Selon le compte-rendu des Renseignements généraux, il déclare : « Prenons l'exemple de l'Allemagne, qui a vu le régime hitlérien opérer un véritable redressement national et a réussi, depuis, à remporter dans sa situation extérieure une véritable revanche. Ce qu'ils ont réussi en Allemagne, nous pouvons le réussir ici. »

Quant à l'antiaméricanisme, il se déchaîne contre le président Wilson, promoteur du pernicieux « droit des peuples à disposer d'eux-mêmes » et contre le président Roosevelt « fourrier du socialisme ».

Surtout, ce qui n'est pas sans rappeler certaines hystérisations médiatiques d'aujourd'hui (réseaux sociaux et certaines télévisions d'information en continu compris), les animateurs de puissants organes de presse déchaînés, les Georges Suarez, Maurice Bunau-Varilla et Horace de Carbuccia (à quoi s'ajoutera, sous la houlette provisoire de Pierre Gaxotte, la création par les éditions Fayard de *Je suis partout* où officieront des dissidents d'ultradroite de l'Action française), toute cette hyper-radicalité médiatique, accompagnée par des journaux financés par l'Italie mussolinienne, contribuera à faire basculer une bonne partie du camp dit modéré dans l'extrémisme le plus incandescent.

Exemple particulièrement frappant de l'imprégnation des esprits par les feuilles de la surenchère : en vertu du pacte franco-soviétique signé en 1935 (sous le gouvernement Laval), l'état-major envoyait régulièrement en URSS des observateurs pour juger de l'efficacité, en cas d'affrontement avec l'Allemagne, de l'armée russe. Ainsi, en octobre 1936, un certain capitaine Sauzay envoya son rapport, qui fut très apprécié de ses pairs : « Les israélites, écrivait-il, malgré leurs soins minutieux de se tenir en coulisse et de pousser en première place les Russes, morts ou vivants (Lénine, Staline), ont été placés aux points vitaux du système et le contrôlent de façon absolue. L'intelligence du plan, c'est à eux qu'on la doit. Staline ne serait qu'un exécutant. Les juifs sont au pouvoir et toutes les places réclamant de l'intelligence sont à eux. La Russie est devenue un grand champ d'expérience israélite. Ils dirigent une masse fruste et craintive qui obéit dans la peur en chantant par ordre sa satisfaction. Le monopole de la pensée reste leur apanage. Il n'y a pas de question russe, il n'y a que le désir de rayonnement mondial de la grande entreprise officielle israélite. »

Une autre spécificité des années 1930, qui interpelle également notre présent, fut l'influence qu'exercèrent sur la droite les nombreux transfuges (intellectuels et politiques) de l'extrême gauche, en particulier du Parti communiste. Outre Jacques Doriot, Henri Barbé, Pierre Celor, Paul Marion, l'ex-adjoint au maire et député communiste de Marseille Simon Sabiani était lui-même passé à l'extrême droite, de même que Pierre Laval, ex-député socialiste d'Aubervilliers, Marcel Déat, ex-député socialiste lui aussi, ou le maire néosocialiste de Bordeaux, Adrien Marquet, futur pétainiste militant. La droite les avait tous accueillis sans retenue, comme elle avait accueilli Céline (d'abord encensé par l'extrême gauche) et les avait intégrés à ses propres dispositifs tel le Front de la liberté. Ce sont ceux-là, devenus pour la plupart ouvertement pro-fascistes qui, en 1940, constituèrent l'avant-garde du « parti de la collaboration ».

Ce qui, en fait, rend compliqué l'évaluation des leçons que nous avons retenues, ou que nous devrions retenir, des années 1930, c'est non seulement la tendance à droite au déni et à l'auto-effacement, mais également la propension, dans le camp d'en face, à globaliser et à généraliser. À exclure la complexité et la contradiction. À évoquer la France (la France ceci ou la France cela), les Français (les Français ceci ou les Français cela) sans prendre en compte l'extrême pluralité et diversité de ce qui aujourd'hui, comme à cette époque, apparaît et apparaissait comme *des* France plutôt que comme *la* France.

Peu à peu, à partir des années 1970, on eut tendance à officialiser de nouvelles vérités établies, qu'on opposa aux vérités établies antérieures. Ainsi les émeutes du 6 février 1934, considérées comme une tentative de coup d'État d'extrême droite, devinrent une émeute presque ordinaire sans intentions putschistes. Quand, en réalité, il y eut intentions putschistes à l'intérieur d'une méga-émeute ordinaire.

De même, après en avoir surévalué l'importance et l'impact (jusqu'à l'assimiler à une « idéologie française »), on en vint à soutenir qu'il n'y eut pas de véritable « fascisme français ». En vérité, ce courant fut puissant et déterminant (surtout le PPF de Jacques Doriot), mais ni les Croix-de-Feu de La Rocque ni le pétainisme du début des années 1940 ne lui sont assimilables.

De même, s'agissant de la France occupée ou vichyste, est-on alternativement passé d'un extrême à l'autre : d'abord la France, à quelques lamentables exceptions près, fut, dans ses profondeurs, presque unanimement résistante. Puis la France devint, toujours dans ses profondeurs, massivement pétainiste. Enfin, on eut droit à la version intermédiaire : elle passa, sans complexe, entre 1940 et 1944, d'un bord à l'autre.

D'où ce mythe increvable, mais totalement faux : ceux qui accueillirent Pétain sur la place de l'Hôtel de Ville en 1944 étaient les mêmes qui firent, ensuite, un triomphe au général de Gaulle, place de l'Étoile.

Les leçons de la grande rafle de juillet 1942

Les mêmes approches, marquées par un binarisme quelque peu primaire, valent pour cette tragédie absolue, que fut la rafle dite du Vél d'Hiv de juillet 1942 (en fait, il y en eut une dès 1941 et la dernière date de juillet 1944). Épisode essentiel par ce qu'il nous dit de ce que fut, réellement, la réaction de l'opinion à un épisode paroxystique d'une gestion ultradroitière (la hantise de « l'invasion juive » jouant le même rôle que celle de « l'invasion migratoire »).

Rappelons que cette rafle fut organisée par les autorités françaises de l'époque et même par la police française, à la demande de l'Allemagne, mais sans que l'occupant y prête directement la main.

D'où cette question informulée qui nous obséda longtemps : qu'en serait-il, aujourd'hui, si un pouvoir d'extrême droite, voire fascisant, s'engageait dans un vaste processus de répression xénophobe sinon raciste ? Ou même, de façon moins criminelle, répondant apparemment à une demande d'une majorité de l'opinion publique, procédait à une vaste et brutale expulsion de populations étrangères issues de l'immigration légale ou illégale ? Et cela sachant qu'en 1942, l'immense majorité des Français partageait les préjugés antisémites que la propagande officielle avait encore exacerbés ; et aussi que les réfugiés juifs venus d'Allemagne et d'Europe centrale étaient moins territorialement répartis et même intégrés que les populations immigrées d'aujourd'hui issues d'Afrique du Nord ou d'Afrique noire.

La réponse n'est évidemment pas neutre.

Thèse noire : la police française participa sans aucun complexe et comme un seul homme à cet abominable forfait, les concierges furent complices et l'opinion publique ne s'émut nullement.

Thèse lumineuse : les policiers, dans leur grande majorité, s'arrangèrent pour mettre en échec ce gigantesque ramassage, que les Français réprouvèrent massivement.

Qu'en fut-il donc ?

La seconde thèse est la plus proche de la réalité, mais elle n'exclut nullement que la première décrive une part de cette réalité : c'est pourquoi j'avoue n'avoir pas adhéré à l'initiative chiraquienne, aussi courageuse fût-elle, qui imputa globalement le crime, non à un pouvoir illégal ayant totalement répudié l'héritage démocratique et républicain, mais à une légalité nationale, donc à la France de toujours au-delà de ses régimes fluctuants.

Un ouvrage de Laurent Joly, directeur de recherche au CNRS et expert reconnu de cette question, qui a eu accès à toute la documentation possible, dresse de ce drame un tableau quasi définitif qui en souligne toutes les ambiguïtés[1].

La réaction des Français ? Elle fut très majoritairement et souvent très fortement hostile à cette forfaiture. Malgré les médias qui, sur ordres, la justifièrent.

Le 17 juillet 1942, les Renseignements généraux de la préfecture de police, aux ordres du pouvoir vichyste, notent : « Les mesures prises à l'encontre des israélites (Pétain, qui les approuvait, avait lui-même prédit qu'elles seraient « comprises ») ont assez profondément troublé

1. *La Rafle du Vél d'Hiv*, Grasset, 2022.

l'opinion publique. La population française, même antisémite, n'en juge pas moins sévèrement les mesures qu'elle qualifie d'inhumaines. Ce qui se traduit par des critiques sévères à l'égard du gouvernement et des autorités occupantes. »

Dans son rapport bimensuel destiné au préfet de la Seine, daté du 25 juillet, le maire du IIe arrondissement écrivait : « Les événements du 6 juillet ont provoqué une vive émotion dans l'opinion publique, qui n'est pas éteinte, et qui a été plus profonde qu'on aurait pu le prévoir. »

L'ex-député socialiste Jean Pierre-Bloch, prenant un train pour Bordeaux, rapporte les propos unanimement indignés tenus par les passagers de son compartiment : « Ils ramassent même les enfants. Et dire qu'il y a des gens qui trouvent cela bien ! »

Réaction d'autant plus remarquable que la grande presse, ralliée de gré ou de force à la collaboration, se comporta de façon parfaitement ignoble sans que, parmi les journalistes qui s'étaient vus plus ou moins contraints d'y apporter leur contribution, on ne signale la moindre protestation ou démission. *Le Matin*, en pleine rafle, titra : « Israël lave sa crasse. Les piscines sont pleines de juifs. » *Paris-Soir* dénonça ceux « qui assiègent nos rédactions et demandent des protestations contre les mesures ». Quant à l'hebdo pronazi *Je suis partout*, il dut reconnaître, pour s'en offusquer, que « de bonnes âmes, lesquelles sont quelquefois de sottes gens, des Français abrutis par la radio de Londres, s'apitoient sur le sort des familles juives à Paris ».

Des concierges, c'est vrai, telle celle du 50, rue de la Chapelle ou Mme Chevallier au 36, rue Monge (dans le Ve) dénoncèrent des juifs de leur immeuble. Mais beaucoup d'autres, même antisémites, firent preuve d'une humanité admirable et d'un rare courage (Mme Lieutaud, du 53, rue du Temple, par exemple, sauva une demi-douzaine de femmes juives).

De nombreux policiers, malgré la pression de certains de leurs supérieurs leur intimant l'ordre de faire du chiffre (ainsi Émile Hennequin, le directeur général de la police municipale parisienne), prévinrent les individus fichés de ce qui les attendait et les incitèrent à se mettre à l'abri. D'autres multiplièrent volontairement des occasions de les voir s'échapper ou s'imposèrent de ne pas découvrir leur cache.

Résultat : moins d'un tiers de celles et ceux, enfants compris, qui étaient portés sur les listes de personnes à arrêter furent effectivement embarqués en juillet 1942 (12 884) ; 15 000 parvinrent, en revanche, à se soustraire à la rafle. Certains d'entre ceux-là (en particulier des mères de famille qui étaient retournées chez elles avec leurs enfants) furent repris par la suite.

Hélas, il y eut beaucoup de cas, non pas tant d'exécution stricte de la sinistre mission, tout refus étant passiblement réprimé, que d'excès de zèle et même d'acharnement. Ce que documentent très précisément les cas qui, après la Libération, furent relevés et parfois sanctionnés (bien que très insuffisamment) par les commissions d'épuration.

Florentin Brune, commissaire du XXe arrondissement, proposa même à ses chefs de profiter du renouvellement des cartes d'alimentation pour mettre la main sur des juifs qui auraient échappé à la rafle (après la guerre, il sera acquitté !). Un certain André Deloche arrête et tabasse le juif Szmul Dzik (parce qu'il n'avait pas son étoile jaune !). Il expliquera, après guerre : « C'était un juif porteur d'une poésie antinationale qui disait que la France était responsable du malheur des juifs ! »

Le policier L'hommeau, du IVe arrondissement, eut dix arrestations à son actif et s'en vanta. « Sans quoi, se justifiera-t-il après guerre, on m'aurait remis sur la voie publique ! » Jules Lievin, qui s'était, de son propre chef, lancé à la poursuite d'une israélite recherchée, affirmera, à la commission d'épuration : « J'ai ma conscience de Français pour moi ! »

À Joinville-le-Pont, le gardien en civil Joseph Velay n'a pas trouvé chez elle Rosalie Litmann. Mais il la traque jusqu'à la débusquer.

Le brigadier François Guillaume, du IVe arrondissement, non seulement arrête mais, en prime, détrousse !

Il y eut des lettres de dénonciation, mais beaucoup moins qu'on ne l'a longtemps prétendu. Quant à l'Église, elle a très vite relayé l'indignation publique, même si le cardinal Suhard, archevêque de Paris, fit le service minimum : « Le gouvernement français, avait-il déclaré, n'a d'autre but que d'opérer la révolution nationale qui doit nous libérer de l'oppression franc-maçonne et juive. »

En quoi l'évocation de ce terrifiant précédent nous interpelle-t-elle ?

Répétons-le : même si l'extrême droite exerçait, demain, le pouvoir présidentiel et obtenait une majorité absolue à l'Assemblée nationale, la situation n'aurait aucun rapport avec celle - dictature et occupation - que connut la France de juin 1940 à août 1944. Or, même à cette époque - là est l'enseignement -, sans médias indépendants ni possibilité d'expression intellectuelle libre, sans opposition républicaine tolérée, une politique dirigée contre une communauté ethnico-religieuse trouva, certes, à tous les niveaux, des complicités et des lâchetés (comme elle les trouverait demain), mais se heurta à un puissant et même massif rejet populaire. À tous les niveaux également. Et cela bien que l'antisémitisme fût, à cette époque, très fortement enraciné dans les mentalités.

On imagine, alors, ce que serait, demain, dans une France restée, pour l'essentiel, politiquement libre, les réactions de la population à une politique ressentie comme ouvertement dirigée contre une communauté ethnico-religieuse. Même une grande partie des dénonciateurs de « l'invasion migratoire », comme hier des antisémites, en arriverait à s'en émouvoir.

Un pouvoir d'extrême droite devrait donc se contenter d'une prudente politique restrictive et ce sont, alors, les durs de sa propre mouvance, comme hier les authentiques fascistes, qui s'affirmeraient trahis.

****

Reste que, en 1942, la France, si elle fut émotionnellement horrifiée par ses conséquences, adhéra majoritairement, en revanche, aux lois antisémites restrictives promulguées par le régime de Vichy.

Comme elle adhérerait, sans doute majoritairement, à des mesures drastiquement restrictives concernant l'immigration, dût-elle s'émouvoir, ensuite, très fortement, de ses retombées dont elle subirait, d'ailleurs, les conséquences (pénurie de personnel et hausse des prix).

La politique de repli sur soi pratiquée par Orban en Hongrie dévivifie dangereusement le pays, l'appauvrit, le dépeuple même, tout en bénéficiant d'une approbation majoritaire.

C'est également l'une des grandes leçons des années 1930 : il peut se trouver, ponctuellement des majorités pour adhérer à des orientations, qui non seulement vous déshonorent, mais également vous ruinent.

Quatrième partie

Comment on en est arrivé là

Chapitre 1

Il l'a dit

Il l'a dit. On l'a entendu. Qu'a-t-il dit d'autre d'ailleurs que la nation ait retenu ?

À une cause, il faut un drapeau ; à une colère, une cible ; à une trahison, il faut une formule dont la sonorité reste comme enregistrée dans les oreilles.

Donc, François Hollande l'a dit. Et rien de tout ce qu'il avait dit avant, rien de ce qu'il devait dire ensuite n'a, à ce point, marqué les esprits : « Mon adversaire, c'est la finance ! » Ce n'était pas une improvisation. Un propos lancé à l'improviste. Non : c'était écrit. Sans doute pas par lui, mais qu'importe. Ce fut dit. « Mon adversaire, c'est la finance ! »

La campagne présidentielle du candidat Hollande, champion par défaut parce que son concurrent avait donné sa verge pour se faire battre, patinait. Parti avec une avance asiatique, irrattrapable, il commençait à sentir le souffle de son poursuivant sur sa nuque. L'écart ne cessait de se combler. Il peinait. Il barbotait. L'autre cassait des briques quand lui portait sa pierre. « Berluspoutine » contre « Monsieur Perrichon ». Cahin-caïd face à cahin-caha. Urgence de redécoller. Ce fut le Bourget.

Relisons. François Hollande venait de décliner cette évidence (devenue ensuite pour ses derniers affidés une aberration) : « Il n'y a jamais, je dis bien jamais, une seule politique possible. » Puis, après avoir signé cette sentence

– qui vaut excommunication, quand on est le parti au pouvoir –, il ajoutait (et ces secondes sont de celles qui pèsent des tonnes dans un destin individuel) : « Je vais vous confier une chose, je vais vous dire qui est mon adversaire, mon véritable adversaire. Il n'a pas de nom, pas de visage, pas de parti, il ne présentera jamais sa candidature. Et pourtant il gouverne. Cet adversaire, c'est le monde de la finance. »

C'était dit. Ça lui avait arraché la gueule, mais il l'avait dit. On lui avait fait dire. Le général Cambronne, le fidèle des fidèles, passa sa vie à jurer qu'il n'avait jamais prononcé son mot. Son fameux mot. Ce mot de cul sorti de sa bouche. Mais le mot de Hollande, pas à barguigner : il l'avait dit. Il l'a dit. D'autant qu'il ajoutait, comme un écrin à la phrase bijou – écoutons bien car les derniers quarante-cinq tours sont devenus introuvables : « Sous nos yeux, en vingt ans, la finance a pris le contrôle de l'économie, de la société et même de nos vies. Cette emprise est devenue un empire (bien dit !). Face à elle, à cette finance, des promesses de régulation, des incantations du "plus jamais ça" sont restées lettre morte. La finance s'est affranchie de toute règle, de toute morale, de tout contrôle. » Fulgurant morceau de bravoure. Hollande au Bourget comme Jean Jaurès au Pré-Saint-Gervais eût mérité d'être publié dans la collection « Les classiques du peuple ».

C'est la dernière fois qu'on entendit un dirigeant socialiste tenir des propos immédiatement compréhensibles.

Qui l'ignore, désormais, ce n'est pas le tribun du Bourget qui a contraint la finance, c'est la finance qui a contraint l'orateur devenu président. C'est elle qui a gagné sans avoir eu à livrer la moindre bataille. Avant même le premier round. Par abandon. Gant jeté. Ce n'est pas Hollande qui a fait changer de ligne, fût-ce d'un chouïa, le monde de la finance - lucide, il n'a même pas essayé -, c'est le monde de la finance qui a imposé sa ligne à François Hollande. Tout de suite. Dès le premier coup de gong. Avant même le premier coup de poing.

Certes, cette saillie-là, Hollande, le vrai Hollande, ne l'a jamais portée. Elle lui était ce que la « Chevauchée des Walkyries » est à Offenbach ou au *Beau Danube bleu*. Mais il arrive, il arrive souvent, que même ce qu'on ne porte pas porte. Ainsi le fameux « Je vous ai compris » du général de Gaulle que ses auditeurs avaient trop bien compris. Ou le « La route du fer suédois est coupée » de Paul Reynaud. Où le « Casse-toi, pauv' con ! » de Sarkozy que les électeurs comprirent comme une invite. Donc, de tout ce que l'émetteur Hollande émit, c'est le seul message qui ait porté. Pourquoi ? Parce que ce que lui, en vérité, ne ressentait pas, ce qui n'était pour lui que musique d'ambiance, son « je vous ai compris » précisément, ses auditeurs, eux, le ressentaient et, à l'exception d'Alain Minc, le ressentent toujours. Et le ressentent profondément : leur ennemi, c'est la finance. À la réflexion c'était idiot, mais c'était le type d'idiotie qui ravit.

« Si, surenchérissait-il, la finance est l'adversaire, alors, il faut l'affronter avec nos moyens et d'abord chez nous, sans faiblesse. Cela commence avec le vote d'une loi sur les banques qui les obligera à séparer les activités de crédit de leurs opérations spéculatives ! » *Bis* !

La loi sur les banques, la vraie, impliquant la séparation du dépôt et de l'agiotage, on y a renoncé. Sans fanfare. En douce. Quelques « visiteurs du soir » à la manœuvre et ce fut enterré.

Suite du catalogue : « Les produits financiers toxiques, c'est-à-dire sans lien avec les nécessités de l'économie réelle, seront purement et simplement interdits. »

« Purement et simplement » : l'antiphrase par excellence. On les a purement et simplement préservés. Parole en l'air. A-t-on défendu cette proposition à l'échelle européenne ? Dans le cadre du G20 ? Même pas ! Charger Pierre Moscovici, il est vrai, d'affronter la finance, c'était comme charger Richard Virenque de la lutte antidopage.

Continuons : « Les stock-options seront supprimées. » Pas le début d'une esquisse d'une mesure allant dans ce sens. Elles se sont arrondi la panse. On les a défiscalisées un peu plus.

« Les bonus seront encadrés. » Ils sont restés bedonnants, les bonus ! Stock-options, parachutes dorés, retraites-chapeaux, primes d'entrée et de sortie, les revenus variables – à la hausse toujours – des pontes du CAC40 ont submergé leurs revenus fixes. Pas même la velléité de leur appliquer une clause de décence. Quand l'ex-patron de PSA, cinq ans de boutique et un échec flagrant, se fit attribuer un supplément de retraite de 300 000 euros par an, le ministère des Finances fit savoir qu'il était dans les clous. Et les 4 millions versés au naufrageur d'Alstom, il les empocha sans problème.

« Je renégocierai le traité européen issu de l'accord du 9 décembre 2011 pour lui apporter la dimension qui lui manque. » On n'a rien renégocié du tout.

On prétendait imposer à Angela Merkel une renégociation du « pacte de stabilité » : c'est Angela Merkel qui imposa, au nom du pacte en question, sa conception de la stabilité.

Heureusement pour François Hollande, on s'était tellement focalisé sur le refrain emblématique – « mon adversaire, c'est la finance ! » – qu'on a fini par occulter les couplets. Celui-là, par exemple : « Présider la République, c'est démocratiser les institutions. J'introduirai une part de proportionnelle à l'Assemblée nationale et le droit de vote des étrangers aux élections locales, en mettant de côté les frilosités et les conservatismes. »

Est-ce sa faute si les frilosités et les conservatismes ne se sont pas laissé mettre de côté ?

Au cours du face-à-face qui l'opposait à Nicolas Sarkozy, lors du second tour de l'élection présidentielle, il était revenu à la charge : « Moi, président de la République, j'introduirais la représentation proportionnelle pour les élections législatives de 2017, car je pense qu'il est bon que l'ensemble des sensibilités politiques soient représentées au Parlement. »

« Moi, président » n'en a strictement rien fait.

Question : la faute majeure fut-elle de dire ou de ne pas faire ? La démagogie ou la tromperie ? En fait, un mélange des deux. Il y avait des engagements qui n'auraient pas dû être pris, mais aussi des promesses qui auraient dû être tenues. Celle-là, en particulier.

La « grande trahison », écrivais-je à l'époque, a eu cet effet délétère : puisqu'aucune projection ne tient, aucun projet ne vaut. La crise du « dire », entraînée par la déliquescence du « faire », débouche sur un naufrage du « vouloir ».

On l'a oublié - ça vaut mieux -, François Hollande n'en resta pas à ses déclarations de guerre à la finance. « Une minorité de Français privilégiés, lança-t-il, se sépare du reste de la société. Ils vivent à côté de nous, mais ils ne vivent déjà plus avec nous. Parfois, ils ne vivent même pas chez nous. Je serai le président de la fin des privilèges, parce que je ne peux pas admettre que pendant ce temps-là, pendant que certains s'enrichissent sans limites, la précarité s'étende, la pauvreté s'aggrave et huit millions de personnes vivent au-dessous du seuil de pauvreté. »

Et d'ajouter : « C'est pour la justice que je veux que les revenus du capital soient taxés comme ceux du travail. Qui peut trouver normal qu'on gagne plus d'argent en dormant qu'en travaillant ? »

Peut-être n'était-ce pas normal mais, à cette anormalité, en fin de compte, on n'a pas touché.

Il fut certes prévu, de façon totalement improvisée, au moment où les écarts avec Nicolas Sarkozy se rétrécissaient de nouveau, d'imposer à 75 % la part des rémunérations dépassant un million d'euros par an. La proposition fut retoquée par le Conseil constitutionnel. Ouf ! On ne demandait que cela. On aurait pu porter la barre à deux millions, mais non... On passa le tout à la trappe.

Le Parti socialiste, lui aussi, avait son programme qu'il distribuait sur les marchés. On pouvait y lire – cette prose est devenue quasiment introuvable : « L'absence de recours abusif aux emplois précaires sera une condition pour conserver le bénéfice des exonérations de cotisations patronales. » C'était clair. Mais ce fut oublié. On ne saurait citer un seul exemple d'un cas où les exonérations de cotisations patronales auraient été sucrées pour cause d'abus d'emplois précaires. « Il faudra, lisait-on encore dans ce document, renchérir le coût des licenciements collectifs pour les entreprises qui versent des dividendes ou qui rachètent leurs propres actions. » C'était toujours clair. Mais ce fut oublié. On a, au contraire, initié des licenciements collectifs pour pouvoir faire remonter le taux des dividendes.

« Nous instaurerons une obligation de remboursement des aides publiques en cas de licenciements collectifs non justifiés. » C'était clair, mais ce fut oublié. François

Hollande lui-même y avait ajouté son grain de sel : « Je créerai un tarif progressif de l'eau, comme du gaz et de l'électricité, qui garantira, au moins pour un certain volume, un prix stable. » C'était clair, mais ce fut oublié.

Qui s'en souvient : lorsque Hollande tira un trait sur l'essence même de son discours de campagne pour se rallier à une politique de relance par l'offre - et seulement par l'offre - impliquant que l'on donne la priorité à la « baisse du coût du travail » et que cinquante milliards furent recyclés en faveur des grandes entreprises - des grandes -, l'ensemble du pouvoir médiatique, gauche et droite confondues, de *Libération* au *Figaro*, poussa des cris d'enthousiasme : enfin, on était redevenu raisonnable.

Chapitre 2

L'affaire Leonarda ou l'horreur médiatique

J'avais, pendant la période électorale de 2022, bénéficié, dans un hebdo exemplairement indépendant, d'une totale liberté d'expression. À une petite exception près : ne pas critiquer les médias.

Ce qui pouvait s'entendre si l'absolu déclin de l'influence des partis politiques, des syndicats, de l'intelligentsia, des Églises ne faisait pas des médias, et particulièrement des nouveaux médias, les influenceurs « numéro un », sinon, désormais, uniques.

L'emprise des extrémismes sur la sphère médiatique (et de certains médias sur les extrémismes) découlait et découle d'une radicale mutation, dont l'irruption des réseaux sociaux et l'émergence des télévisions d'information en continu furent les brutaux révélateurs.

Une affaire absolument emblématique en fut l'illustration. Ce qui me conduisit à mettre en garde, dès 2014, sur ce que j'appelais, dans un petit livre, « l'horreur médiatique ».

À L'origine, quoi ? D'abord une semaine médiatiquement creuse. Sur quoi se greffa une boulette : l'expulsion, après que toutes les formalités juridiques avaient été respectées (quatre recours retoqués), d'une famille rom présumée kosovare en situation irrégulière (c'est-à-dire qui s'était introduite illégalement en France). Une reconduite sur près de 30 000 par an. Dans le pays supposé d'origine.

Mais l'une des six enfants, une jeune fille de quinze ans, était collégienne et participait à une sortie dans le cadre scolaire. On l'intercepte. C'est, en réalité, un membre du réseau « Éducation sans frontières », plutôt immigrationniste (et qui sera ensuite désavoué par son organisation), qui avait prévenu les autorités pour éviter que la jeune fille ne soit séparée de sa famille. Il expliquera, plus tard, que dans l'intérêt des autres familles de sans-papiers, il fallait que celle-là, caricaturale à souhait, soit effectivement expulsée.

N'empêche : le système informatif traversait une zone vide. Il fallait nourrir. Combler. Leonarda, c'était son nom, tombait du ciel. Elle devint instantanément une icône. « Une star de la télévision », comme elle s'en réjouira elle-même. Élève modèle, bien sûr, archétype de l'intégration réussie, arrachée brutalement, devant ses camarades horrifiés, à son école par des pandores sans cœur. Tout était faux, qu'importe ! C'était insupportable. Ça permettait de maintenir l'écoute. Six minutes d'interview en direct depuis le Kosovo en ouverture du journal télévisé. C'est tout juste si on ne mit pas en place un duplex avec l'Élysée. D'ailleurs, François Hollande - et il le payera cher - s'adressera, par petit écran interposé, à ladite Leonarda, qui l'enverra allègrement sur les roses. L'information en continu permit de partager le petit déjeuner, le déjeuner et le dîner de la famille kosovare, dont on apprit, au demeurant, qu'elle n'était nullement kosovare, que le père avait menti pour pouvoir prétendre qu'il avait fui un pays en guerre (« j'entends le bruit des bombes », affirmera même l'une de ses filles à l'un des interviewers), qu'il avait acheté son certificat de mariage et que, en réalité, tout ce petit monde nous venait d'Italie où, avoua candidement le chef de famille, peu tenté par « l'exploitation » salariale, il courait « l'assistanat social ».

Le scandale n'en prend pas moins une dimension démente. On a des bleus à l'âme - et même ces bleus on peut les battre en neige - comme on a des ulcères à l'estomac. Chaque média fouette compulsivement la crème. Les grandes indignations jouent à saute-mouton avec les grands sentiments. Le cœur a ses déraisons que la raison médiatique feint d'ignorer.

Comment ne pas s'indigner : on a arraché brutalement, « sadiquement » dira-t-on, pour la déporter - qui, la Gestapo ? - une écolière qui aurait pu être juive, qui l'est presque, à son école, ce sanctuaire, comme une vestale arrachée à son temple, pour la livrer à une soldatesque grossière et barbare. Un ministre de l'Intérieur socialiste - socialiste, vous avez bien lu ! - s'était livré froidement, cyniquement, à cette monstrueuse ignominie : « Allô, monsieur le préfet du Doubs, vous n'avez pas sous la main une jeune collégienne vaguement tzigane qu'on pourrait aller kidnapper en pleine classe au milieu de ses camarades et embarquer, pour l'exemple, dans un convoi en direction des brumes de l'Est ? » Treblinka ? La Sibérie ?

C'est, en sourdine, ce qui fut suggéré par toute une fraction de la gauche et de l'extrême gauche, mais dont aucun média, fût-il de droite, ne démontra l'aberrante absurdité.

Il y avait un côté Laval chez ce Manuel Valls, ministre de l'Intérieur, qui s'échinait à livrer les enfants avec les parents. On dira « bestialité » ; on dira « infâme cruauté » ; on dira « rafle » pour suggérer une assimilation à celle du Vél d'Hiv ; on dira « chasse aux écoliers ». Une affaire Dreyfus matinale avec bol de café au lait, ça méritait qu'on tartine.

L'ultragauche, y compris médiatique, évidemment, s'engouffra dans la brèche. Les Verts s'y précipitèrent. Suivis par la gauche du PS, tellement meurtrie depuis des mois, tellement percluse de rhumatismes idéologiques, que l'occasion de se refaire, sinon une vertu, si possible une santé, était trop belle. Leonarda, comme la Madone de Lourdes, miracle dont on ose à peine suggérer qu'il était bienvenu.

Ce qu'on apprit, peu à peu, c'est que l'icône élève modèle avait manqué soixante-dix-huit jours de cours en un an, plus encore depuis la rentrée, ce qui contribuait fort peu à en faire le modèle d'intégration et de réussite scolaires décrit par la ministre écologiste Cécile Duflot.

Cependant, on eut droit à un grand classique : quelques cortèges de lycéens mobilisés par un courant du PS, ce qui permit de décréter que « la jeunesse était dans la rue ! » En l'occurrence, un sondage indiqua que 14 % seulement des lycéens soutenaient le mouvement en question et, un autre, que c'était parmi la jeunesse, hélas, que le Front national obtenait ses meilleurs scores.

Semaine lamentable : les médias, tous formats confondus, enfourchèrent les délires qu'ils auraient dû dompter. Car tout fut dit. Osé. Déclamé. Du lourd : Hitler, les nazis, le racisme, les rafles, les déportations d'enfants, la bestialité, l'abjection, la réduction de la droite du PS à l'extrême droite fascisante. Aucune digue, aucune retenue, aucune limite.

Pourquoi s'abstint-on de tout appel à la décence ?

Pourtant, l'époque était plutôt à la chasse obsessionnelle aux « dérapages ». À la traque de la petite phrase incorrecte. On était même parvenu à faire de l'ultra judéophile et israélophile Georges Frêche un antisémite patenté. Mais Valls identifié à René Bousquet : aucun problème ! L'affaire Leonarda fut le *Titanic* de la nouvelle « médiacrature ».

Mais avant ?

Trois jeunes militants de la droite ultraradicale rencontrent trois jeunes activistes de la gauche ultraradicale dans une vente de fringues que leurs deux factions affectionnent. On se défie. Le plus fluet des extrêmes gauchistes provoque les fachos. On se retrouve à la sortie. Castagne. Le jeune « antifa » tombe. Il ne se relèvera pas. Dès le lendemain, à en croire certains médias, pas de droite ceux-là, la « bête immonde » menace la République. Les hordes brunes sont à nos portes. Au risque que l'hystérie se retourne une fois de plus contre elle-même. À crier au loup…

Ensuite, on eut droit au « tueur fou » dont l'originalité est qu'il n'avait tué personne. Un anarcho-dingue avait fait irruption, fusil à pompe au poing, à BFMTV. Il avait, c'était le plus grave, grièvement blessé un photographe de *Libération*. Or, on nous fit la totale : « la France a peur », « un monstre dans la ville ». « C'est la République et la liberté de la presse qu'on cherche à assassiner ! »

Cette équipée sauvage prouvait quoi ? Rien. Mais, sans attendre, on fit en sorte qu'elle prouve tout ce qu'on désirait qu'elle prouvât.

Précédemment, à propos d'un déraillement de train en gare de Brétigny, remake de psychodrame, surenchère de déraison. Délires vindicatifs. À lire tel quotidien conservateur, il semblait presque évident qu'il s'agissait d'un attentat perpétré par des délinquants de banlieue, arabes bien sûr, naufrageurs des temps modernes, désireux de piller le convoi et de détrousser ses passagers. Concentré de fantasmes.

En 2022, on aura droit, pendant deux mois, à la description d'une France privée d'électricité avec bébés s'éteignant dans leur couveuse et vieillards transformés, dans les Ehpad, en blocs de glace.

On s'interroge : aujourd'hui, un double meurtre en forêt de Saint-Germain ferait-il l'ouverture des journaux télévisés au détriment du serment du Jeu de paume ? la finale d'un tournoi à Roland-Garros avant la prise de Constantinople ? une gaffe de Madame de Récamier avant les victoires de Bolivar au Venezuela ?

Qui en doute : l'excommunication de Jan Hus, l'affichage des propositions de Luther, la condamnation de Thomas More, les premières de *Hernani* ou de *Pelléas*, la sortie *Du contrat social* ou *De l'Esprit des lois*, l'exposition du *Déjeuner sur l'herbe* de Manet ne figureraient peut-être même pas, aujourd'hui, parmi les titres principaux des journaux radio et télé. Le « J'accuse » de Zola, lui, aurait le droit aux revues de presse, mais avant que les chaînes d'info en continu ne fassent défiler, pendant une semaine - car tel était, à l'époque, le rapport de force -, trois patriotes indignés et un gaucho antisémite pour un dreyfusard bon teint.

Paradoxe : l'information est sans doute plus libre, plus approfondie, plus indépendante qu'elle ne le fut hier. Ou, du moins, la plupart des journalistes sont-ils plus libres, plus indépendants, plus pétris de déontologie qu'ils ne l'étaient hier. Mais la concentration, la restriction du pluralisme, la mainmise de l'argent, l'emprise des extrêmes ayant permis de réconcilier toutes ces tares), la tentation de l'extrémisme, en particulier chez certains jeunes journalistes comme suppléance aux trous dans la raquette du savoir et, surtout, le bousculement de la presse classique par les réseaux sociaux et les chaînes hystérisantes, a creusé plus profondément encore le fossé qui sépare les usagers, sujets et objets de l'information, de l'information elle-même. La retraite à 64 ans ? Un retour au Moyen Âge !

À l'occasion d'une conférence que j'avais donnée dans un lycée, des professeurs avaient effectué un sondage : 92 % des élèves s'informaient par les « réseaux sociaux », 8 % par la radio, moins de 2 % par la presse écrite.

Qui n'a fait cette expérience ? Un wagon de métro ou de train de banlieue archicomble : pas de journal. Pas un lecteur de journal. Rideau... Les ventes de la presse en kiosque sont tombées plus bas que les salaires des fonctionnaires grecs. Et sur les sites internet des grands quotidiens qui brassent, eux, des millions de unes, toute extrême radicalité fait prime.

Chapitre 3

Comment le lepénisme est devenu une alternative

La radicale mutation du Front national de papa sous les répétitifs coups de tête de la fistonne, ce passage d'un parti de l'anti-pouvoir en parti du contre-pouvoir, puis en parti de prétendant au pouvoir, on ne voulut pas le voir. Donc on ne le vit pas.

Or, que s'était-il passé au sein de cette PME endogène qui venait de rafler plus de 25 % de parts du marché électoral ? Précisément la conséquence de ce passage au statut de grande entreprise.

Le père fondateur, une sorte de brontosaure rescapé de toutes les préhistoires de la France paléolithique - la contre-Révolution, l'affaire Dreyfus, le pétainisme et l'OAS -, Français de vieille souche - celle, « triasique », qui remonte à la surface lors des séismes -, avait créé sa petite boutique, non pour agir sur le futur, mais pour rentabiliser les nostalgies. Pour, en s'ancrant résolument dans le passé, du présent faire table rase. Quitte, pour ce faire, à dépouiller les petites vieilles ou à capter les héritages.

Affluèrent donc, dans ce musée Grévin, les orphelins du Maréchal, les ex-« petites mains » de la gégène, les collabos à peine blanchis, les décorés de la Francisque (sauf un), les plastiqueurs reconvertis, tous ceux qui s'étaient retrouvés à telle ou telle occasion exclus du sens de l'Histoire. Entreprise de recyclage, sinon de nettoiement. Heureusement, il n'y avait plus de descendants des massacreurs de la Saint-Barthélemy !

L'ex-député para, tortionnaire d'occasion, avait, d'ailleurs, avant d'inventer le Front national, créé une société spécialisée dans le remixage ou le réenregistrement de vieux tubes politiquement incorrects, chants de marche SS ou hymnes bolchevico-staliniens (on n'est pas sectaires !), cantiques intégristes ou goualantes anarcho-monarchistes, marches franquistes et hymnes des républicains espagnols mêlés.

Or, le Front national, pour Jean-Marie Le Pen, c'était un peu la suite de cette supérette de la subversion par la rengaine. Une structure de recyclage, la musique en moins, l'invective en plus. Une amicale pour éclopés idéologiques destinée à les réacclimater à leur sortie d'hôpital. Style para « tiens, voilà du boudin ! », blagues antisémites, bras levés en cachette, poing brandi en public, gros rouge et eau de Vichy. Instrument de conquête du pouvoir ? Quelle idée farce ? Non, mais occasion de se dégourdir par la castagne, de se biturer entre copains, de s'étaler dans la cochonnaille, de chanter des horreurs en levant le coude sinon le bras, de rappeler le bon temps des colonies et, accessoirement, de « baiser » en groupe et en détail. Puis, une fois repus et déseméchés, de s'offrir une toile, en l'occurrence un passage à la télévision, ce qui permettait de lâcher une saillie susceptible de faire le buzz, c'est-à-dire la manchette des journaux de gauche. Extase suprême : reluquer sa binette à la une. L'afficher sur les murs de son bureau. Sous tous les angles. Le Pen était un fan de Le Pen comme César était un fan de César, l'un et l'autre parlant d'eux-mêmes à la troisième personne.

Pour le « menhir », comme le nommaient ses admirateurs pour souligner son côté néolithique, choquer s'apparente alors à une sorte de coït. L'acte lui procure de la jouissance. Le scandale vient après comme la cigarette après l'amour. Le FN rêvé de Le Pen, c'était d'abord cela : une salle de spectacle, un cabaret et une sorte de chabanais où l'on se donnait du plaisir en faisant de soi-même un objet d'exhibition.

Donc, lorsque le patriarche transmit la boutique à son héritière, la plupart des commentateurs relevèrent paresseusement : « tel père, telle fille, ça ne change rien ! »

Ça changeait tout en réalité. Tous ceux qui héritent d'une PME qui a grossi pour devenir plus performante, c'est bien connu, commencent à lorgner en direction du CAC40. Ils vendent les filiales les moins rentables pour devenir leader sur le marché principal.

Marine n'avait évidemment pas l'intention de se contenter du rôle de cheftaine « pédégère » d'une entreprise de spectacles, sauteries, cotillons et banquets antirépublicains. Elle se mit en tête de transformer le « truc à papa » en instrument de conquête du pouvoir. Surtout, et il est stupéfiant qu'on ait mis tant de temps à s'en aviser - quand on s'en est avisé ! -, elle entreprit d'en changer le logiciel. Comme tout héritier. Ou héritière.

Le vieux était réac de chez réac. Antisémite, obsessionnellement, vichyste, monarchiste, catholique traditionaliste sinon intégriste de posture - un vrai intégriste, qui ne recule devant aucun péché -, accro à l'Algérie française perdue jusqu'à l'obsession monomaniaque, rétrograde en matière sociale et ultralibéral façon Reagan ou Thatcher en matière économique. Elle, certes, côté immigration, xénophobie, surenchère sécuritaire, nationalisme, souverainisme, côté arabophobie garda le fonds de commerce. Mais le reste, la panoplie complète du facho de carnaval, elle le largua. Jusqu'à draguer la communauté juive au nom de son islamophobie, quand le père, envers l'islam, avait des tendresses qui remontaient de loin. Jusqu'à préférer des talents gays à des nullités hétéros. À l'évidence, le pétainisme et l'OAS lui parlaient autant que le règne de Philippe Auguste ou le ministère Polignac. Voilà même qu'en matière économique et sociale, elle se déportait presque, du moins verbalement, à la gauche de ce qu'était devenu le PS (augmentation du SMIC, 35 heures, retraite à 60 ans). Un soupçon de chevènementisme en prime : souverainisme, dirigisme, keynésianisme.

Répétons-le – bien que la gauche n'ait rien vu –, car cela s'avéra l'un des tournants idéologico-politiques les plus décisifs de la décennie (son enracinement dans une ex-ville minière du Pas-de-Calais n'y étant évidemment pas pour rien) : elle préempta d'un même élan les deux rejets qui taraudent la France dans ses profondeurs, rejet de l'idéologie post-soixante-huitarde en matière sociétale et du bulldozer néolibéral en matière économico-sociale. La gauche surfait, entre deux trahisons, sur l'un des deux rejets et la droite, entre deux démissions, sur l'autre. Elle, elle se coltina les deux.

Retour aux sources en somme : celle du Mussolini du début des années 1920. Chauve-souris, à la droite de l'UMP, voyez mes poils ; à la gauche du PS, voyez mes ailes.

Je voulus en avoir le cœur net : au cours d'un long déjeuner (chez moi car, au restaurant, ça aurait fait jaser), je lui fis remarquer qu'elle renouait, en fait, avec les fondamentaux du fascisme originel, celui de 1922 en Italie ou de la tendance Gregor Strasser en Allemagne. Cela ne la choqua nullement. Elle connaissait parfaitement ses classiques.

Alors, le paternel comprit qu'on lui avait volé son jouet : que sa spécialité, le détournement d'héritage, on l'avait retourné contre lui ; que l'objectif n'était plus de se bourrer la gueule en hurlant des chants paras ; qu'on ne se contenterait pas de garder « l'affaire » en son nom ; que sa fille, en plus, faisait électoralement mieux que lui qui ne se prenait pourtant pas pour une crotte de bique ; qu'en conséquence on l'avait mis sous cloche, étiqueté garanti d'époque - pour ne pas dire « vieux con » - et comme, pour Le Pen, égocentrique et narcissique à en remontrer à Sarkozy et à Macron, il n'y avait qu'un Le Pen qui comptait, comme son cinéma, il avait l'habitude de ne le projeter qu'à l'aide de sa propre bobine ; comme à la suite d'une étrange mutation morphologique son cervelet avait fait corps avec son nombril, humilié et rageur, il décida de casser son bijou.

Marine avait aspergé la vieille baraque de désodorisant. Lui, chaque fois qu'il y entrait, commençait par péter.

Quand la fêlure se transforma en rupture, en rupture féroce, au point qu'elle en arriva à exclure son paternel de son œuvre, on continua à gauche, à fermer les yeux et à se boucher les oreilles : « c'est du cinoche ! » Une comédie jouée pour donner le change.

On s'était mentalement structuré par rapport à un Front national à la fois ultralibéral, ultra-réactionnaire et, au fond, antidémocratique et antirépublicain ; il n'était donc pas question de prendre acte d'un changement de posture, qui aurait nécessité un inconfortable changement de stratégie défensive. Vous n'allez tout de même pas nous bousiller l'image du faire-valoir diabolique que nous nous sommes confectionnée pour le repos de notre réflexion et le confort de notre intelligence. On se contenta de tourner la manivelle du moulin à prières.

Donc, même confrontés à l'évidence, on ne bougea pas d'un cil. L'ennemi avait totalement remanié le dispositif de ses troupes et radicalement reconsidéré la direction de ses mouvements. Qu'importe ! À la stratégie qu'on lui opposait, on ne changea rien. Mieux : au moment où cette « extrême droite » larguait, en paroles, ses années 1930, l'extrême gauche, elle, revenait à ses années 1920 !

Chapitre 4

Sécession culturelle

Dira-t-on à quel point l'utilisation quasi obsessionnelle du qualificatif « populiste », en particulier par une gauche en déshérence de peuple, a contribué, considérablement contribué, à ce qu'on en arrive là : à la normalisation des extrêmes. Pourquoi ? Parce qu'au véritable « populisme », qui se définit par un rejet des élites qui ne pensent pas « comme nous », a répondu une forme d'élitisme d'auto-enfermement, lequel s'est forgé dans le mépris de toute accession du « vulgaire » à une compréhension de ce que, seul, on se targue d'être capable de comprendre. D'où le repli sur « l'entre-soi ». L'arrogance auto-protectrice. L'auto-enfermement dans un ésotérisme barbelé.

Il devint de bon ton, en haut, de stigmatiser le « repli frileux » de ceux d'en bas. Mais qui, en vérité, se recroquevillait le plus ? Car du côté de la haute dominance technocratico-intellectuelle aussi, et sans doute plus encore, il y eut repli sur soi. Séparatisme. Sécession d'avec un public qui « ne nous mérite pas ». Qui n'est pas tout à fait « digne de nous ». Au point qu'il fallait se tenir hors de ses miasmes. L'abscons comme carapace. L'imbitable comme prophylaxie. Telle la burka pour les femmes afghanes.

Nous touchons là à l'essentiel. Ce qui se disait tout en haut était de plus en plus inaudible, non seulement en bas mais partout ailleurs. Incommunicable au-delà des cercles qui produisaient ce langage aux fonctions autoprotectrices. Comme l'argot au fond. Ou le dialecte des joueurs de golf. Le jargon technocratique participa du même processus aristocratisant qu'un certain charabia intello-narcissique, qui caractérisait l'expression, à gauche, de sociologues ou de philosophes qui n'en parlaient pas moins au nom du peuple - un peuple qu'on avait préalablement raturé. Comme si on ne s'exprimait pas pour être entendu, comme si on n'écrivait pas pour être lu, mais pour être reconnu et adoubé par la confrérie.

Le technocratisme et l'intellectualisme, ces auto-enfermements culturels à finalité socialement séparatiste (les torchons refusent de se mélanger avec les serviettes), deux formes de protectionnisme social en vérité, boostèrent puissamment le basculement de l'électorat populaire vers l'extrême droite. Combien d'insignes couillonneries furent-elles prétentieusement, logomachiquement, transformées en plongées d'une insondable profondeur pour être certain de larguer le vulgaire pecus nageant en surface ?

Se souvient-on, sans même remonter aux *Misérables* ou aux *Mystères de Paris*, que des œuvres romanesques - *Le Pain noir, Hôtel du Nord, La Maternelle, La Guerre des boutons* - obtinrent le prix du roman populiste, comme *Le Quai des brumes* le prix du film populiste. Rien de péjoratif, alors, dans ce qualificatif. Au contraire. Écrivains populistes ? Léon Lemonnier ou André Thérive en furent fiers. Sans parler de Louis Guilloux, l'admirable auteur du *Sang noir*. Toucher le plus possible d'autrui l'emportait sur la tendance à se tartiner soi-même comme seul autre digne de soi.

C'est tout bête : quand le peuple était dans les livres, il était dans la République. Le « je » n'étouffait pas les moindres tressaillements possibles du « nous ». Le narcissisme n'avait pas encore atteint des altitudes himalayennes. Le nombril n'était qu'un personnage parmi d'autres. Un roman pouvait s'appeler *La Condition humaine*. On avait créé un Théâtre national populaire : le qualificatif ferait presque tache aujourd'hui. Jean Vilar et Gérard Philipe allaient au peuple à Avignon ; aujourd'hui, le peuple d'Avignon s'écarte quand le Tout-Saint-Germain-des-Prés vient à Avignon.

Au fait, on vote comment à Avignon ? à Carpentras ? à Orange ? Orange, qui fut municipalité communiste et où, désormais, au second tour, une fraction de l'extrême droite affronte une autre fraction de l'extrême droite !

Dans le sillage d'un Parti communiste qui prétendait l'exprimer, l'exprima souvent pour le meilleur, c'est tout un pan du monde ouvrier qui accédait à une expression et à une écoute culturelles. Cette écoute lui était d'autant plus accessible que, fût-elle transcendée, elle était vécue. Ce miracle prit fin avec le Parti communiste lui-même. Pourquoi les lecteurs et lectrices d'Aragon, même préparés par Marguerite Duras, se seraient-ils abandonnés aux délices de Christine Angot ? Quand le « moi », touillé comme une ratatouille, devient le personnage principal, quel « nous » peut-il s'y identifier ? Combien des aveuglements que l'on reproche, aujourd'hui, à notre grand journal progressiste, ont-ils été confortés, non par les journalistes, mais par des cohortes de sociologues déconnectés de leur propre champs d'investigation qui s'acharnèrent à nous désigner ce qu'il convenait, pour des raisons idéologiques, de ne pas entendre et de ne pas voir.

On assista, certes, à une montée en puissance de la diffusion des biens culturels, en particulier au sein des classes moyennes des centres urbains. Le succès des grandes expositions de peinture en témoigne. Mais le public le moins embourgeoisé se sentit exclu - ou fut exclu - de ces espaces à « entrée » très payante qui exigeaient quasiment passeport capacitaire. La culture, moyen devenu finalité, n'était plus un pont, c'était devenu un monde. Un monde enfermé qui récusait les ponts. Un moyen de reconnaissance. La gauche intellectuelle en arriva à théoriser l'assimilation de tout ésotérisme à une certaine forme de « progressisme ». Le plus évident compliment était : « œuvre difficile ! » Comprendre devenait louche. L'intelligentsia « progressiste » redécouvrit avec ravissement les joies des classifications nobiliaires et des hiérarchisations aristocratiques. Elle se confectionna des goûts de référence comparables à des rubans qui auraient décoré d'invisibles habits de Cour. Répudiation, par la culture Yves Saint Laurent, de la culture en blouse ou prête à porter. Effet de mode chic contre mode de l'effet choc. Résultat : les « années dernières à Marienbad » de la veille durent s'effacer devant toutes les « grandes vadrouilles » du surlendemain. Le philosophe le plus emblématique devint celui qu'on ne lisait pas. Surtout pas. On s'est beaucoup moqué des réactions conservatrices qui accompagnèrent, en particulier à la fin du XIXe, la tenue des grands salons de peinture et de la multiplication, en réaction à ses frilosités, des « salons des refusés ». Des contre-salons.

Mais, au moins, les œuvres exposées suscitèrent-elles de furieux débats auxquels la presse faisait largement écho. Débats dont un Diderot au XVIIIe siècle, et au XIXe un Baudelaire ou un Théophile Gauthier furent partie prenante. Les controverses touchèrent un vaste public. Les exclusions de certaines œuvres contribuèrent, souvent, à leur découverte et à leur célébrité.

Delacroix dut le fait de s'être finalement imposé aux vives polémiques qu'accompagnèrent la sélection de sa *Barque de Dante* ou de *La Mort de Sardanapale*, de même que les hurlements indignés que provoqua *Le Déjeuner sur l'herbe* imposèrent finalement le génie d'Édouard Manet.

Un tableau comme le *Rolla* d'Henri Gervex, d'un érotisme torride il est vrai, connut une exceptionnelle célébrité grâce à son exclusion du Salon.

Picasso, dans les années 1920, ou à l'inverse, le « réalisme socialiste » dans les années 1950, générèrent encore de telles passions.

Qu'elles sont, en revanche, les œuvres picturales qui, de nos jours, mobilisent et agitent des enthousiasmes ou des répulsions ? Ou même suscitent des intérêts contradictoires ?

Tout est accepté, c'est un progrès. Rien n'alimente plus les passions, c'est une régression.

L'art moderne, comme la musique moderne, pour une immense majorité de la population, ce n'est nullement l'art vivant d'aujourd'hui, ce sont des œuvres de l'entre-deux-guerres qui datent, au mieux, de trois quarts de siècle.

Les grandes expositions font le plein. Les classes moyennes s'y précipitent, mais le rapport à l'art est devenu un rapport de classes.

Alexis de Tocqueville répliquait - déjà -, en 1848, à des marxistes avant l'heure, que ce n'étaient pas les « conditions matérielles » qui avaient précipité la Révolution de 1789, mais le mouvement des idées. Idées qui avaient pénétré au tréfonds des masses et contribué à l'accélération des événements annonciateurs de 1789. Certes, on n'avait pas massivement lu Jean-Jacques Rousseau ou l'abbé Raynal (encore moins d'Holbach et ou Helvétius), mais des éléments de leur pensée circulaient. Ensemençaient. Quelle est, aujourd'hui, la pensée du plafond dont, ne fussent que quelques éléments, circulent au niveau du plancher ? La graine de pensée ou la pensée graine. Le seul rapport qui se soit noué entre base populaire et intellectuels médiatiques est un rapport de rejet. Pas de Voltaire. Ni même de Sartre. Mais Deleuze ! On a, certes, transformé quelques penseurs en icônes, cela signifiait qu'il fallait les vénérer mais surtout pas les approcher. Les lire ? Est-ce qu'on lit une relique ? Les noms des premiers couraient. Le second, Deleuze, on vous demandera dans quel club il jouait.

L'« intellectuel » que l'on connaît, et que l'on se complaît à détester, dans les espaces qui ne prennent pas la lumière, c'est BHL. Et celui que ses fans et ses contempteurs faisaient semblant d'avoir lu, c'était Éric Zemmour. C'est dire !

Or, quand les idées (c'est-à-dire ceux qui les émettent), bégueules, se détournent du monde réel pour se renfermer dans le leur, que reste-t-il ? Les « conditions matérielles ».

Est-ce un hasard si les librairies généralistes, hors des centres des grandes villes, ferment l'une après l'autre ? Que sont devenus les théâtres qui quadrillaient la France profonde ? Ou, mieux, les cinémas, quand ils n'ont pas fait place à des hypermarchés ?

Deux mondes : l'un qui ne rechigne à aucune forme de « modernité ». C'est un progrès. Il avait ignoré Van Gogh, il accepte tout pour le faire oublier, le meilleur et le pire (ce qui n'est pas grave). Même un rond noir sur fond noir. Il accepte de beaucoup et longtemps s'ennuyer pour ne pas avoir d'ennuis.

Mais l'autre monde ? Coupé d'une musique « contemporaine » qu'il n'entend plus, d'une peinture « contemporaine » qu'il n'écoute plus, d'un théâtre « contemporain » qui ne le transporte plus et qui, de toute façon, sauf exception, n'arrive pas jusqu'à lui, d'une littérature contemporaine qui ne s'adresse plus à lui, sur quoi se rabat-il ? Sur Marc Lévy, Jean-Marie Bigard, les succédanés de *Boeing Boeing* et le calendrier des Postes.

Comment accéder à un livre dont, déjà, la critique vous paraît rédigée en tamoul ? N'est-il pas significatif que la culture, la littérature, la philosophie aient été renfermées dans les « cahiers spéciaux » des journaux, c'est-à-dire dans des ghettos où l'on peut rester entre soi ? Protégé des nuisances de la réalité quotidienne. Comme si l'on extrayait le « vivant » de la vie. Façon de mettre en garde : domaine réservé. Pas pour le menu fretin.

Lequel reste donc dehors.

La poussée lepéniste, ex-« frontiste », l'affaissement historique de la gauche, sa totale marginalisation dans des régions entières qui furent autrefois ses chasses gardées, plus que des analyses savantes, éclaire le constat qu'une abyssale faille s'est ouverte entre tout un pan de l'expression multiculturelle et tout un pan de la réalité vécue. Ou plutôt de ceux qui la vivent.

La culture, il n'y a pas que des « suppléments » pour ça. Il y a une radio, il y a une chaîne de télévision pour ça. Que des minorités exemplaires, divines, écoutent ou regardent. Alibi rêvé pour évacuer la culture de partout ailleurs. Des espaces culturellement réservés, comme les résidences chics. Ici, c'est le prix au mètre carré qui sélectionne. Là, c'est le langage.

On imagine à peine ce que certaines causes, quand il y avait des « Causes », incitaient certains à lire. L'espérance comme la colère étaient prescriptives. La formalisation de ce à quoi on aspirait inspirait. Les bonnes ventes accompagnaient le sens de l'Histoire, quand on croyait qu'elle avait un sens. Ou, ce qui revient au même, le refus de ce sens. Relire Nizan, Prévost, Malraux même : on rêve !

Que s'est-il passé ? Il est inconcevable qu'on ne se soit pas posé la question : le basculement politique a accompagné et suivi le basculement éditorial. Après Lavisse,

Zemmour ? Les meilleures ventes ne saluent plus que des nostalgies. Des incitations aux marches arrière. Ce qui touille la trouille. C'est la gauche qui avait fabriqué Dieudonné, lancé Houellebecq... L'extrême droite n'avait plus aucun effort à faire. Se répand, désormais, ce que la critique branchée débranche. Survit ce qu'elle fusille. Le progressisme trouve dans le best-seller la promotion systématique de son envers. De son contraire. Après Michelet, Villiers. Ce n'est plus *La Barbarie à visage humain*, c'est *Le Suicide français*. Réactualisation des *Décombres* de Rebatet. N'annonce plus des grands soirs, mais de longues nuits. C'est l'arrière-garde qui s'est portée à l'avant-garde. On est réac sous Hollande et Macron comme on était coco à la Libération. D'ex-soixante-huitards campent à la droite de Gengis Khan. À qui la faute ? Qui a désespéré Billancourt et Chaville ? Qui s'est laissé aller à déclasser tout ce qui était populaire comme hier, aux temps de la prégnance soixante-huitarde, tout ce qui était étiqueté « bourgeois » ? Qui a promu l'inaccessibilité en velours de la pensée : incommunicable donc sublime ?

Le délicieux plaisir d'être incompris a abandonné le terrain à la fureur sans contrepoids de toutes celles et ceux, qui n'avaient pas, eux, à se forcer pour être trop compris. Terriblement compris. Horriblement compris parfois. L'auto-enfermement de ceux-ci a permis à ceux-là de s'engouffrer dans toutes les béances.

Une autre forme de responsabilité vient de plus loin. La quasi-sanctification du « divin » marquis de Sade, le théoricien du plaisir que l'on prend à la souffrance infligée aux femmes ; certains accents de la préface de Jean-Paul Sartre à *Saint Genet, comédien et martyr* ; une lecture possible de Michel Foucault qui tendit à promouvoir toutes les formes de déviances et, au-delà, de délinquances, en pratique exemplaire de dissidence, c'est-à-dire de rejet des « pouvoirs », *a priori* délégitimés, fussent-ils les plus démocratiques, les plus républicains. En eut-on conscience ? Cela revenait à conforter le discours de la droite la plus réactionnaire, qui tendait, à l'inverse, à assimiler toute action de remise en cause de l'ordre social établi à une variété de déviances et de délinquances.

Cette idéologie, qui pénétra une partie de la pensée de gauche, contribua largement à la déconnecter des sensibilités - et des « vécus » - populaires.

Les racines du vote frontiste plongent dans ce terreau de déculturation et d'acculturation, qu'une certaine conception de la culture a désensemencé. Résultat d'une défaite de la pensée, dont certains institutionnels de la pensée ne sont pas tout à fait innocents.

Chapitre 5

Massacrer au nom de Dieu

Je les connaissais tous. La plupart étaient des amis. Wolinski, Cabu, Bernard Maris, une des rares exceptions au conformisme médiatique néolibéral du temps, dont nous avions publié tant de chroniques, Philippe Lançon, gravement blessé, qui avait fait partie de l'équipe de *L'Événement du jeudi*, Tignous surtout, dont l'exceptionnel talent m'avait accompagné de *L'Événement du jeudi* à *Marianne*.

Je n'oublierai jamais ce jour où, peu à peu, au téléphone, à mesure que l'information se vérifiait, on m'égrena les noms des victimes. Les nôtres. Comme un stylet qu'une actualité assassine, sadique, nous enfonçait à coups répétés dans tout ce qui en nous, à l'intérieur de nous, relevait du cœur ou de la raison.

Qui était l'assassin ? Le fanatisme. Le fanatisme clérical. Une fois encore. Une fois de plus. L'horreur ressentie fut-elle unanime ? Non ! Il y eut des exceptions. Et elles se manifestèrent où ? Dans quels rangs ?

À l'extrême gauche.

Des héritiers putatifs de Voltaire comprenaient presque qu'on ait immolé des incroyants pour provocation hérétique !

Les mécréants huguenots l'avaient bien cherché, qui n'hésitèrent pas à « caricaturer » les papistes ! Les mécréants albigeois réduits en cendres sur le bûcher de

Montségur ne firent que payer le prix de leurs propres caricatures.

Ce sont des profondeurs d'une gauche dite « radicale » que jaillirent, non pas les justifications mais les « compréhensions » du crime, comme en avaient jailli les « censures morales » de Salman Rushdie. Même en réaction à un fidéisme proclamé et intransigeant, l'athéisme proclamé et tolérant serait une provocation ! On ne plaisante pas avec les croyances. On les respecte. Même le créationnisme ? Même les adorateurs de l'oignon ?

Le délit de blasphème fut aboli, en France, dès 1830. On avança qu'il serait convenable de le rétablir. Parmi ceux qui le suggéraient, combien d'héritiers des *Possédés* qui criminalisèrent toute atteinte à l'image de Staline ! Les anticléricaux au feu, les agnostiques au milieu !

Au fond, même si on concédait à mi-voix que cela ne méritait pas la peine de mort, *Charlie Hebdo* avait péché. Par « islamophobie ». Concept dévastateur. Terroristophile.

De toute philosophie, on est en droit de se déclarer adversaire. Du kantisme comme de l'hégélianisme. Et même du cartésianisme. Pourquoi n'aurait-on pas le droit de réprouver les religions en général ou même d'être plus allergique à telle ou telle religion en particulier, comme on peut l'être à telle ou telle philosophie particulière ?

On a le droit d'être christianophobe comme Voltaire. D'être capitalistophobe ou marxistophobe ! Pourquoi n'aurait-on pas le droit d'être islamophobe ? Au même titre qu'être révulsé par l'athéisme donc athéophobe. Cela n'empêche nullement de se comporter en démocrate respectueux du droit d'expression, de manifestation ou de représentation de ce qu'on rejette. Fût-ce phobiquement. En reprenant à son compte, pour le pénaliser, le terme d'« islamophobie », la gauche s'interdisait, en rupture avec son propre héritage idéologique, toute approche ou critique rationaliste du phénomène religieux. Au pire, elle s'interdit, s'agissant de l'islam - ou du judaïsme –, ce qu'elle s'autorise encore s'agissant du catholicisme.

D'où, après l'enchaînement d'horreurs commises au nom du radical islamisme, la réitération en boucle de cette phrase particulièrement stupide : « cela n'a rien à voir avec l'islam ! » Angélisme auto-castrateur. Amnistie de l'intolérance au nom de la tolérance. Rien à voir ? Comme la Saint-Barthélemy, les croisades, l'Inquisition, le martyre de Giordano Bruno ou le soutien apporté par l'Église espagnole au régime du général Franco n'avaient rien à voir avec le catholicisme ? Comme les agissements des colons ultrareligieux juifs en Cisjordanie n'ont rien à voir avec le judaïsme ? La condamnation au bûcher de Michel Servet par la Genève de Calvin, rien à voir avec le calvinisme ? Les dérives de l'Église luthérienne allemande, sous le nazisme ou le soutien des évangélistes à Trump et Bolsonaro, rien à voir avec le protestantisme ? Comme les terreurs staliniennes, maoïstes, polpotistes ou autres n'auraient rien à voir avec le communisme ? Comme si, encore, les libéralismes dogmatiques à la Milton Friedman n'avaient rien à voir avec la façon dont, au Chili, Pinochet le mit en œuvre sous les yeux de Milton Friedman lui-même ?

Toute religion ou idéologie a à voir avec le meilleur comme avec le pire de ce qu'elle inspire. La disculper par principe du pire est aussi déraisonnable que l'exonérer par principe du meilleur. Amnistier le catholicisme de Torquemada est aussi malhonnête que le purger de saint Vincent de Paul.

On fut consterné quand Christine Boutin, pour s'opposer à l'instauration du PACS, cita largement la Bible à la tribune de l'Assemblée. Mais, pour ne pas prêter le flanc à l'accusation d'islamophobie, on en vint à admettre que l'on justifie des positionnements politiques ou civiques par des citations du Coran !

Par un drolatique (mais tragique à la fois) retournement, pour ne pas être suspect d'islamophobie, on finit par se comporter, quand on est confronté à des musulmans qui n'en demandent pas tant, comme les racistes avec les Noirs avec lesquels ils parlaient « petit nègre ». On rapetisse, en réalité, l'autre sous le prétexte de s'incliner à son niveau : nous ne mangeons plus, nous, de ce pain-là, nous sommes les enfants des Lumières, mais, eux, les pauvres, n'en sont pas arrivés à ce stade. Il convient donc de se placer au niveau du leur.

Insupportable condescendance. Racisme soft. Le respect, la considération de l'autre n'impliquent pas qu'on fasse semblant d'être l'autre, mais qu'on accepte l'autre, y compris dans sa radicale différence à soi, et donc qu'on assume totalement nos propres différences à lui. À l'extrême droite, restée, en réalité, profondément cléricale, fallait-il qu'on fasse cet ultime cadeau de lui abandonner le monopole de la défense intransigeante de la laïcité contre l'intégrisme ?

La solidarité avec les musulmans de France eût exigé, non qu'on flatte (ou manipule) ce communautarisme-là, mais qu'on intègre la majorité d'entre eux, qui y aspirent, dans un front de résistance républicaine à la fois aux intolérances, au racisme et à la réaction islamisto-intégriste.

****

J'y avais fêté mes 70 ans et marqué mon retrait de l'activisme journalistique.

Ce jour-là, le Bataclan devint un lieu de carnage. Et aussi ce « Petit Cambodge », restaurant qui fut un temps, pour mon épouse et moi, notre cantine.

Qui, si on lui eût décrit par anticipation l'horreur d'un tel massacre en plein cœur de Paris, n'aurait frémi à l'anticipation des représailles spontanées de l'explosion de racisme islamophobe pour le coup, que ce carnage ne manquerait pas de susciter ? Combien de pogroms, dans le passé, s'enchaînèrent à des horreurs moindres ?

Or, rien ! La plus extraordinaire leçon de cette inconcevable tragédie (après celle de *Charlie*) fut celle-là : il n'y eut aucune explosion de violences antimusulmanes ou anti-arabes. Aucune !

Toutes les tentations de notre extrême droite « identitaire », et même parfois de notre droite identitaire, visant à encourager de telles réactions tombèrent dans le vide. Véritable rayon de lumière qui traversa l'infinie noirceur du drame.

Et, cependant, c'est à partir de ce traumatisme-là que prit corps, dans une fraction de l'extrême gauche en particulier, largement instrumentalisée par la mouvance islamiste et relayée dans les pays anglo-saxons, la thématique du « racisme systémique », du « racisme d'État », dont une large part de la population française serait presque institutionnellement coupable.

Là encore, cette culpabilisation quasiment mécanique, en particulier dans les médias de gauche, d'un pays et d'un peuple, les nôtres, cette négation masochiste de ce qui, au contraire, dans ce cas précis, participait d'une certaine exemplarité, fit le jeu - les médias réactionnaires jetant sans cesse de l'huile sur le feu – de toutes les pulsions extrême droitistes et fascisantes.

Racisme systémique

Besoin du diable pour assurer le pouvoir du parti des anges. Comme si, dans certains milieux, parce qu'on avait tout largué, il ne restait plus que ça ; qu'on avait donc besoin de ça. Quitte à contribuer à la montée de ça, à l'exacerbation de ça !

Que montrait, en 2015, l'enquête annuelle destinée à évaluer le degré de xénophobie et de racisme qui affecte la France ? Que 69,71 % des sondés estimaient que les musulmans devaient pouvoir exercer leur religion dans de bonnes conditions ; 70 % que les travailleurs immigrés devaient être considérés en France comme chez eux, puisqu'ils contribuaient à l'économie française ; 68 % que la présence d'immigrés est une source d'enrichissement culturel ; 85,20 % que les Français juifs étaient des Français comme les autres. Vision biaisée, excessivement optimiste ? Mais, alors, il ne fallait pas commander l'enquête et la publier.

Or, résumait un quotidien de gauche, en l'occurrence *Libération*, « l'enquête montre un pays marqué par l'intolérance et une parole raciste libérée ». Et cela « bien que la tolérance, ajoutait étrangement ce journal, à l'égard des musulmans et des Maghrébins ait progressé » !

Donc, ce n'est pas que la France fût raciste, c'est qu'il fallait qu'elle le fût.

Mieux ou pire : 93 % des Français se déclaraient hostiles au voile intégral ! Eh bien, suggéraient les commentateurs de l'enquête en question, « aujourd'hui il y a un racisme subtil qui consiste à se cacher derrière de bons arguments pour marquer ses préjugés. Par exemple, s'opposer au voile intégral en disant qu'il s'agit d'un acte de soumission des femmes. La vraie raison est un rejet de l'islam en bloc. Le racisme biologique est devenu culturel ».

Donc, l'opposition à la burka témoignait d'un racisme culturel et nullement qu'on était sensible au sort fait aux femmes. Et l'exigence d'une plus grande justice sociale prouvait qu'on était devenu « maoïste » ?

Chapitre 6

Marine Le Pen vous dit merci

Je publiais, en 2014, un petit ouvrage portant ce titre. Trois ans avant que Marine Le Pen, avec 22,36 % des suffrages, en progrès de six points par rapport à la présidentielle de 2012, n'accède à la finale de l'élection présidentielle.

J'y démontrais quoi ? Déjà...

Que l'enchaînement, à droite et à gauche, des surenchères et des dénis, que les huiles jetées consciemment sur le feu pour l'entretenir et, inconsciemment, les huiles jetées sur le feu sous prétexte de l'éteindre, risquaient de créer les conditions d'une inéluctable et tragique échéance.

Cela se passait, le 8 février 2014, pendant la campagne des élections municipales. Le candidat du Front national à la mairie de Rennes tenait une mini-réunion publique. Une centaine de pékins s'étaient déplacés. Pas de quoi faire appel à la Garde nationale.

Dehors, charivari. Quatre cents « démocrates », répondant à l'appel des « partis de gauche, d'extrême gauche et d'associations », manifestent bruyamment. Contre quoi ? Contre le fait qu'un parti légal, disputant une épreuve électorale prélude au déroulement d'une élection libre, s'adressait à quelques-uns de ses supporters dans un lieu clos ? Cette démonstration risquait-elle de faire changer le vote du moindre électeur frontiste potentiel ? Ou d'avoir, une fois de plus, l'effet contraire ?

Très vite, donc, la contre-manifestation dégénère. Des jeunes gens, dont certains ont dissimulé leur visage comme les pilleurs de banque dans les westerns, armés de bâtons, entreprennent de faire exploser les vitrines de quelques magasins des alentours. Pourquoi ? Parce que ! Par habitude. Acte révolutionnaire forcément sublime !

Dégradations, dégâts, intervention policière. Bagarres. Belles images pour la télévision du lendemain. Cadeau pour le parti de Marine Le Pen. L'héritière. Un demi-point de plus au bas mot. *Bis* !

À Lyon, on avait assisté à une prestation du même tonneau. Des contre-manifestants scandant « le fascisme ne passera pas » (comme du temps où il était passé !) y avaient ajouté cet intelligent codicille : « Manuel Valls complice ! » Comme si, ce qui rappelait le temps des délires staliniens, le spectre du fascisme était tellement large, qu'il englobait l'aile droite de la social-démocratie. L'extrême gauche d'alors dénonçait, elle, le social-fascisme qui commençait avec Léon Blum.

À Toulouse, au cours d'un défilé en réaction à des inscriptions de slogans racistes, antisémites et xénophobes, on vira sans ménagement un leader local de centre droit qui tenait à y participer et on lança, pendant qu'on y était, des slogans contre le CRIF et Israël.

Autant d'occasions offertes à Marine Le Pen de dire « merci ».

Ce genre de manifestations « antifascistes », le FN adorait. Il en faisait ses choux gras même les jours maigres. Pas d'arguments, des hurlements, il bichait. La castagne en guise de dialectique : du petit lait ! L'affichage de l'extrémisme pour dénoncer l'extrémisme : il en redemandait. Comment s'opposer à l'intégrisme catholique ? En brandissant des crucifix à l'envers ? Encore ! Encore ! Pourquoi eût-il boudé son plaisir ?

C'est dans *La Nausée* de Jean-Paul Sartre, je crois - souvenirs scolaires -, qu'un protagoniste lance à la face de l'establishment des gros armateurs du Havre : « Vous tous, salauds ! »

Au sens sartrien du terme, c'est cette invective qui me brûlait les lèvres.

La mouvance lepéniste à plus de 20 % en 2017 et, cinq ans plus tard, les diverses extrêmes droites recueillant 32 % à l'élection présidentielle, Marine Le Pen frisant les 35 % d'opinions favorables, je le voyais venir. Mais qui était prêt à sacrifier ses égotistes obsessions à la lutte contre ce danger-là ? À favoriser les convergences qui eussent permis d'élargir le front de lutte ou de résistance ?

Rien à secouer, en vérité. Qu'est-ce qui les secouait alors ? De droite à gauche ? Ma rente, mon épargne, mes actions, mon paradis fiscal, le marché de l'immobilier, mon avancement, mes décorations, mon cul, mon ego, ma gueule, mes phobies, mes hantises, mes avantages catégoriels, ma corporation, ma communauté, ma confession, mes racines, ma bagnole, les centrales nucléaires, le gaz de schiste, le hallal, Israël, le crucifix, le foulard, la PMA et la GPA..., au point qu'à écouter, à entendre, ce que colportait, tout autour de nous, la camarade « cantonade », tout se réduisait, finalement, à la centralisation de l'une de ces projections du moi, du moi sur le nous, ou du nous en réduction sur le nous élargi... C'est-à-dire qu'on était avant tout, et parfois même exclusivement, épargnant, propriétaire, évadé fiscal, chef d'entreprise, amateur de foot, golfeur, juif, écolo, black, gay, mahométan, végétarien, rocker, motard, catho tradi, trotskiste, anar, star de la télé, accro du PMU, cultureux subventionné ou culturiste à bon compte... Mais démocrate prêt à se mobiliser contre les dangers pesant sur la République : jamais !

Ceux-là, finalement, qui ont déconstruit toutes les façons possibles d'espérer ensemble, de réaliser ensemble, de lutter ensemble, d'agir ensemble, et surtout ceux, celles, tous ceux et celles qui se sont taillé des marchés d'exploitation de ces égoïsmes et de ces replis, n'ont-ils pas contribué à dégager le terrain devant ce qu'ils firent semblant de promouvoir en adversaire absolu et principal ? Non pas « salauds », peut-être... mais Ponce Pilate au moins. Il y avait deux façons de se comporter objectivement en « salaud », fût-ce consciemment ou inconsciemment : surexposer pour surexciter ou dissimuler pour endormir.

Le national frontisme a pu engranger, grâce aux deux comportements. Le premier : combien de politiques (certains s'en sont fait et continuent de s'en faire une spécialité), de médias, de publicistes, lui ont-ils livré complaisamment, comme son pesant de chair dans *Le Marchand de Venise*, son pesant d'horreurs surgonflé, sur-étalé, surtartiné, surexploité, sur-touillé ? Combien ont-ils joué sur les peurs comme avec des osselets ? Sur les rages réactives qu'on espérait transformer en semences ?

La direction d'un grand quotidien conservateur ne demanda-t-elle pas à ses journalistes de monter en meringue, pour entretenir toutes les angoisses sur lesquelles on espère que son camp surfera, les moindres faits divers qui passaient à leur portée ? « Il faut que ça saigne, coco ! » Envolée exponentielle des crimes. Forcément. Même si, pour bien faire, les chèques sans provision sont mis sur le même plan que les homicides et les vols à main armée.

Le second comportement, celui d'en face : il ne fallait rien voir, rien dire, pas voir pour ne pas avoir à dire, pas dire pour ne pas avoir à reconnaître qu'on avait vu. Ce n'était pas la montée, réelle, des délinquances sur le terrain qui posait problème, c'était l'obsession des délinquances dans les têtes. Non pas les faits, mais « le sentiment de ». On cultivait le « négativisme » mais on l'ourlait de silences et de « non-dits » - tout allait mal, sauf ce qui, pour le *vulgus pecum* allait vraiment très mal !

Poussée migratoire ? Foutaise ! Aucune preuve puisque les statistiques ethniques sont interdites. Donc pas de problème d'immigration, simplement des tentations xénophobes. De toute façon, tout enfant d'immigré né sur le sol français devient français. Donc, CQFD, pas plus d'immigrés aujourd'hui qu'hier. Jamais !

Mécanisme mental d'évitement.

Comment croyez-vous que finissent par voter ceux qui vivent une réalité, dont on leur répète qu'elle n'est qu'un fantasme ? Autrement dit qu'ils sont fous !

Qui a fait systématiquement le jeu de qui ? Comment ne pas se poser la question ?... Ceux qui, médiatiquement dominants, ont acclamé (et même exigé) notre calamiteuse intervention en Libye ; ont applaudi la validation, sans vote préalable, d'une Constitution européenne qu'une majorité de Français avait rejetée par référendum ; qui, les uns, se sont faits, sans réserve, les chantres des agissements des plus extrémistes islamistes afghans ou tchétchènes, les autres qui ont chanté les exceptionnels mérites de Vladimir Poutine et des siens ; ceux qui, après avoir soutenu la désastreuse contre-révolution sociale initiée par Boris Eltsine, ont fourni à la Russie l'alibi rêvé de leur propre activisme armé au Kosovo ; ceux qui, en Algérie, et même en Syrie, exonérèrent les djihadistes extrémistes, repeints en « islamistes modérés », de leurs abominables forfaits ; tous ceux-là ont-ils esquissé la moindre autocritique ?

Quand on a criminalisé médiatiquement les voix discordantes, pas assez « clean », pas assez « in », ni pour la gauche cachemire ni pour la droite mohair, au risque que le vote délinquant devienne alors le seul moyen d'arracher ce qui est perçu comme un bâillon...

... Quand on a expliqué implicitement à la caissière d'hypermarché que notre compétitivité pâtissait du coût trop élevé de son travail...

... Quand on a seriné aux fauchés, dont la file s'allonge devant les soupes populaires, que la seule relance qui vaille était celle qui dope l'offre, mais délaisse la demande, donc leurs besoins...

... Quand on a dévalorisé systématiquement la légitime aspiration à la sécurité en « pulsions » sécuritaires forcément suspectes...

... Quand on a dévalorisé mécaniquement en « populisme », forcément suspect, tout ce qui fait vibrer une fibre populaire...

... Quand on a disqualifié en xénophobie l'expression, forcément suspecte, du moindre besoin d'ancrage identitaire...

... Quand on a systématiquement caressé dans le sens de leur poil, tous les rejets xénophobes...

... Quand toute exigence laïque a été transformée en repli laïciste, forcément suspect, sinon laïcard, ce qui est pire...

... Quand le patriotisme le plus spontané a été automatiquement métamorphosé en un nationalisme trouble, donc forcément suspect...

... Quand le républicanisme fut assimilé à une régression nostalgique, donc suspecte, forcément...

... Quand toutes les valeurs fédératrices que le pétainisme avait déjà kidnappées pour les mieux brader ont été, pour la seconde fois, livrées sur un plateau à ses héritiers...

... Quand nos libertaro-écologistes exigèrent, entre autres mesures punitives, qu'à travers la bagnole honnie on surtaxe ce qui constituait l'ultime outil de travail des salariés les moins sédentarisés ou les moins stabilisés...

... Quand on a empilé tout cela, il suffit, ensuite, de s'en laver les main ?

Récapitulons : l'idée qui se dissout dans la première petite phrase venue ; la pensée à l'endroit boutée hors de la sphère de l'intérêt public par le moindre mot, non pas à l'envers, mais de travers ; les vrais ou les pseudo-scandales étirés comme des chewing-gums qui vous collent aux pattes puis aux semelles ; une quotidienneté rythmée, sur certaines radios, par ces seules réalisations que sont les crimes réalisés ; la diffusion en boucle, par la fraction la plus mécanisée de la droite, d'un discours préenregistré et numérisé tendant à décrire une France à feu et à sang envahie par des hordes de zoulous migratoires ; une gauche identifiant au lepénisme, et le banalisant par voie de conséquence, toute expression maladroite ou propos qui sort des clous...

Faut-il poursuivre la litanie ? Des socialistes qui furent au socialisme ce que Dominique Strauss-Kahn était à l'abstinence et qui ont remplacé *L'Internationale* par *Viens, poupoule* ; sur Internet les réseaux sociaux qui ne trouvent leur équilibre qu'entre la haine de l'autre et la détestation de soi ; pour échapper à la triste réalité du vécu, la diffusion en boucle d'un vécu de téléréalité ; l'exigence continuelle, sur l'air des lampions, de « réformes structurelles » parce qu'on ne sait pas ce que cela signifie (supprimer les congés payés, c'est une réforme structurelle ?) ; tous ces économistes d'establishment qui se sont systématiquement mis le doigt dans l'œil jusqu'au genou, mais tournent sur toutes les ondes et y étalent les mêmes certitudes empaquetées dans la même arrogance... Aucune conséquence ?

Le discours lepéniste ? On en a gardé tous les enregistrements : on se replie sur l'Hexagone (un temps, on larguait l'Europe et l'euro), on pisse sur les institutions internationales et européennes, on verrouille les frontières, on n'ouvre plus le marché de l'emploi qu'aux travailleurs du cru, on vire les autres, on rétablit la peine de mort, on musèle les médias, on assure la sécurité à coups de trique, on rejette les réfugiés à la mer, on traite l'islam comme on traitait les catholiques en Union soviétique et les musulmans comme les Ouïgours en Chine, alternativement, on s'aligne sur Donald Trump ou on livre l'Ukraine à Poutine...

C'est immettable (on ne le ferait pas !), mais, encore une fois, ce n'est pas fait pour mettre, c'est fait pour vendre.

Et en face ? Immettable également et de moins en moins vendable : laisser filer les déficits, s'alourdir la dette, grossir indéfiniment les subventions, les prestations, les allocations, enfler les dépenses publiques, asphyxier les petites et moyennes entreprises tout en offrant aux plus grandes leurs cargaisons régulières de nouveaux ilotes sous la forme de main-d'œuvre immigrée bon marché, laisser entrer toute la misère du monde en abolissant, subséquemment, les lois qualifiées de « sécuritaires », même celles qui visent à assurer la sécurité publique des plus fragiles.

Ici, tout est bon pour exciter et exacerber consciemment les peurs et, là, pour les susciter en agitant tous les épouvantails. Ici « ce qu'on voit est horrible ! » et, là, « on ne voit rien, ce sont des fantasmes ». Ici plus de liberté, c'est l'anarchisme et, là, plus de sécurité, c'est le début du fascisme. Ici « halte à l'invasion ! » et là, « tout contrôle des flux migratoires s'apparente à un verrouillage xénophobe ». Ceux-ci, accros à une logique économico-sociale radicalement insécuritaire, surfent sur la dénonciation obsessionnelle de l'insécurité. Les pyromanes en appellent aux pompiers. Ceux-là, au contraire, qui sont censés appeler de leurs vœux une politique de sécurisation sociale, diabolisent tout ce qui y tend et qu'ils qualifient péjorativement de « sécuritaire ». Les pompiers se font pyromanes.

Comment peut-on gonfler plus ostensiblement les voiles des extrêmes droites qu'en gorgeant certains médias radiophoniques ou télévisuels de chroniqueurs ou blablateurs dont l'extrémisme droitier fait passer, par comparaison, les enfants de Marine pour des enfants de Marie ?

Qui peut croire qu'on donnera le moindre complexe à un électeur tenté par le vote lepéniste, mais hésitant à franchir le pas, en lui proposant comme seul substitut un néo-pétainisme de beaux quartiers rebaptisé « droite décomplexée » ?

Quand, au lieu de démontrer et de convaincre, on aboyait, on hululait, on claquait les portes, ou, en signe de solennelle indignation, on s'enfonçait la tête dans le sable ; quand on anathémisait au lieu de déconstruire ; quand on mettait à l'index au lieu de tailler intellectuellement en pièces ; quand, face à l'expression de la plus radicale intolérance, on se transformait soi-même en grand inquisiteur ; quand on se félicitait bêtement de disposer d'un mode de scrutin qui permettait d'exclure de toute représentation un cinquième ou un quart du corps électoral (sans comprendre qu'un tel scrutin pouvait se retourner) ; quand on lepénisait les malpensances au lieu de les républicaniser ; quand, en résumé, on les accumulait à ce point... était-on vraiment inconscient de tomber dans tous les pièges tendus par l'adversaire ?

« Populisme », déclina-t-on sur tous les modes. Question : détourna-t-on le peuple de mal voter en serinant continuellement, dans toutes les tonalités, à toutes occasions, qu'il était sale, imprésentable, et que c'était, en conséquence, se commettre que de prendre acte de ses peurs, de prêter l'oreille à ses aspirations, d'écouter ses colères ou d'entendre ses récriminations ?

Fit-on efficacement échec à l'instrumentalisation, par le parti de l'héritière, de tous les prurits anti-européens en expliquant, à tout bout de champ, que la rigueur financière n'était pas une nécessité en soi, mais une exigence européenne à laquelle il convenait de se plier ? Un sadisme imposé !

On ne refusait rien aux grandes surfaces, mais on disait aux petits commerçants asphyxiés : « votez bien ! » On laissait se clochardiser les centres-villes, comme à Béziers, à Tarascon ou à Mantes-la-Jolie et on disait à ceux qui y vivaient : « votez bien ! » On trahissait toutes les promesses qu'on avait faites aux métallurgistes d'ArcelorMittal à Florange et on leur disait : « votez bien ! » On laissait, pendant des années, les socialistes d'Hénin-Beaumont s'abîmer dans toutes leurs turpitudes et on disait à leurs administrés : « votez bien ! » On laissait la glorification de revenus mirobolants jusqu'à l'obscénité rythmer l'appel aux sacrifices des SMIC moins un et on disait aux damnés de la feuille de paye : « votez bien ! » On renvoyait avec mépris à leur ringardise réactionnaire les catholiques que certaines mutations sociétales interpellaient et on leur disait : « votez bien ! » On dénonçait en boucle les dérives « islamophobes » de ceux qui osaient une approche voltairienne de la religion en général et musulmane en particulier, on stigmatisait « les dérapages antisémites » de quiconque exprimait une opposition à telle personnalité qui se trouvait être juive, on traitait les laïcs affirmés de « sectaires laïcards », et on disait à tous ces gens : « votez bien ! »

Mais, en même temps, on fermait les yeux sur un virulent antisémitisme communautaire, on ouvrait grandes les portes médiatiques à n'importe quel nostalgique des anciennes croisades contre l'islam et on disait aux cibles de ces tirs croisés : « votez bien ! » On disqualifiait les réactions jugées « sécuritaires », autrement dit quasi « fascisantes », des victimes de cambriolage ou de vol à la tire, mais on leur disait : « votez bien ! » On faisait honte à ceux, forcément xénophobes, qui s'étaient prononcés, à tort selon moi, contre le traité constitutionnel européen, mais on leur demandait de « voter bien ! » On laissait, en matière immobilière et foncière, la loi du marché, dans son expression la plus féroce, entasser l'extrême pauvreté sur l'extrême fragilité et homogénéiser, socialement et ethniquement, des quartiers entiers, mais, aux victimes de cet apartheid, qu'elles soient condamnées à le fuir ou à s'y plonger, on clamait solennellement : « surtout, votez bien ! »

Comment ceux qui, depuis plus de vingt ans, dictent la façon de combattre l'extrême droite, qui ont monopolisé cette cause, peuvent-ils ne pas s'interroger sur l'échec de la stratégie qu'ils ont imposée ? Que révèle la régulière progression lepéniste (en particulier à Hénin-Beaumont ou le front républicain est représenté par la patronne des écolos), à quoi il faut ajouter le phénomène zemmourien, que révèle cette inconcevable croissance sinon l'évidente faillite de celles et ceux qui ont cru malin d'instrumentaliser ce pessimisme repoussoir ? Parce qu'on avait répudié tous ses anciens dieux, n'avait-on pas intérêt à engraisser au moins un diable ?

Chapitre 7

Macron ou la surprise du chef

Lucide, François Hollande s'était déclaré inéligible. Par défaut de projet face à un excédent de rejets.

Malins, les militants socialistes, ceux qui restaient, choisirent, pour les représenter au scrutin présidentiel, le pire candidat qui soit, comme si leur inconscient les avait conduits à privilégier la meilleure façon de perdre un pouvoir qui ne leur valait que de déprimantes désillusions. Bien joué ! Le malheureux sélectionné, Benoît Hamon, fut effectivement à la hauteur de leurs souhaits cachés. Harlem Désir, à côté, c'était Mirabeau.

D'ailleurs, aussitôt battu à plates coutures, comme prévu, le champion du PS faussa compagnie à ses commanditaires. Il leur envoya dans les pattes un nouveau parti, le sien, qui ne fut observable qu'au microscope.

Se sentit-il, ne serait-ce que très marginalement, coresponsable d'une défaite aussi lourde (d'autant qu'il disposait de plus de moyens financiers que ses concurrents !) ? Nullement ! Il bomba le torse, il chambra ses camarades et leur fit la leçon.

Ainsi, un parti qui avait trusté la présidence de la République, la direction du gouvernement, la majorité à l'Assemblée nationale, un temps au Sénat, presque toutes les régions et une majorité de conseils départementaux, habillé pour tous les hivers, se retrouva en caleçon - 6,4 % ! Impitoyablement « lilliputé ».

Il ne lui resta même pas les yeux pour pleurer, puisqu'il ne pleura pas. Cela l'aurait conduit à mouiller sa chemise. Pas question !

Il se prépara seulement à faire pire cinq ans plus tard.

Les militants de droite, eux, histoire de se désintoxiquer de Sarkozy tout en larguant Alain Juppé, un « gauchiste » à leurs yeux, se donnèrent à François Fillon, lequel avait fait savoir qu'il était inconcevable de réélire un ex-président de la République mis en examen. Sans encore imaginer qu'il allait devenir un ex-Premier ministre mis en examen.

On fut très injuste. On lui reprocha d'avoir été un mari et un père excessivement attentionné. Jusqu'à faire salarier son épouse par l'État pour ouvrir son courrier. Sous prétexte qu'il s'était fait offrir des costards, certains l'incitèrent à retourner sa veste. Il préféra en prendre une. Il présenta le type de programme sado-maso (non plus gratte-petit, mais bûcheron de la déforestation budgétaire) qui, logiquement, ne pouvait séduire plus de 5 % des électeurs. Il en rassembla 20 %. Un quasi-triomphe.

Cela n'en fut pas moins insuffisant. Sa campagne ayant pris l'eau, son sens de l'économie l'assimila à un « radin de la *Méduse* ». Il fit chou blanc, ce dont ses inconditionnels rendirent responsable un cabinet noir.

Il fut devancé par Marine Le Pen. À un point près, c'était ballot, il rata le ballottage.

Mélenchon aussi. Mais lui, Mélenchon, après une courte déprime, une sorte de déprime à l'embauche, il se convainquit rapidement que c'était comme s'il avait gagné.

Et qui fut élu ? L'autre. Celui qui, en effet, était d'abord cela, n'était peut-être que cela : l'autre !

Puisque tous les « uns » avaient fait faux bond, logiquement, les électeurs choisirent « l'autre ». Celui dont ils espéraient qu'en matière de friandises, il ferait le bon bond. Celui qui, avant même d'être lui, n'était pas Hamon, le néant, n'était pas Mélenchon, le frisson, n'était pas Fillon, le gratteur. Était « l'autre ». Ce pourquoi ils sélectionnèrent ce quatrième « on » pour la finale.

Et, au terme de cette finale, de nouveau ils choisirent « l'autre ». C'est-à-dire lui !

On assista alors à un phénomène étrange d'auto-intoxication. En particulier médiatique. « L'autre », parce qu'il était l'autre, n'était, par définition, ni ceux-ci ni ceux-là. Par rapport à la gauche : l'autre ! Par rapport à la droite : l'autre. Et même par rapport au centre, dont les institutionnels patentés à la Hervé Morin penchaient Fillon, il était l'autre.

Or, qu'est-ce que « l'autre », qui n'est ni ceci qui existe ni cela qui existe ? Par définition, un non-existant. Ni catholique ni protestant en 1572 ; ni royaliste ni républicain en 1793. Une idée, c'était possible. Une réalité, impossible !

Donc, une quasi-unanimité se dégagea, qui décréta, qu'en effet, c'était impossible.

Intrinsèquement « positiviste », la profession journalistique intègre difficilement le fait que ce qui n'existe pas puisse, un jour, exister. « Devenir », pour elle, induit que l'on soit. Déjà. Or, « être » implique, comme le formula leur maître, le philosophe George Berkeley, que l'on ait été préalablement « perçu ». Le non-être, parce que non perceptible, ne peut pas être. Ni devenir.

En fonction de quoi le réel politique (le réel du moment) n'est pas simplement hors de soi, il est également en soi. Dans les têtes. Le binarisme gauche-droite, aussi artificiel fût-il hors de soi, après soixante-quatre ans de contraintes institutionnelles, était donc devenu mentalement structurant, indépassable en soi.

En conséquence, l'autre n'était qu'une bulle qui allait exploser à la première occasion. Un épiphénomène sondagier passager.

« L'altérité » comme alternative, le centre ou « l'ailleurs » comme échappatoire : ça ne pouvait advenir puisque, en soixante-quatre ans, cela n'était pas advenu.

François Bayrou, qui avait obtenu 19 % des suffrages à la présidentielle de 2007, avait certes bénéficié de sondages à 24 %. Mais cette aberration avait été raturée ou oubliée. L'échec final et la déliquescence qui avaient suivi venaient confirmer l'impossibilité.

Macron bien placé ? Une pure illusion ! Un mirage.

J'étais, pour ma part, plus que réservé.

Depuis 1960, j'ai eu l'occasion d'être reçu, à plusieurs reprises, par tous les présidents de la République et donc de m'entretenir, parfois longuement, avec eux. Seul Emmanuel Macron, pendant plus de six ans, ne souhaita jamais que nous nous rencontrions.

Quelques mois, cependant, avant son élection, *Marianne* (que j'avais quitté) organisa entre nous un face-à-face. Son agilité intellectuelle me frappa, fût-ce au prix d'une rhétorique quelque peu haut de gamme peu accessible au commun des mortels. Mais m'interpella, aussi, sa relative raideur de conviction, que dissimulait une constante volonté de séduire et même de charmer, sans que ces apparentes prises en compte de l'opinion d'en face aient, en réalité, la moindre influence sur les siennes.

Ce que j'ai retenu, surtout, de ce débat, publié dans *Marianne*, outre le conservatisme, voire le traditionalisme de notre futur président dans son rapport à l'histoire, à notre histoire (alors que la droite lui reproche exactement l'inverse), et sa référence très « antigonesque » à un impératif fidéiste qu'on est en droit, en droit moral, de placer au-dessus des lois de la République, ce fut son refus d'admettre et donc de prendre en compte la moindre différence entre libéralisme et néolibéralisme. Entre la doctrine et sa perversion. Ce qui revenait, à mes yeux, à intégrer la perversion à la doctrine. Le personnage ne m'en semble pas moins se situer, dialectiquement oserais-je préciser, au-dessus du lot.

Sa victoire m'apparut représenter une probabilité plus qu'une simple possibilité.

Le 15 décembre, j'écrivis dans le *Huffington Post* : « Macron... précisons d'abord que ce n'est pas ma tasse de thé. C'est un gaullo-mendésisme radicalement repensé que j'appelle de mes vœux, pas un néo-lecanuétisme recyclé, aussi brillant soit-il.

« Mais imaginons que le phénomène prenne de la consistance et perdure, alors, songeons-y, on peut assister à ce processus : aujourd'hui, 10 % d'électeurs centristes sont en déshérence. Disponibles. 10 % d'ex-électeurs socialistes, écœurés par le spectacle qu'offre leur ex-famille d'adoption, qui ne sont pas près, en outre, de se reporter sur Mélenchon (lequel fera tout de même sans doute un gros score), cherchent une sortie de secours.

« Les électeurs Verts de Dany Cohn-Bendit sont en jachère. En attente.

« 3 à 4 % d'électeurs gaullistes ne se retrouvent pas dans un reagano-thatchérisme à la François Fillon.

« En fait, il y a environ 25 % d'électeurs orphelins à prendre. Et celui ou celle qui les prendra se retrouvera, sans qu'on sache encore face à qui, au second tour de l'élection présidentielle. Or, Macron peut les prendre. »

Cette anticipation suscita des moqueries. La baudruche allait se dégonfler. Morale de l'histoire : les commentateurs devraient plus souvent être capables de distancer leurs analyses de leurs choix personnels. On est obligé ni de choisir ce qu'on prévoit, ni de prévoir ce qu'on souhaite.

J'ajoutai d'ailleurs : « Il est hélas à craindre, donc prévisible, que les deux radicalités qui sont en train, en réaction, de s'exacerber, l'une jusqu'à engendrer, à l'extrême, un fascisme de gauche et l'autre, même pas à l'extrême, un stalinisme de droite, vont finir par s'interpénétrer mutuellement. »

Macron ? « Un ovni, écrivais-je pour le journal belge *Le Soir*, non seulement un objet, mais un sujet non identifié. Venu de nulle part. Tombé des nues. Issu d'aucun sérail. Mandaté par personne. Jamais élu. D'aucun parti. "Ni de droite ni de gauche", avait-il déclaré. Ce qui, jusqu'ici, signifiait "néant". 39 ans, aucune formation politique à son service. N'a jamais été député, sénateur ou maire d'une grande ville, mais seulement banquier. N'a jamais fait carrière au Parti socialiste, ni monté les échelons de l'ex-RPR. En matière économique, plus libéral que certains à droite ; en matière sociale, plus centriste que la plupart des centristes ; et en matière sociétale, plus à gauche que certains à gauche. Inclassable donc, assez pour exaspérer les plus anciens à droite et enrager les plus anciens à gauche. »

« Résultat, ajoutai-je pour le site de *Marianne*, de même que le mot "Mitterrand" un temps (ou "Sarkozy"), le mot "Macron", quand il apparaît dans un journal ou sur un site a le don (ce qui, pour lui, est bon signe) de déclencher des gerbes de réactions assassines. Au point que toute tentative d'analyse lucide du phénomène croule sous les suspicions scandalisées de condamnables complaisances envers cet étrange personnage. Or, l'entassement d'anathèmes n'a jamais fait avancer un schmilblick, même s'agissant de Nicolas Sarkozy ou de Marine Le Pen.

« Emmanuel Macron, ce n'est pas mon truc. Et alors, c'est mon problème. On s'en fout. Il reste que nous sommes confrontés à un évident phénomène dont l'ampleur était imprévisible il y a encore deux mois, mais qu'il s'agit de comprendre avant de l'exorciser par des formules magiques.

« Et c'est vrai, aussi, de la façon de réagir au phénomène Mélenchon, tout aussi signifiant. Pourquoi Macron et Mélenchon remplissent-ils les salles alors que les autres les vident ? Pourquoi une dynamique ici contre une simple discipline contrainte dans le camp Fillon ?

« D'abord, parce qu'ils représentent tous les deux, pour la première fois, une façon de refuser la binarité asphyxiante (Parti socialiste - parti Les Républicains) autre que celle dont le Front national avait, jusque-là, l'exclusivité. Faut-il s'en lamenter ou s'en réjouir ? N'est-ce pas le flingage systématique, par les médias de la droite convenable ou de la gauche bon genre, de toutes les tentatives d'émancipation de ce carcan bipolaire qui a ouvert l'espace dans lequel s'est engouffrée l'extrême droite ?

« Toutes, absolument toutes, les enquêtes ont montré et montrent qu'une large fraction de l'opinion aspire, et de plus en plus, à un dépassement de ce binarisme débilitant. Fallait-il, soit répondre aux électeurs frustrés : "vous n'aimez ni les épinards ni la salade cuite, qu'importe, ce sera l'un ou l'autre !", soit laisser à Marine Le Pen le monopole de la récupération de ce double rejet ? Quelle est la réponse ?

« Donc, en vérité, il y avait nécessité démocratique d'un Emmanuel Macron et nécessité démocratique d'un Jean-Luc Mélenchon. Même si, personnellement, je refuse le mixte Madelin-Montebourg, le côté Cohn-Bendit en plus libéral, qu'incarne la chauve-souris Macron ("voyez mes ailes, voyez mes poils"), ainsi que, encore pire, le blindage et le verrouillage mélenchoniens d'un blockhaus radical identitaire. Même si, en outre, j'estime que c'est dans un "en-avant" qu'il convient de se projeter et non dans un "entre-deux". »

Telle était donc ma position de départ ?

Le phénomène Macron rendait fou. Et c'est parce qu'il rendait fou, sur sa gauche comme sur sa droite, que normalement éphémère, passager, il s'ancra peu à peu.

Non pas grâce à ce qu'on aurait découvert de plus en plus positif chez lui, mais à cause de ce qu'il provoqua de plus en plus négatif chez ses adversaires.

Il rendait fou parce que convaincu, en alternance, d'autoritarisme et de laxisme : Henri Queuille et Augusto Pinochet à la fois. Bientôt, « austéritaire » brutal et dépensier fou. Le même. De toute façon illégitime sinon illégal. Hors cadre. Intrus. Squatteur. Sans carte, donc sans papiers.

« L'ailleurs », en politique, n'existe pas. C'est un « nulle part ». On le renvoya, en conséquence, à tous les « quelque part » possibles.

Par la droite (du moins celle qui ne s'était pas encore ralliée), il fut promu en candidat socialiste *bis* (les nouveaux conservateurs le tambourinèrent). Un « gauchiste » même, quelque part, pour qui il n'y avait pas de « culture française » et qui identifiait le colonialisme - ce qui fut souvent pourtant une évidence - à un « crime contre l'humanité ».

Pour la gauche (du moins celle qui ne s'était pas non plus ralliée), il incarnait la droite éternelle, la droite totale ! *Le Monde* signa cette évidence.

Aurait-il été pris en sandwich entre une gauche démocrate-sociale rénovée et une droite nationale-républicaine reconstruite, à condition qu'elles se fussent incarnées, il était mort !

Les Jean-Luc Mélenchon d'un côté, les Éric Ciotti de l'autre, les Doublepatte et Patachon de la radicalité de posture, lui sauvèrent la mise. Quelque trait qu'il mordît, on lui abandonna la casaque du moins pire, sinon du moins déraisonnable.

Plus il se droitisait, plus la droite le socialisait et plus, sous la pression pandémique, il donna dans un étatisme néo-keynésien, plus la gauche le peignit en ultra-néolibéral.

Un temps ministre de l'Économie d'un gouvernement de gauche, il sera celui qui favorisera le plus ouvertement les plus riches. « Président des riches », il sera amené à battre un record de subventions en faveur des plus pauvres.

La première année du premier quinquennat, il enchaînera les réformes libérales que la droite, depuis des décennies, exigeait sans jamais oser les entreprendre. En fonction de quoi elle décréta qu'il n'avait réalisé « aucune réforme » ! Les Français étaient des cinglés qui, cinq ans durant, manifestèrent contre rien !

Une chance : par leurs personnalités mêmes, les Retailleau relativisèrent son droitisme. Les Mélenchon relativisèrent son narcissisme.

Quoi qu'il fût, lui, ils lui firent le cadeau de le dépasser largement.

Ses deux principales faiblesses ? L'ultra-présidentialisme et l'ultra-égotisme. Or, l'ultra-présidentialisme, la droite ex-sarkozyste en était demandeuse et l'ultra-égotisme l'extrême gauche mélenchoniste en était le produit.

Il était inconcevable que Macron fût élu. Il l'était plus encore qu'il soit réélu. L'aveuglement et l'auto-intoxication politico-médiatique feront qu'il sera non seulement élu mais réélu.

Dans mon ouvrage *M la maudite*, comme Macron commençait par « M », j'avais esquissé ce portrait de celui qui était président depuis un an :

Je le relis : « De deux choses l'une, écrivais-je : soit cet homme-là changera radicalement le pays dont il a pris la tête ou bien, lui-même homme de tête, il perdra la sienne. Trop tôt pour trancher.

« S'emparant du centre, il l'a porté à droite tout en avalant la gauche, si bien que, de sa position marginale, il a fait une machine à marginaliser tout ce qui ne se ralliait pas à sa marginalité.

« Sarkozy, dans les autres, ne voyait que son reflet. Dans son reflet, Macron, lui, croit voir tous les autres. Sarkozy voulait séduire pour conquérir. Macron croit qu'il peut conquérir quand il séduit.

« Pensée complexe striée d'expressions hardies : du Ricœur poivré par du Bigard. Ce qui lui permet de rendre “subversives” des évidences. Que, par exemple, le protectionnisme social coûte un “pognon de dingue” pour des résultats non satisfaisants.

« Il y a, chez cet homme, quelque chose de tout à fait étrange et inquiétant : il est convaincu que tout ce qu'on a promis ou annoncé, il faut le faire. C'est à ce type de conviction qu'on doit les 35 heures !

« C'est comme si Sarkozy avait vraiment passé La Courneuve au Kärcher.

« La droite avait souvent, dans le passé, présenté comme de dangereux et incandescents bolcheviques des candidats qui se révélèrent de tièdes sociaux-démocrates. Elle avait évoqué, en mai 1981, le spectre des chars soviétiques déferlant place de la Concorde... Elle avait même feint de croire que Hollande était socialiste.

« Mais ça ! Exorciser d'avance un spectre rouge ou rose pour se retrouver face à tout ce qu'elle avait toujours rêvé d'être tout en moulinant l'incessant regret de ne l'avoir jamais été : même dans ses délires les plus cauchemardesques, elle ne pouvait pas l'imaginer.

« Une petite partie de cette droite, aussitôt vertement rappelée à l'ordre, eut d'ailleurs une réaction extrêmement bizarre : elle prétendit que, parce que, pour l'essentiel, le nouveau président faisait la politique qu'elle n'avait cessé d'appeler de ses vœux, elle ne pouvait décemment pas s'y opposer systématiquement et frontalement. Qu'il convenait de se montrer "constructif".

« Évidemment, l'immense majorité des militants et des élus de droite réagirent plus sainement : ils dénoncèrent la "trahison" de ceux qui s'interdisaient de s'opposer par principe, sous le prétexte fallacieux que le nouveau pouvoir réalisait ce que, précédemment, ils exigeaient dans l'opposition. Il fallait être "contre" même si on avait été furieusement "pour". Surtout si. Elle considéra donc, cette majorité de droite partisane, que, puisque ce Macron réalisait ce qu'elle s'était évertuée à préconiser (par exemple la restriction des emplois aidés payés par les contribuables, la réforme de l'aide au logement, la fin du statut des cheminots, la réintégration d'une sélection à l'entrée de l'université et j'en passe), il fallait effacer le souvenir de l'avoir préconisé pour clairement démontrer, en le repoussant, qu'on restait résolument ancré dans l'opposition. Logique !

« Quant au parti dit "socialiste", il retrouva soudain dans ses archives la définition qu'il avait perdue du nom qu'il s'était donné. »

En fait, je me trompais moi aussi, puisque, relevant qu'Emmanuel Macron avait rêvé de faire copain-copain avec Donald Trump en le caressant, jusqu'à l'indécence, dans le sens du poil, j'ajoutais, en référence à l'affaire « Benalla » : « L'Histoire retiendra peut-être - qui sait ? - le parallélisme de leur chute : l'un à la suite de ses turpitudes de corps de garde, l'autre des turpitudes de son garde du corps. »

Il n'y eut, finalement, qu'une chute : celle, précisément, que la droite ne voulait pas prévoir.

Chapitre 8

Gilets jaunes

Ce fut la faute. Énorme. Aux conséquences incalculables. L'Histoire en fera justice. Comme des accords de Munich, comme de l'Armistice de 1940, comme de la gestion par les socialistes de la tragédie algérienne, comme du quinquennat Hollande.

Les gauches républicaines s'y fracassèrent.

À l'origine : l'instauration d'une taxe carbone, mesure demandée et même exigée, non seulement par les écolos, mais, au-delà, par toute la gauche progressiste. Mais qui n'en apparut pas moins, injustement, comme une lubie d'un boboïsme parisien indifférent au poids que pèse le prix de l'essence sur la circulation d'une France laborieuse périphérique. Mépris du progressisme petit-bourgeois pour un populo coupable d'aliénation bagnolesque !

Aussitôt, plusieurs personnes issues, comme on dit, d'une « France d'en bas » officiellement « apolitique » (dont la suite montra qu'elles se situaient à droite et même à l'extrême droite, les plus emblématiques d'entre elles se ralliant à Zemmour en 2022), appelèrent à une manière de soulèvement populaire.

L'idée de départ était sioux : plutôt que de rejoindre un lieu de rassemblement plus ou moins éloigné et difficile à localiser, donc plus ou moins accessible, il s'agissait de se regrouper autour du rond-point le plus proche. Et Dieu sait que la France ne souffre pas d'une pénurie de ronds-points proches.

Donc, dans un premier temps, même la presse conservatrice, pro-révolutionnaire comme chacun sait, s'emballa pour cette levée en masse. Du moins jusqu'à ce que certains insurgés, sous le coup d'on ne sait quel délire, se mirent en tête de revendiquer une augmentation de la fiscalité frappant les plus riches. *Le Figaro* prit alors, illico, ses distances.

N'empêche : la gauche, en particulier médiatique, ne voulut pas laisser passer l'occasion de faire croire qu'elle en pinçait pour une émotion éminemment populaire, c'est-à-dire que cette émotion la pinçait.

Ce à quoi on assista, quelques semaines durant, ce fut typiquement à un processus d'instauration d'une « pensée unique » populisto-rageuse allant d'Éric Rioufol à Florian Philippot, en passant par Olivier Besancenot et Marion Maréchal, Méluche et les siens rappliquant en renfort, ce qui émoustilla la France libertaro-bourgeoise tout en enflammant celle des présumés opprimés de toutes catégories. Convergence ; en somme, du monde de la « Manif pour tous » et de celui de « Nuit debout ».

Rejoindre le rond-point d'à côté ? Pourquoi ?

Le prétexte fut rapidement élargi. Globalisé. Pourquoi ? Pour manifester son mécontentement. N'importe quel mécontentement. Tous les mécontentements. Pas de détails. Des tombereaux de mécontentements.

En conséquence, je m'attendais à un raz-de-marée. Qui est finalement content ? Or, de raz-de-marée, il n'y eut point. 450 000 contestataires se regroupèrent sur les ronds-points au plus fort du mouvement. 200 000 environ, par semaine, par la suite, alors que de grands mouvements sociaux avaient naguère rassemblé un million et demi de piétineurs d'asphalte (deux millions le 7 mars 2023 contre la réforme des retraites).

Pourquoi ce demi-four du soulèvement des carrefours ?

La question fut d'autant moins posée que les médias, presque unanimement, décrétèrent que, raz-de-marée, en vérité, il y avait eu !

Les radios et télés d'information continue couvrirent en direct, sans limitation de temps, toute la journée, jusqu'à plus d'heure, tout rassemblement de plus de trente pékins énervés. Les journaux leur consacrèrent des pages entières, alors que, longtemps, des manifs de plus d'un million dans toute la France ne valurent que deux minutes dans les journaux de 20 heures et quarante lignes maximum dans la presse écrite.

La taxe carbone, en vérité, n'avait été qu'un prétexte. Un déclic. Tout, soudain, ressortit. Sur les ronds-points, mais aussi en dehors d'eux, loin d'eux. Dans la façon, aussi, de soutenir - les sondages en faisant foi - un mouvement auquel, cependant, on ne participait pas. Toutes les colères rejaillirent, toutes les frustrations furent réveillées. Les fureurs les plus antagonistes s'emmêlèrent leurs slogans.

Mon ego aurait pu en être flatté.

Car tout ce qui s'étalait tout à coup sur nos ronds-points et nos places publiques, n'était-ce pas, pour l'essentiel, les thématiques que nous avions, à jets continus, seriné dans *L'Événement du jeudi* et dans *Marianne* ? Et contre les conséquences desquelles nous n'avions cessé de mettre en garde ?

Dieu sait que, dans la plupart des cas, ces prises de position et ces combats nous isolèrent médiatiquement. Firent souvent de nous les cibles des exécrations. La taxe carbone ? J'avais souligné ce que, socialement, elle représentait d'explosif. Nous avions stigmatisé - bien que j'aie personnellement voté « oui » - l'approbation, sans nouveau vote, d'un traité constitutionnel européen qu'avait rejeté une nette majorité de Français. Nous avions milité, sans trêve, en faveur d'une démocratisation du scrutin législatif majoritaire par introduction d'une part significative de proportionnelle. Nous n'avions cessé de pointer la perversité du processus de financiarisation de l'économie et de dénoncer la contre-dynamique de désindustrialisation qu'accélérait chaque délocalisation justifiée par une recherche de maximisation du profit. Nous ne nous étions jamais lassés de mettre en garde contre les conséquences sociétales et sociales de l'impérialisme de la grande distribution dont la disparition des commerces de proximité et la désertification du centre des villes moyennes étaient l'inéluctable résultat. J'avais, à toute occasion, tiré le signal d'alarme en réaction au dépérissement des services publics, à la suppression des petites lignes de chemin de fer, à la fermeture d'hôpitaux ou de maternités de proximité, au creusement virant à l'obscène d'inégalités salariales qu'exacerbait, jusqu'à l'indécence, la flambée exponentielle des hauts revenus optimisés, en prime, par la multiplication de privilèges financiers exorbitants - parachutes dorés ou retraites-chapeaux - alors même que des millions de salariés étaient rémunérés au-dessous du SMIC.

Tout cela, nous l'avions répété jusqu'à l'obsession. Nous étions, paraît-il, rétifs à la « modernité ». On ne nous l'avait pas envoyé dire.

Cependant, le couvercle de la marmite sautait.

Allais-je applaudir ? Comme beaucoup, accompagner le mouvement ? C'est ce que firent presque unanimement, sans nuances, la plupart de celles et ceux qui, lorsque nous avions multiplié les alertes, s'étaient régulièrement inscrits en faux.

Ils s'étaient opposés à toute réforme du scrutin électoral majoritaire ; avaient justifié les délocalisations au nom de la « modernité » ; en avaient pincé pour le néolibéralisme ;

qualifié de « poujadiste » la défense de l'artisanat ou du commerce de proximité.

Ils avaient félicité Hollande quand il s'était rallié à la « croissance par l'offre » et à l'urgence de « la baisse du coût du travail ».

Surtout, ils avaient ardemment milité en faveur de l'instauration d'une taxe carbone.

Or, comme un seul homme, répudiant tout ce pour quoi ils avaient milité, ils s'enthousiasmèrent pour les Gilets jaunes.

On pourrait me reprocher d'avoir parcouru le chemin inverse.

Pourquoi cette réticence ?

Les ambiguïtés des mots d'ordre, les profils des initiateurs, les contradictions assumées de ceux qui les soutenaient me titillèrent.

Je voulus en avoir le cœur net. Me faire une opinion *de visu*. En direct. Je me rendis donc, en Bourgogne, en Champagne, en Bretagne, en Normandie, dans le Grand Est, sur plusieurs ronds-points. À Paris, je ne ratais pas un seul rassemblement (ou final de rassemblement) puisque j'habite place de la République.

Que dire ? Que ce qui me sauta, d'emblée, aux yeux et aux oreilles était consternant. Parfois même terrifiant. À des années-lumière des récits que des journalistes militants énamourés en tressaient et en tresseront.

Jamais on n'avait assisté à une convergence aussi fusionnelle, coude à coude, ou même main dans la main, des extrêmes droites et des extrêmes gauches. Embrouilles emmêlées des radicalités de tout bord. Monarchistes, indépendantistes régionaux, identitaires de tout poil et traditionalistes de toute chapelle au Sacré-Cœur de Jésus parfois épinglé sur la poitrine, ultra-réacs assumés et néo-fachos poncés, côtoyèrent, au début, les ultragauches de toutes nuances, anarchistes, trotsko-mélenchonistes, communistes, autonomes ou nostalgiques de l'Action directe (à côté de républicains de gauche un peu perdus), ces deux dentures de la mâchoire encadrant des bouches sincèrement désireuses d'exprimer de généreuses aspirations, de justes revendications et de légitimes colères.

Progressivement, à mesure que les cortèges virèrent rachitiques, ces voix-là s'enrouèrent ou régressèrent en simples murmures. Tandis qu'à Paris, à l'ouest, et dans certaines grandes villes, l'extrême gauche activiste imposa son ascendant, ailleurs, en particulier sur les ronds-points méridionaux, une forme de néo-poujadisme très droitier domina, alors que dans les plus petites agglomérations, la fraction la plus alcoolisée interpréta sa propre partition. Se croisèrent, également, jusqu'à s'interpénétrer, un émouvant et même déchirant besoin existentiel de conjurer les solitudes par « l'être-ensemble » et une tendance à collectiviser son rejet des autres.

Premier contact à la sortie de la gare de l'Est en direction de la République. Un petit noyau m'apostrophe : « N'est-ce pas qu'il faut dégager Macron et tout le gang Rothschild ?! » Un groupe passe qui brandit deux calicots qui proclament : « À bas la dictature sioniste ! » Plus loin cohabitent presque harmonieusement un portrait du Che Guevara et un drapeau à fleur de lys, des pancartes déroulant des aspirations fleuve et des banderoles affichant des exécrations coups de poing.

À la République, un petit carré de femmes dans la cinquantaine, apparemment sans aucune affiliation, m'émeut par l'intensité et la sincérité des espérances libératrices qu'elles expriment. De vieux militants communistes, revenus de tous les défilés, me disent être à la fois portés par les utopies positives que porte ce mouvement et troublés par les ambiguïtés de certaines de ses expressions. L'exigence de l'instauration d'un référendum d'initiative citoyenne (RIC), inscrite sur la majorité des chasubles couleur jonquille, fédère une ferveur contestatrice que l'appel à la démission de Macron, promu en diable absolu, cimente.

Sur un grand rond-point situé à la sortie de Châtillon-sur-Seine, en Côte-d'Or, les manifestants qui distribuent des tracts reprenant la plupart des thématiques à coloration dites « populistes » de l'extrême gauche sont encouragés et même animés par le maire de la ville qui représente la droite musclée.

Saisi au vol au milieu de ronds-points normands : « Macron PD ! », « Macron, va niquer ta vieille ! » À quoi s'ajoutent, ici et là, des demandes de dissolution... de la franc-maçonnerie. Les « élites » sont vouées aux gémonies (surtout celles de gauche) et, parfois en l'absence de représentants des « minorités visibles », les migrants sont invités à rejoindre le douar natal.

À l'est, triple dénonciation : des riches, du capitalisme et des immigrés. En Bretagne, où avait été organisé un débat « citoyen », je propose aux Gilets jaunes occupant le rond-point le plus proche d'y venir porter leur point de vue. Ils déclinent l'invitation. « Exprimer nos opinions, me répondent-ils, on veut bien, mais entendre, en réponse, vos points de vue ne nous intéresse pas ! » Délicieuse franchise. Dans l'Est, à Metz je crois, des « indignés » à la phraséologie d'ultragauche anarchisante et complotiste m'indiquèrent être décidés à voter éventuellement Le Pen.

J'en ai déjà fait le récit dans le deuxième tome de ces *Mémoires*. Un soir, à Paris, au coin de l'avenue de la République et de la place, devant GO Sport qui venait d'être attaqué et pillé, je tentais, sans succès, de voler au secours de deux jeunes filles tout de blanc vêtues auxquelles un groupe de banlieusards, venus faire leurs courses d'après-manif, avait entrepris d'arracher leurs bijoux et leurs sacs, avant de me tomber sur le râble. Une intervention inopinée de CRS me permit de me dégager.

C'est sur cette même place de la République que des insurgés (flanqués d'Esther Benbassa) au demeurant très courtois, à qui je faisais remarquer que la démission de Macron, dont ils affichaient l'exigence, déboucherait sur une nouvelle élection très aléatoire, tous les sondages plaçant Macron-Le Pen au second tour, me répondirent qu'il n'était pas question d'organiser de nouvelles élections avant un long travail préparatoire sous l'égide d'un « gouvernement provisoire ». Un gouvernement insurrectionnel s'entend.

En réalité, bien qu'il portât aussi des rejets salvateurs et fût traversé par quelques traits lumineux, il m'apparut, au terme de mes observations, que le mouvement charriait, dans la confusion - la fusion des extrêmes en constituant la matrice -, des pulsions collectives potentiellement, sinon intrinsèquement, fascisantes. Mon frère Axel, dont l'entraînement à la marche favorisait les observations, homme de gauche s'il en fut, partageait la même analyse. Un côté « chemises noires » chez certains Gilets jaunes. En particulier en province.

Il suffisait, répétons-le, d'ouvrir les yeux et de tendre les oreilles pour en prendre conscience. Deux types de Gilets jaunes ? Non ! Il y avait osmose. Ceux qui cassaient bénéficiaient de la sympathie affichée de ceux qui laissaient casser.

Pourquoi le mouvement se heurta-t-il à une telle cécité, à un tel refus d'écouter et d'entendre ?

Dans le journal *Le Monde*, des cohortes de sociologues (« d'extrême gauche », c'est presque un pléonasme) alignèrent des torrents de béatitude.

L'un d'eux, universitaire bordelais, défaillait à l'évocation et à la pseudo-analyse de ce progressisme révolutionnaire en actes, sans aucun recul et pour cause : un président d'université de cette ville m'expliqua que, chaque samedi, il enfilait un gilet jaune et se joignait aux manifestations. Observateur ? Décrypteur ?

Une jeune journaliste, qui avait été affectée à la couverture de ces effervescences de rues, aussi fluettes qu'elles fussent devenues (ces effervescences), retrouvait, sans jamais laisser s'échapper la moindre fausse note, le ton, le style et le vocabulaire des reportages de *L'Humanité* couvrant des manifestations communistes dans les années 1950.

Les contempteurs déclarés et répétitifs du « populisme » se pâmaient devant l'expression la plus exemplaire et la plus typique du populisme. Soudain, la démagogie cessa d'être condamnable.

J'avais, en Bourgogne, participé à un déjeuner en compagnie de quelques responsables socialistes locaux et de François Hollande. Tous, Hollande compris, déplorèrent le soutien sans nuances que la gauche accordait à un mouvement à leurs yeux profondément pervers.

À la sortie, quelques Gilets jaunes du cru interpellèrent Hollande. Il leur donna sa bénédiction et leur conseilla de « continuer le combat ».

À la fin, les compteurs furent relevés. Les élections européennes en tinrent lieu. L'extrême gauche et la gauche s'effondrèrent, le macronisme résista. L'extrême droite, en tête, fit un nouveau bond en avant.

Et, surtout, surtout, les enquêtes d'opinion montrèrent toutes – toutes ! – que l'immense majorité des sympathisants Gilets jaunes, soit s'était abstenue, soit avait voté extrême droite.

À gauche, et en partie venant des médias d'extrême gauche, il n'y eut aucune autocritique.

Chapitre 9

Confinement

Il n'y avait pas été avec le dos de la cuillère à ingurgiter de l'huile de foie de morue. « Nous sommes en guerre », avait scandé notre président d'une République confinée.

Curieuse guerre qui commençait par une injonction à rester chez soi. Par une démobilisation, en quelque sorte.

Pensa-t-on, alors, à tous ceux qui n'ont pas de chez-eux ? À tous ceux dont le chez-soi est tel que le pire est de devoir y rester ?

« Nous sommes en guerre », avait-il répété. La guerre, c'est bien connu, transforme les civils en militaires. Là, même les militaires devenaient des civils. Enfermés.

Ce n'était pas la guerre en dentelle, c'était la guerre en chambre.

Paradoxe : un chantre de la société ouverte nous appelait à l'auto-enfermement.

Hier, on fustigeait le « séparatisme » et, soudain, on nous invitait à nous séparer les uns des autres.

Le danger ne venait plus de l'entre-soi, mais du rapport à autrui.

Terrifiant cul par-dessus tête.

Comme les rassemblements étaient interdits, on avait décidé, c'était logique, de mettre la loi sur les retraites au rancart. Et pourtant, la bonne, la salvatrice réforme, c'était celle-là, par points, à l'instigation de la CFDT, celle qui n'alourdissait pas, mais assouplissait le temps de travail.

Puisqu'il n'y avait plus de possibilités de manifestations, il s'agissait de supprimer les raisons de manifester. La pénurie de contrepoison entraîne la mise entre parenthèses du poison. C'est darwinien.

****

« Nous sommes en guerre » : on rigolait avant, on ne rigole plus pendant. Le commentaire de guerre se devait d'être martial, noble et emphatique. C'est-à-dire d'aligner des banalités fortes et des lieux communs bien frappés. Avec quelle discipline se plia-t-on à cette règle ! Notre intelligentsia fut à la hauteur.

Parce qu'on était confinés, fallait-il se comporter en cons finis ?

Je ne m'y résolus pas. J'avais atteint l'âge, critique paraît-il, où avant de casser ma pipe, j'entendais ne pas renoncer à me la fendre.

Le scrutin municipal (dont l'opposition, parce qu'elle était l'opposition, avait exigé malencontreusement qu'on le maintienne) m'y encouragea.

Une première : on votait et, aussitôt après, on s'en lavait les mains. Ou pire : parce qu'elles avaient touché un bulletin de vote, on les désinfectait.

Avec la pierre ponce Pilate, la démocratie est là, le virus s'en va.

Des traits au sol permettaient de s'éloigner d'un mètre des gens qui ne votaient pas comme nous.

Une dame s'exclama : « De l'isoloir, pour l'instant au moins, on peut en sortir ! » Une autre : « Bientôt, c'est nous qu'on mettra sous enveloppe. » Je croisai un ami : surtout ne pas se serrer la paluche mais plutôt lever le coude. Quand on vous disait que boire un petit coup c'est bon pour la santé ! Or, comble de l'absurdité, on nous interdisait d'aller vider un verre à quatre, mais on nous invitait, au moment du dépouillement, à aller vider des urnes à vingt.

Un pote me fit cette remarque fort sensée : « Le virus se transmet, paraît-il, par la bouche ou le nez. Alors pourquoi les gens se précipitent-ils pour acheter du papier toilette ? »

À Paris, dans mon bureau de vote, certains électeurs étaient gantés. Ils devaient voter Rachida Dati. Ça protège également de la peste. D'autres étaient masqués : ils votaient Agnès Buzyn, la candidate macroniste, et ne voulaient pas qu'on les reconnaisse. Ceux qui choisissaient Anne Hidalgo ne portaient rien du tout tant, comme elle, ils étaient imperméables aux catastrophes.

Un jeune homme, hilare, s'aspergeait de gel désinfectant. Sans doute un votant écolo ravi parce qu'il espérait inaugurer l'expérience de la décroissance.

Que nous disaient ces génies de la prospective que sont les commentateurs médiatiques ? Qu'il n'aurait pas fallu attendre la pandémie pour prendre des mesures susceptibles de la contrer. Très juste : d'ailleurs, pourquoi attend-on toujours qu'une guerre éclate pour conclure la paix ? Si on signait les armistices avant les combats et non après, il n'y aurait pas de combats.

Contre la pandémie, le protectionnisme ? Dupont-Aignan proposait d'alourdir les droits de douane. Il avait raison. À partir d'un certain taux, le virus se décourage. On pourrait aussi l'écraser sous les droits de transmission. En réaction, les grosses fortunes s'exilent ou se cachent : pourquoi pas le virus ?

La gauche radicale affirmait que la pandémie allait porter un coup fatal au néocapitalisme. Bien vu : après la voie russe vers le communisme, le virus vers le socialisme.

On ne prendra jamais assez de mesures protectrices. À cet égard, il fallait d'ailleurs remercier la CGT. En paralysant les transports, elle avait retardé la propagation du mal.

Cela dit, quatre individus entrant masqués dans une banque : principe de précaution ou hold-up ?

Un célèbre brasseur mexicain avait envisagé cette publicité : « La Corona, la meilleure façon de mettre en bière ! » Il y avait renoncé. Il eut tort.

****

Paris, tel qu'on l'imagine en juin 1940, quand la population fuyait un autre virus. Rues vides. Comme une salle de cinéma où l'on projetterait un film de Bernard-Henri Lévy.

Ce jour-là, de très rares passants erraient, masqués pour que l'odieux virus, physionomiste, ne les reconnaisse pas. Et, pour ne pas être jugés responsables du désastre, eux aussi, à toute occasion, ils s'en lavaient les mains.

Des tas de bobards circulaient : ce qui était paradoxal, car on avait fermé les coiffeurs. Mais on avait laissé ouvertes les pompes funèbres. C'était peu délicat mais judicieux. Et les stations-service aussi, ce qui l'était moins puisque aucune voiture ne circulait.

Je connaissais un couple, qui ne mangeait jamais de riz et qui en avait fait un stock pour dix ans. Par solidarité avec les Chinois ? Les magasins Picard avaient été dévalisés. Du confinage on passait à la congélation.

Absurdité : le petit commerce devait fermer et les hypermarchés rester ouverts. Dix gus dans le même lieu : danger ! Mais trois cents, ça passait.

Des adultes redevinrent adolescents : toute la journée devant la télé, à s'épancher sur les réseaux sociaux ou à se déchaîner sur les jeux vidéo.

Pour d'autres, les jours ressemblaient à des nuits : combien d'enfants naquirent neuf mois plus tard ? Il se pourrait bien que le virus, loin de nous avoir dépeuplés, ait contribué à nous repeupler.

Comme il ne se passait plus rien, la télévision allongea ces plages d'information : logique. Que la Corée du Nord fût épargnée, c'était important de le savoir.

Les Gilets jaunes avaient squatté le petit écran. Cette fois, c'étaient les blouses blanches. Les professionnels, qu'ils fussent officiels ou officieux, de la santé qui le submergeaient de leurs certitudes contradictoires. À toute heure, le Covid suppléait au vide. Pour meubler et faire le buzz, on eût volontiers accusé les « islamo-gauchistes » de préconiser, en guise de protection maximum, le port de la burka.

Les écolos ne savaient plus s'ils devaient rire ou pleurer : recul de la pollution, chute de la circulation automobile, écroulement du productivisme, fatalité de la décroissance. Qu'allait-il leur rester à revendiquer ?

Les croyants, eux, étaient consternés : c'étaient des communautés religieuses, chrétiennes en Corée du Sud, protestantes pentecôtistes en Alsace, évangélistes au Brésil, juives orthodoxes à New York, islamistes en Malaisie qui avaient le plus contribué à la propagation du virus. À quoi jouait Dieu ? Cherchait-il à mettre en garde contre des exploiteurs fanatiques de son nom ?

Marine Le Pen grognait : avec la fermeture des bistrots, elle avait provisoirement perdu son organe de presse principal. CNews prit le relais.

****

On prétendit que cent cinquante princes saoudiens avaient été infectés par le coronavirus, leur confrontation à une domesticité pléthorique n'y étant pas pour rien.

C'était, hélas, la seule information qui allait dans ce sens.

De quoi, en effet, le confinement auquel les Français furent astreints, devint-il cruellement révélateur ? De la radicalité des inégalités. Sociales, culturelles et personnelles.

Être confiné dans 25 m^2 ou dans 150 m^2, à quatre dans un « espace » ou à cinq dans un « endroit », face à un mur ou face à un jardin, à une manif de fourmies ou à un envol de moineaux : soudain, cela révélait autant de différences qu'entre un smicard et Rockefeller, qu'entre un précaire et Rothschild.

Certains, en restant chez eux, sont partout. D'autres ne sont que chez eux. Ici, on se déplace. Là, on tourne en rond. Rester chez soi pour les uns, c'était rester entre soi. Pour les autres, c'est rester sur soi. Collé à soi. Pour les uns, le seul dehors, c'était la rue interdite. Pour les autres, c'était la nature permise. Il y a des lieux qui font univers, il y en a qui font case.

Le pire du confinement, finalement, c'est quand l'horizon n'est plus dehors mais dedans. Quand la seule ligne de fuite est celle qui ne vous projette pas hors de vous, mais vous traverse.

Ce face-à-face de soi avec soi – « moment magique d'introspection possible », positivaient certains qui avaient assez de moyens financiers et culturels pour le partager avec eux-mêmes – signifiait quoi pour d'autres ? Que la misère se retrouvait face à la misère, toutes les pauvretés face à toutes les pauvretés, et pas seulement matérielles. Le manque face au manque. La vieillesse face à la vieillesse et, surtout, la solitude face à la solitude. La solitude intérieure face à la solitude physique. Ici, le plein remplissait le plein, mais là, le vide remplissait le vide. C'est-à-dire le vidait.

Absence de soi face à absence à soi.

Lire… oui. C'est ce qui permet d'être nombreux quand on est seul. Écouter de la musique et s'envoler avec les notes. S'émanciper d'un monde enfermé en lui-même pour se réfugier dans un autre. Mais c'est la même chose que de dire qu'on est plus riche quand on est riche.

Et quand on ne l'est pas ? Quand on n'a pas hérité de ce magot culturel qui fait, socialement aussi, la différence. Quand, faute d'un monde refuge, on ne se coltine qu'à celui qui, par petits écrans interposés, projette son confinement sur votre confinement, ses angoisses sur vos angoisses.

La richesse, c'est cela aussi : avoir les moyens - les moyens - de trouver en son propre sein le monde que l'on ne trouve plus en dehors. Vision de petits bourgeois et grands bourgeois cultivés et bien portants, dira-t-on.

Au demeurant, de tous nos interlocuteurs potentiels, soi-même est-il toujours le plus souhaitable ?

Est-ce un progrès que de n'être plus, soudain, que notre seul « autre » accessible, interlocuteur accessible, partenaire accessible, dès lors que nous ne bénéficions pas de ce privilège inouï de pouvoir cultiver en nous une pluralité « d'autres que nous » accessible ? Et possible.

Cette fracture sociale là, la cassure numérique l'exacerba encore davantage. Miracle ou malheur de la technologie : ceux-ci étaient branchés sur un « ailleurs ». Agissaient sur lui, interféraient sur lui. Ils étaient à la fois dedans et dehors. Ceux-là étaient débranchés de tout ailleurs. Dedans mais sans dehors.

Comme dirait un cuistre heideggérien, « leur ailleurs se réduisait à leur "être-là" ». Pas leur « être au monde », mais leur être verrouillé à l'intérieur de leur monde.

Et ceux-là, en se retrouvant face à face avec eux-mêmes, risquaient de se retrouver, en réalité, face à un autre qu'ils ne connaissaient pas.

Il y avait celles et ceux qui pouvaient être au travail, un « télétravail », sans aller au travail. À la fois ici et là-bas. Et les autres, que leur travail rivait à leur lieu de travail. Qui étaient, en quelque sorte, professionnellement confinés dans leur non-confinement. Fantassins de cette guerre. En avant de l'arrière. Au front. Des héros, fût-ce malgré eux.

Le président Macron avait comparé cette crise à une guerre, et dans toutes les guerres ce sont les bidasses qui trinquent...

****

Dois-je le préciser ? J'ai personnellement bénéficié, pendant toute cette période, d'un privilège sans prix : au lieu de donner sur un mur percé de trous, je donnais sur un bouquet d'arbres dans lequel piaillaient, hululaient et roucoulaient des envolées d'êtres vivants.

****

Si Carlos Ghosn avait été confiné en prison - ça lui arriva -, Renault aurait tourné. Si les salariés de la Régie restaient chez eux, Renault s'arrêterait. CQFD.

Il avait fallu un désastre pandémique pour redécouvrir - provisoirement, hélas - cette évidence : les éboueurs absents deux mois, insupportable ! Les administrateurs de sociétés empêchés pendant quatre mois, on ne s'en apercevrait pas. Sans caissières de supermarchés, bernique les pâtes et le papier toilette. Sans conseillers en marketing, on ne manquerait de rien. Sans présidents-directeurs généraux, on bouffe. Sans paysans, on ne bouffe plus. Si tous les banquiers de mon quartier se mettaient au vert, j'utiliserais ma carte bleue. Si les boulangers se faisaient la malle, ma carte bleue ne me fournirait pas de baguettes « tradition ». Sans analystes financiers ou gestionnaires de fonds, je ne serais pas plus pauvre. Sans coiffeur, j'aurais l'air d'un clochard. Sans directeurs de la Poste, je continuerais à recevoir des lettres. Sans postiers, je n'en recevrais plus (cela dit, pour ce qu'il y a dedans désormais !). Tous les PDG, secrétaires généraux et traders de France et de Navarre pourraient prendre de très longues vacances, cela ne changerait rien à ma vie quotidienne. Mais sans artisans plombiers, mieux eût valu ne pas être confiné avec un robinet qui fuit (il est vrai que ceux-là, les plombiers - c'est une exception - gagnent largement ce qu'ils valent).

J'ajouterai qu'on ne peut pas faire l'économie d'infirmières et de soignants, alors que de sociologues - d'extrême gauche forcément - on peut. De journalistes aussi, hélas, mais pas de policiers, de pompiers ou de conducteurs de bus.

C'est peut-être cela que beaucoup retiendront de ce qu'ils ont vécu. Pas que les « invisibles » deviennent visibles (c'est idiot, un éboueur est plus visible qu'un PDG), mais que la hiérarchie des utilités sociales est inversement proportionnelle à celle des rémunérations. Ce qui s'est ancré dans une partie de l'opinion, c'est que plus on est indispensable moins on gagne et, qu'à l'inverse, ceux qui sont les moins évidemment utiles, ce sont ceux qui en tirent le plus d'avantages.

Et, accessoirement, que, le plus souvent, les très « vus » sont totalement dépendants des « effacés », largement moins bien payés qu'eux : la vedette de télévision, sans les cameramen (au salaire moins arrondi que le sien), disparaît. On ne la voit plus. Sans éditorialistes, les journaux peuvent continuer à se vendre, mais pas sans kiosquiers.

D'ailleurs, à cause de l'absence de kiosquiers, ils ne se vendent plus.

Qui profite des extras, des stock-options, des retraites-chapeaux, des parachutes dorés, des bonus ? Ceux dont on s'est aperçu qu'on ne pouvait pas s'en passer ? Non, mais ceux dont nous avons l'impression que la paralysie ou l'absence ne changerait strictement rien pour nous.

Il y eut, certes, dans le sillage de la pandémie, des mesures prises - le fameux « quoi qu'il en coûte » - pour éviter à la fois un effondrement économique et une méga-explosion sociale. La France fut même le pays qui, en proportion, consacra les sommes les plus considérables à la protection des populations impactées par la crise pandémique (plus de huit millions de chômeurs partiels indemnisés à quelque 80 %). Forme pragmatique d'un keynésianisme que Keynes lui-même n'aurait pas imaginé.

C'est également ce volontarisme étatique coûteux qui permit que la France connaisse, ensuite, une croissance appréciable et une moindre hausse des prix que la plupart de ses partenaires.

Ce qui n'empêcha nullement la gauche de dénoncer à toute occasion « une dérive néolibérale ».

Mais c'est l'État seul, en particulier par le déficit puisqu'il baissa plutôt les impôts, qui assuma le coût de ce justicialisme protecteur.

La droite, qui ne cessa d'exiger encore plus de dépenses, n'en stigmatisa pas moins, et avec quelle virulence, une politique ruineuse qui consista à « cramer la caisse ». Selon elle, il eût mieux valu cramer le pays tout entier.

En réalité, une étude menée par plusieurs instituts économiques indépendants montra que, sans ce « Niagara » de dépenses publiques (qui permirent, provisoirement au moins, de maintenir un certain taux de croissance et la tendance à une réduction du chômage), le déficit public, donc, se serait encore plus creusé, et donc la dette alourdie. Sur le plan de l'économie de marché, c'était là une logique qui, bizarrement, échappa aux libéraux.

En revanche, les plus favorisés ne furent nullement appelés à participer à cet activisme financier. En particulier ceux qui avaient largement profité, directement ou indirectement, de la crise sanitaire.

Il s'ensuivit que leurs profits - et leurs revenus - flambèrent et que les inégalités se creusèrent.

« En fait, pronostiquais-je à la fin 2020, dans une chronique du journal belge *Le Soir*, aucune mesure ne sera prise pour réduire le gap effarant qui sépare les rémunérations des plus et des moins indispensables. »

« Or, ajoutais-je, quelle sera l'une des conséquences de la crise paroxystique que nous vivons : notre dette va flamber (elle finira par représenter plus de 130 % du PIB en France). Les banques centrales la monétariseront en la rachetant. C'est-à-dire la remplaceront par de la création de monnaie. Ce “Niagara” de liquidités va gonfler certaines bulles spéculatives. La finance profitera de l'envolée des bénéfices de la grande distribution, du commerce en ligne, des laboratoires, des sociétés de haute technologie et des télécoms.

« En fonction de quoi, les inégalités sociales s'accentueront. »

Je n'avais évidemment pas prévu qu'une autre crise, finalement presque plus meurtrière, menacerait même certains des supposés gagnants.

Chapitre 10

Ils ont dit ou écrit ça

Ce jour-là (mars 2020), j'avais été convié à palabrer, je ne sais trop sur quoi et pourquoi, sur La Chaîne parlementaire.

L'actualité du jour était dominée par le démarrage, en Chine, d'une pandémie qui, devenue universelle, s'avérera être ce qu'on appela alors le « coronavirus ».

Trois spécialistes en épidémiologie, deux hommes et une femme, avaient été invités à dispenser leur avis d'experts. Ils furent tous les trois catégoriques : « Le port du masque ne servait strictement à rien. »

Impressionné par l'unanimité de leurs savantes assertions, j'eus donc ensuite tendance, quand le scandale défraya nos chroniques, à minimiser notre pénurie de masques.

Deux mois plus tard, l'idée ne me serait déjà même plus venue de prendre en compte les avis d'experts.

De prendre en compte, d'ailleurs, le moindre avis. Car, en la matière, nous ne souffrîmes d'aucune pénurie.

Non seulement les « sachants » martelèrent tout ce qu'ils savaient, surtout quand ces savoirs, tout à fait contradictoires, se tiraient mutuellement la bourre, mais, en outre, toutes les grandes intelligences, comme émoustillées par l'érotisation de l'auto-confinement, s'envoyèrent, allègrement ou sinistrement, en l'air.

Chaque jour, dans les grands médias, se succédèrent des pages de réflexions, qui se devaient d'atteindre des hauteurs stratosphériques assorties d'irrésistibles « Journal d'un confinement », non pas « j'ai recuisiné une blanquette de veau à l'ancienne », mais « j'ai relu les *Mémoires d'outre-tombe*, ça tient le coup ! »

Le philosophe confiné n'est pas un oiseau en cage mais un muezzin enfermé en haut de son minaret. Quand il se met entre parenthèses, cela ne signifie pas qu'il se met entre guillemets. Son « être-dedans » imposé lui offre l'occasion rêvée de le projeter au-dehors !

Nous eûmes donc droit à quelques textes remarquables striés de fulgurances, à tous les poncifs éculés sur la fragilité de la condition humaine, la vulnérabilité de notre espèce, la finitude de notre civilisation, la mort comme horizon indépassable, le « confinement condamnant notre moi à intérioriser le hors de soi ou à l'amputer » (*bis* !), la terrible rançon de notre basculement dans la société industrielle (comme le releva justement Jacques Julliard, « chacun sait que la "peste noire" qui élimina presque la moitié de la population au XIVe siècle était le résultat d'une hyper-industrialisation »).

Il apparaissait - version écolo - que le virus était l'enfant du réchauffement climatique. C'était pourquoi, sans doute, il était plus virulent quand il faisait froid. Et la « grippe espagnole », c'était la faute du refroidissement ?

La faute à qui, la faute à quoi ? « Au libre-échange », affirmait le protectionniste (c'est vrai qu'on aurait dû interdire le libre-échange de virus, mais d'éventuels vaccins aussi ?). « À la suppression des frontières », surenchérissait le souverainiste (chacun sait que le virus s'incline devant un douanier). « Aux tares du capitalisme », tonnait l'altermondialiste. « À l'impotence du tout-État et à l'hypertrophie des dépenses sociales au détriment des dépenses de santé », rétorquait le libéral. « À la mondialisation qui induit la libre circulation », scandait-on en chœur à l'extrême droite et à l'extrême gauche.

Au fond, le seul innocent, c'était le virus lui-même.

Une psychologue tenta de nous faire prendre conscience que « le confinement renvoie chacun à son sentiment d'enfermement ». Tu l'as dit, bouffi !

D'un certain Antoine Buéno, dans *L'Express* : « Le coronavirus est une aubaine pour la planète : où l'homme souffre, la planète souffle. » Évidemment, vive la Shoah qui a permis la naissance d'Israël !

Le sociologue Mathieu Bock-Côté dans *Le Figaro* s'éclata : «La présente crise oblige chacun à se poser une question que notre civilisation a tendance à occulter, celle de la mort qui se présente à l'homme sous le signe de l'inévitabilité. »

Comment de tels éclairs peuvent-ils jaillir de telles profondeurs ?

Le très libéral Mario Vargas Llosa : « La pandémie n'aurait pas eu lieu si la Chine était un pays libre ! » C'était con, voilà un virus anticommuniste qui, par rebond, ravageait les États-Unis !

Une docte philosophe, dans *Le Monde* : « L'occasion nous est donnée d'une transformation individuelle et collective afin que la conscience de notre vulnérabilité, de notre appartenance à un monde plus vaste que soi, devienne un savoir incarné et vécu pour transformer nos comportements. » Chouette ! Comme me le déclara l'héroïque vendeuse de ma supérette, « y a intérêt à faire gaffe, car n'importe quelle saloperie chinetoque peut s'inviter dans notre sushi. On est peu de chose ! »

Le fort compétent professeur d'économie Christian Saint-Étienne, dans *Le Figaro* : « On verra si la France peut se ressaisir, quel que soit le prix, ou si l'alanguissement dans la médiocrité qui avilit notre pays depuis un quart de siècle continuera dans l'indifférence générale. » Mais qui t'es, mec ? Moïse ?

Un collectif de hauts fonctionnaires nous infligea, dans *Le Monde*, un brûlot que concluait cette injonction : « Il faut arrêter totalement l'économie, tant pis pour les conséquences. Plus on fera plonger l'économie, plus vite on contiendra le virus. Que la production et la consommation s'écroulent devrait devenir un objectif. »

On pouvait le dire ! Même la sottise au carré participe au débat utile. Mais - oh honte ! - ce texte était attribué à un pseudo. Il était anonyme. Si j'écrivais un texte où j'appelais à se débarrasser de tous les vieux signé « un ami qui vous veut du bien », on le publierait ?

Deux chercheurs écolos, Anneliese Depoux et François Gemenne, étaient catégoriques : « Il faudrait, pour le climat, imposer les mêmes mesures que pour faire barrage au coronavirus, mais de façon permanente. » Vive le confinement à perpétuité ! Imbéciles !

Fallait-il articuler les tests au traçage des parcours et des rencontres des individus contaminés, comme l'avait fait la Corée du Sud ? « Ce serait digne de Pinochet en pire », martela le futur académicien François Sureau.

Le philosophe Emanuele Coccia avait livré au *Monde* une interview, de haute tenue celle-là, mais après avoir jugé que « la majorité des gouvernements ont pris des mesures fortes et courageuses (le confinement) car c'est seulement de cette manière qu'on parviendra à défendre la communauté », il affirmait, au bout de quatre paragraphes, « l'invite à coïncider avec son propre chez-soi (le confinement) signifie produire les conditions d'une future guerre civile. Elle risque d'exploser d'ici quelques semaines ! »

Philosopher sur une catastrophe naturelle, Voltaire s'y était essayé dans son *Poème sur le désastre de Lisbonne.* Ce n'est pas ce qu'il avait fait de mieux.

Qui n'avait sa recette ? Chacune – « comme c'est bizarre, quelle étrange coïncidence ! » aurait dit Ionesco – correspondait très exactement à celle que les mêmes préconisaient régulièrement avant le déferlement du virus. Thomas Piketty, dans *Le Monde*, recommandait, comme toujours (c'était un tic !), de recourir à l'impôt « dont le revenu pourrait représenter 4 % du PIB ». Faites le calcul ! Impôt sur les transmissions par exemple... du virus ?

Or, le même jour, le député LR Olivier Marleix (celui qui sabotera la réforme des retraites qu'il exigeait) se lâchait dans *Le Figaro* : « Il est temps d'en finir avec les taxations spoliatrices des transmissions ! » Un nul flemmard doit pouvoir hériter, sans retenus, de la fortune, fût-elle immense, d'un génie dur à la tâche !

****

Les premiers jours, on eut un espoir. On put lire, dans les tribunes du *Figaro*, des remises en cause lucides des dérives de la logique néolibérale et, dans *Le Monde*, en rupture avec les facilités libertaires, des appels à la discipline collective. Feu de paille. La normalité reprit vite le dessus. Se succédèrent alors, sous la plume d'intellectuels, « ultras » presque par définition, d'aberrantes mais arrogantes inanités, qu'aucun journaliste digne de ce nom n'aurait osé sans honte proférer ou signer.

Prenons la très droitière philosophe Chantal Delsol. Le crime du pouvoir, selon elle ? Avoir sacrifié la transcendance au sauvetage des vies humaines : « On n'a plus d'idées, écrivait-elle, l'hygiénisme a pris le dessus, ne reste que la vie nue. Macron n'a pas appris à accepter la mort, il ne l'a pas appris à l'école. On ne se préoccupe plus que de protéger la vie biologique. On met tous les jeunes du pays à l'arrêt pour sauver des ancêtres. » Ces choses-là sont rudes : il faut, effectivement, pour les proférer, avoir fait des études.

Nos généraux, en 1914, auraient dû y songer : envoyer les vieux au front pour préserver les jeunes. Un non philosophe aurait-il oser une telle crétinerie ?

Conclusion : « C'est notre arrogance qui nous perd. La vantardise d'un côté, de l'autre des institutions totalement vermoulues, c'est très français ! » Que n'avait-on pris exemple sur la Hongrie de Orban... ou l'Amérique de Trump ? Ses modèles !

Combien d'« essayistes », parmi les plus conservateurs, se contentèrent-ils de reprendre, presque mot pour mot, le logiciel des textes publiés en 1940, en réaction à un autre désastre, par des intellectuels qui basculèrent dans le pétainisme ?

Ainsi, dans *Le Figaro*, un certain Pierre Vermeren, dont j'ai évoqué plus haut le néo-marxisme de fête foraine : « Tout fout le camp, la France, après la guerre d'Algérie, a écarté les officiers du pouvoir alors qu'ils étaient au cœur de la machine étatique sous la IIIe et IVe Républiques. La féminisation du corps médical mène à l'effondrement de la médecine de ville... Nous voilà dépendants des médecins étrangers attirés par les élites africaines qu'il faut soigner. On s'est privé de la force vive de la médecine militaire. La France est devenue un énorme pourvoyeur de prébendes. Tout ce qui avait fait adhérer les Français à la République est dévalué, renié, honni : le “roman national”, l'assimilation, le sabre et le goupillon, l'alliance de l'armée et de l'Église, l'épargne, les valeurs de la bourgeoisie, le respect des corps constitués, l'autorité des pères de famille, le nationalisme cocardier, l'aventure coloniale. » Même les momies pouvaient commettre des tribunes. Quelle est la non-limite acceptable au tartinage de la connerie en tube ?

De Pierre Manent, directeur d'études à l'École des hautes études en sciences sociales, dans le même journal et dans la même veine : « La nation a été abandonnée, discréditée, délégitimée, depuis deux générations. Nous descendons la pente depuis quarante ans (sous Chirac, Giscard, Balladur et Sarkozy donc, ce que *Le Figaro* ne nous avait pas dit !). Macron fatigue l'Allemagne de sa demande incessante d'initiatives communes. Une idéologie partagée dicte le processus d'indifférenciation entre l'honorabilité et le déshonneur, le noble et le vil. Aucune résistance possible (sauf la sienne !). D'un côté, ceux qui voient dans les règles d'accord de l'adjectif une offense à toutes les femmes, de l'autre ceux qui dénoncent une insulte homophobe dans une grossièreté de cours d'école. » Le masculin doit primer dans les accords d'adjectifs : la pérennité de notre civilisation est à ce prix.

Pays moulu, pays foutu ! Intello moulu, tribune foutaise !

Daniel Rondeau encore : « La France, son histoire, sa culture, ses cathédrales, ses grandes entreprises, sa grandeur, son patrimoine semblent avoir été définitivement rangés au magasin des antiquités. Fleuve qui n'a plus ni source ni rivages. » Nation de merde ! Le naufrage ! Comme dirait Rondeau, ne restait plus que le radeau.

Pour Nicolas Baverez, la France allait subir « la pire récession du monde ». Paul Thibaud, l'ex-patron de la revue *Esprit* : « Depuis que les grandes questions sont dites forcloses, nous n'avons d'autre but commun que la protection et la satisfaction des individus. » C'est ce que me disait un SDF pris en charge par Emmaüs !

Quelques stupidités en vrac.

Un dénommé Édouard Tétreau, « essayiste » : « Il faudrait convoquer des états généraux, mais monarchistes, car ceux de 1789 furent un désastre » (dans *Le Figaro*).

Le sociologue d'extrême droite Mathieu Bock-Côté, un récidiviste, défendant, dans *Le Figaro* également, le droit accordé par Macron au Puy du Fou de s'abstraire de certains impératifs sanitaires. Passe-droit tout à fait scandaleux ? « Non, c'est parce que Villiers ne se range pas sous la bannière du progressisme que ça fait scandale. » Le grand mérite du Puy du Fou, qui bénéficia de ce lamentable coup de pouce présidentiel ? « Montrer que la Révolution fut une tentative funeste, que la modernité poussa à éradiquer les catégories sociales (la noblesse) qui ne se laissent pas reprogrammer dans ses catégories émancipatrices. » Pourquoi critique-t-on ce passe-droit macroniste ? Parce que, *dixit* Bock-Côté, au Puy du Fou, on exalte « la divine providence, cette force invisible dans l'histoire qui pèse sur les destins des peuples ». Pourquoi notre Québécois a-t-il choisi la France ? Pourquoi pas l'Arabie saoudite ?

Les mesures imposées sous prétexte de lutter contre le risque pandémique ? Thierry Wolton : « Assurer la sécurité d'un peuple malgré lui, cela rappelle le système soviétique. » Et ne pas porter de cravate, c'est un retour au marxisme ?

Julia de Funès, docteur en philosophie : « L'État n'a pas à contraindre les citoyens pour leur bien physique et moral. » « Acceptation passive d'un processus totalitaire », se lamente le philosophe libéral Gaspard Kœnig...

Le cardinal Robert Sarah tira, lui, cette leçon de la crise, toujours dans *Le Figaro* : « L'Église ne doit plus chercher à rendre le monde plus juste, moins inégal. Mais revenir à son unique raison d'être, la foi, l'aspiration à une vie éternelle. La modernité triomphante s'est effondrée devant le virus. Il révèle que, malgré ses assurances, le monde d'ici-bas reste paralysé par la peur de la mort. »

À quoi l'« essayiste » Olivier Babeau, président de l'Institut Sapiens, ajoutait : « Surtout ne pas en tirer la conclusion qu'il faut faire payer les riches ! » On a eu chaud !

Et Mathieu Laine : « L'État qui dépense trop devrait se libérer de ses contraintes en matière de redistribution sociale grâce à l'énorme gisement de la solidarité privée. » C'est-à-dire la charité.

Il ne restait plus qu'à se farcir une page entière d'enfilage de banalités ahurissantes du type : « il nous faut de l'ordre et de l'amour », sous prétexte que l'auteur, Pierre de Villiers, était général, ce qui excusait tout.

Quel journaliste aurait osé entonner d'aussi archaïques comptines ? Écrire, comme ce Jean-Michel Delacomptée : « L'affolement devant le virus traduit une fuite éperdue devant le vide métaphysique où nous a conduits l'idolâtrie des biens matériels. Avant, le mécréant cessait de rire au moment fatal et la plupart se confessaient ». Il fallait revenir au temps où les prêtres se précipitaient pour récupérer les âmes qui s'éteignaient.

Quel journaliste, de droite, de gauche ou du centre, se serait-il permis, sans rougir de honte, de signer cette effarante logorrhée assumée par le grand philosophe Michel Onfray : « L'interdiction du protocole Raoult a été imposée par le grand capital pour faire fortune en sacrifiant la santé des gens, ce qui suppose que, en connivence avec l'industrie pharmaceutique, le pouvoir opte pour la mort des gens comme une variable d'ajustement de marché qui, avec le temps, donc avec l'accumulation des cadavres, rend le produit médicamenteux désirable, donc rare et cher » ? Ou comment une logomachie d'extrême gauche peut se jeter dans un fleuve qui coule en sens inverse !

Délire auquel le professeur Raoult, largement soutenu sur les réseaux sociaux, avait lui-même, à sa façon, fait écho : « L'inquiétude à l'égard du coronavirus est délirante. Il y a trois Chinois qui meurent et ça fait une panique mondiale. L'OMS s'en mêle. On en parle à la télévision. Tout cela est fou. Beaucoup de bruit pour rien... » Ou encore : « La Terre ne se réchauffe plus. Le trou de la couche d'ozone est, en fait, la conséquence d'un refroidissement du climat. »

Barbara Stiegler, professeur de philosophie politique de sensibilité d'extrême gauche, s'exprimant dans les pages « débats » du *Monde*, ajoutait sa signature à ces extravagances : « En France, la réduction du nombre de lits, la pénurie de masques revenaient à trier les patients mais sans le dire publiquement. Il fallait que certaines vies de moindre valeur soient sacrifiées. Le discours du pouvoir vise à nous culpabiliser en surinvestissant le registre moral. Il s'agit de proclamer une complète dépolitisation des questions qui passe par l'héroïsation des soignants et la stigmatisation de tous les mauvais Français. » La confusion comme vertu académique.

« Invention d'une épidémie », avait tranché Giorgio Agamben, disciple italien de Foucault, qui, toujours dans *Le Monde*, sur une pleine page, répétait que cette « supposée pandémie », une sorte de grippe au « danger d'ailleurs incertain » n'est que prétexte à normaliser les « états d'exception ».

De quoi réjouir, de toute façon, le théoricien de la décroissance Yves Cochet. « Seul un événement dur qui causerait beaucoup de morts peut produire un véritable choc psychologique, comme a pu le faire le nazisme. Il faut que se produise une vraie catastrophe humaine. » On y était, youpi !

On imagine un journaliste, même écologiste dans l'âme, se lâchant jusqu'à écrire ça ! Ou, fût-il radicalement de gauche, affirmant, comme la sociologue Solène Brun de l'Institut Convergences Migrations, que le confinement n'a été qu'un prétexte à « renforcer le contrôle et la répression politique sur les populations racialisées comme non blanches ».

D'où ce cri du philosophe radical Frédéric Lordon : « Ceux qui ont porté à des niveaux inédits l'ignominie politique (inédit, donc pire qu'Hitler et Staline) ne perdent rien pour attendre. » Et ceux qui ont porté à ce niveau la stupidité ?

****

Côté gauche (tribunes dans *Le Monde*), la règle semblait avoir été de signer des articles à quinze minimum (mais qui les rédige ?), avec présence obligatoire de l'économiste Thomas Piketty et de la sociologue Dominique Méda, et d'employer au moins vingt fois de suite les expressions « transition écologique » et « changement de modèle ».

Aucun journaliste, cependant, même très à gauche, n'aurait osé accoler son nom à ces lignes : « Il n'y a aucun besoin de croissance pour améliorer le pouvoir de vivre (le pouvoir d'achat), réduire les inégalités, créer des emplois et contenir la dette. »

La recette ?

L'alternative était simple : « Une économie associée à de nouvelles priorités de production et de consommation radicalement recentrée dans le sens d'une sobriété sélective mettant l'utile au-dessus du futile et au-dessus de l'accumulation privée. »

Comme l'écrivait, en complément, David Cormand, « pour résoudre la question sociale, il faut faire en sorte que les gens aient moins besoin de dépenser ».

Cela impliquait-il l'instauration d'un système policier, avec contrôleur derrière chaque famille, pour corriger les mauvais réflexes consommateurs ?

Un autre texte, publié dans *Le Monde*, à seize mains, proclamait : « La collectivité doit garantir un emploi utile à toutes et à tous, librement choisi, équitable et satisfaisant, permettant de vivre dignement. » Bravo ! Qui pouvait être contre ? Le Premier ministre conservateur du Royaume-Uni John Major l'avait déjà finement fait remarquer : « Si tout le monde travaillait, il n'y aurait pas de chômage ! » L'excellent économiste Gaël Giraud, directeur de recherche au CNRS, qui demandait que, sans attendre, on ne fabrique plus une seule voiture non électrique, précisait d'ailleurs qu'« on ne doit surtout pas se laisser guider par l'obsession paralysante du chômage ». Tout en précisant que les mutations immédiates qu'il exigeait « nécessitaient d'apprendre de nouveaux métiers que beaucoup ne connaissaient pas ». La seule condition : « que l'État devienne employeur, creuse les déficits et qu'on annule les dettes de la BCE ». Ça, il sait faire.

Au demeurant, c'était presque ce qui se passait et, comme chacun pouvait le constater, c'était le nirvana.

Le progrès scientifique et technologique suppléera-t-il aux béances ouvertes par la nécessité de radicales mutations ? L'intéressant philosophe Bruno Latour ne nous laissait pas un instant l'espérer. Pourquoi ? Parce que « le train du progrès nous a menés au désastre »... et qu'il fallait, en conséquence, le stopper.

Un journaliste moyen savait, lui, que jamais le train du progrès n'a circulé sur des rails uniques ; que l'énergie nucléaire a débouché sur le meilleur et possiblement sur le pire ; que la machine à vapeur a permis de libérer et d'aliéner ; que le refus local d'un progrès technique n'a jamais empêché son acceptation et adaptation ailleurs au bénéfice du lieu qui s'y était ouvert ; que le refus de l'imprimerie par la Chine confucéenne, qui l'avait, pourtant, la première conçue, lui fit perdre un temps longtemps irrattrapable... Mais Bruno Latour ne voulait pas le savoir : « le train du progrès nous mène au désastre ».

Les journalistes, eussent-ils la fibre philosophique, eurent généralement le sens des limites au-delà desquelles la profondeur de comptoir vire à la cuistrerie de zinc. Aucun d'entre eux ne se serait laissé aller à ce devant quoi le philosophe chrétien Fabrice Hadjadj n'avait pas reculé : « La tragédie ultime nous dit que la plus grande dignité de l'homme est dans le déchirement vertical qui vient le questionner aux sources de la vie. Face à la mort on ne sait plus rien faire d'autre que de passer d'une gestion technologique, qui nous permet de surnager, à une émotion qui brusquement nous ramène... à la précarité de notre existence. »

C'est évident.

Cécile Acket, psychanalyste : « Le confinement interroge l'extrême solitude de l'être humain (on saluera cette fulgurance !)... La mise à nu des manquements et déficits que la vie a installés ébranle certaines de nos valeurs. L'isolement est une béance. Plus la situation est autre, plus il nous est difficile de nous y adapter (et plus elle est pareille, plus on s'y retrouve ?). »

François Jullien, philosophe, toujours dans *Le Monde* : « La vraie vie, celle qui résiste à cette vie perdue, fait front contre cet enlisement, cette aberration et réification de la vie menaçant la vie à l'insu même de la vie. » « Occasion, poursuivait-il, parce que nous sommes remis brutalement devant nous-mêmes, de répudier la vie factice qui se lézarde. En même temps que je demeure dans le monde, limité par lui, je peux me tenir hors de lui, déborder sa clôture. Se tenir hors de soi dans l'autre à le regarder en face-à-face fait signe vers cette ouverture. » En bref, le confinement nous confronte aux séquelles du non-confinement. L'après n'abolit pas les suintements de l'avant.

François Jullien, encore : « L'épidémie a révélé que nous ne savions pas gérer la mort dans la société. Or, la mort, comme on le sait, débute en nous avant la naissance. La France n'est-elle pas en train de s'installer dans rétraction du possible ? »

Ainsi, Joshua Mitchell découvrait, intuition profondissime, que le surgissement de la mort fout la trouille : « Ce qui est remarquable, c'est à quel point nous avons volontairement abandonné toutes nos libertés (toutes ?) afin d'empêcher la mort d'entrer dans nos maisons. Nous sommes prêts à tout, oui à tout, pour l'écarter, même à renoncer à la civilisation, quand des centaines de générations précédentes l'avaient construite, alors même qu'elles savaient qu'elles allaient mourir. » Les Marseillais du XVIIe siècle, eux, au moins, n'avaient pas dramatisé l'entrée du choléra dans la ville !

À encadrer, en prime, cette saillie de Dominique Bompoint : « Ce confinement n'est pas le résultat d'une pandémie... mais de l'échec de l'être. » Ou cette version plus sophistiquée, concoctée par l'excellent philosophe Jean-Luc Nancy : « Ce virus n'est pas simplement la finitude de l'existence qui nous est difficilement supportable, c'est le non-savoir face auquel nous nous trouvons. Le futur, au sens de ce que nous projetons à partir de données du présent, se dérobe désormais pour nous laisser face à l'incertain radical de l'avenir dont nous n'avons pas la maîtrise. » Ce qui débouchait sur ce sommet métaphysique :

nous avons conscience que « si nous prenons en charge notre destin, nous ne pouvons pas en être totalement les maîtres » ! Je l'avais sur la langue !

Quel journaliste ne censurerait pas la tentation postscolaire d'évoquer, avec le même Jean-Luc Nancy, « le retour de la mort comme horizon ineffaçable » ou d'en appeler, comme le « philosophe sociologue » Pierre Dardot, à cet « espoir, le seul, l'invention d'une politique monde. Il n'est qu'une voie pour y parvenir, l'expérimentation de la démocratie à tous les échelons » ? On l'embrasse et on s'embrasse : on est sauvés !

Même le grand Edgar Morin n'évita pas, dans *Le Monde*, les pesanteurs de Bisounours : « Nous allons devoir ouvrir nos esprits depuis longtemps confinés sur l'immédiat, le secondaire et le frivole, sur l'essentiel : l'amour et l'amitié pour notre épanouissement individuel, la communauté et la solidarité de nos "je" dans le "nous". De l'humanité nous sommes chacun des particules... Y aura-t-il un nouvel essor de vie conviviale vers une civilisation où se déploie la poésie de la vie où le "je" s'épanouit dans le "nous" ? Les vraies réformes ne sont pas budgétaires, mais des réformes de civilisation liées à la réforme de la vie. »

Quel salopard, adepte de la lutte des classes ou de la priorité nationale, refuserait ses acclamations ? Mais quel journaliste terminerait son éditorial par cette conclusion, empruntée elle aussi à Edgar Morin : « L'après-épidémie sera une aventure incertaine où se développeront les forces du pire et celles du meilleur, sachant bien que le pire n'est pas sûr, mais que l'improbable peut advenir ».

En effet !

Faillite intellectuelle ? Mais ce sont, paradoxalement, des journalistes qui, sans produire eux-mêmes ces vacuités, incongruités ou élucubrations, y ont incité et les ont promues pour faire dire à d'autres, ce qu'eux n'auraient jamais osé écrire. Et ce sont, malgré tout, il faut le reconnaître, les intellectuels qui y ont opposé quelques ironies correctrices.

Ainsi le sociologue François Dubet : « Chacun devient à lui seul le gouvernement et la science, le président et le meilleur des épistémologues. Personne n'y échappe. Les intellectuels non plus. Il ne reste que les complots, les incompétences politiques, les boucs émissaires et les "y a qu'à". »

Nicolas Henckes, chargé de recherche au CNRS : « le défilé des experts (et idéologues) dans la presse faisant, avec une conviction inébranlable, la promotion des modèles les plus contradictoires a quelque chose d'indécent ». Jean-Pierre Dupuy, philosophe des sciences : « beaucoup de mes collègues penseurs et philosophes ont été très heureux de prétendre que l'événement confirmait ce qu'ils avaient toujours pensé. Certains, comme les collapsologues, n'ont même pas cherché à réprimer la joie que leur procurait la survenue d'un effondrement à l'échelle mondiale, qu'ils n'avaient prévu que dans dix ans. Dans l'ensemble, le monde intellectuel français s'est montré inapte à se laisser bousculer par l'événement. Pas de hasard, pas d'accident, pas de contingence ! »

« Pas d'autre mal, disait Jean-Jacques Rousseau, que celui que tu fais. » En fonction de quoi, en réponse au moindre aléa dérangeant, Robespierre faisait guillotiner et Staline fusiller...

Arnaud Teyssier, enseignant à l'École normale supérieure, faisait, dans *Le Figaro*, cet évident constat : « Nombre de ceux qui critiquent aujourd'hui l'impuissance de l'État sont les mêmes qui l'ont organisée, cette impuissance, planifiée depuis des années. Qui ont décrit les fonctionnaires comme une armée de parasites. Il a été jugé que l'État devait se réduire en bloc, qu'il était par nature ennemi de la libre entreprise, qu'il coûtait cher et ne servait pas à grand-chose et tout était prétexte à dénoncer la gabegie au sein des hôpitaux. »

Dit autrement, par Olivier Blanchard, ex-chef économiste au FMI : « On a su dégager des marges nécessaires, marges que l'on présentait comme inexistantes il y a quelques semaines encore. »

Qui, avec le recul, n'adhérerait à ce constat d'Alain Finkielkraut : « Certains ne peuvent penser la catastrophe que sur le registre de l'accusation. Ils exigent, sur un ton comminatoire, la généralisation d'un médicament dont ils ignoraient l'existence la semaine dernière. On traduit n'importe quel dirigeant au tribunal des bêtises surinformées » ?

De toute façon, les intellectuels fous furent soumis à rude concurrence, non pas journalistique, mais politique.

En témoigne cette perle, au hasard, que nous offrit le talentueux Insoumis François Ruffin souvent mieux inspiré : « Soit c'est un virus de gauche et on réfléchit aux frontières, aux nationalisations et au plafonnement des prix. Soit c'est un virus de droite et on a le confinement, l'individualisme. »

Qui dit mieux ?

****

C'est donc à un véritable miam-miamisme hystérisé qu'on assista.

À droite – versus « décliniste » – et, surtout, à l'extrême droite : chouette ! La divine surprise pandémique démontre que, oui, comme nous n'avons cessé de le répéter, la France coule, se délite. Partout ailleurs ils s'en sortiront mieux que nous. Nous voilà renvoyés à l'évidence d'une déliquescence qui deviendra insurmontable si notre pays n'emprunte pas, en radicale rupture avec la direction qui l'a conduit à l'abîme, un nouveau cours qui renouera avec l'ancien. Du temps où régnait une félicité générale qui excluait les épidémies.

La France d'avant la grippe espagnole donc et de la peste de Marseille.

Que les trois plus grands pays gérés par une droite nationale-populiste – États-Unis de Trump, Brésil de Bolsonaro et Royaume-Uni de Johnson – aient affiché les plus exécrables bilans ne fut pas un instant pris en compte.

Dans *Le Figaro*, un député LR de Seine-et-Marne donna même en exemple, pour la comparer à notre propre nullité, la politique exemplaire menée par le pouvoir slovaque. Et cela, la veille du jour où le chef du gouvernement de ce pays reconnaissait l'échec total de son gouvernement en la matière et s'en excusait.

À gauche, et surtout à l'extrême gauche, on dansa une farandole préventive sur les ruines d'une société en décomposition, tant apparaissait évident que le « néocapitalisme » avait généré le virus qui accélérait son autodestruction. En fonction de quoi, on déplorait moins les dégâts humains et sociaux qu'engendrait la pandémie, qu'on ne se félicitait du nouveau modèle qui allait nécessairement advenir et dont, fût-ce contradictoirement, on décrivait d'avance, là encore, la félicité générale qui en découlerait. Miam ! Miam !

Les écologistes, eux – Miam ! Miam ! –, acclamaient d'avance le grand effondrement d'un monde que la tornade pandémique allait permettre, au prix d'une décroissance salvatrice, de régénérer et, surtout, purifier.

****

En fin de compte, faute qu'on l'ait sensément pensé, sérieusement préparé, politiquement crédibilisé, ce qui eût impliqué l'émergence convergente de forces susceptibles d'en constituer le socle, de « nouveaux cours », de nouveaux modèles, de régénérescence purificatrice il n'y eut point.

On avait fantasmé et déliré pour rien.

Ou, plus exactement, parce qu'on s'était contenté de fantasmer et de délirer, la catastrophe n'avait débouché sur rien.

Sauf, à l'extrême droite comme à l'extrême gauche, à institutionnaliser, à automatiser même, les fantasmes et les délires.

Cinquième partie

Août 2022

L'Été 1914 est le titre d'un des volumes des *Thibault*, dans lequel Roger Martin du Gard évoquait les jours qui précédèrent la catastrophe que l'on sait. Le mois d'août 2022 nous offrit une synthèse éloquente de ce qu'on pouvait espérer mais, surtout, craindre de l'avenir.

Août 2022. Nos médias galopent sur le thème de l'apocalypse. Le feu ne couve plus, il brûle.

Je lisais un ouvrage. Gros. Gai comme un pinson dont on aurait coupé les ailes. On y parlait d'hier, d'avant-hier, d'avant l'avant. D'une forme de toujours.

Qu'y rapportait-on ? Je l'ai évoqué plus haut : comment, à partir des années 1930, en France, mais aussi dans d'autres pays (qu'une censure, qui prend la forme d'une décence, m'empêche de désigner), les surenchères et les délires narcissiques d'une certaine extrême gauche intello-cultureuse, mais aussi, et surtout, l'exploitation hystérique par d'influents médias réactionnaires du moindre fait divers, du plus minuscule scandale présumé, avait fait le lit, consciemment ou inconsciemment, des mouvances droitistes les plus extrêmes, désastre à la clé.

Un style qui nous rappelle quelque chose

Je déposai un instant l'ouvrage et tombai sur l'éditorial rugissant de notre grand quotidien conservateur dont, bien sûr, une large fraction de notre appareillage médiatique audiovisuel reprenait, en boucle, les éléments de langage. Effet saisissant. Non plus, comme lors des manifestations de Gilets jaunes, « qui était qui ? », mais « quoi était quand ? »

Brouillage des époques. C'était aujourd'hui. Cela aurait pu être hier. De ce temps-là. Au mot près. Aux expressions près. La veille de la décomposition programmée, puis réalisée, de la République.

Le prétexte, ce n'était pas l'affaire Stavisky. De quoi s'étrangler d'indignation en effet. Mais un événement minuscule : l'organisation, dans la cour de la prison de Fresnes, au mois de juillet, sous prétexte de réinsertion, d'un concours de tirage de corde et d'une mini-course de karting opposant gardiens et « pensionnaires », c'est-à-dire prisonniers. Dont certains avaient commis de lourds délits, ce pourquoi la prison les logeait.

L'auteur de la hurlante diatribe journalistique, charmant au demeurant, ponte du « support » comme on dit, avait le sens de la formule assassine mise au service de fortes convictions, elles aussi parfois assassines, qui étaient à la modération ce que l'époisses est au Caprice des dieux.

Au plus fort de la campagne présidentielle de 2022, son cœur et sa raison allèrent plutôt à Éric Zemmour (Marine Le Pen lui paraissant socialement trop à gauche), bien que son statut de responsable de l'organe d'une droite longtemps dite « modérée » eût dû lui arracher quelques révérences à l'égard de Valérie Pécresse.

Notre « première-pagiste » donc, qui n'était pas du genre à faire de « lâches concessions », se déchaînait contre « le Club Méditerranée pour marlous » (la prison, en l'occurrence, dont on pouvait penser qu'il enviait l'accueil) et, en prime, contre ce « déferlement de sauvagerie » qu'illustraient, non la guerre en Ukraine, mais les rodéos urbains.

Le colérique « réacteur » n'y allait pas de main morte : « débandade de l'autorité de l'État », « humiliation », « délitement de la puissance publique », « décomposition de la société qu'aucune proposition de loi ne pouvait plus freiner », « barbarie d'atmosphère qui flotte dans tout le pays », « impossibilité d'une société commune », « panique morale », « forme politique de lâcheté ». Et l'auteur de l'épître en forme de crise de nerfs de conclure par une invite qui, hélas, ne s'adressait pas à lui-même : « l'urgence de libérer les esprits de leur prison mentale ».

Même phraséologie. Même formulation. Invariance quasi grammaticale. Envie d'entonner le fameux refrain : « Prends ton fusil, Gringoire ! »

Qu'est-ce à dire ? Que lorsqu'on en est à ce niveau de dégénérescence, de « décomposition », de « dissolution », de « déliquescence de l'État », de « ruine universelle du vivre-ensemble » où même le vote des lois, où même l'acte démocratique par excellence ne sauraient nous préserver de l'inéluctable chute, la seule façon de réagir, c'est de favoriser, par tous les moyens, non seulement un changement de pouvoir, mais, surtout, un changement de système, un changement de régime ?

N'était-ce pas déjà la conviction, précisément, de la caste « commentariale » extrême droitiste dans les années 1930 ?

Elle parvint à ses fins. Mais y fut aidée. Sa façon de monter en mayonnaise, en meringue, en soufflé au fromage le moindre cassage d'œufs, prépara le terrain aux omelettes élargies aux deux bouts. Aux vœux brouillés. Même pas besoin de consigne. À l'époque. Même si, aujourd'hui, on n'hésite pas à en donner : monte-moi ce crime-là à la une, coco ! Aujourd'hui, on est plus habile qu'hier. Comme le décochait un personnage de *L'Échappée belle* : « Déjà que les racistes, je ne peux pas les sentir, mais alors les Noirs et les Arabes ! »

Un policier blessé à la suite du refus d'obtempérer d'un chauffard ? Miam ! Miam ! à droite. Un chauffard blessé (ou tué !) à la suite du refus d'obtempérer d'un autre chauffard ? Miam ! Miam ! à gauche. Miam ! Miam ! pour le parti de l'ordre. Miam ! Miam ! pour le parti du désordre.

Il y a un style qui s'hérite, parce qu'il y a une pensée qui se transmet.

Si toutes les andouilles...

Rodéos urbains, refus d'obtempérer, tirage de corde dans une cour de prison... un quatrième dysfonctionnement, énorme, inouï, valait plusieurs titres de unes dans la presse du parti de l'ordre... mais aussi du parti du désordre pour s'en féliciter.

L'objet : la proposition faite par un député macroniste minoritaire de relancer le projet (naguère approuvé par l'Assemblée nationale et même par le Sénat, soit dit en passant) de droit de vote des immigrés extra-européens légaux et intégrés (plus de cinq ans de présence légale dans une commune) aux élections municipales. De nombreux pays en Europe en ont d'ores et déjà adopté et appliqué le principe, sans d'ailleurs que cela change quoi que ce soit dans le résultat desdites élections. Leurs propres ressortissants, faut-il le rappeler, ont, eux, le droit de voter aux élections municipales françaises. Vous êtes danois et blanc, vous avez une maison de campagne dans un village du Luberon que vous n'habitez que deux mois par an maximum : vous pouvez voter aux élections municipales. Vous êtes marocain, vous vivez en permanence dans la même cité, vous participez activement à ses multiples manifestations culturelles, civiques ou sociales : vous n'avez pas le droit de vote !

Argument des adversaires de cette proposition, qu'ils ont promu à la une, pendant plusieurs jours à des fins purement politiciennes ? Le vote devait être lié à la nationalité ! Mais alors, pourquoi un Hollandais, un Italien, un Grec, un Chypriote en bénéficient-ils, eux, de ce droit de vote ?

Donc, pour ne pas permettre à un résident libanais, marocain, ivoirien ou cambodgien, résidant à Argenteuil, vivant depuis presque dix ans ou plus dans cette commune, animateur émérite et parfois indispensable de la vie associative, culturelle et sociale, et profiteur potentiel principal des aides sociales et autres subventions communales, on l'incite, on le presse, ce résident, on l'oblige presque, ainsi que tous ceux qui sont dans la même situation que lui, à se faire naturaliser français et, par conséquent, soit à ne pas s'intégrer, soit à obtenir le droit de voter aux élections présidentielles et législatives.

Comme aurait pu dire la célèbre chanson, « si toutes les andouilles portaient des clochettes, il n'y aurait pas que les fêtes qui seraient carillonnées ».

Donc, notre grand journal conservateur de référence publia de nombreuses tribunes - dites « libres » ! - sur le sujet. Pas une seule favorable à la mesure que l'on pouvait, pourtant, considérer comme « assimilatrice » et susceptible de réduire le nombre de naturalisations, en particulier de naturalisations automatiques. Pages « débats », comme ils disent !

Voilà ce qui nourrissait les hantises des éditorialistes des médias de l'ordre, prisonniers de leur « prison mentale » comme disait l'autre, mais évidemment pas dans les mêmes cellules, plutôt pas dans les mêmes centrales, que les brillants éditorialistes des médias du désordre.

D'autres sujets auraient pu mobiliser : la flambée fabuleuse des hyper-profits générés par la crise alors même que l'inflation, fût-elle plus faible en France qu'ailleurs, rognait ou contenait les salaires ordinaires. L'inflation... de la distribution de dividendes. La pusillanimité d'un pouvoir qui, malgré le salvateur mais ruineux « quoi qu'il en coûte », n'avait touché ni aux stock-options, ni aux parachutes dorés, ni aux ahurissantes retraites-chapeaux et ne s'offusquait nullement que quelques dizaines d'oligarques (pas en Russie, en France) puissent gagner, en un an, ce que la plupart des salariés, les leurs souvent, n'auraient pu gagner qu'en travaillant depuis le règne de Philippe Auguste... ou de Clovis. La rémunération des patrons du CAC40 avait bondi de 52 % en 2021. Rémunération moyenne des cent vingt présidents exécutifs des plus grandes sociétés : 4,5 millions d'euros par an, 7,9 millions pour le haut du panier selon le cabinet de conseil aux actionnaires Proxinvest. (Le patron de Dassault Systèmes : 44 millions d'euros.)

Aucune indignation. Faux sujet ! N'intéresse personne. Du moins pas l'éditorialiste furieux de notre grand quotidien conservateur.

Hyper-chahut de gamins immatures

Le même jour du mois d'août, l'éditorial du *Monde* se concluait par ce témoignage : « La prééminence de l'idéologie sur le pragmatisme, qui a déjà abouti à une catastrophe, risque de prolonger, voire d'aggraver une situation déjà dégradée. »

Très juste. Mais le constat ne concernait nullement la France et particulièrement la NUPES, dont l'aile « Insoumise » dominante s'acharnait à créer les conditions d'un naufrage de la démocratie, du pays et de la gauche, mais l'Angleterre. Concernant la France, hélas, ces lignes-là n'avaient pas encore été écrites.

Cependant – les universités d'été l'illustrèrent –, on pouvait difficilement concevoir plus redoutable emprise de la fureur idéologique – les rages infantiles l'emportant sur les légitimes colères adultes – que celle qui, en ce mois d'août 2022, chauffait à blanc les rangs d'une gauche radicale (dite « radicale » ou dite « de la gauche »), c'est selon, mettant en scène l'hégémonisme dont elle entendait écraser les différentes variables des gauches restées, elles, démocratiques et républicaines.

On les avait vues à l'œuvre à l'Assemblée nationale. J'avais naguère, je l'ai dit, publié, sous le titre *Ainsi parlait la France*, une anthologie des grands moments du débat parlementaire dans notre pays. Plus le fond du propos, alors, était brûlant, incandescent, radicalement transformateur, plus la forme s'acharnait à en imposer la rationalité.

Rugosité sans concession de la confrontation, mais prise en compte de la légitimité de « l'en face ».

Or, qui pouvait imaginer, en découvrant, effaré, une véritable redondance de l'extrême droite d'avant guerre, qu'il s'agissait, en réalité, de la nouvelle forme d'expression de l'extrême gauche de l'après-Covid. Normalité de la pyromanie : on invective comme on chantonne. On ne s'exprime plus avec la langue, mais avec les dents. On parle comme on jappe, comme on rugit ; on argumente comme on bave, comme on crache. L'exclamation devient hurlement.

On lynche même comme on paye un coup. L'autre n'est plus qu'une cible, s'il n'accepte pas d'être un paillasson. La violence verbale comme grammaire. Le recours à l'invective comme ponctuation. La calomnie comme musique d'accompagnement. On ne dialogue pas, on tire. On mitraille. Léon Daudet a changé de camp. Doriot aussi, mais après avoir parcouru le chemin inverse. Le plus énorme mensonge n'est plus qu'un argument comme un autre. Plus efficace qu'un autre. La pire insulte calomniatrice n'est plus un dérapage, mais un argument de plus. « F Haine ! » disaient-ils, pour désigner le Front national. Et c'était vrai. En arrivera-t-on à utiliser le sigle « LFH » pour désigner La France haineuse ?

Or, derrière cette cacophonie organisée de vociférations en gerbes d'artifices, quoi ? Aucun surplomb. Aucune hauteur. Pas une vision qui soulève, pas une idée qui s'imprime, pas une formule qui interpelle, pas une trouvaille qui bouleverse.

Rien que l'hyper-chahut de gamins immatures.

Rien que des glaviots de rage.

Rarement, cependant, un pouvoir appelant au sacrifice sans en imposer aucun à ceux qui planent à de tels sommets d'accumulations qu'ils se retrouvent en apesanteur, on aura donné à la ferveur contestatrice des meuniers autant de grain à moudre.

Et, cependant : au lieu de l'exposition entraînante et mobilisatrice de véritables alternatives, on avait droit à ce leitmotiv, en opposition systématique à toutes velléités de réformes, déplorables ou salvatrices : retirez ça ! Retirez ça ! L'art oratoire devenu un art du moratoire. La gauche s'était « investie dans », désormais elle « se repliait sur ». L'opposition parlementaire d'une extrême gauche, qui hystérisait même ses surplaces, avait eu cette magnifique conséquence que la seule évolution possible, bien que la droite ait été brutalement vaincue, était désormais un tournant à droite. Et que le recyclage recroquevillé d'une implacable lutte des classes risquait de provoquer le lâchage, c'est-à-dire le vote lepéniste, d'une classe dont on s'échinait à dépraver les luttes.

Que ceux-ci fassent le jeu de ceux-là, il fallait ne jamais avoir lu un livre d'histoire pour feindre de l'ignorer. Telle fut la stratégie du Parti communiste allemand, qui finit par être largement devancé par le Parti national-socialiste allemand.

Il n'était pas interdit d'y réfléchir deux secondes - encore deux secondes, monsieur le bourreau ! : si, d'un côté, on tape des pieds, on bave, on gesticule et on hurle : « À bas les riches ! À bas le capitalisme ! À bas les flics ! » et si, de l'autre, on dit apparemment - apparemment - à peu près la même chose (à l'exception de « à bas les flics ! ») et qu'on le dit posément, calmement, cravaté, en affichant le plus grand sérieux, en feignant, en prime, de respecter les institutions républicaines qu'en réalité on déteste, et qu'on ajoute, « les immigrés chez eux ! Les délinquants en prison ! », au final... il n'y a pas photo !

Hélas, on pouvait élargir le constat : qui est qui, quand se greffe sur une extrême droite populiste, antilibérale en paroles, anti-européenne, poutinesque, qui réactualise le néosocialisme du fascisme originel, une extrême gauche qui, elle, en arrive à flirter avec des thématiques qui furent naguère décrétées réactionnaires et à recycler des pulsions qui furent, hier, jugées contre-révolutionnaires ?

****

Donc, en ce mois d'août 2022, les gauches unies (NUPES) tenaient leurs assises estivales... séparées.

Pourquoi, y expliqua-t-on d'emblée, les accès d'humeur climatiques de l'été ?

Manque de réaction du pouvoir ? Non ! clama Julien Bayou, porte-parole d'un ultraisme idéologico-politique déguisé en écologisme pur et dur : « C'était du sabotage voulu, conscient. Le pouvoir a volontairement décrété de saborder les outils du service public, y compris la météo. »

Il a allumé même les feux de forêts ? payé les pyromanes ? organisé la pénurie d'eau pour que ça brûle mieux ?

On s'interrogea !

Mélenchon-Lénine

La dernière semaine de ce mois d'août offrit à Jean-Luc Mélenchon l'occasion d'occuper le haut de l'affiche. Il adore. La droite aussi. Comment imposer la primauté de sa propre parole dans le brouhaha des rentrées partisanes ? L'Insoumis en chef, qui a le sens de l'Histoire, ne lésina pas : toujours fasciné par le modèle bolchevique, il se mit dans la peau du Lénine qui, en avril 1917, quitte à rompre avec le reste de la gauche socialiste russe, appela à dépasser la révolution démocratique de Février pour rompre radicalement et immédiatement avec le capitalisme. Et la démocratie. Ce qu'il fit - Lénine - sept mois plus tard en organisant, avec l'efficace concours de Trotski, un coup de force armé.

« L'union n'est possible dans notre famille politique, lança donc Mélenchon-Lénine, que si elle se déploie dans une rupture complète - complète ! - avec le système capitaliste. » Ce qui impliquait, évidemment, comme le fit Lénine, de couper les ponts avec le système libéral. Autrement dit, la démocratie bourgeoise et « formelle ». Avec la social-démocratie. Ce qui semblait tirer un trait sur l'expérience de la NUPES.

D'autant que la « rupture complète » avec le système capitaliste, donc l'abolition de la grande propriété privée (sans quoi cela n'a aucun sens) et la sortie du système financier international (ce qui n'a rien en soi de scandaleux) aurait pour corollaire (comme le précisait fort honnêtement Mélenchon lui-même - et comme le fit Lénine) de transformer la lutte politique en guerre civile. Une « bataille générale », confirmait-il, une guerre totale en somme, « pas de compromis, aucun arrangement possible ». Tirs à volonté, pas de prisonniers ! Et d'ajouter : « Je n'ai cessé de croire que nous aurons bientôt à gouverner le pays. » Lénine aurait pu le dire. Et aussi, comme le reconnaissait le député Insoumis Adrien Quatennens : « Nous n'avons pas obtenu la victoire aux législatives mais, grâce au recours à la rue, on peut l'obtenir malgré tout ! » Nul ne protesta.

Le but : la dissolution. De nouvelles élections. Et ?

C'est là où tout se grippait. Mélenchon était-il prêt, comme son modèle Lénine, à s'emparer du pouvoir par la force ? Très peu probable. En avait-il éventuellement les moyens grâce à des « Gardes rouges » rhabillés en Gilets jaunes (et quitte à obtenir des renforts ponctuels venant de l'extrémisme d'en face) ? Certainement pas. Alors ? Simple parole verbale ? Comme François Mitterrand évoquant, lui aussi, avant 1981, « la rupture avec le capitalisme ». (Mais, en 1980, le système socialiste ne s'était pas encore mondialement effondré et, en conséquence, certains encore y croyaient.) Comme François Hollande osant le fameux « mon ennemi, c'est la finance » dont, dès le lendemain de son élection, il lécha les pieds ?

Simple effet de muscles ? Simple roulement d'épaules, l'objectif se ramenant, misérablement, à l'obtention d'une dissolution suivie de nouvelles élections permettant de gagner quelques sièges ? Au risque de provoquer l'effet exactement inverse.

Car, en ce mois d'août 2022, que disaient toutes les enquêtes d'opinion et que confirmaient tous les observateurs, ainsi que nos sondages personnels ?

Qu'en cas de dissolution, grâce, en partie, au spectacle navrant offert par les députés Insoumis à l'Assemblée nationale (contrastant avec l'autodiscipline artificielle imposée par Marine Le Pen aux siens), la grande gagnante serait l'extrême droite qui obtiendrait beaucoup plus de députés. Selon une étude menée par trois organismes spécialistes de l'évolution de l'opinion publique, Marine Le Pen était plébiscitée par 36 % des Français, Emmanuel Macron 31 % et Jean-Luc Mélenchon 28 %. Six mois plus tard, ce sera : Mélenchon 19 %. Mélenchon était rejeté par 61 % des sondés contre Marine Le Pen 53 %.

Une telle avancée n'amènerait-elle pas la fraction réputée « civilisée » de la droite à accepter une union sous leadership du Rassemblement national, comme une large fraction de la gauche avait accepté le leadership des Insoumis ?

Le sinistre calcul

Peut-être Mélenchon était-il sincère (c'est-à-dire sincèrement auto-intoxiqué) quand, pour la énième fois, il annonçait l'inéluctabilité de sa revanche électorale. Mais, autour de lui, on était tout à fait lucide : oui, en cas de dissolution et de nouveau scrutin, l'extrême droite raflerait sans doute la mise, au point qu'elle pourrait, au pire, constituer, avec quelques alliés ou ralliements, une majorité alternative. Mais qu'importe. L'important, c'était d'abord de liquider le macronisme. De revenir au bon vieil affrontement binaire droite-gauche qui contraindrait la droite à nouer des alliances intégrant, outre LR, les zemmouriens, les lepénistes et quelques groupuscules annexes, face à un front des gauches placé ainsi, solidement, sous la férule des Insoumis. C'est-à-dire mis au service de Mélenchon.

Cela permettrait, peut-être, à l'« alliance des droites » de remporter une majorité ? Tant mieux, cela ne pourrait que doper une contre-dynamique du front des gauches qui, sur le thème de l'antifascisme, remporterait le coup d'après.

Cynisme illusionniste, sinistre et increvable qui, déjà, consuma la tragédie du Parti communiste allemand en 1933. Car cela ne se passe jamais comme ça. Jamais ! L'expérience Matteo Salvini, en Italie, n'a pas permis à la gauche et au centre gauche italiens de revenir majoritaires. En Hongrie, en Pologne, en Inde, en Turquie, en Israël, des droites extrêmes ont accédé au pouvoir et y sont toujours, la gauche étant dans les choux. Et même au Brésil, malgré la très courte défaite de Bolsonaro, la gauche a perdu les élections législatives. Aux États-Unis, après Trump, elle a perdu la Chambre des représentants.

À se demander si ce qui se donne comme un ultraradicalisme sans véritables perspectives n'est pas, avant tout, un jeu politicien et narcissique : non pas prendre le pouvoir comme Lénine pour « rompre complètement avec le capitalisme » – qui y croit ? –, mais s'imposer, face à l'Histoire, comme le Lénine potentiel d'une opposition qui aurait dû, qui aurait pu, mais qui n'a pas pu. Et en profiter, jusqu'à plus de 90 ans si possible, pour s'abandonner à la jouissance des rondes de paroles auto-célébratrices promotionnées par tous les médias.

Qui, le 27 août, saluant la décision italienne d'augmenter les achats de gaz algérien, s'était exclamé : « Ils ont écouté Mélenchon » ? Qui ? Mélenchon.

Personnage double, en définitive : Jean Jaurès et Jacques Doriot à la fois. Lénine et Guy Mollet. Intériorisation du couple que l'on nourrit en soi. Pas de compromis, pas d'arrangements, mais, à l'occasion, beaucoup d'occasions, on manifeste aux côtés de l'extrême droite. Aux côtés, pas avec : ça change tout. Et, au deuxième tour des élections législatives, ce sont les plus purs et durs de vos partisans qui se sont reportés, faute de leur propre candidat pur et dur, sur ceux du Rassemblement national lepéniste et les ont fait élire. Permettant ainsi à l'extrême droite d'obtenir quatre-vingt-dix sièges au lieu des quarante annoncés.

L'Insoumis en chef cultive aussi son « en même temps »

Ruptures et manigances. Lames de couteaux et râteaux. On ne s'aime pas, mais on prend langue. On récuse les plus proches, mais on s'arrange avec les plus éloignés. On hurle, à toute occasion, à la menace fasciste, mais on suggère des deals à la bête immonde. Et seulement à elle. On fustige les « médias aux ordres », mais on cultive une proximité avec des journalistes les plus conservateurs. On préconise la démocratie intégrale, mais on impose à son parti, soi-disant « gazeux », un « centralisme non démocratique » devant lequel même le Parti communiste aurait reculé dans les années 1950. Le chef y décrète qu'il constitue, à lui seul, sa propre base. « L'élection ne constitue nullement pour nous, reconnaissait son bras droit Manuel Bompard, le chef des Insoumis, le critère de la démocratie. » Véritables adeptes du « en même temps » au fond. Rompre complètement avec le capitalisme, transformer la confrontation politique en guerre civile *de facto* (si les mots ont un sens).

On y croit. Et, « en même temps », on joue, on politicaille ! On s'identifie à un discours radical, en même temps que, comme tel couturier ou tailleur, on le vend sans le mettre. On est intraitable, mais bien intégré au petit monde que l'on raille, chouchou des médias les plus louches. Irascible et charmant. Colérique un jour, velouté le lendemain. On est sincèrement ouvert aux plus humbles, mais on traite le petit personnel comme un chien. On ne lâche pas les affidés s'ils font la claque (dans tous les sens du mot), mais on dégage les thuriféraires petits bras !

Mais les autres ?

Ceux qui, à gauche, se sont projetés dans le sillage de la dynamique mélenchonienne : ils y croyaient ? Ils y croient ? Effectivement décidés à rompre complètement avec le capitalisme, sa nature et sa logique, à transformer la lutte politique en guerre civile froide ? Les politiques, les journalistes, mais aussi les intellectuels qui ont accordé leur bénédiction, qui multiplient les tribunes dites libres en ce sens, ils y adhèrent ? Si oui, c'est respectable. Vive la révolution ! Mais sinon... ?

Et t[ous] ces sociaux-démocrates qui n'auraient jamais osé un seul pas en avant sans qu'on débarrasse leur chemin de tout caillou sur lequel ils eussent risqué de se fouler une cheville ? Bolchevisés eux aussi ? Même Guy Mollet était un parangon de pureté doctrinale à côté du désastreux Olivier Faure.

L'université d'été des « Insoumis » fut non pas un cas, mais un exercice d'école... Concours de slogans. Épuration de toute complexité. Aplatissement binaire de toute dialectique. Récitation de sourates. Cinquante minutes d'intervention mélenchonienne : pas un mot sur l'Ukraine ! Sur la guerre. Effacée, parce que non intégrable à ce binarisme exemplaire.

Qu'est-ce que le réel ? À l'évidence, une argile que l'on peut malaxer à sa guise.

En ce mois d'août, précisément, on vivait en plein exercice collectif de remodelage à l'échelle quasiment planétaire. Le Royaume-Uni, celui du Brexit, était confronté à un cumul de tous les maux politiques, sociaux et économiques possibles. L'Allemagne, sous gouvernement socialiste-écologiste lardé de libéraux, acceptait - une première - une hausse de ses déficits. L'Italie était à la veille de basculer à l'extrême droite et la Suède très à droite. Les Pays-Bas traversaient une crise de « Gilets jaunes » ruraux. Les États-Unis, que Trump continuait à hanter, atteignaient des sommets de hausses de prix. L'économie chinoise flanchait. La Russie, qui était tombée militairement sur un bec, redoutait la décroissance.

Or, aucune de ces situations « ailleurs » ne fut évoquée, analysée, disséquée. De toute façon, il n'y avait pas d'ailleurs. Ni de contexte. La France coulait toute seule. La guerre d'Ukraine ? Quelle guerre ? Les sanctions ? On était contre, point barre. Une allusion au « chaos capitaliste » (y compris au Nicaragua, au Venezuela ?) et c'était tout.

Ça allait apparemment plutôt pire ailleurs qu'en France ?

Il eût fallu, pour le réfuter, aborder le problème de notre déficit public record, de l'ampleur de la dette. Or, vu des fenêtres Insoumises, il n'y a pas de déficit record, la dette n'a aucune importance, il n'y a pas eu non plus de « quoi qu'il en coûte ». De milliards « investis » dans la protection de l'emploi et du pouvoir d'achat. Au contraire, le pouvoir, comme l'avait scandé un député macroniste, menait une politique « austéritaire ». Vous avez bien lu, « austéritaire ». Un cheval est un poisson. Il a fait exprès, ce pouvoir quasi dictatorial, par pur sadisme antipopulaire, de provoquer une baisse forcément record du pouvoir d'achat des moins favorisés. Le poisson est un cheval !

Et voilà Ciotti qui s'avance

En cette fin du mois d'août, Éric Ciotti, l'homme politique qui faisait peur aux petits enfants, méchants à croquer, faisait sa rentrée. Candidat à la présidence du parti de droite LR, il accordait une longue interview au *Figaro*. C'est-à-dire à lui-même. Certes, deux autres prétendants, le patron de la droite sénatoriale Bruno Retailleau et le représentant autoproclamé de la « nouvelle génération » Aurélien Pradié, étaient, potentiellement, eux aussi sur les rangs. Mais Pradié, dans un moment d'abandon, avait déclaré que la droite devait se libérer de ses obsessions « identitaires » pour aborder la question sociale. Horreur ! Depuis, au sein de sa mouvance, outre qu'on ne comprenait rien à ce qu'il disait (nous non plus !), il passait pour un dangereux gauchiste.

En conséquence, Ciotti tenait la corde, d'autant que, depuis dix ans, il s'acharnait à tirer dessus.

Estivalement, il continue. Il en appelle – c'est devenu un classique incontournable – à une « révolution ». Non pas culturelle, encore moins sociale, mais « idéologique ». C'est-à-dire à une radicale, forcément « radicale », « rupture ». Avec quoi ? Avec tout ce qui a conduit la droite à s'égarer sur des voies au bout desquelles elle ne pouvait que se perdre : le gaullisme, le gaullisme surtout, le giscardisme, le chiraquisme bien sûr, le centrisme, n'en parlons pas ! Ne s'est-elle pas laissé dévorer par la gauche, la droite ? Les Jacques Chaban-Delmas, les Philippe Séguin, les Alain Juppé, les Jean-Pierre Raffarin, sans parler des

Raymond Barre, ces « progressistes » radicaux. Nécessité de reconstruire la société « sur trois piliers : la liberté, l'autorité, le travail ». Permanence de la trilogie. Même Guizot aurait trouvé ça daté. À la fois la trique et le laisser-faire. Plus le boulot. « La patrie » avait disparu. « L'égalité » et « la fraternité » aussi. Affligeant pensum : cascade de poncifs. La France ? Elle coule, bien sûr. Depuis deux cent trente-trois ans. Abandonnée aux voyous, submergée par la délinquance, subvertie par l'immigration. C'était déjà, on l'a vu, la thématique dominante en 1940. En passe de déclassement, « de tiers-mondisation », comme disait précisément Mélenchon. « Jamais - jamais ! -, surenchérit Ciotti, elle ne fut dans un tel état. » Même pas, répétons-le, si les mots ont un sens, après 1870 ou après 1940. Même pas en 1815. En 1450, n'en parlons pas. Même rhétorique, même formulation depuis plus de mille ans. Aucune idée neuve. Propos préenregistrés, on vous appuie sur le nez et, hop, ça sort. Toute intelligence prospective, anticipatrice, laissée au clou. Droite idéologiquement façon Salazar, économiquement façon Thatcher, logomachiquement façon Trump.

Quand la gauche par ses dénis, l'extrême gauche par ses dénis et ses surenchères vous donnent autant de grains de poivre à moudre, pourquoi ne pas forcer sur l'assaisonnement ?

Donc Ciotti (comme Benoît Hamon à l'issue d'une primaire d'en face, mais à l'envers), en appuyant tous les jours et à toute heure sur toutes les pédales des tacots « sécuritaires », comme ils disent dans les médias de gauche, avait toutes ses chances de l'emporter auprès de la petite cohorte des Mohicans, les derniers, du militantisme LR. Zemmour candidat à ces primaires contre Juppé... ou Sarkozy, il l'aurait emporté.

Déjà candidat à la candidature, présidentielle cette fois, Ciotti n'avait-il pas poussé la témérité réactionnaire jusqu'à proposer une réforme fiscale consistant à augmenter la contribution des plus pauvres (en particulier en les faisant payer quand ils ne payaient pas) et en baissant très fortement la fiscalité frappant les plus riches ? Très exactement ce que tentera de mettre en œuvre la très éphémère Première ministre britannique Liz Truss avec les conséquences que l'on sait : explosée en trois mois.

En sabotant la candidature de Valérie Pécresse et en reconnaissant qu'il voterait pour le candidat d'extrême droite si celui-ci accédait au second tour de la présidentielle, notre glacial activiste avait largement, fût-ce inconsciemment, fait le jeu d'Emmanuel Macron. Cette fois, virant un peu à gauche (par rapport à Zemmour), il préparait une alternative Le Pen, dont il se serait bien vu ministre de l'Intérieur. Ça arrivera !

Redoutable épreuve des primaires au sein d'un parti rabougri qui livrent la décision à de petites minorités de militants qu'il suffit, en utilisant le chalumeau de l'extrémisme programmatique et verbal, de chauffer à blanc. On l'a constaté plus haut : en 1942, à l'issue de primaires à droite, Pétain l'aurait emporté sur de Gaulle.

L'extrême comme normalité

À la fin de ce mois d'août 2022, la talentueuse et fort savante chroniqueuse économique du *Figaro* Bertille Bayart déplora que presque toutes les controverses conduites par des publicistes ancrés dans l'extrême tournassent autour de faits qui, avec un minimum de recul, s'avérèrent totalement dérisoires : port de la cravate au Parlement (Ciotti, déjà), courses de karting à Fresnes, virilité des barbecues, campagnes d'affiches sur un homme « enceint », partie de jet-ski de Macron...

On imagine, à l'examen des délires que l'imbécillité, complice de tous les extrêmes, nous infligea en ce mois d'août 2022, ce qu'il en est généralement les mois ouvrables ! Quatre invitations au retour en arrière jouaient à saute-mouton : retour à 1927 à droite, à 1917 chez les Insoumis, à 1787 chez les nostalgiques de Zemmour et à 1947 chez les rêveurs macronistes d'une troisième force.

L'extrémisme ne connaît pas les trêves estivales.

On découvrit et on publia un inédit de Céline, *Guerre*. Le préfacier n'hésitait pas à décrire l'écrivain antisémite et pro-nazi en aimable « pacifiste », qui avait été le simple « témoin » de deux guerres mondiales. S'agissant de la Seconde, il avait échappé au préfacier qu'aucun simple « témoin » n'avait jamais accompagné son simple témoignage de telles assassines fureurs, au nom de son adhésion à un assassin « führer ».

La dernière semaine d'août, le magazine *Marianne*, auquel j'avais la faiblesse de ne pas rester indifférent, publia une une, forcément furibarde, agrémentée d'un éditorial qui basculait presque du côté que je m'accorde pas le droit de nommer. Comme une lame qu'on m'enfonçait dans le cœur, une douleur que je ne parvenais pas à étouffer, même si j'essayais. Un retournement non plus masochiste mais sadique d'une émanation de soi contre soi.

Crise énergétique : il fallait interdire l'utilisation des jets privés. Manque d'eau : il convenait d'interdire l'usage des piscines privées. Baisse du pouvoir d'achat : pourquoi ne pas ponctionner les hyper-profits des richesses privées ? L'inflation démographique : il s'agissait de restreindre la confection d'enfants privés. Poussée migratoire : il était urgent de limiter l'afflux de personnes étrangères privées.

Mais cela, ce n'était jamais ceux d'en face qui le disaient.

Le Monde, notre boussole, publia un article inouï, d'où il résultait que des organismes et médias « indépendants » (en l'occurrence, situés à la gauche de la gauche et à la pointe extrême de l'écologie) sommaient les journalistes, tous les journalistes, en bloc, comme un seul homme, d'affirmer, sans la moindre hésitation ou réserve, le lien direct... (et « systémique », était-il évidemment précisé) entre les catastrophes naturelles de l'été - incendies ou inondations - et le dérèglement climatique.

Il fallait penser ça. Il fallait penser comme ça ! Il fallait affirmer ça ! Pas d'échappatoire. Exclu, donc, de publier une tribune - libre ? - qui n'irait pas dans ce sens.

Rousseau contre Voltaire

Sandrine Rousseau réinventait une lutte des sexes, qu'elle plaquait sur la version la plus néostalinienne de la lutte des classes. Le dévoreur de viande comme koulak. « Coupable parce qu'il mange des steaks », disait les « maoïstes » déchaînés contre le notaire, innocent, de Bruay-en-Artois. Cliché ultrasexiste en vérité : la viande grillée est virile, la pêche Melba féminine. Ici, le blouson, là la petite robe à fleurs. Le thé au jasmin pour madame, le verre de rouge pour monsieur. Madame va à l'église, monsieur donne dans l'anticléricalisme. Madame lit Delly, monsieur Zola, littérature carnée. C'est-à-dire, au fond, qu'en société, madame parle chiffons et monsieur se régale de barbaque.

Hier encore, la bagnole ce n'était pas un truc de femme. D'ailleurs, elles conduisaient comme des manches.

Retournement de préjugés.

Derrière cette recomposition d'un ultra-marxisme autour d'une nouvelle contradiction, qui n'était plus principale mais unique, à laquelle tout donc, absolument tout, devait renvoyer - ce qui impliquait un rejet radical, comme l'écrivait *Le Monde*, « de l'universalisme à l'ancienne et des "droits de l'Homme" avec un grand H » -, se déployait un rejet assumé de l'héritage des Lumières et des avancées scientifiques qui en étaient le prolongement. Ainsi notre écolo-féministe pointait-elle, dans son petit pamphlet *Par-delà l'androcène*, ceux qui « de Buffon à Darwin » nous ont incités à « ne pas voir la nature », la nature « sacrée, soignante, vivante » comme un tout cohérent et d'équilibre, « mais comme une somme, un assemblage de parties ».

Retour, effectivement, à ce néo-mysticisme autour de la Terre-mère, de la nature qui doit prendre le pas sur la culture, de la sacralisation d'un « authentique », fût-il fantasmé, qu'il s'agit d'arracher aux illusions « techniciennes ». Idéologie dont certaines extrêmes droites nordiques d'avant guerre avaient fait leurs choux gras. Et qui prit une forme philosophico-ésotérique chez Heidegger.

Cette même Sandrine Rousseau, qui avait provisoirement succédé à Mélenchon et à Zemmour - de furieux modérés comme elle - dans le rôle de chouchoute médiatique - ça fait du buzz ! -, invitée dans l'émission *Quotidien*, mettait tous les bémols possibles à l'exercice du droit à la caricature, du moins la concernant, avant de soutenir qu'on ne devrait avoir le droit de se moquer « ni des Noirs ni des LGBT ». Seulement des mâles blancs hétérosexuels. Ça, on avait le droit. Ouf ! S'en prendre à Louis-Philippe, Daumier aurait peut-être pu. Mais caricaturer Bokassa, Plantu n'aurait pas dû.

****

En fin de mois, réapparaissait Éric Zemmour. Il annonçait qu'il épurait, sans vote, son parti qui n'existait plus.

Ne pas braquer sa clientèle

Le comble fut atteint, la dernière semaine du mois, lorsque le Conseil d'État autorisa l'expulsion de l'imam islamiste Hassan Iquioussen dénoncé par le ministre de l'Intérieur, Gérard Darmanin, au prétexte que nombre de ses prêches et interventions prosélytiques depuis quinze ans étaient marqués au coin de l'antisémitisme, de l'homophobie, de l'hostilité à l'égalité homme-femme, du refus de la laïcité et du soutien aux résistances armées djihadistes.

Comme la procédure avait été contestée, le bonhomme avait eu tout le temps de se mettre apparemment à l'abri en quittant le territoire national. En quelque sorte, il s'était plié à la loi en s'imposant à lui-même la règle d'expulsion. D'autant que le Maroc, son pays d'origine, ne voulait plus de lui. Or, tout cela indignait fort ceux-là mêmes qui exigeaient ce que, en fin de compte, ce père de famille nombreuse s'était finalement lui-même infligé. Il fallait qu'il « dégage », mais entre deux gendarmes. Scandaleux : il n'avait pas attendu les deux gendarmes.

On hurla des deux côtés : ici contre le manque de fermeté, là contre l'excès de fermeté. Comme d'hab !

La droite juge une partie essentielle de ses électeurs motivés par un égoïsme anti-égalitaire. Notre nouvelle extrême gauche estime, elle, qu'une fraction, tout aussi essentielle des siens, est travaillée par des tentations islamistes. Aussi ont-elles intégré toutes les deux, l'électoralisme étant d'un cynisme sans frontières, la nécessité de ne jamais risquer de mécontenter ces bases-là.

Tant pis pour la bourgeoisie socialement progressiste, tant pis pour les musulmans, plus nombreux qu'on ne le prétend, résolument laïques et républicains.

Deux formes de mépris ?

Vous profitez d'un électorat fortement pied-noir ? Vive l'Algérie française ! D'un électorat indien ? Vive Krishna !

On imagine ce que serait la réaction des mélenchonistes si un curé semi-intégriste multipliait les sermons antisémites, homophobes, antirépublicains : ils ne seraient pas les premiers à exiger des sanctions !

Un imam de tendance Frères musulmans, c'est différent. Un clérical catho, c'est un ennemi. Un clérical musulman, c'est un allié possible. Se situer à l'extrême droite chez nous, c'est un délit. Chez eux, c'est une opinion. Surtout si on prétend se confronter au camp impérialiste « israélo-américain ». Les Insoumis, donc, volèrent au secours de l'ultra-réac musulman.

À droite, en revanche, on poussa des cris d'or frais (je dis bien « d'or frais », car « l'or mûr », c'est bien connu, ne crie pas), parce que l'individu suspecté d'islamisme militant, appliquant d'avance la mesure qui le frappait, s'était fait la malle. Haro sur Darmanin qui avait arraché la décision d'expulsion. Le type était doublement à abattre : par la gauche, parce qu'il était ministre de Macron et vraiment à droite. Par la droite, parce qu'il était vraiment de droite, mais ministre de Macron.

L'histoire en face

Le président de la République effectua une visite en Algérie. En plein mois d'août, c'était du masochisme. Il en appela à la convocation d'une commission mixte d'historiens franco-algériens chargés de se pencher sur les tragédies qui ont déchiré et ensanglanté les deux pays.

Pure vue de l'esprit : tenter de dégager une ou des vérités susceptibles de déconflictualiser l'approche historique des affrontements franco-allemands, c'est devenu possible. S'agissant des fureurs antagonistes franco-algériennes, cela reste impossible. Pourquoi ? Parce que, exacerbées par une double guerre civile, entre les corps et dans les têtes, elles opposèrent, ces fureurs, moins les peuples que les mentalités qui déterminent les oppositions partisanes au sein de ces peuples eux-mêmes. Parce que, en France comme en Algérie, en France autant qu'en Algérie, l'histoire de ces « sales guerres » est constitutive d'identitaires contradictions intestines. Elles les structurent.

Si la gauche sociale-démocrate a, peu à peu, étouffé sa mauvaise conscience en la matière, la droite française n'a encore tourné aucune page de ce drame absolu. Au mieux, elle les arrache.

Macron prenait des risques. Mélenchon, plus nationaliste algérien que les nationalistes algériens, le renvoya à ses ineffaçables tares néocolonialistes ! L'ami et néanmoins académicien Jean-Marie Rouart, fustigea lui, dans *Le Figaro*, cette dangereuse et fallacieuse prétention à vouloir rechercher et, pire, « établir une inutile et introuvable vérité historique » ! C'était franc !

Fouiller dans les combles de notre passé ? Cachez-moi ce noir dessein que je ne saurais voir ! Vu de droite, deux impératifs : r[éprimer] implacablement les crimes privés, mais passer l'éponge sur les crimes publics. Sur certains crimes publics au moins : la paix civile serait à ce prix ! Une enfant assassinée à Maubeuge, c'est insupportable. Dix enfants massacrés au Tonkin, mieux vaut l'oublier. Où irait-on si on appliquait aux nations les juridictions dont sont redevables les particuliers ?!

Et puis des méfaits, il y en a eu des deux côtés, alors...

C'est très simple, en fin de compte : les Allemands, les Russes, les Serbes, les Américains, les Turcs, les Arabes doivent regarder leur histoire en face. Reconnaître impérativement les forfaits qui furent commis en leur nom et, éventuellement, s'en repentir. Nous ne sommes pas les derniers à l'exiger. Mais nous devons, nous, être exemptés de cette épreuve. Exception française par excellence ! À bas la repentance, sauf s'agissant des Allemands, des Russes, des Serbes, des Américains, des Turcs et des Arabes. Grâce à Eugène Delacroix, on éternise, dans nos musées, le souvenir des crimes ottomans. Grâce au même Delacroix, on glorifie l'entrée de nos croisés à Jérusalem.

CNR

Drôle de mois d'août. Emmanuel Macron chercha à nous concocter un CNR (Conseil national de la refondation) de perlimpinpin, qui ajoutait une énième assemblée, censément délibatrice, à toutes celles qui, déjà, délibèrent dans le vide avant d'être censurées par une foultitude d'autres organismes qui, eux, ne délibèrent pas.

Le CNR ? Cet organisme rassembla les différentes tendances de la Résistance qui, en 1944, concoctèrent un programme commun (dont la retraite à... 65 ans !), dont il ne reste pas grand-chose et qu'Emmanuel Macron, après d'autres, rêve de réduire définitivement en charpie.

Déjà, le même Macron, applaudi cette fois par la gauche et ses médias, nous avait sorti de son grand chapeau une « Assemblée citoyenne » (parce que les autres ne le sont pas, citoyennes ?), assemblée courte-paille qui, chargée de faire des propositions en matière de transition écologique, n'était pas élue (la démocratie représentative étant devenue vieux jeu), mais tirée au sort. Am, stram, gram, pic et pic et colégram. La nécessité livrée au hasard. Pourquoi ne pas remplacer les scrutins par des sondages : grosse économie ?

Nos ancêtres païens eussent peut-être substitué aux urnes des entrailles de poulet.

Les syndicats, qui entérinèrent l'innovation, auraient-ils accepté que les candidats aux comités d'entreprise soient départagés par des bouts de papier sortis d'un galurin ?

D'ordinaire, à en croire les calculs de probabilité, un véritable tirage au sort s'appliquant à une vaste population a de bonnes chances de déboucher sur une sélection vaguement conforme à la diversité de cette population. Or, là, miracle - ou manipulation, ce qui, aux yeux d'un agnostique, revient au même -, le hasard s'aligna totalement sur la nécessité : 90 % des nommés - pardon, des « tirés au sort » - se réclamaient plus ou moins de la gauche écolo. Aucun réac, aucun facho ! Autoépuration spontanée. À cette roulette, seul le vert sortait. Plus efficace qu'une élection au suffrage universel en Russie sous Poutine.

Les « démocrates progressistes » s'offusquèrent-ils ? Pas le moins du monde. *Alea jacta est.* Ce sort-là était effectivement à jeter, mais on l'entérina. Cette caricature de hasard ne fut nullement interrogée. Au casino, on dénoncerait la triche. Cette fois, les tricheurs applaudirent le casino.

Quand cette assemblée (aussi représentative qu'un gouvernement tiré aux dés) se réunit, les Verts, les roses, les rouges et les médias qui les chaperonnaient exigèrent que toutes ses préconisations, absolument toutes, fussent immédiatement mises en œuvre sans même être préalablement entérinées par l'Assemblée nationale élue. Et élue, elle, au suffrage vraiment universel ! Donc louche !

Macron fit mine de le promettre.

Au final, il avait suffi qu'une dizaine de mesures, sur une centaine préconisées, ne soient pas officiellement retenues (ne serait-ce que pour éviter une saison 2 des Gilets jaunes) pour que les écolos et leurs amis clament qu'ils avaient été trahis et que l'opération n'était qu'une sinistre escroquerie. Forcément !

Le CNR, le vrai, celui qui était censé apporter de l'eau à Jean Moulin, c'était beaucoup plus classique. Trop.

Au pire, le nouveau CNR rappelait ces chambres des corporations que le fascisme originel rêvait de substituer au Parlement. Mais, au mieux, il s'apparentait à cette seconde chambre, représentative des forces vives du pays, que le général de Gaulle avait imaginé, sans succès, quand il proposa une réforme du Sénat.

En fonction de quoi, les prétendus héritiers autoproclamés du gaullisme en rejetèrent immédiatement l'idée. Y compris le président du Sénat, un certain Gérard Larcher, politicien très consistant et très enrobé, pour qui l'idéal restait naturellement la chambre qu'il préside, la moins démocratique du monde démocratique, au sein de laquelle un parti LR, qui représentait, avec ses satellites, au mieux 12 % des suffrages des Français (mais de 5 % à la présidentielle, 8 % aux européennes), pouvait bénéficier, grâce à un mode scrutin inique, d'une majorité absolue. Mieux ou pire : les extrêmes droites, qui rassemblaient, hélas, 32 % des suffrages et les

Insoumis de Mélenchon, dont le score avait atteint presque 22 %, n'avaient aucune représentation au Sénat. Ce n'était même plus seulement une caricature, c'était une provocation. Les familles nombreuses représentées par des carmélites. Combien de grands démocrates s'en offusquèrent-ils ?

On conçoit comment, fort légitimement, Larcher et la droite en général réagiraient si, dans une assemblée prétendument démocratique et représentative, la gauche, avec 27 % des voix aux législatives, son pire score elle aussi, détenait la majorité absolue. Ou si le parti de Poutine trustait la majorité des sièges de la Douma avec moins de 12 % des votes exprimés !

J'aime tellement l'Allemagne, disait François Mauriac, au temps où il y en avait deux, que plus il y en a, plus j'aime.

Macron, lui, aime tellement le régime d'assemblées (et son 49.3) que plus il y a d'assemblées, plus il aime. Il est servi : la France est le seul pays qui pourrait posséder nationalement, avec le Conseil économique et social, mais sans tenir compte du niveau régional et départemental, plus de cinq assemblées délibératrices contre une seule chambre en Espagne, au Portugal, aux Pays-Bas ou en Belgique.

****

C'est en cette fin août 2022, également, que l'homme à qui une moitié de l'Europe devait son accession aux libertés publiques, sinon à la démocratie, Mikhaïl Gorbatchev, s'éteignit. Seul dirigeant communiste qui ne fut réellement pleuré, hélas, que par ceux qui exécrèrent le communisme. Seul dirigeant russe qui ne fut regretté que par ceux qui désespèrent de la Russie.

La preuve que notre gauche et notre droite peuvent parfois se retrouver fut que l'une et l'autre, finalement, toute l'une et une partie de l'autre, préférèrent Boris Eltsine à Mikhaïl Gorbatchev : mieux valait le naufrageur de l'Union soviétique que son réformateur.

****

On eut droit, même en cette période estivale, à l'omniprésence de la triplette de l'identitaro-souverainisme : Boris Johnson, dégagé par ses pairs pour confinement trop arrosé, Vladimir Poutine l'envahisseur qu'aucun remords, en revanche, n'envahissait et Donald Trump, les oies du Capitole n'ayant pu en dénoncer à temps l'invasion.

Les rejets qu'ils suscitaient avaient cette conséquence que les énamourés de Johnson, les laudateurs de Poutine, les inconditionnels de Trump, mais aussi les fans inavoués de Bolsonaro, les admirateurs décomplexés d'Erdogan rejetèrent sur Emmanuel Macron la fureur qu'entretenaient leurs désillusions répétitives. Plus leurs héros leur manquaient, plus leur repoussoir les obsédait. Leur haine suppléait à leurs amours sans cesse écorchées.

Macron, lui, libéré de sa prison de Brégançon, aussitôt qu'une actualité à décorner les bœufs et à couper les ailes des cormorans lui en donna l'occasion, projeta de grandes, mais déprimantes, envolées lyriques de diversion sur ses propres désillusions.

Il ne buvait pas, il ne fumait pas, il ne déprimait pas : il causait.

Écologisme identitaire

Au cours de ce mois d'août, où il fit apparemment très « beau », comme on disait avant, lorsqu'un soleil prodigue permettait de peaufiner son bronzage, mais en vérité très « mauvais », comme on dit aujourd'hui en maudissant une déréglementation climatique par laquelle tous les spasmes de la nature sont amputés... tout au long de cet enfer estival, donc, sans entracte ni trêve, et sans se mettre eux-mêmes à l'ombre, nos écolos, politiques et médiatiques, nos directeurs de conscience, nos sirènes d'alerte, nos lanceurs d'avertissement poussèrent un « toujours plus » qui, en l'occurrence, prenait la forme d'un « toujours moins ».

Ils nous indiquaient, certes, christiquement, la voie salvatrice, mais quelles que directions que l'on prît pour l'emprunter, fût-elle inconcevable cinq ans plus tôt, ils la néantisaient en la déclarant dérisoire. Pourquoi ? Parce que le monopole existentiel dont ils s'étaient assurés sur la grande « cause » rendait insupportable, à leurs yeux, que quiconque d'autre qu'eux prouvât qu'il était capable de la servir. Il était tout simplement inimaginable qu'on laissât même entendre qu'une avancée, la moindre avancée, soit susceptible de réduire l'espace de revendications et d'exigences, qui leur était, et à eux seuls, estimaient-ils, dévolu. Tout le problème des Verts tenait à cette évidence : le mieux est toujours attentatoire à l'instrumentalisation du pire.

Le militantisme écologique devrait, en vérité, participer de tous les combats que mène, à sa façon, l'ensemble des mouvances politiques, idéologiques et culturelles qui ne sont pas indifférentes au devenir de notre planète. Mais dès lors que l'une d'entre elles, la tendance dite « verte » identitaire, s'identifiait totalement, et de façon exclusive, à ce militantisme-là, et en faisait l'essence même de son « existentielle » affirmation de soi, c'est-à-dire, au sens plein du terme, sa raison d'être, son « être » ne pouvait plus admettre le moindre allégement de cette raison.

L'écologiste partisan réagira donc à toute avancée obtenue par d'autres que lui comme les boulangers confrontés à une chaîne de brasseries qui fabriquerait et vendrait du pain.

Réaction de propriétaire : les communistes, du temps de leur hégémonie sur la représentation du monde ouvrier, ne se déchaînaient-ils pas contre toute mouvance qui, en matière sociale, prétendait marcher sur leurs plates-bandes ?

Réaction de cogérants du camp du bien qui ne sont pas prêts à admettre, fût-ce le début de l'esquisse d'un recul de leur maléfique antithèse. Il n'est pas sûr, si ces jours bénis advenaient, que les associations LGBT reconnaîtraient un recul significatif de l'homophobie, que le CRIF saluerait une tendance à la disparition de l'antisémitisme ou que l'extrême gauche admettrait, si c'était le cas, que l'extrême droite ne représentait plus un aussi considérable danger.

Toute tendance à favoriser effectivement une transition écologique, mais sans brutaliser excessivement la société, ne peut, en conséquence, et par définition, aux yeux des « Verts », qu'être de la roupie de sansonnet. C'est pourquoi, quand il devint ministre, Nicolas Hulot fut aussitôt dénoncé, par ses amis, comme un « traître », puis comme un héros martyrisé quand il démissionna.

Mais il y a, derrière cette propension incantatoire (et les gauches ne sont pas les dernières à s'y abandonner, quand elles sont dans l'opposition) à pousser sans cesse à une radicalisation des mesures de protection de la planète, une intention, voire un espoir « indicible » : exiger des initiatives qui susciteraient immédiatement des explosions populaires, que l'on n'hésiterait pas, ensuite, à appuyer et à entretenir. Sans le moindre complexe.

Se souvient-on de ce qui provoqua la révolte dite des Gilets jaunes ? Les Verts, soutenus par les partis et les médias progressistes, avaient lancé une vive campagne en faveur de l'instauration d'une taxe carbone incitative à une réduction des émanations de CO_2 par les automobilistes. C'était d'autant plus à leur honneur qu'on pouvait difficilement être moins démagogue. Macron, bien qu'il n'eût pas, à l'époque, la fibre écologique, s'y était résolu.

La mesure, on le sait, provoqua aussitôt une flambée contestatrice initiée, à la base, par des citoyennes et des citoyens très marqués à droite, mais qui fut, ensuite, récupérée et amplifiée par l'extrême gauche et des activistes anarchisants.

Or, les médias qui avaient le plus résolument appuyé la mise en œuvre de cette taxe carbone, particulièrement à gauche, furent ceux qui soutinrent le plus résolument la révolte dite des Gilets jaunes qui la vouaient, cette taxe, aux gémonies. Qui doute que, les mêmes causes produisant les mêmes effets, si des restrictions d'ordre écologique mettaient de nouveau le feu à l'inflammable pays profond, on assisterait au même processus de ralliement à un rejet, fut-il furieux, de ce qu'on a soi-même préconisé ? Qui en doute ?

****

Ainsi, ce mois d'août 2022, période de trêve vacancière, de parenthèse, sans manifestation de rue hebdomadaire – la nature seule ayant redoublé d'activisme subversif –, mettait-il en exergue toutes les pesanteurs et tentations qui conduisaient la droite et la gauche à favoriser, à terme, une inéluctable victoire de « l'extrême droite ».

La droite contre elle-même

Dès lors que ceux qu'on appelait hier les « modérés », c'est-à-dire la droite gouvernementale, avaient basculé dans le camp macroniste, que restait-il à la droite classique, « classique » mais non modérée, que lui restait-il, que lui reste-t-il d'autre que le rôle de force d'appoint à une « union des droites » dominée par les lepénistes renforcés des zemmouriens, union que cet apport rendrait éventuellement majoritaire ?

Tous les médias dit « conservateurs », renforcés par ceux que l'ogre Bolloré a avalés, ne tirent-ils pas dans ce sens ? « Le Parti socialiste, pour l'emporter, a bien fait alliance avec l'extrême gauche », répétaient les défenseurs de ce type d'alliance à droite. Certes... sauf que c'était l'extrême gauche, dans ce cas précis, qui constituait la force d'appoint.

Aujourd'hui, sauf résurrection d'une droite libérale conservatrice ou réaffirmation d'une gauche républicaine débarrassée du boulet qu'elle s'est elle-même rivé au pied (ce qui adviendra, inéluctablement, mais à l'issue d'une crise générale), aujourd'hui, donc, une droite ou une gauche de nouveau au pouvoir ne pourraient qu'être totalement dominées par les extrêmes : hier, c'eût été Chirac ou Giscard dans des gouvernements dirigés par Jean-Marie Le Pen, Léon Blum dans un gouvernement Maurice Thorez ou François Mitterrand dans un gouvernement Georges Marchais.

Ce n'était pas là le moindre paradoxe d'une vie politique française – et l'actualité de ce mois d'août propice à un froid examen des différents facteurs du désastre en gestation l'illustrait – que chaque famille politique et idéologique traditionnelle, comme maraboutée par ses propres apprentis sorciers, en proie aux paradis artificiels de leurs extrémismes respectifs, paraissait s'acharner à dégager le terrain devant les différents agents de leur propre destruction.

Après *L'Été 1914*, *Août 2022* pourrait être le titre d'un épisode d'une autre saga, celle qui racontera, un jour, comment une extrême gauche devenue folle a porté au pouvoir une extrême droite devenue froide.

Sixième partie

J'ai essayé

L'hypothétique inéluctabilité d'une arrivée au pouvoir des ultradroites et d'une quasi-disparition d'une mouvance républicaine, démocratique, sociale et laïque, je ne m'y suis jamais résolu.

À quatre reprises j'ai donc tenté, en envoyant des « tribunes libres » - toutes refusées - au *Figaro*, de mettre ce journal en garde contre l'effet pervers des continuelles surenchères à l'extrême dont la droite libérale serait, fatalement, la principale victime.

Surtout, à trois reprises, au nom de la libre confrontation des opinions et des idées, je tentai d'alerter le journal *Le Monde* sur la redoutable probabilité d'une échéance que de dangereuses complaisances à l'endroit des dérives d'extrême gauche contribuaient à favoriser.

Toutes ces tentatives d'ouvrir le débat furent refusées poliment par *Le Figaro*. Brutalement par *Le Monde*. Un peu hypocritement par *Marianne*.

Je les soumets donc au jugement *a posteriori* d'une lecture objective.

Il ne fallait pas dire ça ? Il n'était pas nécessaire de dire ça ? Il était justifié de refuser d'entendre ça ?

****

Première tribune refusée par *Le Monde* (mars 2021)
Qui fait le jeu de qui ?

Ma grand-mère me disait toujours – c'était sa façon d'inciter à affronter le réel : « Mon petit, il faut sortir ! »

Quand je lis les tribunes que multiplient dans vos colonnes des intellectuels qui se réclament d'une gauche qui ne serait pas molle, je m'interroge moi aussi : « Est-ce qu'ils sortent ? »

Est-ce qu'ils écoutent ? Est-ce qu'ils entendent, ce qui, dans la moindre arrière-cour de la vie réelle, toutes sensibilités confondues, se répand, se murmure au mieux, se crie ou se hurle au pire, et qui, si leurs antennes acceptaient de le capter, ne pourrait que les conduire à s'interpeller eux-mêmes en ces termes : sommes-nous vraiment innocents de ce déferlement de discours, qui se dopent à la radicalité du rejet du nôtre ?

Les faits : non seulement les enquêtes d'opinion indiquent que 32 % de l'électorat seraient prêts à voter, à l'élection présidentielle, pour des candidats situés à la droite de la droite, néofascistes inclus (contre 28 % aux gauches), mais une écoute, hélas refusée, montre que beaucoup, qui n'ont pas franchi le pas, tiennent des propos, en réaction aux leurs, qui laissent présager qu'ils pourraient le faire. C'est-à-dire en réaction à la musique dont une fraction de la gauche ou de l'extrême gauche journalistique et intellectuelle inonde l'espace public et que la droite, et pour cause, se fait un malin plaisir de relayer abondamment.

Ce serait « faire le jeu de l'extrême droite » que de ne pas s'enfermer dans ce déni.

Le jeu de l'extrême droite ?

Parlons-en : qui fait le jeu de qui ?

Peut-on systématiquement recycler, aux différentes marges de la gauche et surtout de l'extrême gauche, presque tout ce qui identifiait hier la droite la plus réactionnaire, y compris le cléricalisme, sans se désarmer soi-même face à la montée des néofascismes ?

Quand, comme le font les tenants de la nouvelle gauche identitaire, on centralise le concept de race, ce qui constituait la spécificité de la droite extrême elle aussi identitaire, comment, ensuite, disqualifier son racisme ?

Comment faire barrage aux poussées de nationalisme xénophobe quand, en vertu de l'essentialisation des identités ethniques, sexuelles et confessionnelles, on jette allègrement l'universalisme au rebut ?

Quand on réhabilite la pratique de la non-mixité, fût-ce prétendument à l'envers, comment stigmatiser efficacement le ségrégationnisme d'extrême droite ?

De qui fait-on le jeu quand, pour disqualifier des laïcs intransigeants, on reprend le terme de « laïcard » popularisé par la droite extrême ?

Depuis des années, systématiquement, que fait-on ? On livre à l'extrême droite toutes les valeurs fondatrices du combat démocratique et républicain pour peu qu'elle ait, cette extrême droite, tactiquement, mis, ne fût-ce qu'un petit doigt dessus : la nation, la laïcité, la sécurité, la République. Ce qui induit cette invite : vous, de ce côté-là, qui avez régulièrement trahi la nation, comploté contre la République, refusé la laïcité, justifié l'insécurité sociale, mais - ruse tactique - avez entrepris, soudain, de prononcer ces mots-là... topez là, on vous en fait cadeau, on vous les laisse, c'est à vous ! Et on y ajoutera même en prime : la valeur travail ou la famille. Servez-vous !

Qui fait le jeu de qui ?

L'aspiration universelle à la sécurité, les déchirures sociales provoquées par la dynamique des flux migratoires, l'angoisse d'une perte d'identité, autant de réalités concrètes qu'il fallait, non pas occulter, exorciser, mais affronter pour leur apporter des réponses démocratiques et progressistes. Au lieu de quoi, toute une fraction de la gauche et de l'extrême gauche intello-médiatique a jeté l'interdit, l'anathème sur toutes les velléités d'affronter frontalement ces questions et, ce faisant, en a livré l'exclusivité au Rassemblement national, ses alliés et ses acolytes.

Qui fait le jeu de qui ?

Ce qui singularisait l'extrême droite et le néofascisme c'était l'intolérance, l'appel à la censure, à l'interdiction, la pratique de l'exclusion, la violence excommunicatrice, le rejet de la libre expression... Et voilà que ces pratiques sont récupérées par plusieurs affluences d'un radicalisme prétendument de gauche sans susciter les levées de boucliers qui s'imposeraient. Pire : ce qui caractérisait le mal devient l'une des formes acceptables de la manifestation du bien !

Qui fait le jeu de qui ?

On avait, des années durant, traqué tous les soupçons de compromission avec l'extrême droite, on avait obsessionnellement dénoncé les tentations supposément populistes, et quand, en réaction à deux mesures d'inspiration écologiste, la taxe carbone et la limitation de vitesse sur les routes départementales, se développe un mouvement extrêmement ambigu (même s'il portait également des aspirations que, personnellement, je ne désavoue pas), intrinsèquement populiste, aux relents parfois antisémites, et coopérativement impulsé par l'extrême droite et par l'extrême gauche, comment ont réagi les sociologues et philosophes préférés de la gauche radicale ? Ils l'ont exalté, idéalisé et exemplarisé. Or, à l'arrivée, que constate-t-on ? Que c'est l'extrême droite qui a tiré ses marrons du feu. Que la majorité des sympathisants Gilets jaunes a voté lepéniste.

Autocritique ? On attend toujours.

Qui fait le jeu de qui ?

Lorsque, chaque semaine, des manifestations à motivations légitimes se soldent par des cassages de commerces de proximité, initiés par des doublures anarchisantes des skinheads d'en face, sans, qu'à gauche, nos habituels censeurs intransigeants exercent, à cette occasion, la moindre intransigeante censure, qui fait le jeu de qui ?

Quand on dissout toute déploration des méthodes dites d'action directe dans la seule dénonciation des violences policières, qui fait le jeu de qui ?

Quand ceux qui, au premier chef, devraient mettre en garde contre ces dérives, ces provocations aux conséquences psychologiques et politiques redoutables, s'interdisent de tirer le moindre signal d'alarme et se contentent d'un « allez-y, les petits gars ! », qui fait le jeu de qui ?

Aveuglement ou calcul, idiotie ou cynisme : pourquoi cet acharnement à verser toujours plus de carburant dans le moteur de l'extrême droite ?

Pourquoi cette continuelle livraison de munitions à un « en face » qu'on feint, par ailleurs, de promouvoir en cible préférentielle ?

Pourquoi ces radicalités de posture et de confort qui permettent aux loups de se faire passer pour des chiens de garde ?

Votre - notre - maison brûle et, sous prétexte d'éteindre les flammes, vous l'arrosez d'essence.

****

Deuxième tribune refusée par *Le Monde* (octobre 2021)
Une déliquescence sans causes ?

Les intentions de vote des diverses extrêmes droites atteignent des records.

Pourquoi l'affaissement du camp qui devrait faire pièce à cette redoutable progression ? On ne saurait arguer du résultat d'une propagande à sens unique, puisque, si Zemmour a effectivement profité d'une scandaleuse surpromotion, la sensibilité progressiste, y compris radicale (surtout radicale), bénéficie de plus de relais médiatiques que naguère. Quand elle n'inonde pas certains réseaux sociaux.

Alors pourquoi ? Les tenants du camp « progressiste » devraient au moins se poser ces questions : quelles erreurs rédhibitoires avons-nous commises ? Qu'a-t-on refusé de voir et d'entendre ? De quel déni du réel est-on aujourd'hui victimes ? À quoi on pourrait ajouter ces autres auto-interpellations : la véritable fascination exercée, dans nos rangs, par la double épidémie rémanente de néo-anarchisme et de néo-stalinisme n'a-t-elle pas favorisé réactivement cette terrifiante explosion pandémique de néofascisme ? N'a-t-on pas réduit notre perception du peuple - celui-là même qui, d'avec nous, a fait sécession - à l'image que nous en offrait une confrérie de sociologues petits-bourgeois d'extrême gauche ? Le recours obsessionnel, dans le but de disqualifier une supposée « malpensance », au concept inadéquat de « populisme » n'a-t-il pas favorisé cette cassure ? Comment n'a-t-on pas perçu, ou voulu percevoir, que c'était notre base sociale qui basculait de l'autre côté ? Pourquoi ? Pouvait-on, sans que cela ait le moindre impact sur les esprits, sauter à pieds joints d'une succession de renoncements à la banalisation de continuelles surenchères dans la radicalité, quitte à rétrécir et à isoler quand il aurait fallu élargir ? N'était-il pas suicidaire, alors qu'il eût fallu aborder frontalement les questions d'identité, de sécurité, de flux migratoires, ne fût-ce que pour proposer une approche radicalement alternative à celle du repli, de l'enfermement endogène et de l'ordre immoral, de s'être interdit, au contraire, de prendre ces questions à bras le corps ? N'était-ce pas pousser l'auto-aveuglement à son comble que de faire preuve de tant de complaisance à l'endroit de mouvances, réellement et intrinsèquement populistes celles-là, qui se distinguaient par une convergence extrême droite-extrême gauche, laquelle, toujours, constitua l'essence du fascisme ? Un négativisme systématique, la substitution d'une accumulation de rejets, flatteries de toutes les rages, à l'indispensable déclinaison de propositions alternatives, n'ont-elles pas nourri l'hyper-catastrophisme décliniste des extrêmes droites ?

Les médias « progressistes », qui ont infiniment plus d'audience, de crédibilité et, par conséquent, de responsabilité que les politiques, n'auraient-ils pas dû être les premiers à se poser ces questions-là ?

Si avaient été à temps sifflés les penalties et les hors-jeux, si on avait clairement mis en garde contre certaines dérives qui conduisaient à des impasses ou à des précipices, ce processus d'autodestruction pût être stoppé.

Hélas, il n'en fut rien.

Une certaine droite s'est tiré plusieurs balles dans le pied en tournant le dos à ses fondamentaux libéraux-démocratiques. Une certaine gauche, entraînée par une petite fraction de l'intelligentsia d'extrême gauche, a fait pire en adoptant une posture « contre-révolutionnaire » (dans la mesure où elle bradait les acquis de révolutions antérieures), et en recyclant des thématiques qui caractérisaient le corpus idéologique de la droite la plus réactionnaire : centralisation de la race ; ethnicisation et, en conséquence, désocialisation des antagonismes ; essentialisation du genre et de l'orientation sexuelle ; prégnance identitariste de la confession et de la croyance, le tout justifiant des pratiques néo-ségrégationnistes de rejet de l'universalisme qui s'affirma, hier, dans le titre que Jean Jaurès donna à son journal ; acceptation des répudiations néo-cléricales de l'exigence laïque ; banalisation des pratiques d'exclusion, d'excommunication, d'ostracisme et de censures ; recyclage néo-maccarthyste des chasses aux sorcières et sorciers ; coups de boutoirs répétitifs portés aux principes de la démocratie représentative articulés à une relativisation de la légitimation par le suffrage universel ; course à la restauration des vieilles rhétoriques anti-Lumières ; amnistie mécanique des violences, non pas sociales mais asociales ; instrumentalisation décomplexée des corporatismes de repli comme des tribalismes d'enfermement.

À quelle extrémité faudra-t-il que ce grand corps malade qu'est devenue la gauche républicaine soit parvenu pour que ses amis et ses proches acceptent d'examiner les symptômes qui ont anticipé cette décrépitude ? Comme « l'enrichissement sans cause », y aurait-il une déliquescence sans cause ?

****

Troisième tribune logiquement refusée, celle-là, par *Le Monde* (avril 2021)

Marine Le Pen vous dit merci !

Jusqu'où continuera-t-on à se voiler la face ?

Aujourd'hui, véritable séisme politique, quelle candidature de gauche, à supposer qu'elle parvienne miraculeusement jusqu'au second tour, serait-elle assurée de l'emporter contre la championne de l'extrême droite ? Aucune !

Détail effarant : face à Anne Hidalgo, 51 % des soutiens de Jean-Luc Mélenchon au premier tour voteraient pour Le Pen au second tour ou s'abstiendraient.

Mélenchon, à en croire l'IFOP, serait battu par 60 % contre 40 %.

Va-t-on continuer, parce qu'il est décidément très lourd à digérer, de purger mentalement ce réel-là ?

Pourquoi l'inconcevable est-il en train de se normaliser : l'élection à la présidence de la République de l'héritière du lepénisme si elle était confrontée à une candidature dite « progressiste » ? La faute à la droite ? Pourquoi près de la moitié de l'électorat populaire, socialement et traditionnellement de gauche, est-il passé de l'autre côté ? Pourquoi ? Toujours la faute à la droite ? Socialistes, mélenchonistes, écologistes ne représentent plus, tous ensemble, que 27 % des intentions de vote, le plus faible score depuis plus d'un siècle. Pourquoi ? La faute à la droite ?

Si une gauche politique en lambeaux s'interdit d'affronter ce questionnement, les médias qui, heureusement, tendent à la suppléer, doivent-ils s'en exonérer eux aussi ?

Au-delà même de la gauche sanctionnée, nous tous, en vérité, démocrates, républicains, progressistes, écologistes véritables, socio-démocrates ou sociaux-libéraux, nous risquons de payer, à l'arrivée, le prix fort. Et Marine Le Pen n'aura plus qu'à dire merci !

C'est parce que me tenaille l'angoisse de cette issue que j'ai envoyé au *Monde* une tribune qui se voulait un cri d'alarme. Immédiatement, sans fioritures, le couperet est tombé : ça ne serait pas publié. Refus de se coltiner un réel qui, effectivement, nous brutalise ? Confort du confinement dans un entre-soi idéologique qui, même s'il nous prépare des grands froids, nous tient provisoirement chaud ? Réaction défensive tendant à se recroqueviller sous la couette des radicalités.

La prégnance du désastre annoncé m'interdisant de me résoudre à un tel étouffement, j'ai diffusé cette mise en garde autrement. Et, là, surprise, ou miracle, alors qu'il suffit d'ordinaire, réseaux sociaux aidant, de montrer le bout de son nez pour en prendre plein la figure, j'ai été assailli de messages qui, presque tous, tournaient autour de l'évidence qu'il était absolument nécessaire, urgent même, de dire ça ! De crier ça !

Et d'où provenaient-ils, en majorité, ces messages ? De lecteurs, d'abonnés et même de collaboratrices ou collaborateurs du *Monde*.

Je sais qu'il y a aussi ce qui ne s'exprime pas, mais qui se murmure : qu'une élection de Marine Le Pen à la présidence, surtout contre Macron, ne serait finalement qu'un moindre mal ; que, de toute façon, elle n'obtiendrait pas de majorité parlementaire ; qu'on reviendrait, enfin, aux temps heureux du clivage gauche-droite ; que c'en serait terminé des manifs rachitiques et qu'on réoccuperait la rue au cri de « le fascisme ne passera pas ! » Ce serait gai ! Ça permettrait à la gauche de se refaire.

Sauf que cela ne se passe jamais comme ça. Jamais !

Marine Le Pen présidente, que se passerait-il ?

Ce qui reste de la droite classique n'aurait pas le choix : elle serait contrainte, à quelques rares dissidences modérées près, sauf à se retrouver électoralement marginalisée, à conclure une alliance. Quelle différence entre Marine Le Pen et un Éric Ciotti qui est socialement plus marqué à droite qu'elle ? Et cette alliance, si le mode de scrutin reste le même (Macron ayant commis la folie de n'y rien changer), remporterait une majorité absolue, plus de deux cents députés d'extrême droite entrant à l'Assemblée nationale et verrouillant cette nouvelle majorité.

Une opportunité ? L'arrivée au pouvoir, en Inde, d'une extrême droite nationaliste a-t-elle permis à la gauche de se refaire ? Non, elle s'est affaissée. La mise en place, en Israël, d'un gouvernement de droite largement ouvert sur l'extrême droite a-t-elle requinqué la gauche ? Non, elle s'est écroulée. En Pologne, l'ancrage aux affaires d'une droite extrême s'est doublé d'une quasi-disparition de la gauche laissant le centre droit incarner l'opposition. Au Brésil, l'élection à la présidence d'un militariste fascisant s'est soldée, en particulier aux élections municipales, par un recul de la gauche au profit des centres. En Italie, enfin, ce n'est pas le corps électoral qui a permis, pour l'instant, de repousser Matteo Salvini, mais un changement de cap des populistes Cinq étoiles.

En réalité - mais c'est indicible -, Marine Le Pen présidente raboterait radicalement, comme toujours, les angles étatisto-sociaux de son programme économique, mais prendrait, en matière de sécurité publique, d'immigration et de conservatisme sociétal des mesures draconiennes qui feraient défaillir les sensibilités progressistes, dont la mienne, hurler les vrais libéraux, mais lui permettraient, dans un premier temps, d'élargir son assise populaire. (On serait alors étonné des nombreux ralliements décomplexés venant de certaines franges de la caste médiatique et intellectuelle.)

Quoique tragique, l'histoire serait donc bien différente que celle qu'on veut bien se raconter. Et en prendre le risque, comme une fraction de la gauche, et surtout de l'extrême gauche, paraît s'y résoudre, soit consciemment, soit inconsciemment en s'acharnant à le rendre inéluctable, se traduira irrésistiblement par le rejet éradicateur de tous les responsables de ce désastre.

On n'exorcisera pas cette redoutable échéance en débranchant les alarmes. En circonscrivant le débat à des sensibilités conformes qui se mordent la queue. En hégémonisant des radicalités de postures qui se protègent par l'auto-enfermement.

Chaque fois que j'ai animé des organes de presse, j'ai tenu à dégager des espaces (c'était même le titre de la rubrique) à celles et ceux « qui ne pensent pas comme nous ! » ; qui pensaient même souvent le contraire de nous. La confrontation démocratique était au prix de cette disjonction.

C'est pourquoi j'avais tenu à m'exprimer, malgré nos différences, dans un journal auquel j'ai collaboré et que je lis quotidiennement depuis l'âge de 16 ans.

La menace est telle que je n'envisageais pas de l'évoquer hors de vous. Mais elle m'obsède assez pour que je sois prêt à l'affronter malgré vous.

****

Tribune refusée par *Marianne* (novembre 2021)

Un journal qui a pour nom *Marianne* répondra-t-il à l'appel de la République ?

En 1997, nous avons créé *Marianne*.

Besoin de faire entendre une autre musique. Le choix de ce titre n'était pas neutre. Il excluait toute complaisance à l'endroit des adversaires avoués de la République.

Une charte précisait le sens de notre initiative. Elle définissait clairement le socle des valeurs et des principes sur lesquels ce journal entendait se construire.

Le rejet total, radical, de toutes les rémanences réactualisées des fascismes d'hier constituait l'un des ciments de ces fondamentaux au même titre que le combat, l'éternel combat - qui fut celui de Jaurès, de Clemenceau et du général de Gaulle - contre le national-monarchisme maurrassien qui deviendra pétainisto-maurrassien.

Le titre *Marianne* valait, en soi, drapeau.

Il est normal qu'avec le temps, des évolutions s'esquissent, des inflexions s'imposent.

Restent ces fondamentaux qui, en fonction du contrat moral défini par la charte de ce journal, présidèrent à cet investissement collectif que fut le lancement, il y a vingt-quatre ans, de cet hebdomadaire.

Que disait cette charte ? Qu'était constitutif de notre combat « la lutte sans concessions contre tous les néofascismes et les néostaliniens ainsi que contre ce qui contribue à faire leur lit ». Et elle précisait : « Nous entendons contribuer au refoulement des menaces fascisantes, non point en se confectionnant une rhétorique antifasciste d'alibi et de confort, mais en favorisant la reconquête de tous les espaces perdus par laxisme et démission. »

La charte, fondatrice de *Marianne*, ne préconisait pas un enfermement « souverainiste », elle disait : « Au repli nationaliste et à la globalisation inhumaine de l'argent roi, nous opposerons la nation républicaine intégrée à la fédération européenne des peuples. » Journal non pas « protectionniste », donc, mais adepte d'un « libre-échange véritable qui inclut le rejet de toutes les formes de dumping fiscal, social et écologique par quoi les pays soi-disant libre-échangistes violent leurs propres principes ». Non pas radicalement antilibéral mais « au néolibéralisme et au pancapitalisme qui aliène l'homme producteur en l'enchaînant au char de la spéculation financière, à la monopolisation oligarchique qui entend, partout, dicter sa loi, *Marianne* opposera le pluralisme démocratique d'une économie sociale réellement libre et concurrentielle ». Et, surtout, cette charte précisait : « *Marianne* sera, en quelque sorte, un journal positif qui, au-delà de sa fonction critique, récusera le nihilisme et le négationnisme à la mode, privilégiant les ouvertures de perspectives, la recherche de solutions novatrices, c'est-à-dire l'action constructive pour un changement de cap. [...] Notre hebdo n'entend pas se poser en organe d'un enfermement défensif, mais en lieu géométrique d'un espace où s'élaboreront, sur une base constructive, les conditions d'une contre-offensive... c'est-à-dire, en particulier, qu'à l'horreur d'un capitalisme sauvage et sans rivage qui lacère et meurtrit les cœurs, quand il ne broie pas les corps, nous opposerons la convergence constructive des victimes les plus conscientes de cette horreur-là. »

Le minimum de fidélité à ce qui lui a permis de naître exigerait donc que *Marianne* se porte à l'avant-garde du combat destiné à barrer la route aux forces puissantes et coalisées, éternelles adversaires de l'héritage des Lumières et des luttes républicaines qui, de nouveau, montent à l'assaut des valeurs et des principes que nous nous étions donné pour objectif de défendre et de promouvoir.

Déserterez-vous la confrontation ?

L'extrême droite se nourrit des dénis d'une certaine gauche ? Oui... Mais le pire stalinisme a pu se nourrir aussi des dénis d'une certaine droite. Était-ce une excuse ? Les nationaux-socialistes allemands l'emportèrent en dénonçant l'injustice du traité de Versailles, qui était, effectivement, profondément injuste. Cela justifiait-il qu'on manifeste la moindre complaisance à l'égard d'une idéologie de destruction massive de l'humanité ?

Le drapeau républicain et patriotique qui surgit du titre de votre journal, il est temps de le brandir.

****

Tribune refusée par *Le Figaro* (décembre 2019)

Ne pas censurer Zemmour. Ne pas escamoter ce qu'il dit non plus.

Robespierre, un monstre ? Pas du tout ! Presque un saint. La Terreur ? « Il s'est agi pour lui d'arracher le masque des traîtres et des félons et non de désigner arbitrairement des individus requis pour tenir le rôle de traîtres. » Il a « repoussé, et il avait raison, l'idée d'une société à l'anglaise et à l'américaine ». Il lui a opposé la trilogie sacrée : « un peuple, un chef, un Dieu ». En clair, « il a sauvegardé l'État-nation, ce qui lui a permis de vaincre les rêves de fraternité universelle. Il a sacrifié le salut de son âme à la patrie. Il a rétabli la verticalité du pouvoir patriarcal face à l'indétermination de la féminisation. Sa quête d'une vertu républicaine a permis de réenchanter la politique abîmée par les femmes ». Sa seule vraie faute, en réalité, c'est d'avoir préservé les prérogatives de l'Assemblée nationale (la Convention). « Lénine, lui, n'a pas commis cette erreur. » Robespierre demeure, cependant, la référence incontournable. « En le condamnant, les républicains modérés se sont enfermés dans un stérile théâtre d'ombres parlementaires. » Si la gauche l'a répudié, « c'est qu'elle a abandonné le peuple français pour l'humanité, ce que Karl Marx a bien vu ». Les communards, en 1871, ont commis la même bévue : ils ont reculé devant l'instauration d'une dictature.

Napoléon ?

« C'est sa précipitation à faire la paix qui aura perdu l'Empereur. Sa main n'a pas été assez ferme. »

A-t-on le droit d'écrire ça ? Bien sûr. Vouloir bâillonner cette expression constituerait un scandale absolu. Mais encore convient-il d'admettre que c'est très exactement cela qui a été exprimé.

L'auteur, en l'occurrence, est Éric Zemmour dans son ouvrage *Destin français*.

Mathieu Bock-Côté, dans *Le Figaro*, s'en est pris au livre de l'universitaire d'extrême gauche Gérard Noiriel qui tend à identifier Zemmour au polémiste antisémite Édouard Drumont. Et d'interpeller en ces termes : « La gauche idéologique est-elle capable de ne pas hitlériser implicitement ou explicitement ses adversaires ? » Excellente question. Qui mériterait, cependant, d'être complétée ainsi : la gauche et la droite sont-elles capables de lire vraiment un livre et de ne pas se contenter de lui donner, *a priori*, l'absolution sous prétexte que l'auteur serait « de gauche » ou « de droite » ? Au risque, par exemple, d'encenser, à droite, un ouvrage qui épouvanterait un auteur de droite, républicain et gaulliste, s'il le lisait vraiment.

Ainsi, de De Gaulle : « Sa grande politique étrangère a été un échec total. » Les résistants ? Leur action contre les soldats allemands « était non seulement contraire aux règles de l'armistice mais, surtout, au code de la guerre ». Le gouvernement de Vichy contribua à intégrer la France dans un nouvel ordre européen instauré par l'Allemagne hitlérienne ? Certes, « mais de Gaulle en entérinant l'entrée dans le Marché commun contribuera à intégrer la France dans l'ordre européen instauré par les États-Unis et bientôt dominé par l'Allemagne ». Quelle différence ? C'est pareil ! La France pétainiste s'est alignée sur le vainqueur ? « Nous-mêmes ne nous sommes-nous pas alignés sur les États-Unis après la victoire américaine ? » Et puis, « renvoyer le boomerang allemand vers les Anglais », comme le fit Laval, ce n'était pas une mauvaise idée. Au demeurant, Pétain, lui, « contrairement à de Gaulle, n'a pas réalisé de coup d'État ». Il fut peut-être dépendant des Allemands, mais de Gaulle, lui, était l'obligé des Anglo-Saxons. D'ailleurs, en 1944, qu'avons-nous fait sinon réaliser une révolution politique (le rétablissement de la République) sous l'œil de l'occupant, comme Pétain en 1940 ?

La gauche fait à Zemmour un procès en nationalisme identitaire. Comme si c'était un crime. Mais si c'était exactement l'inverse ?

Résumons sa thèse : la France, depuis 1789, coule. Cependant, il y eut un moment où elle aurait pu se relever : c'est quand, en 1872, elle eut l'occasion de rétablir une vraie monarchie. Pas orléaniste, mais légitimiste.

Pourquoi ça a raté ? Parce que, apprend-on dans nos manuels, le prétendant, le comte de Chambord, exigeait le retour au drapeau blanc. Un prétexte, rétorque Zemmour. En fait, « la vraie raison, [il] la conn[aît] : le comte de Chambord n'avait plus confiance en la France. Il savait qu'il ne pouvait rien faire de la France. Il ne voulait pas participer à sa décadence ». Elle était insauvable.

Donc Zemmour, logique avec lui-même, fustige, piétine tout ce qui a fait et fait encore le rayonnement et la grandeur de notre pays : Henri IV, les Lumières, Voltaire, Montesquieu, Lafayette, Victor Hugo, Zola, Gambetta, Clemenceau – « il a contribué à tuer la France en tant que grande nation » –, de Gaulle, la Résistance, la tour Eiffel, la pyramide du Louvre… Ne trouvent, au fond, grâce à ses yeux que Louis XIV, Pétain… et Robespierre !

Récemment, en référence à la manifestation contre l'islamophobie, il en a appelé, avec raison, aux mannes de Voltaire. Mais que dit-il de Voltaire ? « Un nihiliste, un démolisseur qui nous a imposé la pernicieuse fascination des grands principes : la liberté de parole et le commerce, la liberté de croire et de ne pas croire, les droits de l'homme et la tolérance. »

À Montesquieu, Zemmour oppose Bossuet qui, lui, avec raison « ne voulait ni séparation des pouvoirs ni contre-pouvoirs et voyait l'anarchie là où nous voyons la démocratie. Il estimait que les femmes se font un maître en se mariant, alors que nous avons fait de l'égalité des sexes, de l'accès des femmes à tous les pouvoirs, l'insupportable symbole de la supériorité de notre modernité ».

Victor Hugo ? « Il a désarmé toutes nos défenses. Il n'a pas simplement perverti les esprits juvéniles et ruiné la société, il est la cause de l'ensauvagement d'une jeunesse délinquante. Son rêve christique est devenu notre cauchemar. » Zola ? Sa défense de Dreyfus, exploitée sinon initiée par l'Allemagne, a servi de prétexte à d'infâmes attaques « dissolvantes contre l'armée ».

Vouloir censurer Zemmour est un scandale. Faire, comme lui, l'éloge de la Saint-Barthélemy, récuser la République – « l'Allemagne veut la République car c'est le régime dissolvant qui affaiblit le plus la France » – et la laïcité (vive l'abolition de l'édit de Nantes !), on a parfaitement le droit. Mais dissimuler ce qu'il dit, ce qu'il dit vraiment, est une escroquerie.

****

Seconde tribune refusée par *Le Figaro* (novembre 2020)

Bizarre : quand le parti de l'élite l'emporte sur le parti du peuple

Peut-on décemment écrire, comme le fait Alexandre Devecchio dans vos colonnes, que « le fait que les électeurs de Joe Biden aient massivement voté par correspondance, alors que ceux de Donald Trump se déplaçaient physiquement, sonne comme un symbole de la séparation entre mondialisés et enracinés » ? Autrement dit, entre patriotes et non-patriotes. L'opposition entre celui qui, en 1940, resta sur le territoire et celui qui partit pour Londres, était-elle également une opposition entre « enracinés » et « mondialisés » (les gaullistes en l'occurrence) ? Patriotes et non-patriotes ?

La couverture des élections américaines par *Le Figaro* m'a paru tout à fait remarquable et même exemplaire. Mais deux tribunes publiées dans votre rubrique « Champ libre » m'ont brutalement interpellé, tant elles dénotent un déni du réel (que l'on prétend dénoncer par ailleurs) par volonté de s'accrocher à un schéma mental préétabli.

À quoi a-t-on assisté ? demande Devecchio. À une opposition réitérée entre le peuple et les élites. Le parti du peuple et le parti des élites. (Entre ceux qui sont à l'aise dans le village global et ceux pour qui la mondialisation est source d'insécurité économique.) Et Mathieu Bock-Côté d'insister de son côté : « Biden (c'est-à-dire son électorat) représente les élites financiarisées et technologiques des villes mondialisées. »

Ce pourrait être vrai. Les grandes villes, ainsi que les banlieues des mégapoles, ont, en effet, voté d'un côté et l'Amérique rurale de l'autre. Ce fut, en outre, presque vrai il y a quatre ans et cela ravit fort les adeptes nostalgiques d'une implacable lecture de classe de type marxiste-léniniste. D'ailleurs, une intervenante radicalement de gauche dit exactement la même chose dans une tribune du journal *Le Monde*. Mais, outre qu'il a toujours été malsain de décréter, comme les staliniens ou les fascistes le firent hier, qu'une entité sociale, quelle qu'elle soit, représente le peuple et pas l'autre, supposée cosmopolite (il fut un temps où l'on fusillait les ennemis du peuple), il est assez farce de considérer que le parti de l'élite représente plus de huit millions de suffrages supplémentaires que le parti du peuple. (Soit dit en passant, quoi qu'on en dise, Joe Biden a obtenu exactement le pourcentage - 50,7 % des suffrages - que lui attribuaient, les derniers jours, les sondages.) Il est vrai que les gauchistes considèrent que même avec 5 % des suffrages, ils sont le peuple. Mais, précisément, ce sont des gauchistes.

Sans la pandémie, soutient Devecchio, Trump l'aurait emporté. Pas sûr. Mais on pourrait aussi bien avancer que si Biden n'avait pas mené une campagne aussi nulle, une non-campagne en fait, et si, comme le note très bien Adrien Jaulmes, l'extrême gauche idéologique n'avait pas « largement contribué à remettre Trump en selle », celui-ci, un des rares présidents sortants à ne pas être réélu, aurait été beaucoup plus nettement battu.

Les riches, pour faire simple, « vainqueurs de la mondialisation », auraient voté Biden et les pauvres, les incultes, Trump. Or, que disent les analyses par catégories sociales de l'élection présidentielle américaine ? Que 57 % des moins socialement favorisés (moins de 50 000 euros par an) et 56 % des classes moyennes (moins de 100 000 euros) ont voté Biden et que les plus aisés, les classes supérieures, ainsi que les plus âgés, ont voté Trump, à plus de 54 %, comme les ruraux.

Au demeurant, Biden a gagné grâce aux trois États qui rassemblaient le plus d'électeurs issus de la classe ouvrière, alors que Trump a fait un carton dans les comtés de Floride qui regroupent le plus de milliardaires. Il est, en outre, étrange d'identifier globalement l'électorat trumpiste aux « invisibles », selon le concept de Christophe Guilluy, alors qu'ils furent, tout au long de cette campagne, les plus spectaculairement visibles.

Mais si, ce qui fut effectivement presque vrai il y a quatre ans, un vote dit « populaire massif » avait permis à Trump de l'emporter sur un Biden soutenu par les élites au sens très, très large du terme (il est exact qu'ont voté majoritairement Trump les Américains qui ne disposent pas de passeport), cela aurait-il suffi, comme je le crains, pour que nos archéo-marxistes exultent ?

En vérité, si je ne m'abuse, ils se réclament plutôt de la droite. Est-ce à dire, donc, que toutes les valeurs et tous les principes, toutes les traditions, toutes les exigences morales qu'a toujours affirmé porter la droite conservatrice et libérale, peuvent impunément être passés par-dessus bord ? Que cela est tout à fait secondaire ?

Est-ce à dire, encore, que le mensonge systématisé, le déni systémique du réel, la mythomanie institutionnalisée, l'égotisme exacerbé, la mégalomanie sans rivages, le cynisme assumé sans le moindre complexe, la banalisation du recours à l'insulte, y compris contre les siens, la normalisation de l'usage de la calomnie, l'instrumentalisation de toutes les rages, l'excitation de toutes les haines, l'hystérisation de toutes les rancunes, la mobilisation de tous les fantasmes, l'indécence, le mépris des règles de droit, l'allergie aux exigences de la démocratie libérale, les opérations de déstabilisation de l'adversaire concoctées avec des puissances étrangères, l'acceptation justificatrice de la violence, l'encouragement apporté aux pires fulminations complotistes, la vulgarité sans frontières, la complaisance à l'égard des pires autocrates, est-ce à dire, donc, qu'une victoire trumpiste aurait rendu soudain tout à fait acceptables ces insoutenables pratiques, qui nous feraient exiger, en France, le dégagement immédiat de n'importe lequel de nos dirigeants qui ne se serait laissé aller qu'à un dixième de ces errements ?

Certes, que la fin justifie les moyens, les communistes staliniens le théorisèrent presque. Mais, justement, c'étaient des staliniens.

****

Troisième tribune refusée par *Le Figaro* (septembre 2021)
Cachez-moi ce qualificatif que je ne saurais entendre !

Qui est qui ? On ne sait plus !

Depuis la Libération une séparation clivait, de façon étanche, notre vie publique. Extrême gauche et extrême droite figuraient les deux pôles de notre spectre politique. Il était inconcevable que ces deux forces opposées convergeassent, comme cela était advenu, à plusieurs reprises, au XIXe siècle ou durant la première moitié du XXe siècle. Même sous la IVe République, droite extrême et gauche extrême additionnèrent leurs rejets, mais ne les mélangèrent pas.

Or, à l'occasion du mouvement dit des Gilets jaunes et, plus encore, des manifestations antivaccins et anti-pass, à quoi a-t-on assisté ? À une réactualisation de convergences qui ont permis aux gauches extrêmes et aux droites extrêmes de défiler ensemble et de protester de concert. L'arrivée au pouvoir d'une tendance qui prétend s'être émancipée du clivage gauche-droite a tout naturellement exacerbé l'opposition de plus en plus confluente et, à l'occasion, fusionnelle, des deux radicalités antagonistes.

Il faut avoir plongé, ces deux dernières années, comme je l'ai fait, au cœur de certaines de ces effervescences populaires pour s'aviser que des sensibilités *a priori* opposées, mélange d'extrême gauchisme et d'extrême droitisme, d'anarchisme, de poujadisme exalté, militants mélenchonistes et supporters lepénistes se retrouvant allègrement sur les mêmes ronds-points, s'emmêlent et s'embrouillent, au point qu'on ne sait plus qui est qui et se réclame de quoi.

Résultat : un méli-mélo de slogans anticapitalistes et anti-État, de remises en cause de la démocratie représentative au nom de la démocratie directe et de saillies antisémites, la dénonciation des « riches », des pouvoirs occultes et du parlementarisme réunissant les trois exécrations. On pouvait entendre, en particulier du temps des Gilets jaunes (je l'ai encore à l'oreille), outre : « Macron démission », « le pouvoir au peuple » (hors élections s'entend), « Macron pédé », « à bas le gang Rothschild » et « la dictature sioniste », à quoi s'ajouta une étrange exigence de « dissolution de la franc-maçonnerie ».

Or, qu'a-t-on constaté à l'occasion de cette réédition mécanique que sont les manifs hebdomadaires antivax et anti-pass sanitaire ? L'exacerbation de cette même convergence extrême droite-extrême gauche accompagnée d'une affirmation, plus prégnante encore, des composantes antisémites et complotistes, les deux étant d'ailleurs historiquement liées (voir *Les Protocoles des Sages de Sion*).

On l'a oublié : mais que fut, très exactement, scientifiquement, le fascisme ? Non pas, en soi, une droite extrême (inversement, une droite extrême peut n'être nullement fasciste). Les monarchistes, fussent-ils légitimistes, les ultralibéraux libertariens, les ultraconservateurs, voire les réactionnaires ou les traditionalistes religieux sont ce qu'ils sont, mais pas fascistes pour autant. Certains, à gauche, se déshonorèrent, qui qualifièrent notre président élu en 1995 de « facho Chirac ! »

En fait, le « fascisme », tel qu'il surgit en Italie au début des années 1920, se caractérisa très précisément par cette spécificité-là : une convergence extrême droite-extrême gauche cimentée par une détestation du libéralisme, un rejet de la démocratie dite « formelle » ou bourgeoise, une dénonciation du « système » et des « élites », une phraséologie à la fois anticapitaliste, anti-riches et anti-État, un identitarisme à relent raciste, souvent antisémite, le « complotisme », enfin (hantise d'un chef d'orchestre clandestin qui tire les ficelles : George Soros, Bill Gates ou Big Pharma).

Lors du premier congrès du parti fasciste créé par Mussolini, 50 % des délégués venaient de l'extrême gauche (anarchistes, socialistes et syndicalistes révolutionnaires) et 50 % des diverses sensibilités de la droite extrême. Philippe Poutou et Florian Philippot s'y seraient retrouvés. L'idéologue de référence, Georges Sorel, ne venait-il pas lui-même de l'extrême gauche, tandis que le grand écrivain Malaparte, rallié au fascisme originel, rejoignit le gauchisme maoïste à la fin de sa vie ?

L'un des leaders et fondateur du Parti national-socialiste des travailleurs allemands, au début des années 1920, Gregor Strasser, dont la rhétorique était effectivement anticapitaliste (et anti-riches), antilibérale, antidémocratique et racialisto-identitaire, préconisa et pratiqua (contre le gouvernement du centriste Heinrich Brüning, le Macron allemand de l'époque) des actions communes avec l'extrême gauche communiste (il fut finalement « liquidé » sur ordre d'Hitler, lors de la nuit des Longs Couteaux, pour rassurer le grand patronat).

Devinette, de qui est ce texte : « La proclamation de la liberté absolue de l'individu économique a rendu possible l'époque capitaliste, laquelle va au-devant d'une catastrophe. L'emploi de l'or comme fondement de toute vie politique, cette reconnaissance du profit comme mesure de la capacité sociale, la libre concurrence, voilà l'ennemi » ?

De qui ? D'Alfred Rosenberg, l'idéologue en chef du parti nazi, dans son ouvrage *Le Mythe du xx*^e *siècle*.

Un détail, hélas occulté, en dit long sur ce qu'il y a, implicitement, de pervers dans la porosité qui conduit les deux extrêmes au même rejet de la démocratie parlementaire dite « formelle » ou « bourgeoise » : le Parti communiste français, à sa création, campa sur une ligne ultraradicale que résumait le slogan : « classe contre classe ». Or, son leader, Henri Barbé, son adjoint, Pierre Celor, son principal tribun, Jacques Doriot, son responsable de l'organisation, Paul Marion, passèrent tous les quatre au fascisme.

J'ai, à la fin du pouvoir franquiste en Espagne, fait l'expérience de cette confluence : j'avais pris rendez-vous avec le leader de la Phalange, le parti fasciste qui avait structuré la rébellion contre la République en 1936, mais était passé dans l'opposition, au début des années 1960, par rejet de l'inflexion « libérale » du régime. Or, dans son bureau, trônaient deux portraits : l'un de Primo de Rivera - normal - et l'autre de... Che Guevara.

C'est ce même processus, donc, qui fit tant de dégâts dans les années 1920 et 1930, qui voit, aujourd'hui, les deux sensibilités les plus extrêmes du spectre politique se rejoindre. Au moins ponctuellement. Comme elles se rejoignirent dans le mouvement boulangiste, qui fédéra, à la fin du XIXe siècle, contre la République démocratique et libérale, bonapartistes, monarchistes, extrême gauche blanquiste et anarchistes (au point que même la fameuse Louise Michel faillit y succomber). Le journaliste Henri Rochefort, communard passé à l'Action française, fit en quelque sorte la liaison. Ainsi, après que des syndicalistes d'extrême gauche avaient pendu l'effigie de la République devant la bourse du travail, le journal monarchiste de Charles Maurras saluera « cette extraordinaire rencontre, l'alliance de toutes les forces politiques et sociales qui combattent la démocratie et le développement du régime capitaliste ».

En 1911, se tint, à Paris, un colloque regroupant des représentants du syndicalisme révolutionnaire et anarcho-syndicaliste hostiles au réformisme, dont l'Italien Arturo Labriola, l'Allemand Roberto Michels et le Français Hubert Lagardelle : tous trois évoluèrent vers le fascisme.

De telles synthèses sont toujours considérablement dangereuses. Elles le sont d'autant plus quand, à gauche comme à droite, on refuse d'en prendre la mesure.

L'indulgence, dont tant de commentateurs ont fait preuve, en particulier dans les médias de gauche, à l'égard des mouvements qui fédèrent les extrêmes, interroge : ils exprimeraient, soulignent-ils, des frustrations et des colères qu'il faut entendre. Bien sûr. Il faut toujours entendre frustrations et colères. Les communistes, fussent-ils staliniens, exprimaient les frustrations et les colères suscitées par l'excroissance des inégalités générées, au début du XXe siècle, par un capitalisme en folie. Le mouvement national-socialiste, en Allemagne, exprima les frustrations et les colères légitimes dirigées contre les injustices du traité de Versailles. Ce n'était pas une raison pour manifester la moindre indulgence à l'égard du communisme stalinien ou du nazisme. Même si, parmi celles et ceux que ces dynamiques mobilisèrent, il y avait, comme il y en a au sein des mouvements actuels de rébellion en France, des gens honnêtes et respectables.

Table des matières

DEUXIÈME PARTIE
Plein feu sur l'extrémisme

Troisième partie
La hantise des années 1930...

Quatrième partie
Comment on en est arrivé là

Cinquième partie
Août 2022

Du même auteur *(suite)*

Le Retour de terre de Djid Andrew. Critique de la raison capitaliste, Fayard, 1997.

La Pensée unique, Fayard, 1995.

Tout change parce que rien ne change. Introduction à une théorie de l'évolution sociale, Fayard, 1994, rééd. 2006.

Esquisse d'une philosophie du mensonge, Flammarion, 1992.

Poèmes politiques, Fayard, 1990

L'Extraordinaire Métamorphose ou Cinq ans de la vie de Victor Hugo, 1847-1851, Seuil, 1984.

Et si on essayait autre chose ? Essai sur une autre voie, Seuil, 1983.

La Guerre civile. Essai sur les stalinismes de gauche et de droite, Seuil, 1982.

Complot contre la démocratie, Flammarion, 1977, Denoël, 1982.

Histoire du progrès social, Rencontre, 1974.

Composition et mise en pages
Nord Compo à Villeneuve-d'Ascq

Achevé d'imprimer en avril 2023
sur les presses de Normandie Roto Impression s.a.s.
61250 Lonrai
N° d'impression : 2301615

Imprimé en France

IMPRIM'VERT
Votre imprimeur agit pour l'environnement

PEFC
10-31-2541
Certifié PEFC
Ce produit est issu de forêts gérées durablement et de sources contrôlées
www.pefc-france.org